容庚北平日记

容庚 著
夏和顺 整理

中华书局

图书在版编目（CIP）数据

容庚北平日记/容庚著;夏和顺整理. —北京:中华书局,
2019.5
ISBN 978-7-101-13855-9

Ⅰ.容⋯ Ⅱ.①容⋯②夏⋯ Ⅲ.容庚(1894～1983)-日记
Ⅳ.K825.5

中国版本图书馆 CIP 数据核字(2019)第 070215 号

书　　名	容庚北平日记	
著　　者	容　庚	
整 理 者	夏和顺	
责任编辑	俞国林　白爱虎	
出版发行	中华书局	
	（北京市丰台区太平桥西里 38 号　100073）	
	http://www.zhbc.com.cn	
	E-mail:zhbc@zhbc.com.cn	
印　　刷	北京市白帆印务有限公司	
版　　次	2019 年 5 月北京第 1 版	
	2019 年 5 月北京第 1 次印刷	
规　　格	开本/920×1250 毫米　1/32	
	印张 28⅛　插页 9　字数 650 千字	
印　　数	1-6000 册	
国际书号	ISBN 978-7-101-13855-9	
定　　价	98.00 元	

容庚先生
（摄于二十世纪三十年代）

容庚先生与夫人徐度伟女士
（摄于二十世纪三十年代）

容庚旧藏栾书缶
（现藏中国国家博物馆）

静安先生左右 金文中圖象文字寓意至鮮如 非子孟□

先生謂象大人抱子置諸几側之形舊釋析子孫三字固非即

需皆諸文皆所以旌武功 □ 豪陳承祚出屋下而蔡釋戈族及

家窗義較狹不 處原義之廣亦未為得地庾餘將拙箸金文

編中之圖象文字皆歐入附□箸其義二月雪翁撰 州地質今歸

先生於意云何再度欲作金文中所見國名地名考一篇地理

之學未嘗學問 賜示書目俾資參考幸甚此請

撰安不 後學容庚頓首 一月四日

容庚致王国维函

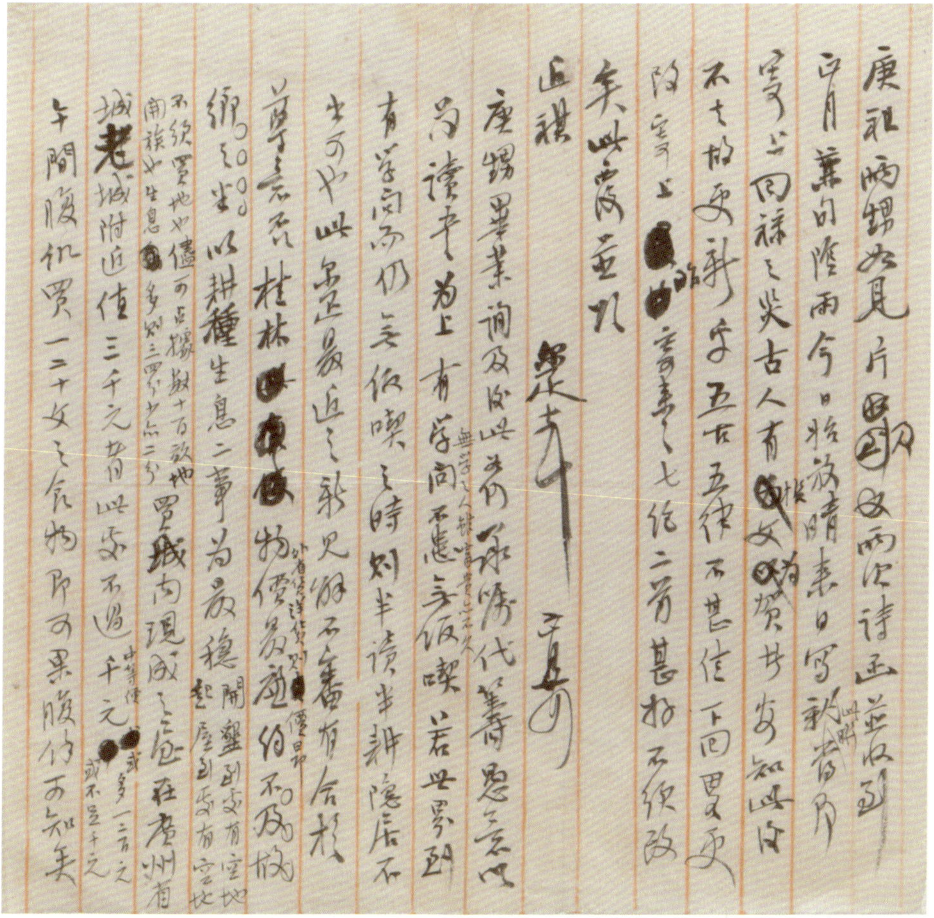

邓尔雅致容庚、容肇祖函

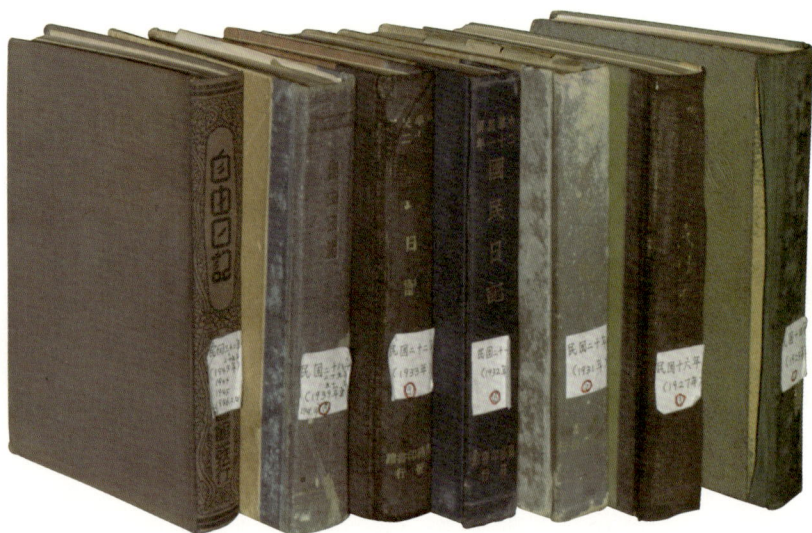

容庚日记手稿书影

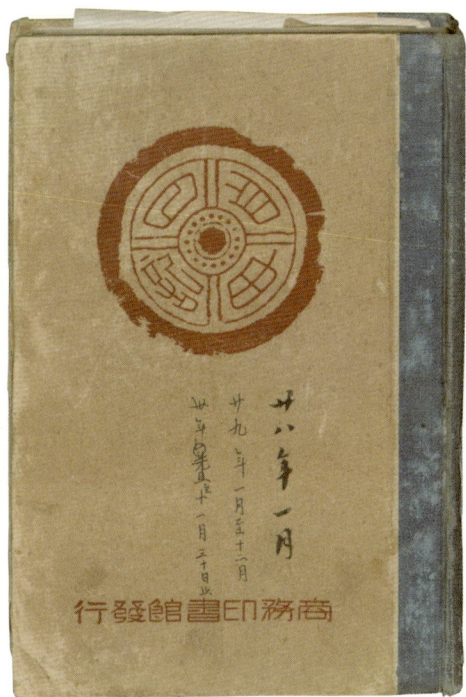

容庚日记手稿封面

三月二十一日（乙丑二月二十七日甲辰　京城上午十時五十八分春分）土曜日（即星期六）　民國十四年　國民日記

（氣候）｜（溫度）

陰　九一○乙

徐文長批陽海若之感士不遇賦云「不過以文字易衣字以壽

讀諸易令諸名儒選理却不過以有些子」古文秘缺名是又

是武昌美竟洋八十二元八角另在先寄回希丁妆

順道匯玉華館

内子來信

寫金文偏二葉

一九二五年三月二十一日日记

二月二十一日　星期六

民國二十年

提要

社會記事

（氣候）（溫度）

晴

早与中舒同進城到静心齋衛史鐸所傳惠臾胡適之家

在中舒家午飯飯後到琉璃廠敞在武古齋衛先鐵械陽

鼎文字甚佳索二方之價即不能得在本古齋衛

一漢價五三十元那數要五金星越花紋和量搨本

拓本價六元乃朱建卿手拓潘伯寅寶攷藏書前年得一衣金

李價二六之也傳績篆冊空縣志金石一册李氏歷代詩

華圖書撒雜多年遷觀書

吧書託搨箋石月麘逼故宮博物院以一見搨可不必贈亦

壻宴玉用丝㸆二元

一九三一年二月二十一日日记

提要

社會記事

（氣候）（溫度）

草授禮

三時往黨授雨魏遵功續久之甲時事抗日令局全

不至陵宜人去，

鄭振鐸約會電勢十人路軍我提議更指千之責

百元逕去香衛璿謝玉銘皆允參加

二月二十四日　星期三

民國二十一年

一九三二年二月二十四日日记

提要

社會記事

（候氣）（溫度）

一時迂戲筆節屆元旦于思泊以王戌劍与于易世爭

閱執寺圖書為芳揚顥查冊及降左右元

诸菁筍永未遇

中央史讶泖歡迎楊杏佛四時開會六時乘汽車回家

一月二十五日　星期三

民國二十二年

一九三三年一月二十五日日记

提要

一月二十日　星期三　大寒　上弦　氣候　溫度　民國二十六年

寫金文瓶一頁壹七

一時進城見某古帝看畫

中興博物院逆得唐畫千元來還央地社二百元

還八姝二百元還于思治三百元

与于思治以師諭小朵易八万元及戈王劍

林紵独秀帝圓骨条十二根小銅鑄小玉圓

一刀桑刀獎墳

九付回宇

一九三七年一月二十日日记

十二月廿五日　星期三

邢鸞雪继续假　续通考稿

辛世理金石家戲為评骘

凡三言想老古逢源……不为郭沫若

日光銳利纸见其大……

……喷文峰字細針密縷……

甲骨篆籀……

……而不舍……

玉林家适雪堂芳家观于待……情前

也

一九四〇年十二月二十五日日记

編清貴錄 下午三至平至六回頭店結督稅賀

三月十八日　星期日

編清賞錄論文篇送）表篠鈎父羲山至辰人差甚
待促高奉練為周作人與沈版无題諸周印碰门声
明云沈楊印沈版无條郜人旧日受業弟子相信有
坐近來言訟不逆待行珍縣辛唐印声明破门表師
一邺乃物南侈詳細寻悸失古必要井行兼表周作
人故三月十五日六敌育署中悬多延

三月二十日　星期一
早防啓功至共支揆謪下午徧淯賞錄
三月廿一日　星期二
上午編清賞錄 下午玉北大揆謪访表伊文玉易门

一九四四年三月十九日日记

目　录

一九二六年

一九二七年

一九三六年

整理说明

一、关于容庚日记。容庚日记手稿共 16 本，1925—1946 年记于北京（北平），先生南归后一直保存在身边，历数次浩劫而完好无损。1983 年 3 月 6 日先生去世后，日记手稿先后由其继室麦凌霄与子女保存，2015 年 8 月后转由先生长孙容国濂保存。容庚作为现代学术大家，其日记所记多为读书、研究、交往及购藏等行状，具有极高学术及史料价值。征得先生哲嗣容瑶及女公子容瑾、容璞、容珊，长孙容国濂等人同意，由本人整理付梓，留芬后世，嘉惠学林。北京 1928 年更名北平，直到 1949 年，日记多记于此期间，故定名《容庚北平日记》。

一、关于日记跨度及缺漏。日记始于 1925 年 1 月 1 日，止于 1946 年 2 月 26 日。期间缺记、漏记约占三分之一，作为珍贵历史资料，已属难得。大致情况如下：1925 年完整；1926 年基本完整；1927 年有断续记录；1928 年全年仅记 11 天；1929 年 1—2 月全，其馀缺漏较多；1930 年 1—3 月全，其馀缺漏较多；1931 年有零星日记；1932 年 1—9 月完整，10 月后仅记 2 天；1933—1936 年基本完整；1937 年 1—6 月完整，7—10 月有零星记录，11 月缺 2 天，12 月全；1938—1940 年基本完整；1941 年记至 11 月 30 日；1942 年缺；1943—1945 年全；1946 年记至 2 月 26 日止。1925—1938 年每年单独成册；1939—1941 年合记一册；1943—1946 年合记一册。

一、关于横排、标点和分段。日记用商务印书馆印制"国民日记"、"学校日记"或"自由日记"等竖格记事簿，以毛笔或钢笔或铅笔书写，且一般情况下无标点符号。为方便阅读，今改作横排，并加标点符号——先生早年主编《燕京学报》（1927—1941）时即有此举矣。日记长短不限，多为三言两语，事件之间往往分段，此次整理出版，较短段落予以接续，较长篇幅适当分段。

一、关于简体字、异体字和古文字。容庚先生是古文字和考古学家，一生推行简化字不遗馀力，早在 20 世纪 30 年代即编写《简体字典》出版，又将自己教学的钟鼎文字班改为"简笔字"试验班，他在日记中也使用过为数不少的自创简体字。此次整理出版以简体字为基础，但考虑到作者专业、人名和当时用语习惯，日记中通假字、异体字仍如其旧，不强求统一规范。如第作"弟"、镜作"竟"、陶作"匋"、砖作"专"、著作"箸"、晨作"辰"、庵作"厂"或"广"、藏作"臧"、谈作"谭"、抄作"钞"、现作"见"、页作"叶"……对日记中出现的古文字，字形复杂的则采用摹写照相植入。

一、关于原文错漏及疑问。日记原文简洁流畅，极少生涩滞碍处，整理出版时全文照录，不加增删。对原稿中少数误字倒字加［　］订正；疑有讹误处则加以［？］；脱漏字增补者以〈　〉标明；衍字则用〖　〗标明；模糊不可辨之字，以□代替。

一、关于纪年与日期。日记多使用商务印书馆日记簿，为民国纪年，现改为公元纪年。1925—1938 年所用为格式日记簿，每页印刷日期、星期，日记记于页内竖格内；1939—1946 年（缺

1942)所用日记簿无印刷日期,为竖格纸页,先生手写日期、星期或天气,不分页连续记录。此次整理出版,每年单独起页,以汉字标示年、月、日、星期、天气(如无则缺),气温酌补"度"字。

一、关于记数法。日记中涉及购买书籍文物及日常生活时多有数字金额记载,除用汉字、阿拉伯数字表示外,还常用草码,即以 丨 丨丨 丨丨丨 乂 ꝋ 亠 ꞁ ꞁꞁ 夂 代替数字 1—9,整理时一仍其旧,特此说明。

一、关于附录(收支一览表、通讯录、赠送著作名录、剪报等)。1925—1934 年(缺 1928、1930)间日记均有收支一览表,现照录并对错序之处予以调整,因其不仅为个人收支记录,也是当时经济交往及社会生活史料。另,1925—1932 年日记后附有通讯录,1929、1940 年等日记中附有数则剪报,也一并照录。

一、关于注释。容庚接触交往的人物,包括亲属、同乡、北京大学师友、燕京大学同事与学生、学界及书肆古玩店人事,其中大部分今天的读者已相当陌生。为方便阅读,现对其中部分人物作简单注释,内容包括姓名字号、籍贯、生卒年、主要履历、主要著述、与作者关系等。

一、关于索引。为方便查阅,特制作索引两种:一是人名索引。以姓氏笔画及时间顺序排列,编入容庚交往过或日记中出现的同时代人物,人物后阿拉伯数字代表年、月、日(如"胡适 25/1/5",表示胡适出现于 1925 年 1 月 5 日日记中),同一人物多次出现者以顿号间隔。二是书肆古玩店名索引。容庚为著名图书和铜器、书画收藏家,其在北京(北平)期间购藏活动频繁,涉及琉璃厂等地书肆古玩店逾百家,书肆古玩店名索引以店名笔画及时间顺序排列,店名后阿拉伯数字代表年、月、日。

一、关于插页。本书选择容庚 20 世纪 20—40 年代生活照片数帧、藏器、往来书信及日记手迹数页,以飨读者。

一、编者才疏学浅,见识寡陋,整理注释时难免错误,尚望读者方家有以教正,匡我不逮。

夏和顺

2016 年 8 月于深圳梅林坳

2019 年 3 月改定

一九二五年

一月

一月一日　星期四　晴

余之《金文编》由罗君美①代为印行，取回百六十部作为板税，由余写胶纸付印，自去年十二月十一日起至三十一日止，共写寄五十三叶弟二、弟三。

写《金文编》稿三叶弟十四。

饭后与三弟②游市场，购得旧抄茅鹿门批本韩文集选③残本一册，价铜元二十枚，罗复庵④行书联一对，价四角。

晚间邓伯诚之弟念观⑤来。

一月二日　星期五　晴

写《金文编》稿二叶弟十四。三时往老馆，九时归。

①罗福成(1884—1960)，字君美，祖籍浙江上虞。罗振玉长子。毕业于日本早稻田大学兽医科。古文字专家，西夏、契丹、女真文研究先驱。
②容肇祖(1897—1994)，字元胎，广东东莞人。容庚三弟。1922 年秋入北京大学哲学系。
③指茅坤批注《韩文公文钞》。
④罗惇㬊(1872—1955)，字孝毅，号复庵、敷厂、复堪，别署悉檀居士等，广东顺德人。民国时与宝熙、邵章、张伯英并称北京四大书家。
⑤邓高镜，原名邓秉钧，字伯诚，时任教于北大哲学系，著有《墨经新释》等。邓新安，原名邓秉权，又名邓高僧，号念观。

一月三日　星期六　晴

早到研究所清理方浚益《缀遗斋彝器款识》稿本鼎类，录段玉裁《薛尚功〈历代钟鼎彝器款识法帖〉二十卷写本书后》文一篇《经韵楼集》卷七。

饭后与三弟游小市，三弟购《勉行堂集》、《二林居集》二种，顺至老馆为卢瑞①检书。

寄内子及商锡永②信。冯炳奎③寄笔来。

一月四日　星期日　晴　一～〇四度

与三弟及陈宗圻往真光电影场看电影，所演为《尘世福星》，叙富翁和兰，藉孔方之力，为科学研究会会员。会长费维思发明火星传语机器，款无所出，愿以发明权让之，彼盗名心炽，允之。携其图样归家，路遇一旧部，家云绝粮，妻又卧病，乞其援助，和兰约其至家。其未婚妻戴约以赴克夫人宴会，彼方披览由科学会带返之图样，拒不赴，女怒其无礼，还其订婚之指环。其旧部来，拒而不见。忽忽见一火星使者导之至克夫人家及科学会，人皆痛诋其自私自利。俄而报载某银行倒闭，其家破产，流转为丐。至旧部家，见其妻凄楚之状，心大感悟，痛自忏悔，悠然而醒。适旧部家有火警，披衣往，奋勇冒火救其妻出，复邀被难之妇孺至其家。其未婚妻讶其改过之速，仍订婚焉。

一月五日　星期一　晴　二～〇十二度

写《金文编》稿三叶。

饭后往研究所清理《缀遗斋彝器款识》稿鼎类。

晚间校抄本《红楼梦》第十九回。余去年十一月廿九日于书摊

①卢瑞，原名卢贯，字贯之，广东东莞人，1917 年考入北京大学。
②商承祚（1902—1991），字锡永，广东番禺人。早年从罗振玉选研甲骨文字，后入北京大学国学门。
③冯炳奎，字碧楚，广东文昌人。毕业于北京大学。

上购得钞本《红楼梦》，与通行本多不同。通行本从程氏活字本出，胡适之①据张船山诗"艳情人尽说红楼"之语，谓后四十回为高鹗所补。俞平伯②据之作《红楼梦辨》，尤推波助澜。此本非从程本出，而亦有后四十回，可以证胡说之误。惜余忙，不能即校完作文以正之耳。弟六回"初试云雨情"一段，钞本尤佳。

一月六日　星期二　晴　〇四～〇十二度

写《金文编》稿三叶。饭后到研究所清理《缀遗斋款识》稿。

购景宋本《中兴间气集》一册，价一角五分。

一月七日　星期三　晴　〇一～〇十三度

写《金文编》稿三叶。饭后到研究所清理《缀遗斋款识》稿。

三弟为余购得《四部丛刊》本《淮南子》，价八角，景宋本《白氏讽谏》，价一角。

郑鹤年来。陈璠、七妹信来。张謇斋③寄《殷契钩沉》、《说契·研契枝谭》两册及汉画专拓本来。复謇斋信。

一月八日　星期四　晴　〇二～〇十一度

早往研究所写《金文编》稿三叶弟十四完。校《红楼梦》弟二十回。

祖弟为购《四部丛刊》本《老子道德经》、《新语》、《文心雕龙》三种，价六角。

一月九日　星期五　晴　〇三～〇十度

寓中装设电灯。饭后往研究所。

---

①胡适(1891—1962)，字适之，安徽绩溪人。1910年考取庚子赔款第二期官费生赴美国留学，毕业于哥伦比亚大学。1917年回国任教于北京大学。时任北大文学院院长。

②俞平伯(1900—1990)，原名铭衡。1919年毕业于北京大学。与胡适并称"新红学派"创始人。

③张景逊(1892—1953)，字謇斋，一字士侪，江苏武进人。南社社员。工诗文。1912年举家迁安徽当涂。

购练江汪述古山庄校刊巾箱本《汉魏丛书》三十二种,价一圆。

校《红楼梦》弟二十一回。

一月十日　星期六　阴　六～〇六度

往研究所清理《缀遗斋》稿。

三弟为购《四部丛刊》本《论语》、《邓析子》、《吕氏春秋》、《山海经》四种十册,价二元。续购《汉魏丛书》十四种,价四角。

顾颉刚①来,借钞本《红楼梦》八至十二五册去。写《金文编》弟四稿二叶。校《红楼梦》弟二十二回。

一月十一日　星期日　晴　四～〇七度

与陈宗圻往真光看电影《帝京艳影》,看毕宗圻邀往东安市场太和春小食,食毕偕往东莞新馆,与张沛枬兄弟等掷升官图,各赢三数元而归。灯下校《红楼梦》弟百二十回。

一月十二日　星期一　晴　三～〇九度

写《金文编》稿三叶。到研究所清理《缀遗斋彝器款识考释》目录稿。

送《金文编》序例与马叔平②。支九月份薪金半月计二十五圆。

一月十三日　星期二　阴晴　四～〇八度

写《金文编》稿三叶。到研究所清理《缀遗斋》稿目录。

与祖弟游隆福寺。校《红楼梦》弟二十三回。

一月十四日　星期三　阴　一～〇七度

写《金文编》稿三叶。到研究所清理《缀遗斋》稿目录。借阅《书林清话》。

---

①顾颉刚(1893—1980),原名诵坤,江苏吴县人。1920年毕业于北京大学,1923年底受聘担任北京大学研究所编辑。

②马衡(1881—1955),字叔平,浙江鄞县人。1922年被聘为北京大学研究所国学门考古研究室主任兼导师。

校《红楼梦》弟十三回。

一月十五日　星期四　阴　五～〇五度

到研究所清理《缀遗斋》稿目录。

到林宅上课。马利病咳,毓秀说他近日更甚,不能上课①。顺道至东莞馆一行。

写《金文编》稿二叶,弟四完。校《红楼梦》弟十四回。

一月十六日　星期五　晴　九～〇八度

写《金文编》稿三叶第五。

到研究所清理《缀遗斋》稿目录。阅《小学考》。

校《红楼梦》弟十五、六回。邓念观与马叔平之弟来谈。

王南岳与俞平伯书,论《红楼辨》②下卷附录《札记十则》中的D,云薛璠在弟二十六回所说的"明儿"并不是指"明日"而言,乃是指"过些日"而言。至于二十七回中的"次日乃是四月二十六日",那才是指明日而言。(十四、一、十六日《晨报》附刊)

一月十七日　星期六　晴　一～〇十一度

写《金文编》稿四叶。到研究所阅《小学考》。

三弟往琉璃厂、小市等处,同居各人晚饭后亦皆出门听花炮之声,颇感岑寂。

拟辑《西清古鉴》、《续鉴》、《宁寿鉴古》三书铭辞丛录,及宋代彝器款识考释,集薛、王诸家之作,参校同异,汇为一书。

陈孟端及七妹信来,复陈孟端信。

余初拟集《三字石经》、唐敦煌本、日本古写本《尚书》,以证宋

---

①林宅,林白水家。毓秀,林白水侄女;马利,林白水之女,后改名林慰君。
②即指《红楼梦辨》。

薛季宣《尚书》隶古定本之伪，匆匆未暇作。顷阅罗叔言①《永丰乡人稿·尚书序跋》，亦言其伪，出于郭忠恕之《汗简》，殆不诬也。

一月十八日　星期日　晴　二～〇十一度

往真光看电影（《西方美人》）。

施贞、王启后来，饭后与游东安市场，购稽古楼巾箱本《周易》、《尚书》、《春秋》三传、《礼记》、《尔雅》、《孝经》八种，价四元二角。

校《红楼梦》弟十七、八回。罗君美来信。覆君美信。

一月十九日　星期一　晴　三～〇九度

研究所购缪荃孙所藏碑志一万二千种，价一万二千圆。十时与黄仲良②往兵马司前街江阴缪寓点收，先交五千圆，馀俟点清续交。尝读《艺风堂金石文字目》，叹其收藏之富。研究所得此，诚暴富贫儿，而余乃得纵观，眼福信不浅也。其中旧拓不多，最箸名者秦泰山刻石廿九字本、钱竹汀旧藏汉杨伯起碑、吴大澂题吴平斋本符秦广武将军碑、隋元公姬夫人墓志数种而已。

福开森③等参观研究所。写《金文编》稿一叶。

一月二十日　星期二　晴　四～〇八度

早到研究所将明器摄影。

晚补写《金文编》弟二二叶，因印得不好须重印也。又写弟五一叶。

---

①罗振玉（1866—1940），字叔蕴、叔言，号雪堂、永丰乡人，晚号贞松老人，浙江上虞人。1922年，容庚经罗振玉介绍入读北京大学研究所国学门。
②黄文弼（1893—1966），字仲良，湖北汉川人。1918年毕业于北京大学哲学系，后到北京大学研究所国学门任教。
③福开森（John Calvin Ferguson，1866—1945），加拿大安大略省人。毕业于美国波士顿大学，1886年来华，1888年在南京创办汇文书院，1896年出任南洋公学监院。曾在上海办《新闻报》、《英文时报》、《亚洲文荟》。

一月二十一日　星期三　阴

　　早往研究所点查艺风堂金石文字。下午三时往东莞会馆。

　　顾颉刚交回《红楼梦》五册。邓屺望①表兄及内子来信。覆屺望信。

　　晚在东莞新馆施少川处宿。张子幹②转来陈恭甫③信。

一月二十二日　星期四　阴　○一～○九度

　　在张宅团年，晚八时回寓。复内子信、恭甫信。

一月二十三日（甲子十二月二十九）　星期五　晴

　　写《金文编》二叶。支十月份薪金一月五十圆。

　　林宅送年敬十圆来，却之。商锡永来信。

一月二十四日（乙丑正月初一）　星期六　天朗气清

　　晨起写《金文编》一叶。

　　卢翌④、王荣佳、黎锡林来，掷升官图。饭后往东莞新旧馆，在旧馆宿。

一月二十五日　星期日　晴

　　晨往真光看电影《五月花》。

　　午施少川邀往新明戏院听戏。晚回东莞新馆宿。

一月二十六日　星期一　晴　风

　　早饭后往容丰照四寸相一张。逛琉璃厂，购《康南海戊戌遗

---

① 邓屺望（？—1943），即邓念慈，容庚表兄。曾任东莞图书博物馆馆长。

② 张伯桢（1877—1946），字子幹，号篁溪，广东东莞人。1905 年入日本法政大学速成科，1909 年归国，受聘为两广方言学堂教授。1910 年赴北京任法部制勘司主事。民国后任司法部监狱司第一科长。1928 年后息影京华，以著述鬻文为业。

③ 陈官桃（1872—1925），号恭甫，广东东莞人。康有为弟子。参与筹办东莞县学堂，任教于东莞中学，后留学日本法政大学。宣统元年（1909）年授内阁中书，民国后曾任河南警察厅厅长、广东高等检察厅厅长。

④ 卢翌，疑即卢翊，原名卢鋈球，广东东莞人。1927 年毕业于北京大学。曾任新会县教育局长兼新会师范校长、《岭东民国日报》总编辑、东莞中学教员等。

笔》一册。六时往顾颉刚处晚饭，所邀皆研究所同事，谈笑甚欢。饭后与胡文玉①、黄仲良、董作宾②回寓，少谈乃去。

一月二十七日　星期二　晴

早往研究所点查艺风堂所藏金石文字。

下午五时往东莞新馆。

一月二十八日　星期三　晴

晚往城南游艺园，钟太请听戏，碧云霞演《虹霓关》。

一月二十九日　星期四　雪

早大雪，午后晴。邀施少川、陈宗圻，张、钟、伦珠诸人往新明剧场听戏，雪艳琴演《馒首庵》，七时回东莞新馆。寒甚。

一月三十日　星期五　晴

早在钟太处饭，晚在张姨太处饭。

往云华利修镖[表]，逛厂甸。

一月三十一日　星期六　晴

早在施少川处饭。晚在钟太处饭。

二月

二月一日　星期日　晴　四～〇八度

晨往真光看《邮侠》电影。

陈宗圻邀往东安市场森隆午餐，宗圻大醉而归。晚在刘文斌处饭，饭毕回东莞会馆。

---

①胡鸣盛（1886—1971），字文玉，湖北应城人。1918年毕业于北京大学，后受聘于北大研究所国学门。1924年后任清宫缮后委员会顾问兼清宫点查室主任。

②董作宾（1895—1963），字彦堂，号平庐，河南南阳人。1923年入北京大学研究所国学门，1927年赴广州中山大学任教，后任职于中研院史语所，参与发掘安阳小屯村殷墟。

二月二日　星期一　晴　四～〇十一度

饭后与施少川等往宣武门，雇骡往白云观。

晚六时东莞留京学会在骡马市宾宴春年宴。饭毕回寓。内子来信。

二月三日　星期二　晴　五～〇十度

罗君美来信。覆君美及内子信。寄商锡永信。

君美信言，锡永于一月三十一日（正月初八）在六合县举行结婚，通信由六合县东门内孙宅转交。

三弟为买《四部丛刊》本《周礼》、《仪礼》两种，价二圆二角。

写《金文编》稿二叶。

二月四日　星期三　晴　六～〇五度

写《金文编》四叶。许守白①来。

下午六时赴北大广东同乡会年宴，曾集熙②扶醉而归。

二月五日　星期四　阴　四～〇六度

写《金文编》一叶，弟五卷完。再写弟一卷一叶。

二月六日　星期五　晴　〇～〇五度

早九时半考古学会开会。饭后拟与法国大学交换书目，金石一类。

与三弟游东安市场，购《四部丛刊》本《王氏脉经》一部，价四角。

往琉璃厂购《梦郼草堂吉金图》一部，价七圆五角。

---

① 许之衡（1877—1935），字守白，广东番禺人。早年毕业于日本明治大学。历任北京大学国文系教授兼研究所国学门导师，北京师范大学讲师。

② 曾集熙（1905—？），字宪文，广东宝安人。毕业于北京大学。1927 年任武汉国民政府交通部秘书，1929 年任汉口特别市政府秘书长、汉口《民国日报》总经理，1947 年任立法院立法委员。

往新馆,在旧馆宿。

二月七日　星期六　阴

下午三时半施少川邀往中天看电影《弟二》。在会馆宿。

二月八日　星期日　早阴　一~〇六度

九时往真光看电影《追风记》。中国影片多描写家庭中罪恶,未有冒险精神、英雄气概者。吾观昨日之《弟二》,与今日之《追风记》两相比较,泰西之强中国之弱无怪也。

回东莞会馆张宅早饭。四时半回寓。寄四舅[①]信、罗君美信、葵妹信。

二月九日　星期一　阴　大风　〇~〇八度

写《金文编》弟一四叶。到研究所写《缀遗斋款识》目。

寄林白水[②]信。内子及陈璠、张諟斋来信。

二月十日　星期二　晴　〇~六度

写《金文编》弟一两叶、弟六两叶。

到研究所清理《缀遗斋款识》目。

二月十一日　星期三　晴　五~〇六度

写《金文编》两叶。三时与曾集熙往东莞新馆。

二月十二日　星期四　风　五~〇六度

三时与钟、苏、珠三人到爱庐。

八妹来信。覆八妹书。八妹信云,先二舅尝对母亲言,与张始团所买物业及张贺禾田,将来尽行俾你,倘或不敷其数,则将到滘

---

①邓尔雅(1884—1954),原名溥霖,别署绿绮台主、风丁老人。早年入广雅书院就读,后留学日本。南社社员,诗人、篆刻家、书法家。容庚四舅。

②林白水(1874—1926),福建闽侯人。早年留学日本早稻田大学,曾任国会众议院议员、总统府秘书等职,创办《公言报》、《新社会报》、《社会日报》。1926 年 8 月 5 日被军阀张宗昌杀害。

田续尾云。我意各物业都可要,惟张贺禾田万不能要,因与张贺姑表,犯不着因此多生枝节也。

二月十三日　星期五　晴

写《金文编》。到研究所写《缀遗斋款识》目。

购《四部丛刊》本《战国策》八册,价一元六角,《香艳丛书》弟四、五集,价三角。

二月十四日　星期六　晴　八～〇三度

写《金文编》一叶。支十一月份薪金三成二,得十六元。

三时半往真光看电影《义犬雪冤记》。

二月十五日　星期日　晴　八～〇八度

九时半研究所开茶会,欢送陈万里①医生到甘肃考古去。胡适、徐旭生②等教授均到,由马衡主席致欢送词,十二时拍照散会。

张子幹等看电影后来,便饭,三时同往城南游艺园看戏,箱座已满,扫兴而返。在新馆宿。

林白水来信。

二月十六日　星期一　早阴晚晴　八～〇六度

写《金文编》稿四叶。到研究所清理《缀遗斋》目。

七时到京汉车跕送陈万里行,沈兼士③、马叔平、胡文玉、常维钧④均到,久候万里不来,开车后乃归,想改期也。

----

①陈万里(1892—1969),苏州人,考古学家,早年从医。北大国学门古迹古物调查会成员,1925年随美国人兰登·华尔纳考察队往中国西北考察。

②徐旭生(1888—1976),名炳昶,河南唐河人。早年留学法国,在巴黎大学攻读西洋哲学。1926年任北京大学教务长,1927年任北京师范大学校长。

③沈兼士(1887—1947),浙江吴兴人,沈尹默弟。早年留学日本,拜章太炎为师。北京大学教授。1922年创办北京大学研究所国学门,任主任。

④常维钧(1894—1985),北京人。毕业于北京大学,后任职于故宫博物院。

二月十七日　星期二　晴　六～〇五度

写《金文编》三叶,弟六完。

与施少川、钟、苏等往真光电影场看《月宫盗宝》。

七妹与内子来信,言旧历正月十二五时福军入东莞城,吾家被抢,内子与九妹损失首饰、衣服等物尤多。邓屺望来信亦言及此。

二月十八日　星期三　晴　二～〇拾度

写《金文编》二叶(弟七)。

到研究所。袁复礼①、邹鲁②来参观。

寄《国学季刊》第四号与君栋外舅③、尔雅舅、伯父④及恭甫。

张枬⑤及罗瑶⑥来,留饭乃去。

二月十九日　星期四　晴　五～〇八度

写《金文编》一叶。到研究所清写《缀遗斋款识》目毕。

到林宅授课,顺道至东莞馆,在张宅饭。

寄咏南伯父、君栋外舅、尔雅舅、陈恭甫《国学季刊》弟四各一册。

罗君美来信。

二月二十日　星期五　阴　一～〇九度

写《金文编》四叶。

---

①袁复礼(1893—1987),字希渊,河北徐水人。1915 年留学美国,1920 年获硕士学位。1921 年回国,在北京地质调查所工作。

②邹鲁(1885—1954),原名邹澄生,广东大埔人。国民党元老,1923 年出任孙中山广州政府财政厅长。1924 年任国立广东大学(中山大学前身)首任校长。

③徐应銮(?—1931),字君栋,广东番禺人。容庚岳父。光绪廿三年(1897)丁酉科拔贡,曾任府学之职。后在广州教授中学。

④容作求(1855—1935),字咏南。容庚伯父。前清兵部员外郎。

⑤张枬,疑即张沛枬。

⑥罗瑶(?—1962),字友蓬,广东东莞人。毕业于北京法政专门学校,返粤后任徐景唐部幕僚,粤省府军事厅政治部科长兼代主任,曾任东莞县长。

二月二十一日　星期六　晴　三～〇七度

写《金文编》一叶。到研究所粘封泥拓片。

二月二十二日　星期日　大风　一～〇七度

写《金文编》一叶。往真光看电影《五元钱》。

二月二十三日　星期一　晴　〇～〇十二度

写《金文编》三叶。到研究所粘封泥拓片完。五时开内部会议。

二月二十四日　星期二　晴　三～〇十度

写《金文编》四叶。到研究所校《缀遗斋》目。

二月二十五日　星期三　晴　七～〇九度

写《金文编》五叶。到研究所清理《缀遗斋款识》稿。

用英伦敦博物馆东方图书室所藏敦煌本《文心雕龙》残卷(自《征圣》至《杂文》,为篇十有三,《原道》篇存赞文才十三字,《谐隐》篇仅存其目,草书)校《四部丛刊》景印明嘉靖刊本,其中谬误甚多。《宗经》"章条纤曲"下阙"执而后显,采掇片言,莫非宝也,《春秋》辨理"十六字,而写本《宗经》①"禹汤之祗敬"下阙"典诰之体也,讥桀纣之猖披,伤羿浇之颠陨,规讽之旨"二十一字。要之,明人刊书之错误实有出乎意表者,校此而知明板之不足据矣。

二月二十六日　星期四　晴　六～〇四度

写《金文编》一叶,弟七完。校《文心雕龙》。

接叶玉森(葓渔)②自当涂来信。覆信并寄汉专拓两纸、《国学季刊》乙册。

---

①应为《辩骚》之误。
②叶玉森(1880—1933),字葓渔,江苏镇江人。芜湖市政筹备处秘书长。1925年购得甲骨1300片,开始甲骨研究。著有《铁云藏龟拾遗附考释》、《殷契钩沉》等。

七妹、商锡永、卢瑞来信。

二月二十七日　星期五　晴。

写《金文编》四叶。

七妹挂号信来,言法帖、字画亦有被抢者。覆七妹信、卢瑞信。

晚接葵妹来信。写覆信。至十二时乃寝。

二月二十八日　星期六　阴　晚大风　六~〇五度

早到研究所校《文心雕龙》。

饭后与曾集熙到东莞新馆,在施少川处宿。陈恭甫来信。

三月

三月一日　星期日　大风　五~〇五度

与钟、苏各人往真光看电影《分身术》。回爱庐饭。

午后头痛,二时睡,五时起。统计前月进支数。

祖弟为购《四部丛刊》本《越绝书》、《六韬·吴子·司马法》三册,并以《周髀算经》、《易》、《春秋穀梁传》。

三月二日　星期一　晴　九~〇十度

早到研究所。

午与曾集熙到东莞新馆,集熙请往便宜坊食烧鸭。饭后往城南游艺园,碧云霞演《大香山》。

三月三日　星期二　阴　十一~〇二度

写《金文编》二叶。购《春秋繁露》、《慎子》、《大戴礼》三种。

饭后往研究所。伦慧珠①来信。

---

①伦慧珠,伦明之女,张荫麟妻。生卒年待考。

三月四日　星期三　晴　六～〇五度

写《金文编》一叶。

下午三时苏邀往真光看电影《空城计》，并往东安市场中兴晚饭。覆慧珠信。

三月五日　星期四　晴　五～〇九度

写《金文编》五叶，弟八完。

到研究所题云冈石窟造像拓片外签。

三月六日　星期五　晴　十～〇三度

写《金文编》三叶。到研究所题云冈石窟造像拓片外签。

伦慧珠来信。

三月七日　星期六　晴　九～〇七度

写《金文编》一叶。为王风刻印二。到林宅授课，二时半去，五时半归。

三月八日　星期日　风　十五～〇五度

早与陈宗圻往真光看电影《巴黎之花》，仅及半，赴出版部东华饭店早餐之约。饭毕至新馆，与苏、钟往杨三太处晚饭。回老馆宿。

三月九日　星期一　晴　十五～〇一度

由老馆过新馆，在伦四太处早饭，是日为慧珠生日也。饭后往同生照相，与慧珠往庆华斋购饼食，送其往乘电车而后归。

叶蒇渔来信。祖弟为购《前后汉纪》十二册。

三月十日　星期二　风　十三～〇五度

写《金文编》一叶。

三月十一日　星期三　晴　十二～〇一度

复叶蒇渔信。写《金文编》一叶。慧珠来信。复慧珠信。

购《资治通鉴目录》十册。

三月十二日　星期四　风　十一～〇四度

写《金文编》四叶,弟九完。孙中山[1]九时三十分逝世。

三月十三日　星期五　风　十四～〇一度

写《金文编》四叶,附录上。

三月十四日　星期六　晴

寄商锡永信,附赠汉石经残石拓片两纸。

饭后到林宅授课,顺道至新馆,在少川处饭。

与苏、钟、少川、杨太往真光看电影《风尘奇侠》。购《孔丛子》二册。

三月十五日　星期日　雪　三～〇一度

写《金文编》弟十一四叶。寄君美信,君美寄稿纸来。

三月十六日　星期一　晚晴　三～〇二度

写《金文编》三叶弟十一完。陈宗圻请往撷英西餐。

到研究所清查《艺风堂金石文字续目》。外舅来信。寄外舅、内子、内兄信。

三月十七日　星期二　阴　六～〇三度

写《金文编》四叶弟十。到研究所清查艺风堂金石目。

罗君美来信。黎蟾波、叶绍洪来。发十一月份薪半月二十五元。

三月十八日　星期三　晴　六～〇三度

写《金文编》六叶,弟十完。

拟孙中山挽联云:革命虽未成,公之精神满天下;苛政亦云猛,我所忧思在故乡。

---

①孙中山(1866—1925),名文,号逸仙,广东香山县(今中山市)人。辛亥革命后被推举为中华民国临时大总统,1925 年 3 月 12 日在北京逝世。

三月十九日　星期四　晴　九～〇一度

毕士博①美人到研究所参观。

孙中山灵柩由协和医院移中央公园。写《金文编》附录下八叶。

三月二十日　星期五　阴　八～〇二度

写《金文编》附录下八叶。罗君美寄《殷虚书契》来，价八十元。

三月二十一日　星期六　阴　九～〇二度

徐文长批汤海若之《感士不遇赋》云："不过以古字易今字，以奇谲语易今语，如论道理，却不过只有些子。"古文秘诀如是如是。

代君美交洋八十二元八角与古光阁周希丁②收。顺道至新馆。

内子来信。写《金文编》二叶。

三月二十二日　星期日　阴　晚微雨　九～〇四度

十时往真光看电影《恨海疑云》。子幹与苏来早饭。往新旧馆，在张宅晚饭。八时回寓。

写《金文编》二叶。

三月二十三日　星期一　阴　八～〇二度

写《金文编》七叶。二时许苏、钟、四太、珠等来。张諟斋、商锡永来信。

研究所开会讨论整理艺风堂拓片编目事。

正月本庐化用每人九元六角，由祖弟管理。

---

①毕士博（C.W.Bishop），美国考古学家、文物学家。
②周希丁（1891—1961），名家瑞，又名康元，江西临川人。古光阁店主。精于金石刻版及传拓钟鼎器，又精篆刻，著有《石言馆印存》。

三月二十四日　星期二　晴　八～○三度

写《金文编》三叶。

与祖弟作挽中山联写送去。联云：

　　为天下不顾家，故乡遍千里创痍，民生之谓何，一死空留遗恨在；

　　定方略以建国，革命积卅年心血，哲人其萎矣，万方同吊泪痕多。

胡文玉邀往市场东来顺晚饭。

叶葰渔来信。覆张諟斋、叶葰渔信。赠张諟斋熹平石经二纸。

三月二十五日　星期三　晴　风　十三～○二度

写《金文编》八叶。

与祖弟往中央公园吊孙中山，并瞻遗容。

覆商锡永、罗君美信。寄邹适庐[①]，索作《金文编》序文。

三月二十六日　星期四　晴

写《金文编》七叶，附录下四十六页完。

购丛刊本《尔雅》、《京氏易传》、《人物志》、《西京杂记》四种。

三月二十七日　星期五　晴　晚雨　十三～○二度

写《金文编》弟十三四叶。

购丛刊本《汲冢周书》一册。与祖弟往清华园洗澡。

三月二十八日　星期六　晴　十四～○四度

早往研究所。饭后往林宅授课。万里赠余大笔及纸。

往新馆，晚饭后往曹勉[②]家。在旧馆宿。

---

①邹安(1864—1940)，原名寿祺，字景叔，号适庐，浙江海宁人。光绪二十九年(1903)进士。曾任职上海广仓学窘。著有《艺林年鉴》、《枫园画友录》、《梦坡室获古丛编》等。

②曹勉，疑即曹冕，生平待考。

三月二十九日　星期日　晴　十二～〇一度

与子幹、苏、钟往真光看电影《铁路英雄》,回爱庐饭。

三时半陈宗圻复邀往真光看电影《亚洲大猎记》、《十四情人》。

罗君美寄回杨守敬联五幅来。

将林万里所赠大笔二管掉去,可惜之至。七妹信来。

三月三十日　星期一　晴　十四～〇度

托冯楚璧带《金薤琳琅》一册与林白水。

写《金文编》四叶。

三月三十一日　星期二　晴　十八～〇三度

周希武①(字子扬,天水人)到研究所参观。

写《金文编》二叶。锡永来信。

四月

四月一日　星期三　阴

写《金文编》一叶,弟十三完,又弟十二两叶。覆锡永信。

四月二日　星期四　晴

写《金文编》四叶。与陈宗圻往新馆。宗圻请春记晚饭。在新馆宿。

四月三日　星期五　晴　十一～〇度

饭后与苏、钟等回寓,留饭,八时乃去。

---

①周希武(1885—1928),字子扬,甘肃天水人。教育家、地理学家,著有《玉树土司调查记》、《榆枋游草》等。

四月四日　星期六　晴

饭后往林宅授课。万里再赠余大笔两管。

晚邀苏、钟往游艺园看雪艳琴演《天女散花》。

四月五日　星期日　晴　十二～〇二度

钟太生日,请忠信堂晚饭。

购胡秉虔《说文管见》,价八吊;隋《常丑奴墓志》,价一吊;文徵明书《离骚》,价一角赠曾集熙。

晚杨三太请往游艺园看雲[雪]艳琴演《玉堂春》。与曾集熙回寓。

四月六日　星期一　阴　十二～〇度

补写《金文编》弟八两叶、弟十二一叶。徐谦①到研究所参观。

四月七日　星期二　晴　十三～〇四度

我不欲人之赢诸我也,吾亦欲毋赢诸人。

写《金文编》两叶。与梅璧新往铁狮子胡同访陈剑如。

自新年来,吾每赌必赢,铢积寸累,共进百余元,一次之赢未有过二十元者,今日所输竟至四十元。得之难而失之易,固知常胜之不足恃也。自今以往,决意戒赌,破戒与否将视吾之定力觇之。胜败不足言,费时失事,不可不惩也。

四月八日　星期三　晴　十四～〇二度

与梅璧新及祖弟往东车站送陈剑如南归,至车站见孙公治丧处布告,乃知因事务未毕,改迟一天。

写《金文编》四叶。七妹、内子来信。

---

①徐谦(1871—1940),字季龙,安徽歙县人。光绪三十年(1904)进士,任翰林院编修、法部参事、京师高等审判厅检查长。民国后曾任孙中山广州军政府秘书长、岭南大学教授、中俄庚款委员会主席。

四月九日　星期四　晴

写《金文编》五叶。覆七妹信。

四月十日　星期五　晴　三八～二度

写《金文编》四叶，弟十二完。覆邹景叔信。

购李文田手札五页，价五角。尚有张之洞、周锡恩、沈曾植诸人手札，未购也。

四月十一日　星期六　晴　二五～四度

早到研究所。饭后到林宅授课。课毕到新馆，在钟太处晚饭。往老馆宿。顺至曹冕处闲谈。

为商锡永双钩《西狭颂》、《韩仁铭》、《尹宙碑》、《孔宙碑》、《尚博碑》篆额五种。

四月十二日　星期日　阴　风

三时半回寓收拾书架。

真赏社所印之宋拓本《西狭颂》，后有沈心醇跋云："此旧拓《西狭颂》在寒家百余年矣……到京后从大兴翁覃溪先生游，读其所箸《两汉金石记》，始知搜罗石墨，因忆家有此本。适友人南归之便，嘱其携取至京。瘦同前辈一见欣赏，以为纸墨之精得未曾有，覃溪师亦因所藏逊此，一再假观……"以余藏本较之，点画不差，而予本多碑侧题名。以余观之，乃清拓耳，谬题宋拓，何书贾欺人乃尔。又余见罗叔言藏明拓本，字反模糊，意此碑经清人剔清，故较明本清晰也。

四月十三日　星期一　晴　二十一～三度

为商锡永双钩《景君碑》、《樊敏碑》篆额两种。

往研究所借《杨震碑》，钩其碑额。

与曾集熙往琉璃厂商务印书馆，购《说文古籀补补》，视其考释未见的确，而实价四元，无扣折，故不之买。

往新馆，陈宗圻为摄一景。与陈宗圻、曾集熙合摄一景。与苏、钟等往市场买鱼菜。我拿菜,施拿鸡,杨拿虾,苏、钟拿肉、豆腐等,回老馆煮食。亦一无聊生活也。在老馆宿。

四月十四日　星期二　晴　二十三~四度

早回寓。写《金文编》附录上五叶。

钟来,同到东莞馆,并取钥匙。珠来信,孙伯恒[1]来信。

四月十五日　星期三　晴　二十~五度

写《金文编》两叶。

大新矿业公司理事小林胖生及杉村勇造、徐谦参观研究所。

五时苏、钟等来。钟邀往东华饭店晚饭。

汉太仆残碑,马衡考定为司空袁敞碑。手录其题跋,并据《后汉纪》为之补证。马衡赠余魏《苏君神道》一纸。

摹《苏君神道》并前所钩篆额,寄商锡永。复孙伯恒信。

四月十六日　星期四　晴　二十九~八度

写《金文编》五叶,补弟二一叶。法人某参观研究所。

施少川邀往开明看戏,一斛珠演《戏凤》及《翠屏山》。晚在老馆宿。

四月十七日　星期五　晴　二十八~十三度

饭后往商务书馆购丁佛言[2]《说文古籀补补》,九扣,价三元六角。回研究所。

写《金文编》四叶。

四月十八日　星期六　晴　二十七~十五度

师大参观研究所。珠来信,复珠信。饭后往林宅授课。

---

[1]孙壮(1879—?),字伯恒,号雪园,室名澄秋馆,直隶大兴人。国子监学生,肄业同文馆、京师大学堂。后任北京商务印书馆经理、中国营造学社校理等职。

[2]丁世峄(1878—1931),字佛言,山东黄县人。精古文字学,善籀篆,工刻印。著有《说文古籀补补》、《古陶初释》、《说文部首启明》等。

邀张子幹、苏、钟、施少川等往春记晚餐。

四月十九日　星期日　晴　晚雨　二十七～十四度

与苏、钟各人往真光看电影《结婚保险》。

邀各人往东华饭店早饭。邹适庐来信。

四月二十日　星期一　早雨　晚晴　十五～八度

写《金文编》八叶,《金文编》写成。

从马幼渔①先生处借得程甲本《红楼梦》,以校抄本,字句多不同。道光刻本是从程本来,惟略有修改。

四月二十一日　星期二　晴　廿五～五度

将程本与校本送胡适之先生。

校《金文编》采用彝器目录。

与祖游小市,购汉素镜一枚,价二角。《经史百家叙录》,价三角;《王荆公》(梁启超箸),价二角五分;《春声》第四集,价一吊。

张子幹生日,请广和居晚饭。返老馆宿。

四月二十二日　星期三　阴　夜雨　二十二～八度

二时返研究所。校彝器目毕。

是月伙食共化银玖元一角二分。

四月二十三日　星期四　阴　十七～十一度

寄四舅、罗君美信。补写《金文编》弟三一叶。

锡永来信。复锡永信。临秦公敦一过,寄锡永。

四月二十四日　星期五　雨　十七～十度

十时于右任②往研究所参观。计算《金文编》字数。

---

①马裕藻(1878—1945),字幼渔,浙江鄞县人。1913 年被聘为北大教授,1920 年起任北大国文系主任,任职达 14 年。

②于右任(1879—1964),名伯循,陕西三原人,国民党元老。1922 年创办上海大学,1924 年在国民党第一次全国代表大会上当选中央执行委员。

四月二十五日　星期六　晴　二十三～十度

早往研究所。饭后往林宅授课。课毕往丞相胡同曹道三处晚饭,后回老馆宿。

四月二十六日　星期日　晴　二十五～十四度

晨往真光看《巾帼须眉》电影。看毕施少川邀往东华饭店早餐。

校《红楼梦》弟廿四、廿七、廿八回。

四月二十七日　星期一　晴　二十四～一十度

早到研究所。张镛同甫来谈。

与苏、钟等往看电影《巴黎一妇人》。此剧由贾波林导演,用意深刻,为电影中之上乘。

晚饭后与苏、钟、祖弟往游中央公园。在新馆宿。

四月二十八日　星期二　晴　二十九～九度

饭后由新馆到研究所。顾颉刚约后日往妙峰山。

接卢瑞、陈璠信,罗君美信。即复。晚到毓生处闲谈。

四月二十九日　星期三　晴　二十九～八度

收拾行李往妙峰山。到老馆。三时往开明看电影《虚荣祸》。

晚往开明看一斛珠演《黛玉焚稿》。一时回寓。

四月三十日　星期四　晴

八时与三弟到颉刚家,与孙伏园①、庄尚严②、顾颉刚、我与三弟五人同往妙峰山。六时半乘洋车到西直门,价四十枚,到海淀,价五十枚,到北安河,价百六十枚。三时许至,小事休息。四时许

---

①孙伏园(1894—1966),名福源,字养泉。浙江绍兴人。1921年毕业于北京大学,进入《晨报》任附刊编辑。
②庄严(1899—1980),字尚严,号慕陵,吉林长春人。1924年毕业于北京大学哲学系。曾任北京故宫博物院古物馆科长,台北故宫博物院古物馆馆长、副院长。

步行往妙峰山,共四十里,九时许至妙顶[峰]山顶,宿于客堂,房屋尚清爽。

五月

五月一日　星期五　晴

早起顺步至经沟,在经沟早饭,一时回妙峰山。

五月二日　星期六　晴　二十五～十三度

妙峰山顶至三家店五十馀里,三家店至香山三十馀里,香山至海淀十馀里。

五时起,六时下山。给房伙六圆,赏听差一圆四角,雇背子二名,价一元二角(至三家店)。一时至三家店,骑骡往香山(价五角),五时许至。至静宜园时,适遇学校信差,接学校信,云改在三贝子花园开恳亲会,并讨论刊行《国学门周刊》事宜。佥议回家。六时起行,九时半至家(车价由香山至西直门七角,西直门至家二十六枚)。

由妙峰山至三家店山石荦确,殊不易行。

接锡永信,并赠二大笔。

五月三日　星期日　晴

十二时往三贝子花园,研究所在豳风堂开恳亲会,照相六叶。

五时回老馆,钟太请往游艺园观演《武则天》剧。

五月四日　星期一　晴　二十八～十四度

在新馆。九时回寓。购《小学考》等书。

五月五日　星期二　晴　二十八～十七度

编《金文编》检字。许守白来。

五月六日　星期三　阴　十六～十四度

寄母亲、雪聪、蟾波信。日人参观研究所。

编《金文编》检字。七妹来信。

灯下作《妙峰山》文：一、《碧霞元君之起源》；二、《妙峰山碧霞元君庙之起源》；三、《碧霞元君香火之盛》。

五月七日　星期四　晴

编《金文编》检字。为开泰事写信与三嫂、七妹。

与陈宗圻、三弟往崇效寺看牡丹。

为张四妹、郑昭懿摄影。与三弟往东安市场购笺纸、信封。

五月八日　星期五　晴　二十六～九度

寄邹景叔信，并赠以《熹平石经序记》残字。

福开森赠《匋斋旧藏古酒器考》、《古禁全器》。

五月九日　星期六　晴　二十八～十二度

到研究所作《妙峰山》文。到林宅授课。

五月十日　星期日　晴　二十六～十四度

编检字完。张諟斋来信，复信。

五月十一日　星期一　晴　二十五～十四度

补写《金文编》三叶。研究所开会讨论周刊事。

为清室失窃事与林白水信。

五月十二日　星期二　晴　二十一～十四度

九时到方家胡同京师图书馆查《宛平县志》、《泰山志》。

到研究所，与颉刚、伏园、尚严、祖弟合照一妙峰山归来时之簪花小像。

将《妙峰山》文改定。

五月十三日　星期三　微雨　十六～十二度

写《金文编》检字四叶。

饭后到研究所清理艺风堂金石文字。

五月十四日　星期四　雨

写检字四叶。为伦慧珠修改《记梦》一文。

五月十五日　星期五　晚大雨

写检字四叶,完。

研究所开会欢迎哥可岁夫,彼陈列其在库伦所得古物,有种种棉毛织物,谓属汉代者。

五月十六日　星期六　阴

早往新馆。一时到北大,广东同乡今恳亲会、游艺会。

五月十七日　星期日　早雨　午雨　晚晴　二十~十四度

早与钟、施往真光看电影《血痕泪影》。钟请往东华饭店饭。雨雹。雨后与钟、施、苏、四妹回寓小坐。往女伶一斛珠家。

回老馆。内子来信。

五月十八日　星期一　晴　二十一~八度

七时逛琉璃厂书肆,并为钟到邮局取汇款。因信封不对不能支取。回寓后适妙峰山松棚林长厚来,祖弟与之往研究所,遂往研究所觅之。

饭后到研究所清理艺风堂拓片。研究所开内部会议。

寄内子及罗君美信。

五月十九日　星期二　风　二十四~十二度

写《金文编》采用彝器目录三叶。

张同甫来索书扇子。往卢翙处闲谈。

五月二十日　星期三　阴　早风　二十五~十三度

补写附录上第廿六、廿七页,附录下第八页。

接四舅及锡永信。摹《梧台里石社碑》篆额。

复四舅及锡永书。研究所开会。

拟集诸子寓言,如《孟子》"齐人"等等,当富有趣味,第无暇暑从事耳。

五月二十一日　星期四　晴　二十五~十度

是月共伙食等费十一元八角（电灯六角七分）。

写器目三叶。晚与陈宗圻往东安市场。

五月二十二日　星期五　晴

写器目三叶。到研究所编云冈石窟、龙门石窟影片目录。

五月二十三日　星期六　阴

到研究所编目。饭后往林宅授课。课毕到新馆,在施少川〈处〉饭。

五月二十四日　星期日　晴　十六~二十三度

往真光看《断肠人》电影。往中央公园摄景,成绩尚不恶。

与陈宗圻、祖弟到李苍萍①处。

五月二十五日　星期一　晴　二十八~十七度

到研究所张挂拓本影本。施少川来。与罗君美信。

五月二十六日　星期二　晴　午后雨

鲍士伟②三时到研究所参观。

拓工谭荣九示余一师兑敦铭,为余所未见者。摹十馀字,补入《金文编》。

五月二十七日　星期三　晴　二十四~十四度

写检字三叶。往校医室,嘱温之英用盐铁纸印师兑敦。

缝夏布大褂,价一元。邹景叔来信。

---

① 李苍萍,即李沧萍(1897-1949),名汉声,广东丰顺人。1923 年毕业于北京大学。诗、书、画均佳,曾任国立中山大学、私立岭南大学教授。

② 鲍士伟(Arthur E. Bostwick, 1860—1942),哈佛大学物理学博士,曾任布鲁克林公共图书馆馆长、纽约公共图书馆流通部主任、圣路易斯公共图书馆馆长及美国图书馆协会主席。

五月二十八日　星期四　晴

与黄仲良往清室。检查重华宫、漱芳斋,有铜器数件,仲良摹得舟敦铭一,五字。写检字二叶。

罗叔言与余书云:《说文序》"比类合意以见"句,"指㩉武信是也"句。盖"指㩉武信"四字为例:手旨为指、手为为㩉,与止戈为武、人言为信,正同。马叙伦[1]《读书续记》云:《说文叙》中言六书者,皆以八字为条例,二字为左证,不独句读甚为分明,且物诎、识意、谊㩉、名成、首受、字事为韵也。

陈援庵[2]送来《古石存》,书价二元七角。

五月二十九日　星期五　晴　二十五～十四度

与祖弟往抄手胡同访杜鹿笙[3],不遇。顺道至旧馆,与苏往丞相胡同曹宅。

晚与曹宅各人往开明戏院看苏兰舫演《探母》,一斛珠演《醉酒》。十二时回寓。林宅交冯炳奎带来"交通部派容庚为本部咨议令"一件。

商承祚、罗君美来信。

五月三十日　星期六　阴　十五～廿四度

复罗君美信。与祖弟访胡适之。

七妹及商锡永来信。复七妹信。

五月三十一日　星期日　阴

写自序二叶,每叶费时二小时以上,殊苦。

---

①马叙伦(1885—1970),字彝初,更字夷初,浙江杭县人。1917年任北京大学教授,1949年后曾任教育部部长等职。

②陈垣(1880—1971),字援庵,广东新会人。曾任教育部次长、京师图书馆馆长、辅仁大学校长、北京师范大学校长。著有《元西域人华化考》、《校勘学释例》、《史讳举例》等。

③杜鹿笙,广东番禺人。曾留学英国,时任教于辅仁大学,邓尔雅好友,生卒年待考。

到中央公园参观图书馆善本书展览会,梁任公藏《筠清馆金文》稿本,他时当托陈恭甫作书介绍假观也。

六月

六月一日　星期一　阴雨　廿三~十五度

十二时与冯炳奎到杜鹿笙家少坐。到交通部报到,闻月薪九十元云。

写自序一页、凡例一页。

接君美信,云《金文编》拟先交三册,其馀一册续交。

六月二日　星期二　早大雨　晚晴　廿二~十二度

写自序二页、凡例一页、器目一页。

支十一月份薪水一成八、十二月份薪水二成,共十九圆。

六月三日　星期三　阴

写器目三叶。

与翟宗心①、祖弟请毕业生冯炳奎、周梅羹、黎汝璇、黎翼墀、王荣佳、钟暎耀在东华饭店晚饭,共化七元二角,每值二元四角。

与商锡永信。

六月四日　星期四　阴　廿五~十七度

写器目三叶。写《金文编》毕,刻砚记之。

与三弟、陈宗圻游什刹海。

六月五日　星期五　晴

到富晋书社,商代售《金文编》事。到研究所。

①翟宗心(1900—1967),广东东莞人。曾任黄埔军校中校宣传科长,后任衢州绥靖公署少将代理秘书长、汕头市长等。

六月六日　星期六　晴　雨

早到研究所。河南彰德基督教长老会牧师明义士①到所参观，即摹写甲骨文字印有成书者，中国语甚好。与之同到寓所观《金文编》。

饭后到林宅授课。临秦公敦寄商锡永。

六月七日　星期日　早微雨　二十五～十七度

到真光看《美人鞭》电影。

四舅寄署首及序文来。饭后即写寄君美。

与祖弟、钟、苏、陈宗圻等游中央公园并摄景。

王荣佳、周梅羹、冯炳奎等请华美晚餐。在中央公园遇冯俨若②及其妻女，约明日一二时往谈。

六月八日　星期一　晴

为张镛同甫写小幅及联。饭后与祖弟往访冯俨若。

六月九日　星期二　晴

早校《红楼梦》弟八十一、二回。饭后往研究所粘封泥拓片。

六月十日　星期三　午后大雨

与周用、陈宗圻、祖弟四人为上海罢工事募捐。

晚请冯俨若在东兴楼饭。张子干与苏、钟陪。化洋拾式元，与祖弟各值其半。

为募捐事与宗圻冲突，将经手募得之款取销，改捐北大募捐团。

六月十一日　星期四

到研究所粘封泥拓片。

---

① 明义士（James Mellon Menzies，1885—1957），加拿大人。1910 年来中国河南省北部传教，后来转往彰德（安阳）。其《殷墟卜辞》于 1917 年出版，从所收藏 5 万片甲骨中选出 2369 片。

② 冯恩，字俨若，容庚姻亲，生平未详。

卢弼①慎之,湖北沔阳参观研究所,刊行《湖北先正遗书》、《慎始基斋丛书》,人甚和霭可亲。

张子幹请西观音寺街柳庄晚饭。

六月十二日　星期五　晴　夜大雨

何日章②(河南弟一图书馆长)参观研究所。粘封泥拓片完。

祖弟预备南归,乘新华直到广州。

六月十三日　星期六　阴

七时送祖弟车。到新旧馆。在旧馆饭,往新馆宿。

往林宅授课,教以刻印。

六月十四日　星期日　晴

与少川、苏、钟等往真光看电影《燕支虎》。看毕少川请往东华饭店早饭。

收拾行李。邹适庐、商锡永来信,即复。

六时祖弟自天津回,因新华尚在沪也。

六月十五日　星期一　晴

到研究所编拓片目录。开考古学会常会。

六月十六日　星期二　晴

到研究所编拓片目录。

祁咏樵、王绍曾来,饭后同往彼处。自朝阳退学后,不到彼处者将三年矣。

天气甚热,《晨报》未有报告,不甚悉,意在三十度以上也。刻下为下午十时,温度二十九。

---

①卢弼(1876—1967),字慎之,湖北沔阳人。早年留学日本早稻田大学,攻读政治经济学。曾任国务院秘书。

②何日章,河南商城人,生卒年未详。1917年毕业于北京高等师范学校英语部。1924年任河南省图书馆馆长兼民族博物院院长。

六月十七日　星期三　晴

到研究所编拓片目。明义士到研究所,谈殷虚文字。

发薪三成,得十五元。伦四太送松花蛋来。

六月十八日　星期四　晴

到研究所编拓片目。

三时许到新馆。钟购骨簪、红枣,苏购蜜枣、剪子送吾。

九时与祖弟往冯俨若处,谈到十二时许始归。归来接天津李佩绅信,言新华三十早开行。仓卒收拾行李,至二时许乃睡。

六月十九日　星期五

七时与祖弟往东车跕。王毓生、黎汝璇等来送行。张子幹、苏、钟等亦来送四妹行。苏与郑昭懿欲送至天津,吾购三等车票二张与之。十一时半至天津,邀陈友琴、张四妹、苏、郑、罗君美及祖弟等饭于百花村饭庄。寓大安栈。

六月二十日　星期六

午后与苏、郑、四妹、陈宗圻、祖弟游河北公园。

见四妹与友琴龃龉之状令人寡欢。

购华丝葛裙料二,价十三元,一与母亲,一与外姑。

六月二十一日　星期日

早郑昭懿与苏来,因陈扰也。

午郑、苏与四妹在吾寓哭别,四[声]震四邻。遇人不淑,夫复何言。陈欲入阻,吾闭其门,彼无如何也。三时半送郑、苏乘车返北京。

到君美处。君美请往馆子晚饭。唐立广①及祖弟亦在座,谈笑甚欢。

---

①唐兰(1901—1979),字立庵、立厂、立广,浙江嘉兴人。肄业于无锡国学专修馆,文字学家,金石学家、著有《故宫学导论》、《中国文字学》等。

十一时下船,同房:施少川,卢亦宝、彭铿兄弟,张培燊、沛枬兄弟,祁咏樵,王绍曾,陈宗圻,共十人。

在君美处借得五十元,借与苏五元。

六月二十二日　星期一　雨

阅《结婚的爱》。

六月二十三日　星期二

早船到龙口。写明信片,寄邹景叔、叶漠渔及苏。

六月二十四日　星期三

阅《结婚的爱》。李小峰[1]所译属于意译,胡仲持[2]所译属于直译。李较为清晰易晓。三时船自龙口开行。

六月二十五日　星期四　雾　雨

校《红楼梦》。

六月二十六日　星期五　早雨　雾

校《红楼梦》。连日皆风平浪静,是晚船始震荡不宁。

六月二十七日　星期六

是日颇有风浪。祖弟吐。张氏兄弟与卢彭铿早晚皆不食饭。吾亦略有晕眩意。

六月二十八日　星期日

十时后船行内海,风浪略平。夜间十二时半船停,至四时乃开行。

为臭虫所扰,彻夜不能寐。吾初毙臭虫数枚,后臭虫大大小小继续而来,毙之不了。吾笑谓木虱下动员令也。

---

[1]李小峰(1897—1971),翻译家、出版家,江苏江阴人。1918年就读于北京大学哲学系,曾任新潮社干事,后参与语丝社及北新书局。

[2]胡仲持(1900—1968),浙江上虞人。上海《新闻报》、《商报》及《申报》记者。1921年参加文学研究会。

六月二十九日　星期一　晴

风略大,风浪仍平。饭后因水浅船不能行,停两三小时。

晚间无一臭虫出扰,意臭虫亦有智识也。

六月三十日　星期二

观叶绍钧①《火灾》小说集。

七月

七月一日　星期三　或晴或雨

十一时船到香港。因港中苦力罢工,货物不能起卸,船不能开往广州。将行李搬往港太轮船,由太平返莞。到四舅处,力劝其晋京。十时返港太船宿。船中客人挤拥,几无隙地。

七月二日　星期四　或晴或雨

船六时半开行,五时到太平。寓王绍曾公兴洋货店中。绍曾邀往天然晚饭,菜价奇昂。

七月三日　星期五　或晴或雨

五时乘莞太返莞,十时半到。见伯父各人。

七月四日　星期六　或晴或雨

饭后访杜亦荪、陈恭甫、卢瑞、徐畅怀诸友。三嫂请食荷饭。

七月五日　星期日　或晴或雨

访卫瀛客姊丈。姻伯何辑五②请陶园晚饭,二时往新沙访之。

七月六日　星期一　或晴或雨

早往普济医院,访陈伯隽,并见何梦岩。

---

①叶圣陶(1894—1988),原名叶绍钧,江苏吴县人。现代作家、教育家。

②何家瑞(1889—1968),字辑五,广东东莞人。曾任北洋政府亲军统领,后投奔民国广州政府。1924 年被孙中山委任为鄂军总指挥,1926 年任北伐军第五军第十五师参谋长。

七月七日　星期二　晴　晚雨

寄冯俨若、林白水、商锡永、方芝庭、罗原觉[①]信。

七月八日　星期三　晴

校《红楼梦》八十八、九回。

请何家瑞辑五、家琪仲瑜、家璇在玑、承宠[②]伯龙晚饭,陈恭甫及邓微之舅陪。

寄外舅信及《金文编》。

七月九日　星期四　晴

校《红楼梦》九十回。卢贯来。

七月十日　星期五　晴　夜雨

校《红楼梦》九十二回,与通行本多不同。寄顾颉刚信。

七月十一日　星期六　晴

到罗瑶、卢翌、施贞、卢贯处闲谈。

收翟宗心信,言支得薪水一月又七成,共八十五元,捐援助沪案工人四元。

七月十二日　十三日

往广州。

假观何伯龙所藏张铁桥《八骏图》卷,附录题字于左:

天马豪闻绿耳名,谁能捉影见精英。今朝笑得逢良父,半幅鹅溪自解鸣。飚云掣电绝商量,赤焰奇姿夜有光。共爱青丝挽垂柳,莫教容易献昭王。桃花叱拨绝流归,所向何常有是非。贫道从来爱神骏,不知何事到天涯。杨柳青青草色幽,雄心阔向玉关秋,乾坤有限纵横尽,迟尔华阳卸络头。

---

①罗原觉(1891—1965),原名泽堂,广东南海人。收藏家、文物鉴藏家。
②何承宠,字伯龙,后曾任容庚书记。

己酉秋余返自泷山，珠江值□□①词舅□□，余甥孙□□□，内弟少年慷慨，重交谊，沈心学海，以余老能文词、绘事，辄得毫素便珍之。兹余买隐山中，学长生不欲入世，□□□益亟慕，明日又移家还泉石间，可无留墨以答其知，并识之。铁桥道人张穆。

又，邓秋枚②所藏铁桥《八骏图》卷题字云：

穆王西返八龙空，留影犹能百代雄。身概瑶池五云锦，至今毛鬣散秋风。

辛丑仲冬，写似汉英先生老词宗政。罗浮张穆。

《学海堂三集》有《张铁桥画马行》三篇。③

七月二十日　星期一

返东莞，二时许至家。外舅借小洋五十元，往省化用共十元。

购籐席六元六毫，《寐叟题跋》一元六毫，一字一行本《说文》三元一毫。

收罗原觉《金文编》款小洋八元。

七月二十一日　星期二　晴

校《红楼梦》九十四至九十八回。

陈璠、卢瑞、卢翊来。

七月二十二日　星期三　晴

校《红楼梦》一百三回至一百五回。

祖弟等为内子生日请伯父等早饭。

《高僧传》鸠摩罗什与众僧告别曰：因法相遇，殊未尽心，方复

---

①此处"□"为日记原缺，下同。
②邓实（1877—1951），字秋枚，广东顺德人。曾与黄节、章太炎、马叙伦、刘师培等创立国学保存会、神州国光社。
③此后六日未记。

后世,恻怆何言。自以闇昧谬充传译,凡所出经论三百馀卷。唯《十诵》一部未及删繁,存其本旨必无差失,愿凡所宣译传流后世咸共弘通。今于众前发诚实誓,若所传无谬者,当使焚身之后舌不燋烂。呜呼,今之译者,舌不焦烂有几人哉!

七月二十三日　星期四　晴

校《红楼梦》九十九、一百、一百八、一百九回。

七月二十四~二十六日

《东塾集》逐启谟鼎铭跋:

铭云:搏伐獫狁于洛之阳。案,水北为阳,今陕西靖边、保安二县地也。搏伐獫狁之文与《六月》篇同,此当与尹吉甫伐獫狁为一事。《诗》云"至于大原",毛、郑不详其地,后儒之说亦未确。以此铭证之,盖即洛之阳矣。何以明之?《水经注》引《春秋说题辞》云"高平曰太原"《禹贡》伪《孔传》同,又引《尚书大传》云:"大而高平者,谓之太原。"按:《尚书·禹贡》之"太原",《春秋》之"大原"公羊、穀梁《春秋》作大原,左氏《春秋》作大卤,而传则曰大原,皆今山西太原府地。其地南则汾水南流,北则桑干北流,东则滹沱东流,西则六涧河、岚漪河、蔚汾河,皆西流。水势分流,是其地势甚高,故谓之大原也。此铭之洛阳,为今陕西边靖[靖边]、保安二县地,南则洛水南流,北则通哈拉克河北流,东则青涧河、濯筋河东流,西则惠安堡河西流。其水势分流,地势之高,与山西太原同,故亦谓之大原也。《诗》于獫狁来侵云"至于泾阳",郑笺云泾水之北,为今陕西泾阳、淳化、三水诸县地。周师伐之,獫狁败归,于是追数百里至靖边、保安二县地乃还,其地为今陕西北界,盖即周时边徼,獫狁由此北入河套,则出徼外矣,故《毛传》云"逐出之也"。得此铭与《诗》合而观之,獫狁南侵则至泾阳,周师北伐则至洛阳,当时用兵之地,历历可指矣……

案:逐启諆鼎只九字,其馀皆伪刻。"搏伐獵狁于洛之阳",乃从虢季子白盘抄袭而来,移跋虢盘可耳。[1]

八月

八月十五日　星期六

与家母、三弟往广州候船北上,卢瑞同行。[2]

八月二十一日　星期五

上午三时新昌船开行,往沪。

八月二十六日　星期三

上午十时到沪。寓三洋泾桥共和栈。

八月二十七日　星期四

游半淞园,由民国路搭西门电车,再搭高昌庙电车往。

八月二十九日　星期六

早七时乘火车赴杭,十二时到,寓西湖湖滨旅馆。面湖而居,步行至平湖秋月,并游西湖公园,雇小艇游湖心亭而归。访邹适庐。

八月三十日　星期日

早雇艇游三潭印月、鄂王坟、西泠印社诸胜,在杏花村午饭。

八月三十一日　星期一

雨,不能出游,往清河坊购扇子、菊花等物。四时邹适庐来。

---

[1]七月二十七至八月十四日未记。
[2]八月仅记七日,下不再注。

九月

九月一日　星期二

雇艇游里湖各庄及灵隐、韬光诸胜。

九月二日　星期三

早游玉泉观鱼、栖霞洞等处。欲在三潭印月摄景，因光线不佳未果。

四时归。因火车六时快车开车，匆忙收拾行李，乘车赴宁。

九月三日　星期四

七时到南京下关，乘车入城，寓中正街惠中旅馆。

访商锡永。乘马车游明陵、秀山公园、莫愁湖。

九月四日　星期五

与锡永往各书肆购书。①

九月六日　星期日

锡永与其舅孙雨廷来。与母亲同往游秦淮河。

九月七日　星期一

六时乘马车往车跕，锡永送行。

九月八日　星期二

十时到天津，访罗君美。卢瑞与母亲直往北京。

在君美处取《金文编》五十部。四时回北京，八时到。在带芳园晚饭。在老馆宿。

九月九日　星期三

早与卢瑞、祖弟往访沈兼士、马叔平等。觅屋。因余南归后曾集

---

①九月五日未记。

熙将余等住房占住,祖弟与之稍有争论,故欲觅屋搬迁也。访冯俨若。

九月十日　星期四　晚雨

早往研究所。日人小林胖生等到所参观。晚在翟宗心处宿。

九月十一日　星期五　午后雨

曾集熙愿将暑假房租少收一月,托陈宗坼调停,意与他非大过不去,故仍回故居住西房。

收改房子。四时回老馆,与陈宗坼遇雨。

九月十二日　星期六

早祖弟回寓裱糊房子。①

九月十四日　星期一

午后研究所开会,讨论《周刊》事。往小市购椅桌等物。

九月十五日　星期二

收拾书籍。午后往访黄晦闻②、杜鹿笙。

九月十六日　星期三

收拾书籍。午后写马叔平《金文编》序付印。

九月十七日　星期四

早收拾书籍。下午一时与卢瑞等往隆福寺逛书肆。

二时研究所开会,欢迎刘半农③教授(在法国得言语学博士学位)。

九月十八日　星期五

早写沈兼士《金文编》序寄君美。

---

①九月十三日未记。

②黄节(1873—1935),字晦闻,广东顺德人。与章太炎、马叙伦等创立国学保存会,创办《国粹学报》。南社社员,1917 年受聘为北京大学文科教授,专授中国诗学。

③刘复(1891—1934),原名寿彭,字半农,江苏江阴人。1920 年赴英国伦敦大学学习,次年入法国巴黎大学学习语音学,获文学博士学位。回国后任北京大学、中法大学、辅仁大学等校教授。

饭后到研究所。田潜[1]以《一切经音义引说文笺》与余《金文编》相易。

四时到新馆,与母亲等往城南游艺园,观琴雪芳《天河配》。十二时回老馆宿。

九月十九日　星期六

晨与母亲等往游陶然亭,摩挲香冢、鹦武冢墓碣。

四时往游北海,归已八时矣。

九月二十日　星期日

与母亲、苏、钟等往真光看《冰山侠影》电影。卢贯邀在东华饭店早饭。饭后回寓。三时女学生林毓秀姊妹来,叩见母亲。与母亲等往西观音寺火神庙八号冯俨若姻兄处,顺往刘文斌处。五时回寓。

写适庐扇,临秦公敦。

九月二十一日　星期一

到研究所。为胡文玉写治家格言屏。

九月二十二日　星期二

到研究所。为胡文玉写治家格言屏。为刘澄清写联。

九月二十三日　星期三

早逛书肆。到郑鹤年处坐。购李遇孙《尚书隶古定释文》,价三元。早在钟太处饭。晚邀冯俨若姻兄夫妇、杜鹿笙夫妇、张子幹夫妇、钟太、曹冕、卢瑞等在忠信堂晚饭。吾是日生日也。

九月二十四日　星期四

八时许到林宅授课。饭后往研究所。六时归。母亲及钟、苏

---

[1] 田潜(1870—1926),又名吴炤,湖北江陵人。光绪二十八年(1902)举人。撰有《说文二徐笺异》、《一切经音义引说文笺》、《宋本说文校勘表》等。

已来寓,八时同往苏州胡同刘文斌太太处晚餐、打牌。十一时同回寓宿。

九月二十五日　　星期五

早与母亲等往研究所参观。煮螃蟹及面食,五时母亲等乃去。

九月二十六日　　星期六

到研究所清理拓片。

九月二十七日　　星期日

八时半往真光看《卖花女》电影。到东华饭店早饭。往张园。回瑞蚨祥剪衣料,送苏生日。在两益羊肉铺晚饭。

九月二十八日　　星期一

陈钟凡①寄广东大学聘书来,聘为教授,月薪二百四十元。

九月二十九日　　星期二

为瑞支临四屏。

九月三十日　　星期三　　大风雨

二时研究所开干事会议。苏生日,因风雨未往。

十月

十月一日　　星期四

复陈钟凡信。往林宅教书,顺道出老馆早饭。

购得林政小说二册,何人所译,书名为何,尚待考查。

十月二日　　星期五　　中秋节

在老馆过节。晚饭后往北海公园,与钟太、母亲等回寓宿。

---

①陈钟凡(1888—1982),又名陈中凡,字觉元,号斠玄,江苏盐城人。1917 年任北京大学文科补习班国文教员,1924 年任广东大学(中山大学前身)文科学长兼教授。

十月三日　星期六　晴。

八时往访易培基①，他已出门。适遇齐念衡②，遂同到清宫候之。十时他来，与言广大购书事。

十二时与母亲、钟坤游文华殿。清代多精品，宋画多伪。母亲、苏、钟留宿不去。

十月四日　星期日　晴　二十四～十三度

八时与母亲等往看电影。往富晋取回马、沈两序五十份。写陈恭甫祖母寿序底稿。晚饭后母亲等归去。

十月五日　星期一

十时与卢瑞往清华，见梁任公、王国维③先生。赠任公《金文编》乙部。与助教赵斐云名万里④谈甚久，四时许乃归。

十月六日　星期二

写陈恭甫祖母罗太夫人寿屏。九时仲良来，催往清宫陈列铜器。入宫到南小库、摛藻堂等处，提取铜器，择其稍善者，得大鼎、颂鼎等数十器。六时归。

十月七日　星期三　晴　二六～一一度

九时到坤宁宫东配殿陈列铜器。与祖弟往，手拓彝器十数种归。

晚写罗太夫人八寿屏，至十二时许完。

---

①易培基(1880—1937)，字寅村，湖南善化人。1925年任故宫博物院理事兼文物馆馆长。1933年因故宫盗宝案被迫辞去院长职，移居天津。

②齐念衡(1897—?)，字树平，北京人。曾任故宫博物院科长，华北大学、北平女子师范学院、齐鲁大学等校教授。

③王国维(1877—1927)，字静安，晚号观堂，浙江海宁人。与罗振玉、郭沫若、董作宾并称"甲骨四堂"。1922年允任北大研究所国学门通讯导师，1925年受聘为清华国学研究院导师。

④赵万里(1905—1980)，字斐云，浙江海宁人。1925年任清华国学研究院助教，得王国维指导。1928年转往北平北海图书馆等处任职。

十月八日　星期四　晴

九时到坤宁宫东配殿陈列铜器,手拓数纸。下午与朱希祖[1]往摘藻堂、昭仁殿提书,得见元版《博古图录》,朱彝尊旧藏抄本《历代钟鼎彝器款识》。

十月九日　星期五

九时往清宫,在坤宁宫西配殿陈列雕漆器具。手拓散盘,至乐,足酬数日之劳。

十月十日　星期六

早七时许由老馆归。赵斐云来。一时与母亲、苏、钟等往清宫参观。苏在忠信堂请食晚饭。

十月十一日　星期日

九时往清宫,十二时归。一时与母亲等同往清宫参观。母亲等留宿。

寄景叔、伯龙书。

十月十二日　星期一

早往隆福寺购《书林清话》乙部。午后往研究所。

晚往西单火神庙冯俨若处晚饭,与母亲同回老馆宿。

十月十三日　星期二　晴

早八时往新馆,少坐。回研究所开内部会议。

午后往研究所。日人三上等参观。

十月十四日　星期三

写张仲锐[2]屏条四、小中堂二。临散盘赠林白水。

---

[1]朱希祖(1879—1944),字逖先,浙江海盐人。早年官费留学日本早稻田大学,1918年任北京大学教授兼中文系主任,后曾任教清华、辅仁、中山大学。

[2]张仲锐(1909—1968),又名涵锐,字次溪,广东东莞人。张伯桢之子。1923年入世界语专门学校、孔教大学。文史学家,撰有《北平志》稿、《北平岁时志》等。

十月十五日　星期四

斠《秦汉金文》。摘抄《十六长乐堂古器款识》。

十月十六日　星期五

斠《秦汉金文》。到研究所摘抄《十六长乐堂吉金款识》。

晚母亲、钟、苏、少川等来,母亲等留宿。

十月十七日　星期六

早往研究所粘明器照片。

饭后往琉璃厂购书,误购翻版之《小蓬莱阁金石文字》。

晚清室善后委员会请西车跕晚餐,与元胎、卢瑞同往。回老馆宿。

十月十八日　星期日

早微雨、大风。初欲与母亲等与[往]北海摄景,不能去。

午一时往北海濠濮间,研究所在此开恳亲会。馀兴由各人用土语说"到底怎么样"一语。方言各殊,而新会与广州绝不相同,可异也。

接陈斠玄信。到马幼渔处,借程排甲本《红楼梦》。

十月十九日　星期一　晴

早收拾书籍。午母亲及苏来,同往北海照相。晚往华美西餐,电邀钟来。

阅《红楼梦辨》。

十月二十日　星期二　晴

往研究所粘明器照片。晚阅《红楼梦辨》。

十月二十一日　星期三

编《金石书目》,寄易寅邨,使为广大购买。

到研究所,校所中藏石目。

十月二十二日　星期四

校《红楼梦》。下午到研究所,校藏石目。

往隆福寺,顺道往东安市场东来顺晚饭,祖弟、卢瑞同往。写"籀仁室"额。

十月二十三日　星期五

草《〈红楼梦〉本子问题质胡适之俞平伯先生》一篇。

十月二十四日　星期六

早往研究所粘明器拓本。

饭后与赵斐云、卢瑞、祖弟往访黄晦闻,不遇。顺道往琉璃厂逛书肆。四时至老馆。

十月二十五日　星期日

早往真光看电影。与苏、钟等回寓早饭。他们去后,续草《〈红楼梦〉本子问题质胡适之俞平伯先生》一文。

晚与卢瑞、祖弟往访颉刚。

十月二十六日　星期一

早起。由家中寄来沈兼士、叶菡渔等信。内子寄来坤、琬儿女相片。

到研究所,并往访陈国榘(寓施家胡同北京旅店),他昨晚刚从广东来。与卢瑞、祖弟邀他往春华楼早饭。闻张四妹回来,遂往老馆,并预备明日与母亲等往颐和园。

十月二十七日　星期二

八时侍母亲及阮二太、钟坤同游颐和园。先乘人力车至西直门,再乘颐直汽车至颐和园,照相三卷。四时归寓。每人化三圆。

接锡永、适庐信。

十月二十八日　星期三

到研究所。晚录《红楼梦》稿。

十月二十九日　星期四

到研究所,编明器目。

卢瑞邀东华饭店晚饭。饭毕与母亲等回寓,九时许乃去。

十月三十日　星期五

到研究所。开甘肃考古展览会,陈列陶器、佛经等多种。

复斐云、锡永、君美、景叔信。

陈伯隽来。晚与卢瑞、陈宗圻等往东安市场。

十月三十一日　星期六

早到研究所。陈伯隽来。饭后同往新馆。

与祖弟往泰安栈访陈子挚。在新馆宿。

十一月

十一月一日　星期日

早回寓。庄尚严、齐念衡来。

录正《红楼梦的本子问题质胡适之俞平伯先生》一文。

十一月二日　星期一

录正《〈红楼梦〉的本子问题质胡适之俞平伯先生》一文。

十一月三日　星期二

早到林宅授课。饭后陈伯隽与杨鼎甫①以汽车来,与祖弟与之同往清华学校,谒王静安先生。

晚母亲与苏、钟看完电影来,留宿。

十一月四日　星期三

早到研究所。往黄晦闻处取回习习蔽闻室额及条屏各件。

饭后与母亲等往研究所参观。

四时往林白水处。至新馆钟处晚饭。九时到旧馆宿。

---

①杨维新,字鼎甫。1918 年曾随梁启超访欧。

十一月五日　星期四　十七~〇二度

早与苏往新馆。回寓,顺道琉璃厂,购得石印本《金石苑》一部、刊本《江宁金石记》一部,代锡永购《长安获古编》乙部。

熊十力①(在北大教唯识)、黄庆、杨维新鼎甫来。

到研究所编考古学室报告。晚校《啸堂集古录》。寄易寅村信。

十一月六日　星期五

龙文阁送书来。购《两浙金石志》一部。

安煤炉。到研究所粘清宫拓片。

与祖弟往护国寺。购得嘉庆戊寅东观阁翻程本《红楼梦》一部,欠一本,以杭州购本补足之。

十一月七日　星期六

抄《红楼梦》。赵万里来。

十一月八日　星期日

早与黄仲良到清宫照相。母亲等来,晚饭后乃去。

十一月九日　星期一　雨

到研究所。发见明器多赝品。

十一月十日　星期二　大雾

与祖弟、卢至马叔平先生家,阅金石书籍,编目,留早饭。四时归。

十一月十一日　星期三

编金石目录。与冯炳奎到交通部支薪,未有。接福开森信。

十一月十二日　星期四

复福开森信。往研究〈所〉编目。

---

①熊十力(1885—1968),原名继智,号子真,湖北黄冈人。1920年入南京支那内学院。1922年受梁漱溟举荐,被北大聘为特约讲师,主讲佛家法相唯识学。

十一月十三日　星期五

往研究所编目。

十一月十四日　星期六

下午马叔平邀往研究所,审定明器。凡真者硬度低,指甲可刮入。真［赝?］者反之。

十一月十五日　星期日

母亲看电影毕来早饭。

马幼渔来,邀往森隆早饭。马叔平、王静安、沈兼士在座。

十一月十六日　星期一

饭后与母亲、钟、卢瑞、三弟往北海公园照相。四时许回寓。

十一月十七日　星期二

编《甲骨金石文字通论》,拟分总论、帝王、国名、地名、时日、宦氏、礼制、文字、铭辞、书籍、杂说、结论数章。

阅《缀遗斋彝器款识考释》,随手札记。

十一月十八日　星期三　〇二度

往研究〈所〉编书目。

"书籍"一章,拟分目录之属、图象之属、文字之属、义例之属、考证之属、杂箸之属、字书之属、丛书之属八章。

始升煤炉。红煤前星期定购半顿,１８十元。

卢瑞自富晋携回罗叔言写"习习蔽闻室"额,君美索《金文编》两部交换。

十一月十九日　星期四

到研究〈所〉编书目。在家看《缀遗斋款识考释》。

晚接赵斐云来信,言高鹗曾箸《红楼梦传奇》,甚喜。以为可证张问陶之误。

十一月二十日　星期五

往研究所编书目。

藻玉堂送《金文编》二十部来，以两部交其代卖。寄明义士信。

十一月二十一日　星期六

赵万里来，送余《古史新证》讲义，携锡永《石文编》来。

许之衡来，同往研究所。许言高鹗并未箸《红楼梦传奇》，王静安《曲录》据杨恩寿《词馀丛话》之说不足据。并言曹雪芹增改，而非作。曹为随园学生，见于《诗话》中。弟一回《红楼梦》明言增删、补目等话可见。

十一月二十二日　星期日　晴　○五度

往真光看《圣殿鸳盟》电影。与母亲、钟、施少川等回寓早饭。

寄君美信。寄锡永文学教科书。

十一月二十三日　星期一

编金石书籍目录。晚与母亲、钟、祖弟等往市场。

十一月二十四日　星期二

母亲与钟早饭后归去。

到研究所。四时茶会，欢迎李四光[1]、陈启修[2]自俄归国，讲演俄国内情。

十一月二十五日　星期三

早到研究所编金石书目。

下午三时往交通部支薪，一月九十元。顺道与祖弟逛宣武门内小市书肆。

---

[1]李四光(1889—1971)，字仲拱，湖北黄冈人。英国伯明翰大学硕士。1918年任北京大学地质系教授、主任。1925年代表北京大学出席苏联科学院成立200周年纪念大会。

[2]陈启修(1886—1960)，字惺农，四川中江人。1917年毕业于日本东京帝国大学，同年任北京大学法科教授兼政治门研究所主任。

到新馆。往老馆晚饭。后与苏往佛照楼打牌。十二时返老馆宿。

十一月二十六日　星期四

早由老馆到新馆,再往林宅授课。下午往研究所编碑目。

晚与卢瑞往黄仲良处。

十一月二十七日　星期五

早到研究所编碑目。饭后与黄仲良逛隆福寺书肆。晚编金石书籍目录。

十一月二十八日　星期六

早到研究所校碑目。

饭后与祖弟逛琉璃厂书肆,购《邠州石室录》、《古学汇刊》二集、《美术丛书》二集。

十一月二十九日　星期日

午母亲、钟、苏等来。晚同往城南游艺园,看琴雪芳演《才女拒婚》剧。

十一月三十日　星期一　大风

上午录《缀遗斋》稿。下午往研究所编碑目。

十二月

十二月一日　星期二　大风

上午录《缀遗斋》稿。下午往研究所编金石目。

十二月二日　星期三

早录《缀遗斋款识》。杜鹿笙来。

饭后往研究所编金石书目。四时开内部会议。沈先生劝弟勿南归,云清宫古物馆需人,可以兼职。吾意颇犹豫。归寄萧作宾[1]、吴敬轩[2]信,刘绰纯[3]信。

十二月三日　星期四　大风

九时与三弟往方家胡同京师图书馆看书,到时尚未开馆。往海运仓阳阳学校访祁咏樵、王绍曾,食些点心。十时再往录金石书目及提要。五时乃归。

十二月四日　星期五

往研究所编金石书目。

十二月五日　星期六

寄《金文编》与明义士。

饭后往研究所。马叔平先生到所,商一览事。往新馆与施同宿。

十二月六日　星期日

早起往逛琉璃厂,购《考古图》乙部,乃亦政堂翻刻,价九元。《广仓石录》、《广仓专录》、《专门名家》二集、《黄肠木题字》、《唐阎立本历代帝王图》,共六册,价五元。《春秋大事表》,价十一元。《大事表》因欠一元不敷,遂交定十元,嘱其明日送来。回家午饭。饭后与祖弟逛隆福寺书肆,在带经堂见《大事表》原刻本,说好价十五元。急往琉璃厂,将翻刻本改购《铁云藏龟》、《藏陶》,价八元。通知齐念衡,嘱其到取。因齐前出价十元,还不能得,嘱为留意也。

寄邹适庐〈新〉莽嘉量影片。赵万里来,约星期六或下星期六往访他。

---

①萧鸣籁(1888—?),字作宾,江苏盐城人。1911年毕业于日本庆应大学。1912年归国,先后在金陵大学、东南大学、广东大学、河南大学任教。著有《风土病论》。

②吴康(1895—1976),字敬轩,广东平远人。1920年毕业于北京大学。1924年任广东大学中文系教授兼图书馆主任,1925年秋任文学院院长。

③刘绰纯,又作刘焯纯,广东东莞人。时任教于广东大学。

十二月七日　星期一

早编《甲骨金石文字通释》大纲。

饭后与卢瑞、元胎逛东安书肆。到研究所。庄尚严、齐念衡来，取《铁云藏龟》《藏陶》去。苏来。

带经堂送《春秋大事表》来。原刻，甚佳，但纸熏黄，少逊，价十五元。

寄屺望信。

十二月八日　星期二

接屺望信。编金石书目。

晚陈宗圻请往城南游艺园看琴雪芳演《唐僧出世》。

十二月九日　星期三

早往研究所。

饭后与三弟往马叔平处看书。五时往刘文斌处食火锅。母亲及苏、钟等已先在。

十二月十日　星期四

编藏器目。覆八妹、屺望信。

校《考古图》（以泊如斋本校亦政堂本），亦政堂本从泊如斋本出，校正颇多。

十二月十一日　星期五

编研究所藏器目。校《石文编》弟一、弟二（三弟钞本）。

为赵斐云临莽量扇。

十二月十二日　星期六

早往研究所。饭后与三弟同往清华访赵斐云，并谒王静安。

晚与斐云聚谈甚欢。

十二月十三日　星期日

早八时从清华骑骡归，顺道游大钟寺，摩挲大钟。

十二月十四日　星期一

往研究所筹备展览会。

十二月十五日　星期二

往研究所筹备展览会。

《顺天时报》载广大文科教员因受共产党压迫辞职。吾亦不复作归计。

十二月十六日　星期三

往研究所筹备展览会。母亲来。

十二月十七日　星期四

北大二十七周年纪念,往研究所照料展览会。

陈国榘、张枬、钟等来。母亲与钟留宿。

十二月十八日　星期五

往研究所照料展览会。母亲与钟留宿。

十二月十九日　星期六

午后往研究所照料团体参观。母亲与钟返新馆。

日置益[1]等赠研究所以高田忠周[2]所箸《古籀篇》及《学古发凡》,征引繁富。《学古发凡》与余《古器物文字通释》相类,诚巨箸也。

十二月二十日　星期日

早校《缀遗斋款识考释》目录。午赵斐云来,同逛琉璃厂书肆。

四时许到新馆。苏邀往游艺园听戏,孟小冬演《乌盆计》,尚佳。花云舫演《乌龙院》,恶态同呕。

---

[1]日置益(1861—1926),日本驻华公使。1888年毕业于东京大学法科,1900年任驻华使馆头等参赞,1914年任驻中国公使。

[2]高田忠周(1863—1949),日本东京人。汉学家、古文字学家。著有《古籀篇》、《说文段注辨疏》等,《古籀篇》影响最大,共一百卷。

十二月二十一日　　星期一

午一时与母亲、祖弟及钟、苏往容丰照相。

到琉璃厂购商务影刊《广武将军碑》，价一元二角；刘刻薛氏《钟鼎款识》，二元四角；《曲阜碑碣考》三部，四角八分；《四部丛刊书录》等，四角。

到佛照楼胡太处打牌。

十二月二十二日　　星期二

早往琉璃厂，拟购《行素堂金石丛书》，价十三元，后因此书有蛀痕未买。

饭后往佛照楼胡太处打牌。九时回寓。

十二月二十三日　　星期三

早往研究所。母亲来。校三弟所抄商锡永《石文编》毕。

十二月二十四日　　星期四

早往研究所摄景唐写本《说文》木部，即莫友芝所藏者，今归白坚武[1]，闻以五千金售与日人，携来摄影。摄影毕与马叔平等同往东华饭店午餐。同座徐森玉[2]谈锋甚佳。

四时李沧萍与闵孙奭[3]来。五时许苏、钟及张四妹、郑昭懿来。钟留宿。

十二月二十五日　　星期五

早录《缀遗斋款识考释》。三时与母亲及钟往新馆。

购得《历代名人大辞典》，价四元五；《韩诗外传》，价三角。

---

[1]白坚武(1886—1937)，河北交河人。天津法政学堂毕业。曾任陆荣廷幕僚、吴佩孚军总部政务处处长。

[2]徐森玉(1881—1971)，名鸿宝，浙江吴兴人。曾任教育部佥事兼京师图书馆主任、故宫博物院古物馆馆长、上海市文物保管委员会主任、上海博物馆馆长等职。

[3]闵孙奭(1897—1928)，字元召，江苏江都人。北京大学毕业，精诗文考据，著有《说文段注摘例》等。

与陈伯隽、卢瑞、张枡等在半市胡同便宜居晚餐,食挂炉鸭。

接八妹、内子信。

十二月二十六日　　星期六

早到研究所。覆八妹及内子信。

饭后与三弟、陈宗圻往地质调查所图书馆,购《石雅》一部,价六元四角。闻明年一月将加价十元也。又购《洛氏中国伊兰卷金石译证》一册,价一元二角。

到皮库胡同访叶浩吾①,观陈簠斋镜拓百八十馀种,中有极精之品。

顺到小市,购得《蜀碑记》及《补》,价六角;湖北书局《百子丛种》零种②,四册,价四角。寄明义士信。

十二月二十七日　　星期日

早录《缀遗斋款识考释》。饭后与瑞支及三弟往市场。

十二月二十八日　　星期一　　大风

早往研究所。寒极,手足欲僵。录《缀遗斋款识考释》。

十二月二十九日　　星期二

早往研究所。厦门集美学校及厦门大学汇款各七元来购《金文编》。

下午与瑞支及三弟往邮政局,汇款十元零八角与适庐。

往容丰取照相,往龙文阁购《复古编》。顺道至新馆。九时回寓。寄屺望信。

十二月三十日　　星期三

早作《国学周刊》封面穀璧说明。

下午往研究所。五时开会,讨论印《国学丛书》事。

---

①叶浩吾,北京大学美术史教授,生卒年待考。
②此处有笔误,"丛种"应为"全书"。

十二月三十一日　星期四

早往北海,顺道往新馆。

饭后往容丰照相,及买什物。晚在佛照楼胡太处饭。在旧馆宿。

附通讯录

常惠　嵩祝寺夹道五号

胡鸣盛(文玉)　骑河楼斗鸡坑七号

卓定谋　西交民巷中国实业银行

黄文弼(仲良)　弓弦胡同大口袋胡同五号

马衡(叔平)　小雅宝胡同四十八号

顾颉刚　大石作三十二号

商承祚(锡永)　南京北塘子巷

张景逊(諟斋)　安徽太平府孝廉巷,江苏武进人

邹安(适庐)　杭州忠清巷五十五号

陈孟端　南京半边街公八十号,支那内学院

林万里(白水)　西斜街宏庙二十号

罗福成(君美)　天津法界嘉乐里贻安堂

叶玉森(葓渔)　安徽当涂县署

沈兼士　景山西太平街十六号

冯思(儼若)　东单官帽胡同十二号,电话东四五二五

明义士(子宜)　河南彰德基督教长老会牧师,哈得门美以美会十号

张士伟(剑英)

曾集熙(宪文)

何日章　河南开封文庙,河南弟一图书馆馆长

郭荫寰

罗在明（炯之） 广东大埔

易培基（寅邨） 北京南锣鼓巷井儿胡同七号,电东二二六九

马准（绳甫） 禄米仓武学四号,东二七六九

1925 年收支一览表

一月

1 日,罗惇曧行书联,支出.4

3 日,九月份薪金,收入 20

4 日,中兴饭食等,支出 4

6 日,装电灯费（收回 1.26 作伙食费）,支出 5;伙食,支出 2.5;《中兴间气集》《八贤手札》,支出.4;剪发,支出.1

7 日,《淮南子》《白氏讽谏》,支出 1

8 日,《老子》《新语》《文心雕龙》,支出.6

9 日,《汉魏丛书》卅二种,支出 1

10 日,《四部丛刊》《汉魏丛书》,支出 2.4

12 日,伙食,支出 2.5;房租,支出 2.25

12 日,九月份薪金,收入 25

13 日,文奎斋刻格板,支出 2

18 日,《易》《书》《三传》《礼》《尔雅》《孝经》稽古楼巾箱本,支出 4.2

22 日,四妹还,收入 10

23 日,支出:伙食 3、赏听差 3、饼食 1、赏林宅使等,.6

23 日,十月份薪金,收入 50

24 日,赏钱,支出 3.4

26 日,赏顾颉刚女儿及仆人,支出 1.2;修镖[表],支出 1

26 日,黄仲良还书银,收入 15

28 日,《古玉图》《真迹录》,支出 1.2

31 日,车钱杂费,支出 2.25

总计:收入 120;支出 45

二月

2 日,伙食,支出 1.5;《周礼》《仪礼》,支出 2.2;北大同乡会年
宴券,支出 1

4 日,支出:《王氏脉经》.4、《梦郼草堂吉金图》7.5、《何氏公羊
解诂》.1、邮票 1

6 日,照相,支出 1.1

10 日,伙食,支出 3.5

12 日,房钱,支出 2.3

13 日,《战国策》等,支出 2

14 日,十一月份薪金,收入 16

16 日,送陈万里食品,支出 1

23 日,伙食,支出 14;《周髀算经》,支出.4

28 日,四妹还,收入 10;支出:鸡子.2、洗澡.2、杂用.4

总计:收入 26;支出 39

三月

1 日,《越绝书》《六韬》三册,支出.6

2 日,煤,支出.5

3 日,支出:镜子.4;《慎子》《春秋繁露》《大戴礼记》,1;鸡子.3

6 日,支出:药.6、钮.4

7 日,剪发,支出.1

9 日,《前后汉纪》,支出 2.4

11 日,《通鉴目录》,支出 2;鸡子,支出.5

14 日,《孔丛子》,支出.4

15 日,房钱,支出 2.2;煤,支出.3

17 日,十一月份薪金,收入 25;煤,支出.2

25 日,支出:鸡子.3、煤.2

26 日,支出:《尔雅》、《易传》、《人物志》、《西京杂记》.8

29 日,支出:钟生日礼(三月十三日)2、《汲冢周书》.2、剪发.1

30 日,支出:《清仪阁古物款识》预约 10

31 日,支出:鸡子及杂用 1.9

总计:收入 25;支出 27

四月

1 日,收入:《书契》馀款 3

7 日,支出:《说文管见》等.4

8 日,收入:新年博进 85

9 日,支出:鸡子.5、李文田手札.5、《史书备查》残本三册.2

13 日,支出:相片等 1、《三字石经》印本.8、房钱 2.3、伙食 7.6

17 日,支出:《说文古籀补补》3.6

18 日,收入:薪金十二月份 36;支出:春记晚餐 5.4

19 日,支出:东华饭店早餐 2.2

21 日,支出:《经史序录》、《王荆公》、镜等.8

27 日,支出:加菜、中央公园门票 1

29 日,支出:开明戏票等.8

30 日,支出:杂化、车钱共 3.9

总计:收入 124;支出 30

五月

2 日,支出:往妙峰山费用 2.8

4 日,支出:三贝子花园门券等 1.3、照相费.7

5 日,支出:《小学考》.7、宋濂写《石刻铺叙》1.3、鸡子.2

6 日,支出:房钱 2.2、伙食 5

7 日,支出:笺纸信封.5、奶茶雪糕.2 往崇效寺车.3、伙食 2

10 日,支出:车.2、剪发.1

11 日,支出:鸡子.4

16 日,支出:车及杂用.8

20 日,支出:照相.6、照相部 1、北大同乡会.5、伙食 4.6

21 日,支出:伙食 5、黄石斋书张天如墓志等.3

22 日,支出:邮票 1

24 日,支出:公园门票车钱等.7、照相 1.3

27 日,支出:鸡子.3

31 日,支出:伙食 5、有正书等及信笺 1;收入:《古石存》2.7
总计:收入 2.7;支出 39

六月

2 日,支出:奶茶及饼.6;收入:十一月薪成八﹝八成﹞、十二月
薪二成 19

3 日,支出:东华饭店晚饭 2.4

4 日,支出:夏布大褂工钱 1

5 日,支出:房钱 2.3

6 日,支出:胶片.8

7 日,支出:代陈国榘登广告 1.4、加菜 1、电影及车.5

10 日,支出:东兴楼菜 6

13 日,支出:送四妹皮蛋 1

14 日,支出:电影及车钱.8、相片 1

16 日,支出:车、雪糕.3

17 日,收入:十二月薪水四元、一月十一元 15;支出:打赏新旧
馆仆人 1

18 日,支出:赏仆人 1

19 日,支出:车票 5.4、百花村饭 6、杂用 3、洗衣服 1

21 日,支出:船票 17、栈租等 2.5、船上伙食 3、黑葛裙料二 13、
补茶叶 1、代陈茶叶 1、赏茶房 1

总计:收入 34;支出 75

七月

3 日,支出:由港回莞化用 4、交度韦 10、捐沪案援助工人费 4;
收入:支薪水一月又七成 85

13 日,支出:往省化用 8、籐席 5.3、一字一行本《说文》2.4、《寐
叟题跋》1.4

总计:收入 85;支出 25.1

八月

8 日,支出:交度韦 15、往省化用 20、往沪船费 10;总计:支
出 45

26 日,支出:周虎臣笔 2、杏花楼饭食 4、笺纸信封.5、《黄石周
杂诗》.3

27 日,支出:笔 1.4、毡帽二 4.7、电灯泡.4、照片部.8、游半淞园
费 2、铜羹匙.1、洗衣服.5、草挽包.2

28 日,支出:缎鞋 3.3、面食 2.1、文华绸衫缎褂 18.5、笺纸宣纸.
9、暖水壶.7、枧.3、照相部.3、凉品.7、茶杯.3、胶片.6

29 日,支出:往杭州车票二 4.3、《汉篆碑额》2

30 日,支出:纱裙 4、缝裙工.6、《叶氏存古丛刻》.6、《红楼梦》1.1

31 日,支出:扇 4、藕粉 2、快子 1.5、杭菊 2

九月

1 日,支出:题助灵隐寺 1、西湖风景信片 1、2.5、6、2、1、1.5

11 日,支出:换铜子 2、代母亲利市 2、交母亲 10、西湖南京公

用 40、杭州至北京车票二 48.3、余老太生日礼 1.7、饭食 1.5

13 日,支出:东华饭店早餐 3.5、《陶斋吉金续录》1.4、《邸亭书目》1、《陶斋臧石记》3、补秦淮河艇 1

18 日,支出:游艺园包箱及杂用 4

19 日,支出:游北海 2

20 日,支出:真光电影.6、车钱 2、母亲赏林利市等 2.2、本庐公费 12

23 日,支出:忠信堂饭钱 13、《尚书隶古定释文》3

24 日,支出:车钱杂化 2、房钱 4.4、棉花里布 2、代锡永《陶斋臧石记》3、代锡永《西清续鉴》8、《西清续鉴》8、《钟鼎字原》1.2、装订《三国志》、《后汉书馀论》1、信笺宣纸 2、罗纹宣屏条 1

27 日,支出:东华饭店早饭等 5、送苏生日礼 5、两益轩晚饭等 2、书套 10;收入:支薪金 40、又支薪金 33、支交通部薪金 90、《金文编》三部 19

总计:收入 182;支出 290.5

十月

1 日,支出:稿本小说.4、换铜子 1、赏下人 2.5

2 日,支出:游北海 3、赏高泰及研究所听差 3

3 日,支出:加菜 1、游古物保存所 2.5;收入:《金文编》二部 12.6、四月份薪水 50

4 日,支出:电影.5、食物 1

8 日,支出:邮票 1、往清华费用 1.2、代鹿笙买书 1.6;收入:交通部薪金 90、《金文编》七部 43.2

10 日,支出:胶片 1.2、换铜子 1;收入:《金文编》6.3

12 日,支出:《书林清话》2.5、螃蟹 1、赏冯宅下人 1、换铜子 1、彝器拓片.3

17日,支出:换铜子1、《小蓬莱金石文字》6、《红楼梦辨》.7、《筠清馆金文》3、《拿破仑传》.2、冷金笺罗纹宣.6、《三民主义国际问题》.2、胶片.6、敦煌本柳书《金刚经》.2、《续考古图》1、加菜1

19日,支出:北海券等.4、华美饭食3.5;收入:《金文编》12.6

22日,支出:格纸5、《瘗鹤铭考补》等.3、由卢瑞汇家中50、交母亲5、本庐公费9.5、装订书籍2.5

25日,支出:真光电影1、庐费5、梅兰芳戏票4

26日,支出:春华楼早餐1

27日,支出:游颐和园9、格本.8、换铜子2;收入:《金文编》5

29日,收入:明伦堂津贴26.33

30日,支出:印照片2.2、照片.2、牛奶.4、庐费4.2

31日,收入:《金文编》6

总计:收入252;支出:147.2

十一月

4日:支出:换铜子2、《百一庐金石丛书》10、《金石苑》6、《江宁金石记》.7、登《晨报》广告7.2、代锡永《长安获古编》2.5

6日,支出:《两浙金石记》2.4、《红楼梦》.4、换铜子1、照片.4、;收入:《金文编》6

11日,收入:五月份薪金18;支出:换铜子1、胶片.9、扇面.2、《中国学报》等.2、庐费3、煤4、赏林宅车夫1

21日,收入:《金文编》6

22日,支出:加菜1、庐费1、照相2、铜子1

25日,收入:交通部薪90;支出:交母亲30、□译费20、还君美56、东洋毛纸2、铜子1、庐费5

29日,支出:《邠州金石录》2.5、《古学丛刊》、《美术丛书》8.5、

铜子 1.1

30 日,支出:游艺园杂费等 2

总计:收入 120;支出 176

十二月

2 日,收入:进《金文编》12、进六月份薪 33;支出:支九十月房钱 4.3、支《金文编》书套二十个 5

7 日,收入:进《金文编》18;支出:支《春秋大事表》15、《考古图》9、《广仓石录》、《专录》等 5、邮票 1、铜子 1、《铁桥题跋》1

10 日,收入:进《金文编》24.6、又 25.2;支出:庐费 4.7、补游艺园杂用 1.5

13 日,收入:《金文编》5、《梦郼草堂吉金图》12;支出:《匋斋吉金续录日记》2、木箱.8.、铜景泰小瓶一对 1.3、墨合三个 1.9、往清华车等 1

17 日,支出:付庐费 6、换铜子加菜等 2、交母亲 18

21 日,支出:薛氏《钟鼎》等 4、游艺园等 6、容丰照相及台纸等 5;收入《金文编》八部 50、进《殷虚文字类编》7

24 日,收入:薪金 8;支出:换铜子加菜 2、《历代人名大辞典》等 4.8

26,支出:《石雅》等 8.6

29 日,收入:《金文编》二部 14、四妹还 15;支出:《复古编》.6、《金文编》(汇杭州)11

31 日,支出:交母亲 60、换铜子邮票 2

总计:收入 129.8;支出 184.5

1925 年收支统计表

一月 : 收入 120；支出 45

二月 : 收入 26；支出 39

三月 : 收入 25；支出 27

四月 : 收入 124；支出 30

五月 : 收入 2.7；支出 39

六月 : 收入 34；支出 75

七月 : 收入 85；支出 25

八月 : 收入；支出 45

九月 : 收入 182；支出 290.5

十月 : 收入 252；支出 147

十一月 : 收入 120；支出 176

十二月 : 收入 129.8；支出 184.5

共计 : 收入 1121.5；支出 1123

一九二六年

一月

一月一日　星期五

在老馆张子幹家,晚打小牌消遣。

一月二日　星期六

十二时与元胎往宾宴春。广东高师同学会年宴,前校长金湘帆①来,饮酒极欢。三时回老馆。王启后接李佩绅来函云,有船开往上海,遂匆匆收拾行李,购买什物,预备母亲明日起程往天津。从钟太处共借一百四十元,以六十元与卢瑞。罗太、阮太等均送食物来。

一月三日　星期日

七时送母亲与卢瑞、王启后回广东。八时二十五分开车,八时二十分始到东车站,几赶不上。客人非常之多,因战后每日京津车只开一次也。张子幹全家至车站送行。钟太因发烧不能送。

九时回寓。赵斐云、闵元召来。饭后往老馆。

五时往新馆。在张杞朋处晚餐。八时回寓。

---

①金曾澄(1879—1957),字湘帆,广东番禺人。1898年参与创办广州时敏学堂,后留学日本。1917—1923年任广东高等师范学校校长。

一月四日　星期一

早收拾书籍。饭后往研究所。

接元胎电话,云陈恭甫已到,寓新馆。并言母亲等到津平安,今日搭景星往沪。接锡永寄来信片。

一月五日　星期二

早九时往新馆,访恭甫。恭甫适外出,候至十二时始归。同在张杞朋处早饭。

四时与苏、钟往佛照楼胡太处,顺道购得旧薄纸册二本,以为钩摹之用。留饭并打牌。十二时许回寓。

一月六日　星期三

录《缀遗斋款识考释》。饭后往研究所,粘甲骨刻辞。

寄商锡永《石文编》、《名原》、《说文书目》等。寄卢瑞信。

校《明器泥象图说》。支薪一成二,得六圆。向来支薪,以此为最少。

一月七日　星期四

录《缀遗斋彝器考释》毕。饭后往研究所,粘甲骨刻辞。

接刘焯纯信,云广大风潮平息,教员发表复职宣言,劝吾归去。寄陈仲和信,嘱查复情形,以定行止。

一月八日　星期五

编《说〈文〉建首统系》。理发。饭后往研究所,粘甲骨刻辞卷一完。

往富晋购《周金文存》卷一二册,价四元。在富文斋购《明器图录》二册,价五元二角。往容丰取母亲照相。

与张培燊、沛枬兄弟,施少川、罗瑶及元胎诣陈恭甫、伯隽兄弟,在忠信堂晚饭。

富晋书社代商锡永来书,价二十五元五角。

一月九日　星期六

编《说文建首统系》。陈恭甫来,与参观研究所。齐念衡来。

一月十日　星期日

购煤,每顿[吨]连酒钱十七元,与三弟合购半吨。校《考古学通论》。

二时齐念衡来,与元胎同往西安市场书肆及琉璃厂书肆,购得《广西通志》本《金石略》,价六角;《灵鹣阁丛书》本《和林金石录》、《前尘梦影录》、《文史通义校补》、《韩诗遗说》四种,价四角;吴平斋刻《听松题跋》及《虢季子白盘题跋》二种,价一元。皆甚廉。

一月十一日　星期一　阴　一~〇六度

阅《考古学通论》。

饭后往研究所。接元胎电话,云陈伯隽今日出京赴美。三时往东车站送行,四时二十五分开行。元胎弟为购《隶韵》,价五元。寄邹适庐信、翟瑞元①信。

一月十二日　星期二　晴。

裘子元②来云,燕京大学欲聘余为教员,月薪二百元,征余同意。余竟允之,使此事成,余不复回广东矣。

饭后到研究所粘甲骨拓片。

读柳翼谋③《论以〈说文〉证史必先知〈说文〉之谊例》及顾颉

---

①翟瑞元(1902—1962),广东东莞人。毕业于北京大学政治系。曾任徐景唐第五军政治部主任、电白县长、潮阳县长。1945年任东莞明伦堂总干事。

②裘善元(1890—1944),字子元,浙江绍兴人。考古学家,时任教育部办事员兼北平历史博物馆馆长。

③柳诒徵(1880—1956),字翼谋,江苏丹徒人。早年毕业于三江师范学堂,著有《中国文化史》。1925年北上,执教于清华大学等校。

刚《答柳翼谋先生》,钱玄同①《与顾颉刚先生论〈说文〉书》。余不信"说文谊例"之说,拟为文质之。

一月十三日　　星期三

是月庐费十四元三角。

裘子元来,回说各事皆容易商量,惟有一件,须暑假后授课,月薪可自暑假起计。吾意亦无不可。约后日与燕大文科主任在北海漪澜堂相见时再商议也。

拟研究所考古学室向美国庚款委员会求补助费说明书。

作《论〈说文〉谊例代顾颉刚先生答柳翼谋先生》一文。

寄八媛信。卢瑞家中寄百元汇票来。

马叔平赠余唐写本《说文》影本及新郪虎符影本。

一月十四日　　星期四

往研究所,拟向美国庚子赠款委员会请求补助考古学会经费说明书。

一月十五日　　星期五

早往研究所。午后二时往北海,见燕京大学文科主任洪煨莲②,裘子元先在座。商定由暑假七月起聘余为教授,月薪二百元。因美国某大王③捐基金一百万元以为研究中国国学之用,以三分二用于燕京大学,以三分之一用于美国哈佛大学,故于暑假前聘定教授数人,专研中国国学。闻俞平伯、冯友兰④诸人皆已商

---

① 钱玄同(1887—1939),原名夏,字中季,浙江吴兴人。早年留学日本早稻田大学,师从章太炎学国学。1910年回国后曾任高等师范、北京大学、北平师范大学教授。

② 洪业(1893—1980),字鹿岑,号煨莲(即英文学名 William 译音),福建侯官人。美国哥伦比亚大学硕士,纽约协和神学院学士。1923年受燕京大学之聘任历史系教授兼文科主任。

③ 指美国铝业公司创办人查尔斯·马丁·霍尔(Charles Martin. Hall,1863—1914)。

④ 冯友兰(1895—1990),字芝生,河南南阳人。北京大学哲学系毕业,美国哥伦比亚大学哲学博士。回国后曾任教中州大学、燕京大学,后任清华大学、北京大学教授。

定云。

三时许往研究所，观山西运来之唐代壁画影片，来量购买，索价五千，拟还价三千。

晚饭后往新馆，与钟同至老馆，谈至二时始寝。

一月十六日　　星期六

在老馆。

一月十七日　　星期日

早九时与钟、苏等往真光看电影《香粉地狱》。十一时回寓。

赵斐云来，与同逛琉璃厂书肆，购《括苍金石志》，价二元半；梁任公《要籍解题及其读法》，价五角。

一月十八日　　星期一

是日九校罢课索薪。

钞滨田①所箸《明器泥象图说》（翟宗心为黄仲良译本）。与祖弟往访颉刚。

一月十九日　　星期二

钞《明器泥象图说》完。饭后往研究所。

一月二十日　　星期三　　二～〇十

早编《中国考古学》目次。

下午接徐君栋外舅信，嘱向广中委员长黎樾廷②、一中校长陈璠谋一席地。遂函黎、陈及卢瑞三人谋之。

到研究所编所藏拓本目。

七时许苏、钟、张、郑、何来，陈宗圻邀往东华饭店晚饭。饭毕同往老馆。

---

①滨田耕作（1881—1938），日本考古学家，曾任京都帝国大学校长，其《支那古明器泥象图说》1925年出版。

②黎樾廷（1894—？），广东东莞人。中共早期党员，曾任东莞中学校长。

八妹来信。

一月二十一日　星期四

九时由老馆往古光阁,为学校购萧山陆氏所藏彝器全形拓本,计全形七、铭辞四,价十元。

午后到研究所,校拓本目。

一月二十二日　星期五　一～〇九

早阅《图书集成·考工·鼎部》。

下午往火神庙访冯俨若。晚摹齐侯鐏等器铭。

一月二十三日　星期六

早齐念衡来,借《愙斋集古录》盘一册、《吉金文述》盘一册、《散盘释文》王静安一帙去。

下午到研究所开会,商募捐经费事。

一月二十四日　星期日

九时往老馆。二时与钟往新馆。四时与慧珠回寓。七时与珠往东安市场购食物。

一月二十五日　星期一

编《考古学》讲义。访冯佣若①年伯。午往研究所清理书籍等件。

四时苏自中央公园来电,说陈用刀自刺其臂,嘱吾速往。陈前向郑求婚,郑拒之,故有此举。闻之使吾心怅荡不怡,及至公园,见陈尚非大创。饭毕送苏、钟回老馆。九时郑来,说明拒婚之故,正有理由。陈之燥急使人难受,可怜亦可恨也。

洪煨莲柬邀星期四在他家晚饭。

---

①冯愿(1868—1943),字佣若,广东南海人。光绪二十三年(1897)举人。曾任两广学务处官书编纂、广东修志局分纂及中山大学、广州大学教授。

一月二十六日　星期二　七～〇七

早由老馆回寓。午到研究所校拓本目录。

商锡永汇款三十五元,并寄《殷虚书契类编》二部来。

寄八妹信。邹景叔来信。

一月二十七日　星期三

学日文。下午二时到研究所。钟来电,嘱筹还五十元。往邮政局取商所汇款,凑足五十元还之。尚欠四十元也。

晚录《乐浪遗迹出土之漆器铭文》。寄《小朋友》与琬女。

一月二十八日　星期四

学日文。午后往研究所校拓本目。支薪七成四。

七时到毛家湾洪煨莲处晚餐。燕京大学校长司徒雷登①、俞平伯、冯友兰、卫挺生②均在座。

一月二十九日　星期五

学日文。翟宗心兄请食早饭。午后往研究所校专拓目。

录《乐浪遗迹出土之漆器铭文》毕。此稿由翟宗心兄译自日本《艺文》第十七年第一号,内藤虎所作,而由余修正者。

邹景叔寄《周金文存》来。覆商锡永信。

一月三十日　星期六　二～〇十一度

九时往林宅授课,并往新旧馆、广东学校,晚十二时归。

一月三十一日　星期日

习日文。饭后与三弟游清故宫毕,逛隆福寺书肆,购魏司马昇墓志、唐宽墓志拓本各一,价四角;《陶斋藏石目》,价二角。

---

① 司徒雷登(John Leighton Stuart,1876—1962),生于杭州,父母均为美国在华传教士。1919
　年起任燕京大学校长、校务长。1946年任美国驻华大使,1949年8月离开中国。
② 卫挺生(1890—1977),字中父、琛甫,湖北枣阳人。先后留学日美,归国后参与创办东南
　大学,后任教于燕京大学、朝阳学院等校。

是月共化一百三十六元,交三弟八十元,购书二十一元六角,杂费三十四元四角。

二月

二月一日　星期一

早学日文。午后到研究所,编藏专目,校《汉婕伃玉印考》稿。

晚间翟宗心兄来教日文。

二月二日　星期二

早作《乐浪遗迹出土之漆器铭文考》。午后往研究作[所],编藏专目毕。

与元胎到隆福寺街,购《艺风堂金石目》,价五元五角;《香南精舍金石契》,价三角。

二月三日　星期三

早往北大图书馆看书。下午往研究所,作《影摄唐写本〈说文〉再志》。

作《乐浪漆器铭文考》。

二月四日　星期四

早往[作]《乐浪漆器铭文考》毕。

下午往研究所。陈恭甫来。齐念衡来,取《周金文存》去。

二月五日　星期五

收拾家具书籍。还一桌一椅与恭甫。

下午往研究所。陈仲和来电,请元胎回去相助。

晚间翟宗心教日文。君美寄《金文编》二十部来。

二月六日　星期六　六～〇八度

早理发及往研究所。

　　赵斐云来,饭后同往琉璃厂逛书肆。在翰文斋购得日本朱墨钞本《汉隶字原》一部,价十二元。《金文编》二部交其代售。

　　顺道往新馆,在施少川处晚饭。八时回寓。

二月七日　　星期日

　　早学日文。午往北海看溜冰。寄明义士、罗君美信。

二月八日　　星期一

　　早钟来,与往学生银行揭洋五十元,借用十元。

　　饭后同往东安市场,回新馆。翟瑞元来信。覆翟瑞元信。

　　起草《留京同人整顿明伦堂经理局宣言》。

二月九日　　星期二

　　早作宣言。

　　钟团年,在钟处食丸。与钟、苏往前门购什物。五时回寓。

　　晚翟宗心来,讨论明伦堂委员会产出取职业代表制。

二月十日　　星期三

　　作《留京同人整顿明伦堂宣言》毕。

　　施少川来。晚九时往真光看电影《护花忙》。

二月十一日　　星期四

　　早九时到研究所。寄《金文编》一部与通学斋卖。

　　在张子幹处团年,与恭甫等打天九。十一时回新馆宿。

二月十二日　　星期五

　　早十一时由新馆回寓。饭后往东安市场购食物。

　　林白水送饼干二合、葡萄酒四瓶、食物四罐、酱鸭一只来,领。

　　七时往新馆。

二月十三日　　星期六

　　在新馆。十一时与钟往老馆。九时与钟回新馆。午逛厂甸,购《濬县金石录》。

二月十四日　星期日

十二时与钟往老馆。

二时与张仲锐逛厂甸,往购樊樊山联一,价三元。我购《周秦刻石释音》,价三角;《憨山年谱》(日本藏经本),价伍角。《年谱》赠张子幹。

二月十五日　星期一

九时由老馆回研究所。吴敬轩约十时在所相见,十一时尚未来,乃回寓。

二时与元胎到杜鹿笙处,同往逛厂甸,购书物数种。

二月十六日　星期二

九时赵万里来,携回《乐浪郡漆器铭文》稿。王静安于译稿颇有改正。

覆静安信。

下午与游厂甸。购《张迁碑》一、《峄山集联》一、《石鼓集联》一(真赏社本)、《王右军书》一(商务本)。顺道往老馆,留宿。

二月十七日　星期三

雨雪约二寸,下午止。在老馆宿。

二月十八日　星期四

下午往琉璃厂,购得《两罍轩古印漫存》九卷,乃西泠印社翻本,价五圆。并见有一原本,还价十二元尚不肯售。又,武虚谷《金石三跋》,价一元六角(无续跋)。元胎为购得田士懿①《金石名箸汇目》,价一元,收集金石书六百馀种,已佚之书一并箸录,尚有未尽者,以时代分次,与余分类不同。

五时东莞留京学会年宴,并邀请同乡京官,到者约三十余人。

———————

①田士懿(1870—1929),字德忱,山东高唐人。金石学家。光绪二十九年(1903)癸卯科举人,后入京师大学堂。民国后任山东巨野、宁阳及湖南嘉禾、湘潭县知事。

上午九时往访吴敬轩康。彼前为广东大学文科教授,代理学长,迟两日往法国留学。在老馆宿。

二月十九日　　星期五

十一时与钟、苏往刘文斌家。九时回寓。锡永、岩村成允[1]来书。

二月二十日　　星期六

早翟宗心来教日文。饭后与元胎访冯俨若不遇。

在市场购卢靖[2]辑《古辞令学》,价四角。钟四妹[3]来。

二月二十一日　　星期日　　大风　　六~〇二度

早看日文。庄尚严来,留饭。购杨守敬联一,款六元未交。

编《西清续鉴》铭辞目。

覆岩村成允信。《金石书目》拟定名为《金石书籍见藏记》。

二月二十二日　　星期一

早看日文。下午与圻等博。晚赴北大广东同乡会年宴。

二月二十三日　　星期二

早学日文。到研究所。还学生银行五十元。

饭后与胡天诒[4]及元胎往厂甸,购得田伏侯《说文二徐笺异》,价三元五角;《瘗鹤铭考》,价五角;《泰山志》中金石等,价三角。尚有一部原板程敦《秦汉瓦当文》,价十四元,还十二元未买。

顺道往老馆,张各人均不在家,途中相遇,同往曹宅。返老馆宿。

二月二十四日　　星期三

在老馆。四时往新馆,取回郑鹤年书架。

与恭甫等商《整顿明伦堂宣言》印行事。九时回寓。复翟瑞

---

① 岩村成允,号韵松逸人。日本著名学者、收藏家。著有《安南通史》等。
② 卢靖(1856—1948),字勉之,号木斋,湖北沔阳人,卢弼兄。近代著名藏书家、数学家。
③ 疑为张四妹之误。
④ 胡天诒(1900—?),字荫孙,广东三水人。曾任教于中山大学。

元、罗君美信。

二月二十五日　星期四

早学日文。吴敬轩之弟立山[①]来。

往八面槽九号访冯俨若。录《宁寿鉴古》款识目毕。

购《弟一楼丛书》，价一圆，《京师图书馆善本书目》，价八角。

二月二十六日　星期五

翟宗心来教日文。饭后往研究所。

校《缀遗斋款识》目。锡永来信。

二月二十七日　星期六

早剪发。阅日文。

饭后与祖弟往厂甸，购《墨妙斋碑目考》，价六角；北鬼三郎箸《大清宪法理由书》，日文原稿，价七角。在通学斋定购原板《秦汉瓦当文》，价十二元。

顺道往老馆。八时同往缸瓦市中华教育会看电影，钟请，并苏、四妹、宗圻、坤、我，共六人。十一时回寓。

二月二十八日　星期日

九时往真光看《球场情史》电影。与苏、钟、珠回寓食早饭，打牌。八时许乃去。

内子来信，护群来信。复护群、锡永、内子信。

三月

三月一日　星期一

早看日文。三时半往研究所。

---

① 应为吴山立，又名吴三立（1897—1989），字辛旨，广东平远人。早年就读广东高等师范文史部，1927 年毕业于北京师范大学研究院。

钟来约往真光看《双雄较剑》电影。同回寓晚饭。

三月二日　星期二

九时往访邓伯诚、念观兄弟。访陈援广,以不知其住址而返。

静存来教日文。往研究所校《十六长乐堂款识》抄本。晚编《金文通释》。

三月三日　星期三

早学日文。八妹来信。寄屺望信。

到研究所开内部会议,罢课时间内进行事宜。

日本丸善会社寄《通论考古学》来,价三元三角六分。访陈援广未遇。

三月四日　星期四

早学日文。饭后往研究所编《西清古鉴》款识目。

苏、钟来。晚校日本抄本《汉隶字原》,用汲古阁本。

《抱朴子·钧世》云:"新剑以诈刻加价,弊方以伪题见宝。"

三月五日　星期五

早学日文。饭后拟与唐及祖弟骑骡游郊外,未果。阅《学古发凡》。校《汉隶字原》。

三月六日　星期六

早往林宅授课。饭后作《甲骨彝器文字通释札记》。

校《粤东金石略》,苏斋本与石洲草堂本有数则不同。

三月七日　星期日

早看《汉译日文典》。钟、苏、施看完电影来早饭。

三时往访洪煨莲不遇。阅《春秋大事表》。

元胎为购《历代舆地沿革险要图》,杨守敬箸,价一圆。齐树平来。

三月八日　星期一

早看《日文典》。午后〈往〉研究所。还马叔平《汉隶字原》、《粤东金石略》。

寄洪煨莲信。编《彝器文字通释》,从钟类看起。

三月九日　星期二

看《日文典》动词。译《考古学》。

午后往研究所。编《西清古鉴》款识目。晚编《彝器文字通释》。

三月十日　星期三

看《日本文典》。译《考古学》。

午后往研究所。编《西清古鉴》款识目。晚编《通释》。四妹来。

三月十一日　星期四

早往研究所。

饭后与祖弟等往天坛祭孙中山,并往孙宅祝寿。顺道往老馆。

三月十二日　星期五

在老馆。

三月十三日　星期六　大风

是月庐费十三元四角。在老馆。

三月十四日　星期日

午后三时回寓。饭后结算本庐费用。

赵万里来交《金文编》六元,尚存书二部在彼处。

顾颉刚来。《殷虚书契》款九圆,连前共欠锡永款四十七元。

三月十五日　星期一

早看日本文法。《周金文存》钟释文完。接商锡永来信。

三月十六日　星期二

早阅《日本文典》形容词。饭后作薛氏彝器释文钟类。

四时半往访洪煨莲。

三月十七日　星期三

早译《考古学通论》十八节。

下午往研究所。购得山西某寺佛象壁画,价四千元,时代约在唐宋,但未能确定。

编《西清古鉴》款识目。校正薛氏款识释文。

三月十八日　星期四　一○～○三度

早译《考古学通论》十八节。

寄商锡永《二徐说文笺异》、《金石名箸汇目》。

通学斋送《秦瓦当文字》及书套来。

往北大图书馆阅《科学》杂志,多未完备。

下午往研究所。三时往真光看电影,邀钟、苏、四妹同看。与钟、苏回寓晚饭。八时半去。

三月十九日　星期五　早下雪

校正薛氏款识释文。往研究所,录《西清古鉴》款识目。

三月二十日　星期六

往研究所。二时往林宅授课。五时往丞相胡同觅钟、苏,七时同返老馆。

三月二十一日　星期日

在老馆。食肉粥。与陈恭甫、祁劲庵、黎子洲打天九。

三月二十二日　星期一

早与钟、苏往瑞蚨祥买小孩衣料,送吴桃之。

回寓饭。饭后往研究所。晚作《薛氏款识札记》。

三月二十三日　星期二

早译日人田泽金吾之东京帝国大学文学部之《乐浪古坟发掘》释彤字之一段,殊不了了。

下午往研究所。往观北大殉难三君追悼会①。晚间作《薛氏款识札记》。

三月二十四日　星期三

早作《薛氏款识札记》。下午往研究所。燕大洪煨莲电约明日送聘书来。

晚间《薛氏款识札记》毕。

毛树珍来谈，乃东莞同乡，来京充广东外交代表团者也。

三月二十五日　星期四

早札记《西清续鉴》。

洪煨莲于十二时送聘书来，年薪二千四百元，分十二期，由七月一日起计。嘱代觅历史教员，晚间复信荐三弟任之，并复校长信，允受聘书。

寄家中明信片。

三月二十六日　星期五

早札记《西清续鉴》、《宁寿鉴古》。

下午往研究所，五时苏电邀往刘文斌家。八时回老馆宿。寄卢瑞信。

三月二十七日　星期六

一时往新馆。一时半往林宅授课。四时回寓。

三月二十八日　星期日

早往真光看电影《雀屏趣语》。赵万里早来未遇。饭后编《通释》鼎类。

四时与三弟逛东安市场，购得嘉庆间东观阁刊本《红楼梦》前半部，价二角。

---

①1926年3月18日，北京学生集合反对八国最后通牒，遭段祺瑞执政府镇压，47人殉难，其中包括北大学生张仲超、李家珍、黄克仁。

寄洪煨莲《金石书目》。八时赵万里来,留宿。

三月二十九日　星期一

早晚札记鼎类。午往研究所,札记《西清续鉴》。

寄卢瑞信。早九时赵万里回清华。

三月三十日　星期二

早寄内子及子虎信。午往研究所,札记《西清古鉴》毕。晚札记鼎类。

三月三十一日　星期三

早札记鼎类。

下午往研究所。三时往老馆,并往新馆。晤陈恭甫,云家眷不能来。在张枬处晚饭。在施少川处宿。

四月

四月一日　星期四

早与钟往老馆。在老馆宿。

四月二日　星期五

八时往学校支薪十元。十时往老馆,顺道往佩文斋,取回《金文编》一部,售去一部,售六元〇小洋三角。

四月三日　星期六

十时往访裴子元。二时往林宅授课。五时回寓。

洪煨莲来信,约有暇往谈。

四月四日　星期日

札记鼎类完。写信与徐学葆及陈剑如、商锡永。

锡永来信云代购一金石丛书,价十二元。

四月五日　星期一

九时许往燕京大学访洪煨莲。祖弟任历史教员事,因祖弟初毕业,恐学生反对不成。沈兼士下学年恐不能往兼中国文字学,嘱余任之。

十二时往刘文斌家。二时与钟、苏等往市场及中央公园。六时回寓。

晚间往访沈先生不遇。访顾颉刚,借《中国文学教科书》一册。

四月六日　星期二

开列家中应带来各书,寄八妹与度韦信。下午往研究所粘甲骨拓片。

厦门集美学校蒋孝丰汇款七元来,购《金文编》乙部。

四时半与元胎往东安市场,购顾实①《中国文字学》及张之洞、郑孝胥等信札真迹,又购货泉一,文字颇精,价铜元十枚。

四月七日　星期三

早阅顾箸《中国文字学》,中多谬误。下午往研究所粘甲骨拓本。

四月八日　星期四

早在家拟《中国文字学》节目。三日与卢亦宝往林白水处。五时往老馆。

四月九日　星期五

在老馆。

四月十日　星期六

在老馆。

---

①顾实(1878—1956),字惕生,江苏武进人。早年攻习法科,曾执教东南大学。后在无锡国专教授文字学。

四月十一日　星期日

早与苏、钟、莓珠往北魏胡同宜宅。

下午三时与宜宅母女等往真光看电影。五时一刻回寓。六时往东安市场太和春晚饭。

是月庐费十二元五角。

四月十二日　星期一

早阅《文字学》。下午往研究所粘甲骨拓片。

四月十三日　星期二

早往研究所粘甲骨拓片完。饭后往老馆,宜二姑娘等先到。

四时与钟往中央公园。六时往刘文斌家晚饭。

四月十四日　星期三

早寄八妹信。阅王怀祖《淮南子内篇叙略》。

下午往研究所校金文全形拓本目。晚访顾颉刚未遇。

购《文献》一至五两份,《学林》一册,中记美国国会图书馆颇详。

四月十五日　星期四

编《文字学》讲义。下午往研究所校金文全形拓本目。

四月十六日　星期五

阴雨。

四月十七日　星期六

早编《文字学》讲义。下午往研究所开会。

三时许苏及四妹往研究所,约同往中央公园,并电邀钟、珠往。五时许同回寓晚饭。闻炮声,珠惊哭。送钟、珠回新馆。在新馆宿。

四月十八日　星期日

早在新馆。下午三时往老馆。晚与钟、珠回新馆宿。

四月十九日　星期一

八时回寓。洪煨莲来信,约星期五往观新校。

覆煨莲信。寄罗君美信及《廿史朔闰表》。上午往研究所校考古学会报告。

晚阅胡适之《戴东原的哲学》。在愚得阁刻"容庚"名印。

四月二十日　星期二

明义士来信。早编《文字学研究之方法》。

下午往研究所。电知王启后已来,卢瑞借款未托其带来,遂在学生银行押款五十元应用。

往新馆见王启后、四太等,旋往中央公园,遇苏等。六时回新馆晚饭。与钟、苏等往老馆宿。

四月二十一日　星期三

早与钟、苏往瑞蚨祥买五花葛衣料,送钟生日,价十二元,分五份,每值二元四角。商店多关闭,因畏奉军骚扰,故欲购一焉亦不可得。

回钟处早饭。三时钟请往观中天电影,观毕回寓。八妹来信。

四月二十二日　星期四

上午往研究所。寄八妹《文献》两份。

晚饭后往钟处,取上海票换北京票,因同住之毛某等于明日南归,有北京票也。

接赵斐云信片,云星期六来我处。

四月二十三日　星期五

早往理发,往研究所。下午再往研究所。

一时往洪煨莲家,彼约往看海淀燕京新校,后以新校收容许多难民,改期再往。

四月二十四日　星期六

早赵斐云来。下午往民国大学参观其行毕业典礼。三时往老馆。

四月二十五日　星期日

在老馆。下午五时回寓。

内子、八妹、叔平、锡永、卢瑞来信。瑞汇款三十五元。锡永寄毛公鼎四屏、金石丛书《复古编》。覆卢瑞信。

四月二十六日　星期一

寄锡永、卢瑞《二十史朔闰表》,覆内子信。

与祖弟逛隆福寺,购《张迁》、《曹全》、《史晨》三汉碑。《苏慈》隋碑、《西楼苏帖》二册、《化度寺碑》一册,共价四元。与梁宝罗往市场购鞋。

四月二十七日　星期二

早往研究所。编《文字学研究之方法》。

四月二十八日　星期三

早编《文字学研究之方法》。

下午往研究所,德人米和伯[1]来所参观。罗君美寄《宫史》来。

四月二十九日　星期四

下午往研究所。明义士寄《殷虚卜辞》来。作释文数十条。

四月三十日　星期五

早杜鹿笙来。下午往研究所。

五月

五月一日　星期六

早赵斐云来。饭后往林宅授课。四时往中央公园。七时回老馆。

---

①米和伯(Herbert Mueller, 1885—1966),德国考古学家、艺术史学者、记者。

五月二日　星期日

陈恭甫言,彼尝购得《卢文弨诗集》稿本,中有赠曹雪芹及挽诗,小序言曹撰小说,拟名《红楼梦》,只八十回,尚未作完,谁可补此,然留有馀不尽之思亦大佳事,并盛言其书之美,与己有所商榷者。此诗集现不知所在,余极力怂恿其细觅。子幹言前见仲锐案头有此书,意仲锐取去。问之仲锐,据云彼从成石芙借来。嘱其去函抄此数诗来。

在老馆食肉粥。晚饭后七时回寓。

五月三日　星期一

复明义士信、徐学葆信。黄晦闻来,交来《宫史》,书价四元二角。

作《研究之方法》完。

五月四日　星期二

校《十六长乐堂彝器款识》毕。下午往研究所校拓本目。

晚间阅《图书集成·字学典》。蔡哲夫①来信,言收到《金文编》。

五月五日　星期三

接张仲锐来信,转来成石芙来信言,《抱经堂诗集》为其弟取去,此次兵燹不知其书尚存否。九时往北大图书馆及隆福寺书肆觅之,亦皆未有。下午往研究所、往京师图书馆觅《抱经堂集》,亦未有。

阅《说文管见》毕。

五月六日　星期四

作“造字之传说”一节完。下午往研究所。

①蔡守(1879—1941),字哲夫,号寒琼,广东顺德人。早年参加南社,襄助黄节、邓实办《国粹学报》。精书画、富收藏。

黄晦闻及八妹来信。复黄晦闻信,并附趋斋藏器目。

五月七日　星期五

下午往研究所,校甲骨刻辞粘本,乃倒贴者不少,一一正之。

五月八日　星期六

早往研究所。二时往林宅授课,毓秀因事请假,顺道往老馆。

五月九日　星期日

在老馆,晚因雨未回寓。

五月十日　星期一

早在老馆。往琉璃厂觅《抱经堂诗集》,未有。往安澜营二十号访郑鹤年。

二时与钟、苏往真光看电影。回寓晚饭,饭后往老馆。

交《金文编》三部与直隶书局,付款两部,价十弍圆肆角。

五月十一日　星期二

在老馆早餐,加大虾,一圆。

饭后一时回研究所。上次发薪三圆,余未往取,兹再发薪五圆,嘱孟桂良[①]代领。三月来共只领薪十八圆,真听差之不如矣。

五月十二日　星期三

早三弟收拾行李,预备于两星期后归去。

下午往研究所。考古学会开会,为商量与日本东亚考古学会联络事。

冯倜若来,以《金文编》一部赠之。

五月十三日　星期四

捐北大广东同乡会一元,会费五角。

代收齐鲁书社交王毓生十元,除《金文编》一部价六元,尚存四元。

---

①孟桂良(1907—?),字仲循,河北大兴人。曾任北京大学考古组职员,北京图书馆馆员、又服务于中国博物馆协会。考古学社社员。

作"转注"一节。

五月十四日　　星期五

早作"转注"一节。

代毓生买《现代评论》,价一元二;《莽原》、《投考指南》,共一元;《国学周刊》,价八角。下午往研究所。

五月十五日　　星期六

早往研究所。饭后往老馆。

五月十六日　　星期日

十一时往陈援广家早饭。见张荫麟(清华学生),始知其为东莞人。柳翼谋、吴雨僧①等同座。

三时与援广之子仲益②往平民中学。

五月十七日　　星期一

早往访柳翼谋未遇。

往老馆与苏、钟等往新明戏院,观北大广东同乡会游艺会。在老馆宿。

五月十八日　　星期二

早往访柳翼谋,在女子大学相见,云叶葰渔之稿已寄回去。

回寓后在饭馆遇许少白③。

钟请往真光看电影《神鞭奇侠》,主角飞来伯赠参一合,与母亲。顾颉刚来。

五月十九日　　星期三

寄叶葰渔信,王毓生《金文编》、《现存[代]评论》等二包。收

---

①吴宓(1894—1978),字雨僧,陕西泾阳人。1911 年入清华留美预备班,1917 年赴美国留学哈佛大学。曾任教东南大学,创办《学衡》杂志。1925 年任清华大学国学研究院主任。

②陈仲益,陈垣次子。曾与魏建功等人创建黎明中学。

③疑为许守白之误。

洪煨莲信。

早与三弟访胡适之,赠《金文编》一部。彼送余《戴东原哲学》。晚访冯俨若。

五月二十日　星期四

早往研究所,因女师大来参观。与刘澄清、王风等往市场会元馆早饭。

沙滩寓所退租。往定大瀛公寓房子,月租九元,在北池子北口,电话、电灯俱备。

接赵万里信。作"转注"一节完。

在学生银行押款一月期满(五十元),交利一圆,续押半月。

五月二十一日　星期五

收拾行李。齐念衡来。

五月二十二日　星期六

五时起,送三弟南归。顺道往老馆,与钟、苏往刘文斌家,其子和桂林廿一岁诞日家宴。七时回寓。

接张諟斋信,属题《画陶阁印痕》。

五月二十三日　星期日

早录《画陶阁印痕》序。

收拾行李。三时卢翙来,同往新明朝阳广东同乡恳亲会。七时赴宾宴春,何龙章请晚餐。醉,回老馆。

寄张諟斋《金文编》式部。

五月二十四日　星期一

醉后头晕。八时回寓。

五月二十五日　星期二

早收拾行李。往研究所遇雨,三时始回寓。

为台静农[1]书联一、横披一;为施少川书屏条四。

接三弟信,云搭通州回沪。

五月二十六日　星期三

移居大瀛公寓,月租九圆。

六时请顾颉刚、黄仲良、胡文玉、刘澄清、王悟梅,在东安市场中兴晚饭。

五月二十七日　星期四　阴　微雨

早收拾书籍。下午往研究所一行。

与柳翼谋信。商锡永来信。寄家信及《东方》。在寓晚饭。

五月二十八日　星期五

早作"甲骨文"一节。午到研究所。

寄锡永《金文编》一部,连前二部,共十八元。前欠五十二元,除尚欠三十四元。

五月二十九日　星期六

作"甲骨文"一节。

十时到研究所。十二时刘濬哲邀往东安市场会元早饭。二时到林宅授课。四时半到老馆。七时到新馆。

五月三十日　星期日

由新馆往真光看电影《美人知己》。十二时回,与钟、苏等在兴隆馆饭。

作《评〈金石名著汇目〉》一文。

八妹来信云,屺望答应月内交六百元,以三百元作旅费。

五月三十一日　星期一

下午往研究所。邹景叔寄《周金文存》第十册来。

---

①台静农(1903—1990),字伯简,安徽霍邱人。1922 年入北京大学国文系旁听,后肄业于国学门。1927 年后任教于辅仁、厦门、山东及齐鲁大学。1946 年后任教于台湾大学。

六月

六月一日　　星期二

十一时往贺和桂林结婚。三时与钟、苏等往中央公园,九时回老馆。

六月二日　　星期三

十一时由老馆与钟、苏等往和宅看新妇。

六时往燕寿堂,吴震春[1]邀晚餐,商量燕大本国文字文学系课程,余所担任为文字学,每周三时;考古文字,每周二时。

六月三日　　星期四　　晚饭早饭‖二△

早往富晋取《金文编》二十二部。元胎在天津取去五部,共取一百六十部完。

寄洪煨莲信及《金文编》二部。寄援广、君美、明珍信。

收元胎、际可、白水信。为鹿笙往市场购《性史》。

晚作文字学及考古文字两科说明内容及教学方法。

六月四日　　星期五　　早饭｜文△

张諟斋汇款十四元来购《金文编》二部。作《金石书录》序毕,寄林白水。

寄课程表与吴雷川。四时往燕京华文学校参观。

六月五日　　星期六

早往东安市场,嘱花店将花篮送欧美同学会冯收。

八妹来信,嘱买簪扣各物,并言开泰招顶事。

四时往欧美同学会,观冯执毅与陈日光行结婚礼。七时往老馆。

---

①吴雷川(1870—1944),名震春,浙江钱塘人。曾任浙江高等学堂监督、教育部金事。1926年后任燕京大学教授、副校长,教育部常任次长。著有《基督教与中国文化》等。

六月六日　星期日

早与钟、苏等往真光看《滑稽三剑客》电影。看毕往东安市场会元早饭。买簪扣等物,托四妹带回去与母亲。

二时半往龙头井旧涛贝勒府公教大学,国学门开第五次恳亲会。五时半回寓。

六月七日　星期一

早到研究所,取回元胎《金石书录》。度韦来信云,五月内来京。

胡文玉来。亦宝借五元。作"彝器文"一节完。

六月八日　星期二　早｜△

洪煨莲复信云:借薪事待商校长,校长夫人新丧,须少俟。

作"古文"一节。与钟、苏往真光看《歌场魅影》电影。晚在会元饭。

六月九日　星期三　早15△　晚18△

早录《说文》重文中古文。下午往研究所作《甲骨刻辞释文》弟一卷完。

接煨莲信,云可以借薪,介绍与会计副主任蔡一谔①相见。

收到《金文编》二部价十二元,由兴业银行取。

六月十日　星期四

六月十一日　星期五

早往研究所接家信三,八妹云不来。

见丁福保②所箸《说文解字诂林》样本,剪录关于《说文》箸作一百馀种,编比而成,可谓巨观,而《金文编》亦经收入。

---

①蔡一谔,后任燕京大学总务长,生卒年不详。
②丁福保(1874—1952),字仲祜,江苏无锡人。藏书家,曾创医学书局。生前编成《四部总录》遗稿,经整理后分"医药编"、"天文编"、"算学编"、"艺术编"四种。

寄家信及丁福保信。

六月十二日　星期六

早往研究所。胡文玉邀往万福居便饭。下午往老馆。

六月十三日　星期日

在老馆。

六月十四日　星期一

早往新馆。回老馆早饭。三时与钟、苏往新明看《空门遗恨》电影。晚在伦四太处饭。九时回寓。

颉刚赠《古史辨》一册。

六月十五日　星期二

齐念衡借《两罍轩官印考释》。

病痢,尚轻。草《从金文上证壁中书及〈说文〉中古文之伪作》一文。

六月十六日　星期三

病痢。下午颇困倦,未食晚饭,早睡。

六月十七日　星期四

早七时往新馆。请吴桃之诊病,服药少愈。晚在施少川处宿。

六月十八日　星期五

二时与钟、苏往真光看《迟暮歌娘》电影。六时回寓。三弟信到。覆三弟信。

六月十九日　星期六

早往研究所。一时往林宅授课。

回寓作《金石书录》中《十六长乐堂款识》、《镜铭集录》两种。因白水允为每期刊登《生春红》①中也。

①"生春红"为《社会日报》副刊,因林白水购藏十砚公黄莘田遗砚"生春红"而得名。

六月二十日　星期日　早｜二△　雨

作《恒轩吉金录》、《怀米山房吉金图》。

饭后往访颉刚，未遇。拟将《金石书录》登《国学周刊》，不登《生春红》。故往与之商，留字与之。顺道往老馆，因四妹明日南归。

六月二十一日　星期一　晚饭｜二△

一时由老馆回寓，见颉刚。《金石书录》稿拟登《国学周刊》。

作《匋斋吉金录》及《续录》。赵万里来信及《清华学报》。为马叔平书扇。

六月二十二日　星期二

九时往访马叔平。十一时半往燕大蔡一谔处借薪。两往皆不在。见洪煨莲先生。

六月二十三日　星期三

《从金文上证壁中书及〈说文〉中古文之伪作》一文作完。

六月二十四日　星期四

早作"籀文"一节。下午往研究所。四时往车站送施少川南归。顺道往新馆。

写信与蔡一谔借薪。

六月二十五日　星期五

八时回寓。十时往研究所，适考古学会开会，仲良不愿余参加，愤而辞职。

作"籀文"一节完。下午三时电邀钟、苏往看电影《义犬神驹》。

六月二十六日　星期六

在家编"小篆"一节。

六月二十七日　星期日

八时许往真光看电影《天涯奇女》。看毕与苏往北魏胡同访六奶奶。饭后同往游艺园,看新剧《白蛇传》。回老馆。病,头痛,早睡。

六月二十八日　星期一

早九时回寓。接三弟及内子来信,即复。

四时往朝阳访王绍曾,嘱其与内子同来。彼云十月初方来。留饭。

沈兼士先生来,嘱不必闹意见,仍到所办公。

打电话与祁绍薪,嘱汇大洋六十圆与内子。

六月二十九日　星期二

早胡文玉来,同往研究所。

三时钟邀往真光看《青春泪》电影,并在会元食饺子。

购得抄本蒋良骥《东华录》十六卷、《续红楼梦》两函。晚阅《东华录》。

六月三十日　星期三

早往林宅授课。回来苏霞邀往和宅。二时半赴东方考古协会开会。五时往公园。九时归寓。

七月

七月一日　星期四

九时往新馆,与钟借六十元,交三十元与祁绍薪,嘱汇交大洋六十元与内子。

晚草"小篆"一节。

七月二日　星期五

李国权(蕴衡)①早来,我适往研究所。民国元年彼与我往青岛留学,不见十五年矣。饭后遂往访之。彼现在华威银行当副行长,谈别后状况甚欢。顺道返新馆,在四太处晚饭。饭后往公园,归来访胡天诒。十时回寓。

七月三日　星期六

早往学校。从文玉借得刻本《东华录》校抄本。

四时到魏建功②处,借得音韵书数种。往翟宗心处,他云星期一下午南归。亦宝留饭。往颉刚家。颉刚言《红楼梦》本子问题适之有答书。遂往学校取得。吾之所得抄本,即程乙本也。

七月四日　星期日

八时往新馆。与钟、苏各人往中天看电影《家庭悲欢》。候陈恭甫,欲问其《抱经堂诗集》中赠挽曹雪芹诗内容如何,久候未归。在新馆宿。

八时前草胡〈适〉信跋尾。

七月五日　星期一

十二时与苏、珠往六奶奶家。六奶奶请往真光看电影《铁拳夺艳记》。六时到学校,少坐回寓。

七月六日　星期二

早阅魏建功《古音大辩论》。

饭后往研究所,与文玉诸人写堂幅。四时开内部会议。

---

①是日日记附李国权(蕴衡)名片,背面留言:"朗西兄鉴:弟由沪抵京,专诚奉访,适驾公出不遇,甚怅。敝寓宣外香炉营四条三十九号朱宅。公馀希惠我一叙,至幸!"
②魏建功(1901—1980),字天行,江苏海安人。1925年北京大学中文系毕业。先后任教于北京大学、中法大学、朝鲜京城帝国大学、西南联合大学等校。

七月七日　星期三

早往林宅授课。三时郑鹤年来,留晚饭乃去。

七月八日　星期四

辑《金石书录》《古文审》、《吉金文述》二种。

七月九日　星期五

早往研究所,见《学衡》第二十六期《转注古［正］义》,说甚明白。

在景山书社购《学衡》三册。

七月十日　星期六　早雨

早改定"字体之种类"一节。二时往新馆,至小市购得崇宁大钱二,价廿枚。

七月十一日　星期日

早往老馆。饭后与张仲锐逛各书肆,购得《雍州金石记》,朱枫箸,价一元四;《历代金石家书画集》,价十七元,先交定钱三元,约月底取书。七时回寓。祖弟来信。复祖弟信。

七月十二日　星期一

早往研究所。十一时马叔平来,约明早往他家观某君所箸《金石书目》。

七月十三日　星期二

八时往马叔平处,观黄立猷[①]《毅斋金石书目》,中多谬误。其人亦妄自尊大,其书十九皆谓自藏。余指《积学斋彝器考释》一种问之,彼云仅见原稿,而注云自刊本,可见其所言非忠实也。

十二时归。邀魏建功顺道往市场中兴早饭。

日人在研究所购《金文编》乙部。收三弟信,即复。

---

① 黄立猷(1885—1929),字毅侯,湖北沔阳人。早年留学日本,曾任黎元洪秘书,后曾任山东省建设厅长。精研古籍文物,著有《石刻名汇》、《金石书目》等。

七月十四日　星期三

早往林宅教书。十二时归。阅《流沙坠简》。

七月十五日　星期四

早十时往京师图书馆斠《博古图》等,至时因善本书为教部索薪团封闭,不能阅,失意而归。

四川范荷笠汇洋七元来,购《金文编》乙部。

编"钟鼎款识提要"一种。在东安市场购得古箭镞九枚。

拟先编辑宋代金文及各家考释之说为《宋代金文考释汇编》。丁仲祜来信。

七月十六日　星期五

编《集古录目提要》。

七月十七日　星期六

草"草书"一节。六时往新馆。

七月十八日　星期日

早与苏、钟往真光看电影《为夫难》。作"草书"一节。

晚饭后往研究所,与胡文玉闲谈。接丁仲祜寄来《说文诂林》样本。

七月十九日　星期一

草"正书"一节。

饭后往研究所,节译《西域考古图谱序》。陈寅恪[1]、徐旭生到所参观。

邀胡文玉往兴隆馆晚饭,到寓谈至十一时乃去。

七月二十日　星期二　早大雨

十二时往研究所,译《西域考古图谱序》。三时往北海公园,约

---

[1]陈寅恪(1890—1969),江西义宁人。先后就读于柏林、苏黎世、哈佛大学等校。1925年任清华大学国学院导师。后任教于西南联合大学、岭南大学。1952年后任中山大学教授。

苏、钟往。六时往漪澜堂,齐念衡、陈仲益、庄尚严邀晚饭,为顾颉刚送行。饭后掉船,十二时乃归。

明义士、郑鹤年到访不遇。

七月二十一日　星期三

明义士来,作竟日之谈。晚在兴隆馆同饭。

七月二十二日　星期四

早陈仲益来。饭后看《茶花〈女〉》剧本,刘半农译。

二时往研究所。元胎来信,即复。

七月二十三日　星期五

早北大招考,监试英文。

晚研究所同学饯行顾颉刚、魏建功二人于东安市场森隆,并及于余。顾适病,不能赴席。

七月二十四日　星期六

早监试数学。

三时往游团城,观玉佛。陈仲益介绍见杨志章,号俊明,番禺人,为财政讨论会股员。四时往新馆。

七月二十五日　星期日　夜雨

早见黎慎图、陈宗南①,谈广大情形甚悉。

午后与钟同往老馆。六时钟请宾宴春晚饭。饭后游城南游艺园,观《飞龙缘》旧剧。回老馆宿。

七月二十六日　星期一

早游中央公园。黎慎图邀在长美轩早饭。

三时与陈宗南往北大二院,参观物理系。

七时张伯桢请黎慎图、陈宗南于广和居,邀余作陪。

---

①陈宗南(1886—1962),字伯熙,广东增城人。化学家。曾任教于广东高等师范学校、广东大学、中山大学等校。

七月二十七日　星期二

早往研究所,录《金石索》序例。

四时苏来电,邀游中央公园。钟来寓,饭毕乃去。

七月二十八日　星期三

早仲益来,交《西域考古图谱序》译文。往林宅教书。

下午往研究所,与胡文玉逛隆福寺。罗君美来书,即复。郑鹤年来。

七月二十九日　星期四

早为欧阳邦华①书扇。下午抄《文字学讲义》。

七月三十日　星期五

寄烘煨莲信。抄《文字学讲义》。

七月三十一日　星期六　夜雨

早往海淀燕大,访洪煨莲不遇,云已归北京。往京寓访之,亦不遇。

晚六时所中同人公饯沈兼士、顾颉刚先生于来今雨轩。归来接三弟信,一中颇有暗礁,欲另谋市师。我意他在一中担任二十小时,实无暇暑自为研究,厦大编辑九十元虽非多,然所做皆自己学问,不如往厦大为好。

八月

八月一日　星期日

早往访沈先生及颉刚,声明欲三弟往厦大意。他们意亦赞同,嘱速写信与三弟,直复厦大。

①欧阳邦华(1893—1976),又名欧阳道达,安徽黟县人。毕业于北京大学,时任北大预科讲师和研究所助教。1924年参加清室善后委员会。曾任故宫博物院文献馆科长。

往访洪煨莲,已往海淀去。

往新馆,在珠处写信与祖弟。与珠往六奶奶家。六时回新馆。
早赵斐云来。

八月二日　星期一

九时往顺治门小书店,取回《金石家书画集》,共价十七圆,售
与富晋书社,价廿二元。在富晋取回罗君美代购之《殷契徵文》,价
十元,未交。

下午往研究所,《金石索》提要完。

寄母亲、内子、外舅、乐天、仲祜信。早张同甫来。

八月三日　星期二

作《二百兰亭斋金石记》、《两罍轩彝器图释》、《听松石床题
字》、《虢季子白盘考释》四种提要。

寄祖弟《金文编》两部。

八月四日　星期三

早往林宅授课。下午录《文字学讲义》。

八月五日　星期四

早录《文字学讲义》。为张同甫书扇三。

下午往研究所。三时许与胡文玉往车站送顾颉刚往厦大,顺
道往王悟梅寓及新馆。九时还寓。

八月六日　星期五

早往研究所。

林白水被宪兵司令部早一时捉去,四时枪毙。余初不知,打电
往问始悉,苏亦来电告知。三时往慰问玛利,见余痛哭,可怜之至。
中国宁有法律耶?

顺道往老馆。九时返寓。

八月七日　星期六

往海淀燕大，支前月薪二百元，并看房子。

还钟七十元，除尚欠一百元；汇祁绍薪叁拾圆，连前共六十圆，交黎慎图带交祖弟六十圆。尚馀四十元，十去其八矣。

四时半到研究所开会。得陈乃乾①信。亦宝、张同甫来。

八月八日　星期日

早往真光看《海棠春醉》电影。

饭后二时往新馆。四时与钟坤往商务书馆，购《啸堂集古录》、《宁寿鉴古》、《程荔江印谱》三种，共洋二十七圆，赠书券五元四角，购《六朝别字记》及《诗经白文》。

与叶惠民夜深谈，编《别字篇》，搜集自晋至隋碑志中别字为一书。

取回翰文斋《金文编》二部与直隶书局。

八月九日　星期一

早十时回寓。叶惠民来，三时同往研究所，观艺风堂金石文字。

寄陈乃乾信，并汇洋十圆。寄林毓秀信。

八月十日　星期二

早往研究所。三时叶惠民来。四时至车站送沈兼士先生南下。

马叔平言，陆和九②开钧藏金文拓本甚富，往象坊桥观音寺（西九八四）访之，未遇。在小市购五铢、崇宁钱数枚。访杜鹿笙于番禺馆。在新馆宿。

---

① 陈乃乾（1896—1971），名乾，浙江海宁人。毕业于东吴大学国文系，曾与人合办中国书店，经营古旧书业。1926 年任大东书局编辑、发行所长，兼持志学院、国民大学教授。
② 陆和九（1883—1958），名开钧，湖北沔阳人。中国大学国学系讲师，讲授金石学、古器物学、文字学及书法、篆刻等课程。收藏碑刻砖瓦拓本甚富。

八月十一日　星期三

九时许访陆和九,观其所藏金文,多伪品。

二时回寓。在直隶书局取回《金文编》书价,三部共十八元九角。

八月十二日　星期四

录《文字学》。

八月十三日　星期五

录《文字学》。接锡永信一、信片一,即复。接丁仲祜信。

八月十四日　星期六

早通学斋来索《瓦当文字》书价,给以十二元,不肯,殊讨厌。

录《文字学》第二章毕。写扇面二。

四时往富晋取回《金文编》六部,尚存六部。代商锡永在成兴斋购棉连纸,四元。购真赏社《石鼓文》、《泰山刻石》二种。

八月十五日　星期日

在哲如①书室内借得王捍郑稿本《金石通考》二册、《盂鼎克鼎集释》一册、郑叔问手批本《清仪阁金石题识》四册、攀古楼原刻《款识》二册。

五时还寓。寄罗君美信。寄陈乃乾信,嘱代购《清仪阁金石题识》。

八月十六日　星期一

录《金石通考》日。寄《文字学讲义》与赵斐云,嘱转王静安。

抄《金石通考》中关于《隶辨》、《博古图》数节。

---

①伦明(1875—1944),字哲如,广东东莞人。藏书家、版本目录学家。光绪年间举人,京师大学堂毕业。曾任教于北京大学、北京师范大学、燕京大学、辅仁大学、岭南大学。

马绳甫[1]来,云欲阅京师图书馆善本书,可写信与徐森玉。

与森玉信,欲阅馆中所藏元本《考古》、《博古图》二书,定十九往。

八月十七日　星期二

早抄鲍康《论盂鼎缘委》一节。往研究所。作"六书之次序"一节。

八月十八日　星期三

早起想得挽林白水一联:

通敌有证,果何在耶? 豺狼当涂,冤哉四字狱。

局赌无凭,竟成真矣! 猪狗有运,死也一时评。

林之罪状为"通敌有证",死之前一日因作一时评,论张宗昌局赌沈瑞麟总长十万元事,适中其忌。"猪有猪运,狗有狗运",乃时评中语。

为马绳甫书扇。十时赵斐云来。十一时往新馆,为王静安借《黑鞑事略》。哲如所藏金石零种、编目二十一种。七时回寓。

八月十九日　星期四

早接徐森玉电话,约往图书馆,借回《博古图》八本。

校《博古图》。图书馆所藏至大本,序末题名一行为人挖去,且中多错误及黑块,疑即《邵亭书目》所云嘉靖间蒋旸翻刻本。但当时敕修诸臣必得见原器,故款识虽属模写,较薛氏、王氏诸书精确,原本虽不可见,亦可以此校薛王诸书。

八月二十日　星期五

内子来信。模《博古图》款识数页。编"象形"节。

取回景山书社《金文编》一部,尚存四部。

---

①马淮(1887—1943),字绳甫,改字太玄,浙江鄞县人。擅民间风俗研究,曾任职京师图书馆兼北京大学教授。1927 年任职于广州中山大学图书馆。

八月二十一日　星期六

早往京师图书馆换《博古图》下半部。此确是明人翻本。馆中尚藏有元本二残册,可校。又借得《考古图》四册。

四时往琉璃厂,购得《金石丛书》(董刻),价七元。在新馆宿。

八月二十二日　星期日

往真光看《世界末日》电影。叶伟民来,同往马叔平处。校《博古图》。

八月二十三日　星期一

校《博古图》毕。摹齐侯镈。祖弟来信,庆圆侄女死了。

八月二十四日　星期二

小林胖生与日本教育团参观研究所。编《说文部首联系表》。

三弟来信,代买得《西清古鉴》,价十八元,《切韵考》、《遗民录》等,五元。

寄祖弟《金文编》四部。

八月二十五日　星期三

赵斐云来,交还《文字学讲义》、《黑鞑事略》。

王静安来信,仍主张东土用古文、西土用籀文之说。

编《部首系谱》。送静安《坠简》原本。

八月二十六日　星期四

编《部首》。还《博古图》与图书馆。二时往林宅,顺道往新馆。

八月二十七日　星期五

早与钟坤逛琉璃厂。在富晋取回《金文编》六部。接燕大信,邀往看房子。

八月二十八日　星期六

早往海淀燕大。五时到新馆。晚购得《国音字典》及《赖簏日记》。

八月二十九日　星期日

早往真光看电影《借妻》。与钟、苏等往兴隆早饭。往市场及公园。

八月三十日　星期一

早到研究所。陈乃乾、商锡永来信。往见钱玄同，谈音韵。编《说文部首》。

八月三十一日　星期二

述古堂送《两罍轩彝器款识》来，价八元。陈乃乾寄《吉金文述》来。

编《部首》完。苏请往真光看电影《孽海残花》。同回兴隆馆饭。

寄母亲、祖弟、齐树平信。

九月

九月一日　星期三

作论古籀文书复王静安。齐念衡来，还《两罍轩印考漫存》，借《俑庐日札》。

接内子信，云与张荫麟来。

九月二日　星期四

燕大寄支票来，往懋业银行取款。

顺道往新馆。苏等请往城南游艺园观剧。与珠游天桥。

晚十二时回寓。接卢贯信。

九月三日　星期五

早往研究所，下午三时往琉璃厂，购得张某所箸《古文尚书辨惑》①，专攻阎百诗、王西庄诸人之作，颇有头巾气。

---

①《古文尚书辨惑》，张谐之撰。

余所得《四史馀论》,校哲如所抄本,《汉书》缺者过半,馀完全。在新馆宿。

九月四日　星期六

往老馆。

陈恭甫代挽林白水联云:直笔众交推,胜有文章媲暾谷;多才天所忌,剧怜身世似祢衡。

梅请往中天看《上海之女子》电影。六时回寓,听差云胡文玉来电。饭后往候之,彼与澄清、仲良等饯行维钧于市场森隆。遂往加入。维钧云,后日往石家庄某中学当教员,月薪约百元。

内子来信云二十四与张荫麟来,搭广大轮船。

九月五日　星期日

早胡文玉来,商改上联为:识字我何奇,勉竭驽骀感鲍叔。

寄卢瑞屏条。写扇面二,为树屏。

九月六日　星期一

早为钟去华威银行问押款事。往新馆。二时回寓,到研究所,书白水挽联。

九月七日　星期二

早陈淮山[①]来。午黄仲良来。阅陈兰甫《切韵考外编》。

四时往东安市场购花圈赠林白水。

购得《五方元音》、《韵略易通》二书。到冯俨若家。

九月八日　星期三

冯俨若与其夫人来。

商锡永来信,嘱代购《古文审》。到隆福寺书肆觅之,已为人购去。购得童话数种,及关于鲁迅及其箸作。

---

①陈淮山,疑即陈淮生。

在带经堂借得明拓《绛帖》首册,中有《泰山刻石》、《诅楚文》、《讨叛羌帖》三种,欲摹之。

九月九日　星期四

摹《诅楚文》等。原帖太黑,摹写不能工。

说文部首分类。为悟梅书联屏。祖弟来函,欲往厦门。

九月十日　星期五

说文部首分类。下午七时接内子上海来函,嘱往天津接船。

九月十一日　星期六

往天津,十一时到。

九月十二日　星期日

在天津。在君美处取得《松翁近稿》一部、《纪元编》一部、《古文四声韵》一部。

九月十三日　星期一

早与内子、张荫麟等由船到车跕,六时半开车,十时到。即回公寓。二时往老馆。三时往新馆,留宿。

九月十四日　星期二

早与内子等往见林玛丽,其庶母出见。

十一时往六奶奶家。钟、苏先到。三时与钟、苏等回公寓。

九月十五日　星期三

收拾书籍。内子往老馆,与苏、钟买什物。

四时往冯思家,不在,见其妻桂培。往东安市场买什物。

九月十六日　星期四

早移居海淀城府蒋家胡同。行李七时始来,极狼狈。

九月十七日　星期五

收拾书籍。四时赵斐云来,同往清华谒王静安,赠余日本印

《秘府略》一卷。

九月十八日　星期六

早进城,到研究所前门购什物。在苏处早饭,三时与钟、王、珠三人同返。

九月十九日　星期日

早收拾行李。九时钟等回家。

饭后往访王静安,谈半刻。往访赵斐云、张荫麟,不遇。

四时半访洪煨莲、全绍文[①]等。

九月二十日　星期一

下午往清华访张荫麟,内子与儿女同去,与荫麟同回晚饭。

九月二十一日　星期二

下午王静安、赵斐云来,张荫麟来。并邀王桐龄[②]、孟世杰[③]晚饭。

九月二十二日　星期三

上文字学课,学生选修者七人。

七时往吴雷川副校长处晚饭,沈士远[④]、黄礼中[⑤]、马鉴[⑥]、杨振

---

①全绍文,曾任华洋义赈会执行委员、中华全国基督教协进会常务委员。

②王桐龄(1878—1953),号峄山,河北任丘人。毕业于东京第一高等学校、东京帝国大学文学系。曾任北京政府教育部参事、北京高等师范学校教务主任。

③孟世杰(1895—1939),字咸宇,河北大兴人。毕业于北京高等师范史地系,曾任教于燕京大学、法政大学、北平师范大学、北京女子师范大学等校。

④沈士远(1881—1955),陕西汉阴人。曾任北京大学预科乙部教授、庶务部主任、校评议会评议员,北京高等师范学校、燕京大学教授。

⑤黄子通(1887—1979),名礼中,浙江嘉兴人。官费留学英国伦敦大学、加拿大托朗托大学,获哲学硕士学位。时任燕京大学哲学系教授、文学院院长。

⑥马鉴(1883—1959),字季明,浙江鄞县人。早年就读于南洋公学。1925年留学美国,获哥伦比亚大学教育学硕士学位。1926—1936年任燕京大学国文系教授。

声①在坐。

九月二十三日②　星期四

早上考古文字课,选修者三人。编讲义。寄母亲、三弟、锡永及李汉青③信。

九月三十日　星期四

邢瑞从林宅借来书桌一、方桌一、椅四。

十月

十月一日　星期五

坤、琬行开学礼。

一时与内子、坤、琬进城,在前门买什物。遇钟坤,始知钟太于今晚往河南。即往新馆,邀他与哲如、苏、珠、启后等往宾宴春晚饭。回老馆宿。

十月二日　星期六

早与苏往宜宅、刘宅,并购什物。

十月三日④　星期日

早往琉璃厂购纸墨等。十二时出城回家。赵斐云来。

十月九日　星期六

午进城,到新馆。晚在老馆宿。

---

①杨振声(1890—1956),字今甫,山东蓬莱人。1915 年入北京大学国文系,1924 年获美国哥伦比亚大学博士。历任武昌大学、北京大学、燕京大学、中山大学、清华大学教授。
②二十四至二十九日日记缺。
③李汉青,生平不详,时任职于上海广仓学宭。
④十月缺四日至八日、十一至十四日、十七至二十二日、二十五至二十八日。

十月十日　　星期日

早九时回海甸。

十月十五日　　星期五

十二时进城,到研究所。在老馆宿。

十月十六日　　星期六

早饭后与苏往瑞蚨祥,买缎袍一及女袄料,共化三十馀元。二时往海甸,风甚大,殊苦。书手来。

十月二十三日　　星期六

接三弟、七妹、叶滇渔信,及滇渔《铁云藏龟拾遗》。

十月二十四日　　星期日

寄母亲信,三弟《读书杂志》。洪煨莲邀与内子早饭。

十月二十九日　　星期五

下午与内子、儿女进城,访陶太太,即内子之堂妹也。在老馆宿。

十月三十一日　　星期日

饭后回海甸。

十一月

十一月二日① 　　星期二

汇洋三十元与锡永。

十一月三日　　星期三

君美寄书来,我所买的:

《玉篇》二册,7.8;《增订符牌图录》、《恒农冢墓遗文》,2.5;《粤西得碑记》,.8;《群经字类》,.9;《天发神谶碑考》、《货布文字考》,4。

前所购而未交款者:

①十一月仅记二、三、四、五、六、二十六、二十七日。

《松翁近稿》、《纪元篇［编］》、《古文四声韵》、《殷契徵文》。

十一月四日　星期四

寄母亲信,买《廿四史》。

司徒校长请晚饭。他因病在医院,由杜君夫妇作主。

十一月五日　星期五

广仓学窘李汉青寄书,我所购者为:

《广仓专录》第一集、《砚录》、《重辑仓颉篇》、《急就篇》,共价陆元。

十一月六日　星期六

寄三弟《文字学讲义》五、《续疑年录》。寄颉刚、滇渔、锡永《讲义》。

十一月二十六日　星期五

下午一时进城。访马叔平,代邹适庐购散盘拓本。

十一月二十七日①　星期六

下午二时回家。

附通讯录

元胎　仓巷新门牌五十七号

洪业(煨莲)　崇内毛家湾五号,东二七五零,燕大文科主任

冯愿(侗若)　遂安伯胡同六十一号甲

冯思(俨若)　王府井大街八面槽九号

裘善元(子元)　报子街三十八号

明义士　河南彰德基督教长老会

陈垣(援广)　西安门外大街六十五,电西 1503

卓定谋(君庸)　中国实业银行

---

①一九二六年日记至此结束。

黎樾廷　广州中国国民党广东省执行委员会青年部

叶潢渔　芜湖中国银行刘苕石转,芜湖二街凤宜楼间壁

吴震春(雷川)　保安寺七号

丁福保(仲祜)　上海梅白格路一百廿一号医学书局

麦际可　广州石基里五十号二楼

张荫麟　石龙竹园街张燕翼堂

王福广　大茶叶胡同十八号,上午一四六在家

陆开钧(和九)　象坊桥观音寺,西九八四

元胎　广州西门内大纸巷内水师巷六号

天丰　清华园车跕迤南,西分局八十号

卢瑞　石基里五十二号

八媛　广州大东路妇女运动讲习所

徐信符[①]欠款四元二角三分,欠单于十五、三、九由元胎寄去。

蛤蚧酒方此方系刘月山医生所拟,叶元吉所传种子有效:

　　高丽参二两、金樱子二两、玉竹乂两、红枣三两去核、大熟地十两、兔丝子川两、枣杞子八两、山萸肉川两去核、大当归三两、淫羊藿去边羊油炙川两、川杜仲四两、晒元肉三两。以上先用酒发透蒸熟晾爽,用普通高粱酒浸。生羊肾五对去油、猪脊髓六十条生熟均可、生蛤蚧卅对去头足皮。酒用汾酒或上等高粱酒浸。

1926 年 7 月 12 日结算《金文编》数目

计送出者三十一部:

邓尔雅　陈仲和　孙雨廷　研究所　沈兼士　林白水　商锡永

黄仲良　叶潢渔　邹适庐　福开森　徐君栋　何伯龙　叶遇虎

---

① 徐信符(1879—1947),名绍柴,以字行,广东番禺人。近代著名藏书家,南州书楼主人。

张子幹　田伏侯　黄晦闻　陈斠玄　梁任公　顾颉刚　陈援广
陈伏园①　北大图书馆　元胎　邓绍穆　明义士　魏建功
裴子元　洪煨莲　伯父　蔡哲夫

　　计卖去者八十二部：

　　直隶书局十三部〧〇〦　清华学校八部〤〇　佩文斋六部
〢〣〤　广东四部，小〢〣〤　罗原觉三部，小〢〢　邓振声一部，小
〡〇　商锡永八部〤〢〣　北大出版部三部〡〢〤　景山书社七部
〤〤〡　又出版部一部〇〣　金拱伯一部〢元　贺之才一部〢元
马夷初一部〢元　林玉堂一部δ元　陈援广三部〡〢〤　杨遇夫
一部〢元　刘半农一部〢元　医学书局三部〣十元　钱玄同
一部〢元　集美学校三部〡〢元　研究所三部〡〤δ　厦门大学二部
〡〢元　马绳甫一部δ元　带经堂一部〢元　燕京大学二部〢元
　　东南大学一部〡〢元　燕就大学　张諟斋二部〡〤元

　　计现存三十九部：

　　直隶书局四部　景山书社五部　外舅二部　元胎三部　翰文
斋二部　通学斋一部　富晋书社十二部　自存八部　研究所一部
赵斐云一部

　　共来书一百五十二部，售出八十二部，计收大洋四百六十一元
一角、小洋五十六元四角。

　　来宣纸六部：王静安、沈兼士、马叔平、研究所各一部，自存
二部。

　　研究所二部〡〤、常维钧一部〤元、直隶书局三部〡〢〤、元胎二
部，小〡〢元、京师图书馆、卢瑞、外舅三部、元胎五部、冯思、闵孙奭、吴
雷川、胡肇椿〢元、研究所〢元、景山书社〢元

────────

①疑为孙伏园之误。

1926 年收支一览表

一月收入

　　1 日,上存 100

　　6 日,六月份薪 6

　　8 日,锡永还书款 25.5

　　22 日,薪金 10

　　28 日,薪金 37、锡永汇款 35

　　总计:213.5

一月支出

　　2 日,高师宴会 1.3、支元胎 80

　　5 日,纸本.5

　　8 日,《周金文存》卷一 4、《明器图录》5.2、忠信堂饭份 2.7、换
　　　铜子 1

　　11 日,红煤 4.3、购书 2

　　13 日,庐费 2.3、《隶韵》5、房租 3.3

　　17 日,《括苍金石志》2.5、《要籍解题》.5、换铜子 1、鞋 2.3

　　20 日,庐费 5

　　24 日,饼食等 1.5

　　26 日,《小朋友》1.7

　　28 日,换铜子 1.1

　　31 日,庐费 5、房钱 3.2、拓本等.6

　　总计:136

二月收入

　　3 日,薪金 13

　　13 日,薪金 40

24 日,《金文编》6

总计:59

二月支出

2 日,《艺风堂金石目》5.8、梅花.2

4 日,换铜子加菜 1、洗衣服 1

6 日,《汉隶字原》12

9 日,换铜子 1

10 日,装订《四史馀论》1、邮票 1

11 日,换铜子 1

12 日,《司法要览》4、饼食 1、赏听差 1

13 日,赏学校听差 2、赏新旧馆下人 2、赏银 3、换铜子 1、书籍
    等 4.5

14 日,书籍等.8

15 日,《西狭集联》1、《赣石录》1、须刨 1、小刀.5、《退耕堂藏
    石》1、拓本款识等.2

18 日,《张迁碑》1.2、《集联二种》.8、《金石书目》1、《印考漫考
    〈存〉》5、《金石三跋》1.6、《王右军书》1.2、庐费 2.3、《古辞
    令学》.4、加菜换铜子 1.6

22 日,年宴券 1.5、《二徐笺异》3.5、《瘗鹤铭考》等.8

25 日,书籍 1.8

27 日,书籍 1.3

总计:72

三月收入

3 日,陈刻《说文》4.4

14 日,《金文编》6

28 日,杨守敬联 6

总计：16.4

三月支出

3 日，《考古学通论》3.4、换铜子 1

7 日，加菜等 1、地图 1、房钱 3.3

13 日，笔墨 1、庐费 13.4

14 日，庐费 10

18 日，书套 2.4、真光电影 2

23 日，送吴桃三礼.7、换铜子 1

28 日，《红楼梦》等.3

29 日，换铜子 1.5

31 日，总计：42

四月收入

2 日，薪金（八月份）10、《金文编》6.2

5 日，《金文编》6.3

6 日，《金文编》7

11 日，《金文编》6

25 日，《金文编》6

30 日，总计：41.5

四月支出

5 日，杂用 1

6 日，庐费 2.5、《文字学》1、信札.5、小印.1

11 日，电影 2.1、太和春饭食 4.3、换铜子 2

13 日，换铜子 1、《文献》、《学林》1

17 日，加菜 1

21 日，送钟生日 2.4、邮票 1、换铜子 1、庐费 10、《文字学大纲》.8

25 日、藤床三张 4.5、《金石丛书》12、《汉碑》等 4、信笺信封.2

28 日、鞋 2、零用.6

30 日,总计:54

五月收入

10 日,《金文编》12.4、薪金 8、《金文编》6.

18 日,薪金二成七 14

26 日,《金文编》7

28 日,《金文编》三 18

31 日,钟来 100、学生银行 50、锡永 34

总计:249.4

五月支出

2 日,刻银印.6

10 日,电影 2

11 日,加菜 1

12 日,书套 2.2、笔.3、北大会费捐款 1.5

15 日,车钱 1、伙食 1

20 日,早饭 2.2、定房 1、利息 1、邮票 1、铜子 1、伙食 1

21 日,会元晚餐 1.8

22 日,铜子 1、木箱 1.2

25 日,木箱 1.2、庐费 2

26 日,搬运费 1.6、赏刘顺 1、晚餐 4.5、四时新 1

31 日,卢瑞借 10、卢翊借 10、元胎 190、四妹借 5、苏借 10、兴隆
饭 1、刘文斌礼 2.6、打牌输 11、饭食 1.3

总计:273

六月收入

4 日,《金文编》二 14、薪金 5、《金文编》二 12

14 日,《金文编》6

15 日,薪金 28、四妹还 5

总计:70

六月支出

1 日,换铜子 1

3 日,贺冯执〈毅〉礼 2、《性史》相片等 1、漏支 5.8、邮票 1

4 日,祖文凭费 1

6 日,会元早饭.6、簪扣等 2

8 日,付房钱 5、利息.7、《茶花女》剧本.6、电影 1.5、会元晚饭 1

13 日,赏新旧馆下人 1.5

14 日,加菜 2、照相.8、打牌 1、换铜子 1、新明电影 1.3

15 日,赏公寓听差 1、赏学校听差 2、广告 1、新一春饭食 1

21 日,饭食共计 5、洗衣服 1、药 1

25 日,房伙至十四止 3.6、兴隆饭食 5

27 日,游艺园戏 2、铜子 1.1、《东华录》.6、《续红楼梦》.4、扇笔.
　3、补卢翊借 5、端午加菜 2

总计:62.8

七月收入

12 日,《金文编》7、又三部 20

13 日,《金文编》7

15 日,《金文编》7、《隶辨》2.5

22 日,《金文编》4、薪金 20

31 日,《书画集》5

总计:72.5

七月支出

2 日,换铜子 1

3 日,学生银行利 1

5 日,车钱 1

7 日,换铜子 1

9 日,新一春饭钱 1

11 日,《雍州金石记》1.4、笔.4

12 日,定《说文诂林》20

13 日,中兴早饭 1.3、《国音学》.2

15 日,古箭镞.4、《文字学》.8、《学衡》.7

16 日,利息.2、铜子 1

18 日,电影.3

20 日,北海 1

21 日,邮票 1

24 日,房金 9、铜子 1

29 日,铜子 1

31 日,车钱 1、饯沈顾 3、洗衣服 2、零用.8

总计:51.5

八月收入

7 日,燕大七月薪 200

11 日,《金文编》18.9、《金文编》(三弟手、小) 23、燕大八月薪 200

总计:472.9

八月支出

3 日,兴隆饭钱 5

6 日,换铜子 1

7 日,往海淀车 1、汇内子 120、还学生银行 50

8 日,《啸堂集古录》6.3、《宁寿鉴古》18、《程荔江印谱》2.7

11 日,《声韵沿革》.1、五株钱等.3、苏借 10

14 日,亚北雪糕.6

15 日,洗衣服 1、《石鼓泰山刻石》2.5、代锡永棉连 4、邮票 1

19 日,换铜子 1

21 日,原本《坠简》19、房钱 9、《金石丛书》7、纸笔.7、电影点心.8、《圣母》.2

24 日,《西清古鉴》18、《遗民录》等 5

26 日,铜子 1、《图书馆季刊》等 1.2、修表 1、信笺 1

28 日,车 1、日记等.8

29 日,杂用.5

31 日,洗哔叽长衫.5、《两罍轩款识》8、碗碟 5、铜子 1

总计:295.2

九月收入

13 日,明伦堂津贴小洋 40

14 日,《金文编》6.3

22 日,北大薪 40

27 日,《金文编》6

29 日,薪金 200

总计:292.3

九月支出

3 日,代卢瑞屏.8、往天桥化 1.2

4 日,《尚书古文辨惑》2.5、挽白水联.9、饯行常惠 1

5 日,饭钱 10

7 日,花圈 1.6、《五方元音》等.7

8 日,《童话》等.4

11 日,火车等 2.5

12 日, 房钱 1、饭食 1.5、杂用 1

13 日, 运行李 4、火车 9、铜子 1

14 日, 铜子 2、洗衣服.3、交度韦杂用 30、度韦旅费 32、又小洋 40

15 日, 买什物 15

16 日, 运费等 6.5、饭食 3、房钱等 9

17 日, 买什物 12、饭食等 1.5

18 日, 买什物 11、王妈工钱 3、饭食等 2

19 日, 杂用 5

20 日, 杂用 3

22 日, 节钱 2、王淑龙工钱 1、杂用 2、《瓦当文字》12.4、《西行日记》.6

24 日, 杂用 1

26 日, 杂用 1.6

27 日, 杂用 1、还钟 22、学校听差 2

29 日, 杂用 1

30 日, 家具等 9

总计:272

十月收入

17 日,《金文编》6

28 日, 薪金 200

30 日, 北大薪金 16

总计:222

十月支出

1 日, 付度韦 40、宾宴春饭食 5.6、皮包 3.6、《新方言》.4、格纸等 2、车钱等 2.4、邮票 1、杂用 1.5

8 日, 饼食.8

9 日,《字典》等 1.4、车 1、付度韦 20

13 日,邮票 1、书记 1.6、漏支 1.4

16 日,《授堂全集》6.2、缎袍等 31.3、鞋 2.1、《诸子群经平议》.6、还钟 10、杂用 1.8

20 日,付度韦 20、红煤 27.5、书记 1.3、棉袍工 1.4、安煤炉 7.2、棉花 4.2、棉袄工.6

28 日,汽车票 4.5

29 日,《汉刻四种》等 2.3

31 日,车钱等 2、裱屏联 1.5、交钟坤 20、漏支 1.8、广仓书 5

总计:235

十一月收入

13 日,北大薪金 55、拓本 37.5

29 日,薪金 200、漏进 5.5

总计:298

十一月支出

1 日,付度韦 30、汇锡永 30.3

3 日,坤琬学费 30、广仓书 1、付度韦 20

8 日,寒暑表 1.5

12 日,付度韦 20、邮票 1

13 日,交钟坤 20、交度韦 10、《古尊宿语录》8、《古文审》8、国光社书 3.9、食物 3.2、杂用 2

19 日,鱼 2

26 日,床布 1.4、加菜 1、《美术丛书》3、表 8.5、《骨董琐记》1、纸 1、车钱 1.2、罗氏书款 25、饭食.4

28 日,点心.6、自来水 3、邮票 1

总计:248

十二月收入

25 日,北大薪金 10

31 日,十二月薪金 200

总计:210

十二月支出

1 日,付度韦 25

3 日,又 5、还钟 28

6 日,照相 1.5

9 日,抄字 1

11 日,参 20、付度韦 10、车钱 1、纸笔 14

14 日,抄字 1

20 日,付度韦 10、贺年卡 1

22 日,请学生 5.4

25 日,交度韦 30、定《经籍籑诂》4、马强甫①奠仪 2、十字布 2.4、电影饭食等 6.4、书 6.8、苏借 10、毛线 1、汇家中 50、抄《古籀馀论》4、补表价 1.9

27 日,抄书费 5

29 日,更夫 2

31 日,付度韦 10、汇家中 50、游艺会 1.2

总计:295

1926 年收支统计表

月次	收入数额	支出数额	揭存数额
一月	213.5	136	77.5

---

①马权(1884—1926),字强甫,号立庵,浙江鄞县人。马海曙第六子。据说,1926 年死于猩红热。

二月	59	72	64.5
三月	16.4	42	38.9
四月	41.5	54	26.4
五月	249.4	273	2.8
六月	70	62.8	10
上半年合计	649.8	639.8	10
七月	72.5	51.5	31
八月	472.9	295.2	177.7
九月	292.3	272	198
十月	222	235	185
十一月	298	248	235
十二月	210	295	150
下半年合计	1567.7	1417.7	150
本年总计	2217.5		

书籍费约 270 元,抄书费约 20 元,元胎 270。

一九二七年^①

一月

一月四日　星期二

作《征刊燕京丛书议案》，寄洪煨莲。

往清华访荫麟、斐云，斐云赠余林药园^②《文字学讲义》。

一月五日　星期三

雪。

一月八日　星期六

进城。

一月九日　星期日

三时还家。为吴雷川写《真理与生命》杂志封面。

一月十一日　星期二

校《东观馀论》。

---

①一九二七年日记，一月记 17 天，二月记 8 天，三月记 4 天，四月记 2 天，六月记 9 天，七月记 1 天，八月记 2 天，九月记 2 天，十月记 1 天，十一月记 1 天。缺处不再一一注明。

②林义光（？—1932），字药园，福建闽侯人。毕业于外交部译学馆，先后任教于清华学校、北平中国大学、师范大学等校。著有《文源》、《诗经通解》等。

一月十二日　星期三

校《东观馀论》。

一月十三日　星期四　小雪

校《东观馀论》毕。

一月十四日　星期五　大雪

拟汇刊编辑部启事。

一月十七日　星期一

校方氏《缀遗斋彝器考释》目。

一月十八日　星期二

校方目。

一月十九日　星期三

访王静安先生。

一月二十一日　星期五

进城。带方氏《彝器考释》到研究所。到清宫购《散盘》、《莽量》。

一月二十三日　星期日

校《古籀馀论》。

一月二十七日　星期四

杨振声邀晚饭,微醉。

一月二十八日　星期五

早起头岑岑然,仍睡,午后乃起。吴立山[山立]来。

张荫麟为借得梁任公所藏《筠清馆金文》稿本来,取校刻本,无甚异同。稿本缺卷一、二,任公谓款识为荷〈屋〉自摹,非也。

一月二十九日　星期六

午校《古籀馀论》毕。往见王静安,并送还《筠清馆金文》与梁任公。

一月三十日　星期日

晚六时邀洪煨莲、吴雷川、沈士远、王峋山、黄子通、马季明、杨振声便饭。马病，杨有事，未来。

二月

二月三日　星期四

编《古器物图说》。

二月四日　星期五

进城。

二月六日　星期日

以二元购得时贤与沈太侔①手札一帙。

二月七日　星期一

午往研究所及马叔平先生等处。

二月八日　星期二

往北大支薪。在容丰与内子等照相三张。访陈援广。

二月九日　星期三

午后回寓。

祖弟在福州代购得《六书系韵》、《说文声系》、《段氏说文注订》、《说文辨疑》、《说文管见》、《说文解字辨证》、《西岳华山碑考》、《古韵论》、《韵补》、《经籍籑诂》(石印本)十种，价连邮十叁圆。

适庐汇六元来，嘱代购齐侯罍拓本。

二月十一日　星期五

二时裴子元来，赠重刻本《石鼓》及历史博物馆所藏彝器拓本。

---

① 沈宗畸(1857—1926)，字太侔，号南野，繁霜阁主，广东番禺人。南社社员。光绪十五年(1889)举人，官至礼部祠祭司主事。著有《东华琐录》、《繁霜词》、《南雅楼诗文》等。

借《考古学通论》译本去。
二月十二日　星期六
吴山立来,同往见王静安先生。作《古礼器图说》,证^的之为簠。

三月

三月三日　星期四
一时半进城。
三月五日　星期六
一时与胡肇椿①、萧炳实②到古物陈列所鉴定古物。彝器十九皆伪。同自敦至佳,器、盖各九字。叔单鼎真而不精。

三时半到研究所开恳亲会。下午七时回寓。
三月六日　星期日
颉刚与元胎来函,言厦大研究院已停办。
三月二十八日　星期一
作《殷周礼乐器图说》完。六时王静安请晚饭。

四月

四月二十一日　星期四
三时杜鹿笙及其夫人、外母同来。

---

①胡肇椿(1904—1961),广东人。毕业于燕京大学,后赴日本留学。考古学家,曾任中山大
　学历史系教授、广州博物馆馆长等职。
②萧项平(1900—1970),名炳实,江西萍乡人。1926年秋入读燕京大学国学研究院,1930
　年任厦门大学教授,1960年代任中华书局副总编辑。

四月二十二日　星期五

十二时与杜氏夫妇等及内子、琬、琨往游颐和园。游全园每券一圆一角,六券共六圆六角。五时归,杜等回北京。

六月

六月二日　星期四

王静安于十时许投昆明湖。

六月三日　星期五

七时许到颐和园哭视王静安。尸卧鱼藻轩,掩以破席,状甚凄惨。一时半甚[其]儿子始来。

王氏遗嘱:

五十之年,只欠一死,经此世变,义无再辱。我死后,当草草棺敛,即行藁葬于清华茔地。汝等不能南归,亦可暂移至城内居住。汝兄亦不必奔丧,因道路不通,渠又不曾出门故也。书籍可托陈、吴二先生处理,家人自有人料理,必不至于不能南归。我虽无财产分文遗汝等,然苟谨慎勤俭,亦必不至饿死也。　五月初二日父字。

陈、吴指陈寅恪、吴宓二人。

六月十五日　星期三

中山大学副校长朱家骅①来电云,务请来任文字学教授。覆函云,欲为购置参考书籍,下年归任教授。由祖弟转去。

六月十六日　星期四

王静安在下斜街浙江会馆开吊,与张荫麟往。

---

①朱家骅(1893—1963),字骝先,浙江吴兴人。1926年任中山大学副校长。后曾任国民政府教育部长、交通部长、浙江省主席。1940年任中央研究院代理院长。

六月二十三日　星期四

自城归。接祖弟信,劝余南归。余乃向校长辞职,往见吴副校长,未遇。

六月二十四日　星期五

国文系开会。向吴副校长辞职。吴劝余考虑数日,俟校长自西山回来再商。余允之。

六月二十五日　星期六

挈家人进城。

六月二十七日　星期一

早自城归。黄子通来,劝余勿辞。

六月二十九日　星期三

吴雷川先生来商挽留余辞职事,允学校即有变故,余仍可支满全年薪金。余遂决意不南归。

校长送聘书来。往清华。

七月

七月一日　星期五

接中山大学朱家骅来电云,购书四千可即办,仍盼即来。

八月

八月十八日　星期四

作《宝蕴楼彝器图释》毕。

八月三十一日　星期三

交《积古斋款识》(乂元),与《金石三跋》(刂元)、《齐乐罍通释》(ᵟ△)二与修绠堂代售。

九月

九月十二日　星期一

移居槐树街十二号。

九月十九日　星期一

晚十二时五分,内子在公益医院生一男孩①。

十月

十月五日　星期三

内子自公益医院回家。

十一月

十一月七日　星期一

下午四时半开《学报》编辑委员会,到者:吴雷川、冯友兰、许地山②、黄子通、洪煨莲,连我六人。

十一月十一日　星期五

曹兴祖借六元。《王国维先生考古学上之贡献》。

---

①即容瑶。
②许地山(1893—1941),名赞堃,广东揭阳人,生于台南。1917 年入燕京大学,曾发起成立文学研究会。留学美国哥伦比亚大学、英国牛津大学。1927 年任燕京大学教授。

附通讯录

钟太　道清铁路东车跕六号

陈仲益　翊教寺二号

林玛林［利］　东四九条八号、石驸马大街培华

元胎　广州榨粉街一一九

金梁　司法部街廿七号

阚铎　前内中街六十三号

1927 年收信表

1 月

　1 日,罗君美

　3 日,陈乃乾(《吉金文述》二部)

　9 日,吴雷川、八妹

　10 日,邹适庐

　12 日,陈乃乾

　13 日,马叔平、元胎

　15 日,学生银行(又 18)

　16 日,顾颉刚、马叔平、刘澄清、罗君美

　22 日,邹适庐二、元胎、林玛利

2 月

　9 日,邹适庐、罗君美、元胎(书五包)、古物陈列所

　12 日,家信二

　21 日,邹适庐(书)、元胎

　28 日,商锡永

3 月

　1 日,马叔平

4 日,古物陈列所、商锡永(书四部)

6 日,顾颉刚(汇款)、元胎、陈乃乾

15 日,邓屺望

20 日,商锡永、顾颉刚

24 日,胡佩衡、元胎、家信 3、伯龙

25 日,商锡永、陈乃乾、八妹

26 日,周养广

4 月

7 日,邹安、元胎、颉刚、养广(《泉屋清赏》)、庄严、七妹

28 日,颉刚、元胎、锡永、屺望、鹿笙

5 月

2 日,中国书店

14 日,元胎、孙伯恒、屺望

20 日,中国书店

28 日,林玛利

31 日,元胎、乃乾、邹景叔、俞平伯

6 月

5 日,沈兼士

16 日,元胎、徐森玉

18 日,商锡永(书五部)

23 日,元胎(快信,书两包)

7 月

3 日,景叔、息侯

6 日,君美(信件)、小钟

15 日,元胎、君美

20 日,元胎、君美(书)

30 日,邹景叔、顾颉刚、元胎、锡永、胡肇椿

9 月

13 日,元胎

22 日,罗定县长苏世杰

12 月

1 日,邹景叔(拓片挂号)

4 日,中国书店(退书二种)

1927 年发信表

1 月

1 日,元胎、顾颉刚、丁仲祜、陈乃乾

7 日,邹景叔

10 日,齐树平、赵斐云

13 日,家信 2、马叔平、罗君美、校长办公处

15 日,学生银行、林玛利

19 日,马叔平、罗君美

23 日,顾颉刚、邹景叔(挂号)、元胎、林玛利

2 月

4 日,元胎

9 日,家信 3、元胎、锡永

12 日,外舅、公植

16 日,君美(稿)、适庐(拓本)

22 日,元胎(《甲寅》)

28 日,中国书店

3 月

1 日,马叔平

6 日,徐森玉、商锡永、相片寄家中、钟太

7 日,颉刚、元胎

10 日,家信 4、陈乃乾

18 日,陈乃乾

21 日,周养广、胡冷广、邓尔雅、商锡永

24 日,家信 5、伯龙

28 日,陈乃乾、商锡永

4 月

8 日,邹景叔、医学书局、中国书店

9 日,家信 6、元胎

13 日,屺望

28 日,颉刚、屺望、元胎、锡永、君美

5 月

3 日,陈乃乾、元胎(件挂号)、叔平(稿挂号)

11 日,商务书馆、四川总府街新民书报流通处

15 日,元胎(《京音字汇》)

24 日,屺望

29 日,玛利

6 月

1 日,陈乃乾(汇款)、邹景叔、俞平伯、元胎

5 日,徐森玉、沈兼士

10 日,元胎(《通艺录》)、邹安

29 日,元胎

7 月

1 日,息侯、景山书社、锡永、君美

4 日,元胎(《金石图》,挂号)

7 日,景叔(《金文编》)

16 日,元胎、锡永

20 日,元胎、乃乾、君美

28 日,元胎(《学报》十二)、钱玄同(《学报》、《讲义》)

30 日,顾颉刚(《学报》)

8 月

13 日,陈乃乾(《学报》)

19 日,博古斋、邹景叔

9 月

1 日,元胎、七妹

11 月

4 日,元胎(《金文编》)

1927 年收支一览表

1 月收入

1 日,揭存 150

7 日,北大薪 20、刘还 1、拓本 6

25 日,薪金 200

总计,377

1 月支出

1 日,付度韦 30、邮票 1

3 日,付度韦 40、借钟坤 10、《清华学报》.3、苹果 1

7 日,校务会(北大).5

9 日,电桌灯 7、电影晚饭 2.5、车钱 1、苏借 3(共 30)、曹借 5、
国音书.4、格纸 3.5、抄《古籀馀论》1.8。

13 日,写《现代评论》2、安电灯.4

21 日,《儿童世界》1.5、绿格.7、干贝 1.8、《国语图》.5、《甲寅》1.2、车 1、代顾《古文辨惑》3

23 日,付抄字 5

24 日,借小钟 20、《吉金文述》17、付度韦 10

25 日,付垫会款 115

30 日,饼干 2、加菜 4.4、果 1.5

31 日,总计:294

2 月收入

5 日,钟还 30

7 日,北大薪 65、苏还 17、祖弟还 13

26 日,薪金 200、拓片 1

28 日,总计:326

2 月支出

1 日,付度韦 60

4 日,付度韦 40、垫会款 15.4、《两汉金石记》4.5、《宋人小说》3.6、《石刻铺叙》.8、《万县石刻记》.5、《括苍金石志补》2、印匣等.9、车钱零用 4.2、布 6、沈南垫信 2、赏葛麦 2、赏下人 2、玩具.3、祖弟代买书 13

15 日,曹太借 5、书籍 51.4、车钱 1.5、元宵.3、笔等.7

16 日,邮票 1

21 日,抄书费 3

26 日,补鞋 1.2

28 日,总计:221.3

3 月收入

3 日,薪金 200

8 日,北大薪 25、颉刚书款 3、苏还 3

25 日,北大薪 23

总计 254

3 月支出

1 日,付度韦 60、邮票 2.1、抄《古器评》2.4

4 日,照相 2.1、书籍 1.5、车钱杂用 4.5、曹太借 40、钟借 10

8 日,付抄字 5

9 日,付度韦 2.5

14 日,中国书店 12、《甲寅》3、车票 4.5

19 日,白竹布 4.7、笔.6、真赏社帖 6、仲锐借 2、刻木戳.3、杂用
车钱 1.1、纸格 1.4

29 日,付度韦 42、裤里 1、罗氏书 6

总计:214.7

4 月收入

4 日,《金文编》6.3、《殷文字编》5、女还.8

28 日,北大薪 23

29 日,薪金 200

总计:235.1

4 月支出

1 日,交卢翊汇 20、书板 6、付度韦 30、家私 23.5、衣料 39、书
籍 17.3

5 日,忠信堂饭 16、杯碟 1.4、车钱 6.3、付度韦 5、点心 1.4、门券
1、衫架书包.7

8 日,加菜 5、游八大处 4.6

12 日,抄字 8

16 日,车钱 1、染衣服 1、书版 1.5

22 日,颐和园券等 6.6、车 1

23 日,缝工 2.4

28 日,修椅 1.1、保萃斋书 30、抄字 2.3

30 日,借卢翊 60、定《四部备要》30、《博古图》30、代祖《哲学史》2、电影 1、车钱 1、草帽 2、付度韦 30

总计:382

5 月收入

25 日,北大薪 82

28 日,会银 148

31 日,薪金 200、由祖弟代付外舅 20

总计:450

5 月支出

1 日,陶然亭份金 2、付度韦 5

13 日,白竹布等 3.1、电影 1.2、《京音字汇》.9、哥哥糖.8、车钱 1.2、染帽.3、《国文典》.5

18 日,抄字 2、书箱 25

21 日,同乡会费 3、《潜研堂跋尾》6.5、抄字 4

29 日,付度韦 80、付保萃斋书 18、付开明书 32、车钱 3、食物 4、加菜 5、苏借 30

31 日,带经堂书 60、电灯 13.5

总计:301

6 月收入

1 日,补北大薪 2、薪水 200

6 日,曹太来 90

总计:292

6 月支出

1 日,目录片 15、笔 1.5、汇陈乃乾 8、付度韦 20

3 日,赵万里贺礼 3、颐和园门券等 1

4 日,车钱 1、苏借 10、曹太来 2.5、带经堂书 17

12 日,付度韦 30、车钱等 2、潘祖荫对 2、挽联等 1、《文字变迁史》.3

15 日,王赙仪 5

17 日,抄字 2

20 日,《楷法溯源》9、《邮政地图》2、车钱 1、《安阳金石》1.6、抄字 2

25 日,电影 3.3、中兴饭 2.7、北海 1.3、车钱 2、《小说月报》.9、格纸.2、《经今古文学》.2、散盘莽量 1

30 日,祁宅礼 2

总计:137

7 月收入

23 日,《金文编》26

《殷虚类编》7

胡肇椿还 15

薪金 200

20 日,《金文编》3

总计:251

7 月支出

1 日,付度韦 50、抄字 5

9 日,饼食 1、车钱 1.5、《铁函书跋》3、《六体千文》6、子幹借 10、《血战馀腥》等.5、故宫拓片 7、点心.5、格纸五百 1.1、邮票 1、《金石聚》等 60、付度韦 30

16 日,牛奶 3

22 日,小钟借 30

24 日,车钱 1、电影等 3、白竹布 3.4、景山书社 18、苏借 10

26 日,抄字 3、张仲锐借 1、中国书店 5.3、付锡永甲骨 15

总计:253

8 月收入

20 日,《金文编》?

张女还 1

薪金 200

总计:204

8 月支出

1 日,床板小炕 7

2 日,医药 1.2、车钱 1、茶叶.2

3 日,书(修绠堂)24.5

6 日,椅书架衣架 12、书(文禄堂及上海)18.3

10 日,梳妆台红椅 14、江瑶柱等 4.8、布等 1、纸格等 1、车钱 1.5、书记 3、付度韦 50、钻戒指 103、煤炉 6

19 日,书籍小市 13.5、车钱 1.3、电影 1.2

26 日,邮票 1、枧加利粉 1

27 日,钱行马董 2、寄母亲食物 4.1、窗帘 2.6、车 1.2、《古文读本》.5、借子幹 5

31 日,抄字 3、《积古斋款识》4.2、漏支 4

总计:293

9 月收入

荫麟书款 2

沈散盘等 1

30 日,薪金 200

总计:203

9 月支出

1 日,付度韦 50

2 日,睡椅布 1、游艺园 2.5、车 1.2、照相代君美 7、剪.2

6 日,修绠堂书 18

10 日,华美西餐 3.3

11 日,烧鸭 1.5、车 1、赏下人门房 1、擦铜水.4、子幹借 10

12 日,牛奶 3、搬家工钱 2

17 日,封泥拓本 10、帽 3.4、鞋 2.3、中兴饭食 1.6、车钱 1、《奇觚
顾集》1、抄字 3、代度韦会 9、请客二次 14

20 日,鸡菜等 3、车钱 2.、抄字 3、又 3

22 日,鸡 1

24 日,格纸 1.1

25 日,食物 1.5、茶叶 1、车钱 1、苏借 5

28 日,照片 2

30 日,日本书 1、补交度韦 20、漏支 23

总计:215

10 月收入

20 日,售书 44、《金文编》7 贺礼 6

31 日,薪金 180、子幹还 25、苏还 5

总计:267

10 月支出

1 日,洋车 1

2 日,笔 1.5、小表 1、医院 31、度韦 13

3 日,水牌 1

5 日,马车 3.4、交曹太买物 5

7 日,牛奶 5、抄字 3

8 日,鸡 1、鱼菜 4、加利粉.4、邮票.6

16 日,车 1、杂用 1

26 日,邮票 1、双十节捐 1、抄字 5、罗氏《法帖》等 40、米 18、安煤炉 3

30 日,忠信堂二桌 30、商务书等 3.4、食物 4、布桌布 3.8、车 1、付度韦 40、棉袍 7、漏支 2

总计:232

11 月收入

30 日,薪金 180

11 月支出

2 日,邮票 1、换铜子 1、修灶 2、付度韦 60、汇费 2

4 日,猪肉 2、菊花.5

8 日,书记 2、开会点心 1.3

9 日,付修绠堂 20

13 日,付度韦 20、元胎文凭 15.5、打牌 5、车 1、报 1.3

14 日,邮票 1

20 日,失窃钞票 30

21 日,孟岳良支 3

24 日,刀片.2、邮票 1、琬琨书 2

26 日,棉袍 6.6、开明书 18.8、付度韦 10、表 12、古物陈列所拓片 15、铜子 1、加菜 1.2、借张葛表 2、牛奶 1、学校总捐 15、修房子棘 1.6、付贻安堂书 30、漏支 1

总计:287

12 月收入

5 日,书价:6.3、又 32.4、学校还 60、售《法帖》等 8

30 日,售书 92.6、薪金 200、售书清华 21、懋业利息 5

总计：425.3

12 月支出

1 日，付度韦 40

3 日，格纸 1、药等 1、中国书店书 4、牛奶 3、书板 2.4、《世界史纲》5.2、钟鼎拓本 7、王静安书 27、水牌 1

11 日，《山左金石志》4、电影 1.6、车 1、《支那百景》.8、支度韦 20

13 日，牛奶 3.2、张女邮票 1、题听差 1

14 日，报 1.3、支度韦 50、《法帖》等 1.6、圣诞礼.4、王家书 3

24 日，书箱八个 8、定《小朋友》等 2、日记拜年片 1.3、电影 2、贺联.8

25 日，早饭烧饼.6、车钱 1.2、信笺.5、书镜.5

27 日，抄字 2、冰鞋 2.5、邮票 1

30 日，水电 14.3、电影 1.5、付度韦 10、付《学报》3.6、漏支买参 50

31 日，总计：282.3

1927 年收支统计表

月次	收入数额	支出数额	揭存数额
一月	377	294	83
二月	326	221.3	187.7
三月	254	214.7	227
四月	235	382	80
五月	450	301	149
六月	292	137	304
上半年合计	1934	1630	304

七月	251	253	302
八月	204	293	213
九月	203	215	201
十月	267	232	236
十一月	180	287	129
十二月	425.3	282.3	272
下半年合计	1530.3	1562.3	272
本年总计	3464.3	3192.3	272

一九二八年^①

一月

一月六日　星期二　晴

　　四时半请学生沈辅家、孙守先、张竹林、郑骞^②、林肇基^③、罗钟、牟贵兰、侯宗禹、陶朋、于一峰，十一人夜饭。

一月七日　星期三

　　进城。

一月十一日　星期三

　　寄《六朝墓志菁英》、《汉晋书影》、《京音字汇》与尔疋舅。国文系开会。

一月十四日　星期六

　　下午进城。

一月十五日　星期日

　　熊佛西^④请午饭，皆燕大教员。

---

①一九二八年仅记一月 6 天、二月 1 天、三月 1 天、四月 1 天、五月 1 天、十二月 1 天。
②郑骞(1906—1991)，字因百、因伯，四川灌县人。1926 年入燕京大学国文系，毕业后曾执教于北京汇文中学、燕京大学、台湾大学。
③林肇基(1899—1962)，福建古田人。1927 年由教会保送至燕京大学国文系，1931 年毕业。
④熊佛西(1900—1965)，江西丰城人。戏剧家。1919 年入燕京大学，1924 年入美国哥伦比亚大学，获硕士学位。回国后历任北京国立艺术专门学校、燕京大学教授。

一月十七日　星期二

孟岳良抄《金石学录》，自十六年十一月廿四日起，至十七年七月二十五日止，共抄字三十二万，每千字一角五分，共四十八元。

二月

二月二十五日　星期六

施辑五送《四部备要》来，付书价捌拾圆。弟一集内缺《后汉书》、《经史百家杂钞》二种。

博晨光①请午饭。

三月

三月六日　星期二

寄《宝蕴楼彝器图录》稿、《宋代金文箸录表》稿与罗君美。

四月

四月二十八日　星期六

余向不入古玩铺之门，以囊中羞涩，爱而不能得，徒系人思也。今辰会计主任范天祥约往古玩铺买古钱，先到琉璃厂访古斋，为购二汉镜及古刀布十数枚，价二十元，因事他去，余与明义士到尊古斋，购得一易兒鼎，价五十元。又一三羊镜、一得志小玺，价八元。

---

①博晨光(Lucius Chapin Porter，1880—1958)，美国人，生于中国天津，父母是公理会传教士。就读于美国伯洛伊特学院、耶鲁大学神学院。曾任燕京大学哲学系教授兼主任。

又一宗妇觳,腹已穿,乃吴大澂旧藏,减至二百八十元,欲购之,后其徒云有误,彼购进之价为三百数十元,余遂不强买。易兒鼎,《西清古鉴》箸录,余第一次购古器,乃廉价得此,殊自幸也。鼎盖后配,尚合式,《古鉴》无之。三羊镜铭:"三羊作竟大毋伤兮。"文字、花纹、色泽均佳。

五月

五月二十九日　　星期二

内子咯血,同往协和医院医治。

十二月

十二月十七日　　星期一

从是日起,下午四时半至五时半请历史系学生李书春[1]教英文。

附通讯录

尔疋　　香港进教围街十四号四楼

林玛利　　抄手胡同五十三号

陈乃乾　　上海新闸路六三七

魏建功　　朝鲜京城古市町二三——一

郑奠(石君)　　杭州缸儿巷五十一号

---

[1]李书春,河北临城人,1929年毕业于燕京大学历史系。

同丰花厂王廷栋

京华印《宝蕴图录》估价：

照相，一元；胶纸，一元五；印工，一元二；纸张，一元一。共成本：$\frac{x=}{元}$四元八。每叶石印$\frac{8}{元}$算，套玻璃板每叶十五元算。

1928 年收支一览表

一月收入

1 日，上年揭存 272

4 日，邹适庐汇 18

12 日，《学报》稿费 30

16 日，胡肇椿还 10

18 日，薪金 200

总计：530

一月支出

2 日，付度韦 20、日文书 1、鞋 2.4

6 日，国文会 5、点心 2、菜 4.2

8 日，便饭二餐 3.1、布料 9、桌电灯 3.2、套茶几三张 4.5、车 1.2、乾贝等 4.3、笔 3、毛边纸.3、《随轩金石》3.8

10 日，冰鞋 6.5

11 日，寄费（香港）.6

12 日，付度韦 50

14 日，拓本 2、车 1、零种书 1、《艺林旬刊》1、牛奶 3

16 日，琬琨学费 10

18 日，羊肉 1、理发.5、报 1.3、花.3

22 日，煤 19、点心 2

28 日，花瓶二 3、赏钱 4、货布（19）2、车钱 2、华美西餐 2.6、书

18.2、打牌输 3

31 日,总计:201

二月收入

5 日,苏还 20、清华书款 21.6、洪业甲骨 10

29 日,薪金 100

总计:151.6

二月支出

2 日,书 17.2、古日月□.5、车 1、电影 2.4、又 1.2

4 日,书记借 5

12 日,车票 4.5、书 1.9、苏借 1、车.6、赏陈列所听差 1

14 日,付度韦 20、燕林春菜 10.2、汇广东 50、牛奶 3

19 日,车钱 1.2、点心 1、杭菊等.4

20 日,寄徐公植 20、邮票 1.3

21 日,抄字 1、《书目汇编》3.2

23 日,王静安书 26

25 日,《四部备要》80、付度韦 50、抄字 2.4、付富晋 2、目录片
1、药等 1、零用.6

29 日,付度韦 50

总计:360.6

三月收入

4 日,《金文编》6、苏还 6、《博古图》60、《金文编》及《殷类编》
13、钟还 15

30 日,薪金 100

总计:200

三月支出

1 日,报费 1、抄字 3

2 日,药 1.5

4 日,《泾川丛书》3、张女借 2、车 1、煤块 6.8

10 日,车钱 1.2、捐助麦氏 5、伦明借 120

14 日,牛奶 3

17 日,请客加菜 3

19 日,沈宅奠仪 1

24 日,电影等 2、布 2.2、车钱 1、送杜宴 10、书 1、熨铁 1

30 日,电费十二月至二月 8.2、垫广东《学报》7.3、灯 1.2、漏支 3

总计:188.4

四月收入

23 日,稿费 20、薪金 100、伦明还 114、《学报》还抄字 4、会还 6、漏进 1

30 日,总计:245

四月支出

1 日,往汤山 3

2 日,植树 2.2、抄字 2

3 日,点心 1

9 日,笔 1、茶叶 1、袜.7、《儿童世界》1.5、秦公敦 5、书 2.5、白竹布 4、车 1.9、魏建功礼 2

11 日,《涵芬秘笈》1.5、《获古丛编》12.2、牛奶 2.5、报 1.5、点心.4

16 日,水牌 1、书 2、葡萄架 1

22 日,儿童书 1、零种书 1.5、皮包 1.、车 1.2、电影.9、大虾 1、毛巾等 1.5、《京音字汇》1

23 日,购静安书 20、代祖弟购《观堂集》10、《图书集成》2、小

孩睡车 2.2

27 日,《观堂遗书》10

28 日,古器 58、中兴饭食 3.4、母亲皮衣 45

30 日,总计:209.6

五月收入

11 日,《殷字类编》7、胡肇椿还 5、参价 25、女还 2、书款 22

29 日,薪金 100

总计:161

五月支出

1 日,月季花等 2.8

3 日,王妈工钱 3、报 1

5 日,书 1、车等 1.8、代锡永书 45、电灯 4.2

8 日,赈捐 2、来远堂书 5

12 日,孙氏拓本 28、碑林拓本 4

13 日,花 1、景山书社书 5、毛边纸.5

14 日,安阳币.5、裱静安条等 1.2

15 日,牛奶 2.5

17 日,车 1.5、牙擦等.4、《书目长编》.6、《浑不似》1、报 1.5、
花 1.8

25 日,《宝刻丛编》等 9、书柜花架 16.4

27 日,香山车.5、家具 19

29 日,车 1.5、药费.5、点心.8、冰 2、饼干麦片 2.8、代乳粉 2.2

总计:170

六月收入

修绠来 20、薪金 100

六月支出

1 日,煤 6、《埃及王后》拓本等 2

4 日,花.4

12 日,《四部备要》30、书板 3、牛奶 4.5

16 日,车 2、照片 6、纸笔 1.8、女借 3、会文书 4、图钉.4、琬草帽.9、茶点.5

29 日,铅笔.6、毛边纸 1.4、格纸 2、孟桂良借 1、抄字 2、车 1.5、电影 2、《四家题跋》1、书 5、燕林春菜 11

30 日,总计 92

七月收入

30 日,薪金 100

七月支出

3 日,取冰 1、电影 1.5、车 1.5、张女书 1.2、苏借 1

13 日,报 1、牛奶 4.5、点心 1

17 日,车 1

21 日,车 1.5、广和居饭 1、铜镜币 4.5、《古铜印汇》拓本 5、《泉币汇考》18、杂书 1.3、书箱 83

26 日,鸡 1、水牌 1

30 日,总计:120

八月收入

30 日,薪金 100

八月支出

4 日,琬桌椅 8、车 1、加菜 5.7

12 日,报 1、牛奶 4.5、北海公园 4.5、书 174.8、杂用 10

总计:210

九月收入

薪金 100

九月支出

12 日, 牛奶 4.5、报 1.2、车 2

27 日, 请客菜 6.3、点心 1

29 日, 送张子幹 10、电影 1

总计:26

十月收入

卢球还 77

30 日, 薪金 100

十月支出

10 日, 牛奶 4.5、车 1、点心 1.5

13 日, 郑公华钟 7、衣里 2.1、年刊 1.5、报 1.2、胶片 1.5

21 日, 车 1、学校捐 15、节广信稿 10、饯副校长 1.3、袜.3、饼干
等 1.7、棉袍工钱 1.4、棉花 1、毛边纸 2、电灯 7

总计 68

十一月收入

28 日,《金文编》6、薪金 100

十一月支出

1 日, 古光阁拓本 16

3 日, 安煤炉 6

7 日, 牛奶 5、电影 1

11 日, 铜勺 5、车 1

14 日, 陶宅花金 2

16 日, 李二借 1

17 日, 煤炉筒.5、惠罗衣件等 12、火锅及食物 6.2、报 1.3、水

牌等 2

28 日, 翁松禅信札 6

30 日, 寄费 3、《王静安遗书》30、会文书 34

总计：132

十二月收入

30 日, 薪金 100

十二月支出

4 日, 食物 2

6 日, 牛奶 4.5、蓝布大褂 2.6、笔.4,《四角字典》1、汉魏碑等 1

8 日, 请客菜 7

9 日, 车 1.5、母亲皮褥 16

16 日, 又 1、车 1、打更 3、鸡等 2.2、报 1.2

19 日, 请学生 4、《小朋友》等 1

21 日, 小地毯 2、火□等 1、捐工人 1

28 日, 教英文 3、贺信札 5、梁信札 5、捐赈灾 1、交会文书 25

总计：92

1928 年收支统计表

一月收入 530	支出 201	揭存 329
二月收入 151.6	支出 360.6	揭存 120
三月收入 200	支出 188.4	揭存 131.6
四月收入 245	支出 209.6	揭存 167
五月收入 161	支出 170	揭存 158
六月收入 120	支出 92	揭存 186
七月收入 100	支出 120	揭存 166
八月收入 100	支出 210	揭存 56

九月收入 100　　　　　支出 26　　　　　揭存 130

十月收入 177　　　　　支出 68　　　　　揭存 239

十一月收入 106　　　　支出 132　　　　揭存 213

十二月收入 100　　　　支出 92　　　　揭存 221

一九二九年

一月

一月一日　星期二　晴

寄邹景叔、陈淮生、赵斐云信。吴其昌[1]来,交他《学报》五册。

内子及儿女自北平归。作《书目》提要。读英文,由历史系学生教授。

一月二日　星期三　晴

早到图书馆,编《金石书目》。午后读英文。

一月三日　星期四　晴

早张星烺[2]来。送古物陈列所《宝蕴楼彝器图录》预约广告。

读英文。到图书馆编《金石书目》。

一月四日　星期五　晴

早往学校授课。午读英文。三弟来信。晚请学生便饭。

---

[1]吴其昌(1904—1944),字子馨,号正厂,浙江海宁人。1925 年入清华大学国学研究院,曾任教于南开大学、清华大学、武汉大学等校。

[2]张星烺(1889—1951),字亮尘,江苏泗阳人。早年赴美、德学习化学,1919 年任北京大学化学系教授,1926 年任厦门大学国学研究所所长。

一月五日　星期六　大风

九时国学研究所开会,到者刘廷芳①、郭绍虞②及予三人,不足人数,略谈而散。

十时乘汽车进城,到古物陈列所。所长罗燿枢③(星伯)辞职,闻部派张某继之。

到琉璃厂古玩铺。在铸新购得莽方量照片五张,铭字佳。马叔平购拓本,费四十元,前曾商仿铸,每器二十馀元。

一月六日　星期日　晴

八时往访周养广④。

九时许到琉璃厂虹光阁,购铜镜二、带钩十,价二十五元。在式古斋购青羊镜一、鼎一、簠一、残剑一,价九十七元。一钩镶银丝,有"丙午金钩既公且侯"八字,曾见于雪堂汉器册中,恐后刻,然尚不恶。青羊镜至佳,中有裂痕,去年所欲购而未得者。鼎铭在两耳,一云"一斗一升",其一不可辨,乃战国器。元簠字至多,元器罕见,留此以见元朝作品。残剑一段有铭数字。尚有一汉鼎,铭字极精,索价昂,未得。

在虹古[光]阁借得一部有图之《宣德鼎彝谱》,将倩人摹之。

向内子借百金付物价,未允。吾妻固未知吾也,一叹!

一月七日　星期一

早往授课。午学英文。

---

①刘廷芳(1892—1946),浙江永嘉人。美国哥伦比亚大学教育与心理学博士、耶鲁大学神学学士。1920 年回国,任北京师范大学、北京大学教授,燕京大学神学教授。

②郭绍虞(1893—1984),名希汾,江苏吴县人。1919 年任北京《晨报》附刊特约撰稿人,曾在北大哲学系旁听。1927 年任燕京大学国文系教授。

③罗燿枢(1893—?),字星伯,河南禹县人。孙中山奉安大典时任典礼官,曾任职于国民政府内政部,1928 年任北平古物陈列所所长。

④周肇祥(1880—1954),字嵩灵,号养庵,浙江绍兴人。曾任代理湖南省长。1926—1928 年任古物陈列所所长,主持编辑《古物陈列所书画目录》、《书画集》等。

晚请施氏夫妇(美国人,清华教授)、吴黎责①夫妇、张寿林②、李光[安]宅③晚饭。

一月八日　星期二

早学英文。校《古籀馀论》卷三刻稿。一时进城,拜常惠之母六十寿。

一月九日　星期三

早授课。文奎斋刻字人来。学英文。校孙诒让《尚书骈枝》稿。

一月十日　星期四

校《古籀馀论》刻稿及《尚书骈枝》稿。裁纸,请人抄《宣德鼎彝谱》。

学英文。施太太来,请星期二七时半晚饭。

一月十一日　星期五

往学校授课。学英文。请刘廷芳、马季明、郭绍虞等夫妇晚饭。

一月十二日　星期六

国学研究所开会,余提议设立考古学研究室,拨款二三千元为购买古物之用。陈援广谓考虑俟下次开会再议。

张凤举④来校,演讲大学生活,黄子通约陪早饭。闻徐旭生归自新疆,饭后与凤举及子通入城,往服尔德学院见之。约其星期六

---

①吴黎责(？—1933),燕京大学硕士毕业。曾任四川铜梁中学校长(1931—1933)。

②张寿林(1907—?),字任甫,安徽亳县人。燕京大学国学研究院毕业。任教于燕京大学、北京民国学院、河北省立女子师范学院、北京女子师范等校,并曾任《世界日报》编辑。

③李安宅(1900—1985),字仁斋,河北迁安人。1924年入燕京大学研究院,1926年毕业后留任社会学系助教。

④张定璜(1895—1986),字凤举,江西南昌人。早年留学日本京都帝国大学、法国巴黎索邦大学。任教于北京大学、女子师范大学,并翻译日英法文学作品。

到校讲演。

与子通游琉璃厂古玩铺。

一月十三日　星期日　早小雪　晚风

温习英文。编《书目》。

一月十四日　星期一

早往学校授课。

三时接西北科学调查团,在庆林春晚饭,五时半乘汽车往。徐森玉谈河南出土铜器三十事,欲由研究所购之。

晚在新馆宿。

一月十五日　星期二

早到琉璃厂购《中国美术史》一册、破铜镜四枚。十二时乘汽车回家。

编书目。习英文。

七时半清华教授、美人施密司请晚饭,与内子同往,十一时归。

购《同州府志》本《金石志》及《汉魏碑额》一册,价二元。

一月十六日　星期三

早到学校授课。温习英文。

四时赴校长住宅茶会,约刘廷芳于星期六开会,讨论购买古物事。

一月十七日　星期四

早温习英文。晚编《金石书目》,校《古籀馀论》。

一月十八日　星期五

到学校授课,交一斗一升鼎与谢玉铭①博士,试验容量。

四时到国文系、图书馆开会。

---

① 谢玉铭(1893—1986),字子瑜。物理学家、教育家。1917 年毕业于北通州协和大学,1926 年获美国芝加哥大学博士学位。时任燕京大学物理系教授、系主任。

董作宾自河南开封北仓女中学寄赠《新获卜辞写本》。

一月十九日　星期六

国学研究所议决拨补助博物馆费二千圆,为购买古物之用。

十二时半黄子通请午饭,与内子同往。

一月二十日　星期日　阴

早与黄子通进城,往琉璃厂看古玩字画。为研究所购得一汉永光五年鼎,价一百二十元;一铜镦,价一元。子通亦定购沈凤、黄浩、钱维乔、张之万画四帧,价二百二十元。余自购得费念慈字屏四幅,价三元;王懿荣扇面一,价一元五;明王同春扇面一,价二元。

在古光阁见一殷虚骨片,刻饕餮文,甚精,索价八元,携归细阅。

一月二十一日　星期一

早授课。二时进城,在地摊上购《医学杂志》等数种。

七时往象坊桥法大第一院,听西北调查团演讲。

晤徐森玉,商往河南事。在老馆宿。

一月二十二日　星期二

早往新馆。十时徐森玉来。往打磨厂,看河南估人吴文道新运来墓志八方。见有唐俑六,云价二十元,携归,未付价也。

森玉邀往泰丰楼午饭。饭后回家。读英文。理《书目》。

一月二十三日　星期三

校张康侯所抄《金石书录》。

见刘廷芳,嘱拨款三百五十元,俾往河南购买古物。

张茂春来,开《学报》第四期印刷费六百二十元支票与之。

读英文。在古光阁所取骨片洗阅,甚精,三千年前雕刻乃无意得之。

往校长住宅聚会。

一月二十四日　星期四　阴

午黄子通来。读英文。五时许张星烺来，与同往黄子通家，留晚饭。

阅学生试卷，以郑德坤①为佳，馀平常。得苏世杰②信。

一月二十五日　星期五　午后雪

早校《古籀馀论》刻稿。

午式古斋送永光五年鼎及所拓镜铭来，将物价一百二十一元与之。

罗根泽③与曾广源④（字浩然）来，以其所著《戴东原转语释补》托交国学研究所审查。

前在虹光阁所购铜镜、带钩等，二十五元，归学校购买。

一月二十六日　星期六

早国学研究所开会。一时许与黄子通进城，逛琉璃厂画肆，未见佳品。

往老馆张宅晚饭。与苏、钟往中天看《红鬃烈马》电影。在新馆宿。

一月二十七日　星期天

九时往景山书社。与金超往陈次圆家看碑片，凡六千馀种，索价万金，中《天发神谶》刻石至佳，疑是翻刻。十二时回家。

---

① 郑德坤（1907—2001），福建厦门人。考古学家。1926年入燕京大学，1941年获哈佛大学考古学博士学位。曾任香港中文大学副校长。

② 苏世杰（1883—1975），字少伟，广东四会人。曾任广州市财政局长、四会县长、四会县立中学校长、罗定县长等职。1949年移居香港，1973年迁台湾。

③ 罗根泽（1900—1960），字雨亭，直隶深县人。1925年入河北大学中文系，1927年考取清华研究院国学门，后又投考燕京大学国学研究所。曾主编《古史辨》第四、六册。

④ 曾广源，字浩然，湖北荆州人，生卒年待考。音韵学家。光绪二十九年（1903）中举，召入京师任教。1923年任教于北京师范大学。

寄邹景叔、张諟斋、林石庐①信。赠苏少伟《二金蝶堂尺牍》印本。

一月二十八日　星期一

早读英文。往学校。晚接英伦叶泰慈②寄来《征引金石书目》,为校一过,还之。

八妹来信,云将与母亲同来。

一月二十九日　星期二

定学生考试分数。

早往东城陟山门大街六号,见胡适之,并往见马叔平。乘正午汽车归,不及,改乘洋车。

四时半与内子赴包贵思③茶会,盖为谢冰心④、吴文藻⑤未婚夫妇而设者。

十时接徐森玉电话,云明辰往河南,遂匆匆收拾行李。

一月三十日　星期三

八时许乘洋车往三时学会,见徐森玉,云京汉路局有波折,不能即去。候至四时许,乃往新馆。晚与慧珠及钟太往看电影。

---

①林钧(1891—1971),字亚杰,号石庐,福建闽侯人。喜藏金石,又多藏金石书,刊《石庐金石书志》、赵之谦《二金蝶堂印谱》,编撰《福建金石志》等。

②叶泰慈(W.Perceval Yetts,1878—1957),或译叶慈、叶兹,英国汉学家,伦敦大学亚非学院中国艺术和考古学教授。专攻中国青铜器,著有《中国青铜器》、《獶氏集古录》和《柯尔中国铜器集》等。

③包贵思(Grace M.Boynton),毕业于美国威尔斯利女子大学研究院,获硕士学位。1919年来华,任教于协和女子大学、燕京大学,讲授英国文学教程。

④谢婉莹(1900—1999),笔名冰心,福建长乐人。1923年入燕京大学,后留学美国波士顿威尔斯利学院。1926年归国,任教于燕京大学、北平女子文理学校等校。

⑤吴文藻(1901—1985),江苏江阴人。1917年入清华学堂。美国达特茅斯学院学士,纽约哥伦比亚大学博士。1929年任燕京大学教授。

一月三十一日　星期四

京汉路车交涉未了,遂决计不去。往三时学会取回行李,意欲正午回家。至时因款交某君,某君适外出,未能取回。在学会早饭,往大石作候赵斐云,一时许同往北海图书馆看书。六时半乘汽车回寓。

二月

二月一日　星期五

早往学校。虹光阁画肆送画至黄子通家,子通来约同送画至学校。在子通家早饭。往殷祖泽家看画,拍买九千金,无一真者。

二月二日　星期六

早与田洪都①、陆志韦②、马季明、刘廷芳乘汽车往文宅看书,午在厚德福食烧鸭。午后往意使馆看书。

晚在新馆宿。与伦哲如纵谈至十二时。

二月三日　星期日

早与伦哲如逛小市书肆,购何遂③画四小屏并镜框,三圆;白洋瓷花瓶二,一元五角;俞燿画横帔,二圆,笔意雅似沈石田,画传无名。在式古斋为学校购弩机二:王氏弩机,价三十元;河南弩机,二十五元。

午张星烺在忠信堂请食饭。饭后复与黄子通逛琉璃厂画肆。

---

①田洪都(1900—?),字京镐,山东安丘人。武昌文华大学毕业。曾任北京政治学会图书馆馆长、燕京大学图书馆主任(1928—1941)、武昌文华图书馆专科学校教授等。后移居美国。

②陆志韦(1894—1970),浙江吴兴人。美国芝加哥大学心理学博士。1927年任燕京大学心理学教授,1933年到芝加哥大学进修,1934年归国任燕京大学教授,代理校长。

③何遂(1888—1968),字叙甫,福建福清人。早年入福建武备学堂及陆军大学。曾参加孙中山广东护法军政府,任靖闽军司令。擅书画,好收藏。

子通购王小某人物册页，尚佳，八页，价四十元。

二月四日　星期一

读英文。往图书馆。记求古日记。

二月五日　星期二

早读英文。往图书馆。收拾书籍。

二月六日　星期三

早与田洪都、马季明、刘廷芳三人往文宅看书，午在正阳楼食烤羊肉。八时回家。

二月七日　星期四

读英文。记日记。张荫麟来，留晚饭。

二月八日　星期五

读英文。为学校购商爵一于古光阁。

修正《评金石书目四种》，付《北海图书馆月刊》重载。

二月九日　星期六

寄《博古图》广州十四属图与祖弟。

晚十时接商锡永电话，知其来平，寓施家胡同中华旅馆。

二月十日　星期日

八时与琬女进城，到新馆。即往见商锡永，同往逛厂甸。早、晚请其在宾宴〈春〉食饭。

在北京旅馆宿，与锡永同来者为关藻卿①，乃锡永之学生，挟资购古物甚夥。人颇豪爽，收藏而兼贩卖者也。

在虹光阁购古勾兵一，价六元。

二月十一日　星期一

早往大泉山房看造象。锡永之来，盖专为此。购铜镜二，价二

---

①关报（1903—1948），又名善，字藻新，又字春雷、寸草，斋名南越木刻斋，广东南海人。富收藏，精鉴别，壮岁游苏浙，遍交名家。

十元;匋尊一,价五元,腹内有"作障"二字。与商、关二人乘十二时汽车回家。售易儿鼎与商,价一百六十元;匋尊照原价索让去;售在古光阁所购之父丁爵与关,价一百元。五时半同进城。商请西车跕食堂晚餐。

回旅馆。接大泉山房高少木回信:造象四尊索价万金。商等议还价七八千,余力持异议,谓如此还价余不同去负此责任。商定还价五千。

二月十二日　　星期二

九时往大泉山房。商等于还价事呐呐不能出口,由余代还价五千。

早请商、关二人及高少木、周希丁在撷英西菜馆早餐。餐毕游厂甸。晚高少木请洗澡,答允所还之价。再购造象柱二、佛象四,共六千四百元,并请撷英晚餐。在式古斋购兵器六,价二十元;铜镜一,二十元;金扇面,姚师臣、徐锦江、王懿荣等,共四页,五元。

二月十三日　　星期三

早回家。校长请早餐。陪意国参赞某参观图书馆。

二月十四日　　星期四

早与琨儿进城。请关藻卿在西车跕食堂早餐。

逛火神庙,购双凤镜一,价五元。晚往宾宴春晚饭。在施家胡同北京旅馆宿。

二月十五日　　星期五

早逛厂甸。在土地祠购《石鼓拓本》一册,价二元五角;《封龙山碑》一册,价二元;《谷朗碑》一册,价一元五角;《说文古籀补》石印小本,五角;《盘亭小录》、《刘熊碑考》、《爱吾庐题跋》、《意园文略》、《瀚海》、《石刻铺叙》、《石鼓文释存》、《古今货币通论》,共三元;《禅国山碑》,一元二角;锡缜等字册,二元。

在北京旅馆宿。

二月十六日　星期六

游厂甸。购萧山陆氏彝器全形拓片一份,十三种,价十五元。又彝器拓本一册,内有数器为清宫藏物,价五元。

十二时伦哲如请午饭,朱希祖、陈垣、尹炎武[①]、朱师辙[②]等同席。饭毕复游厂甸,购刘馀祐金扇面字一,价四元。六时半与琬、琨乘汽车回家。

测汉铜盉容一斗,合二千四百五十五 CM。

二月十七日　星期日　大风

记日记。

一时一刻乘汽车进城。在式古斋候黄子通,同逛火神庙,购梅兰芳画"一枝梅影正当窗"横幅镜屏,价六元。购宋绍兴铜洗一,价二十元。

在老馆张宅宿。

二月十八日　星期一

早往逛琉璃厂古玩店。购戈一、豆盖一、镜一、敦一,价一百五十元;壶盖一,十元。盖经火厄之周器也,自谓相赏于牝牡骊黄之外者。又购铜洗一,十四元;铜鼎一,七十元,腹外有刻字二,而估人不知乃战国器。

六时与马叔平往忠信堂,小林胖生请晚餐。回北京旅馆宿。

在式古斋购张素花卉、潘玹山水金笺小堂幅各一,价二十七元。

---

①尹文(1888—1971),又名炎武,号石公,江苏丹徒人。毕业于中国公学,曾在北京大学、辅仁大学、贵阳师范等校任职。
②朱师辙(1878—1969),字少滨,安徽黟县人。民国初年任清史馆编修,后任辅仁大学及中国大学教授、故宫博物院专门委员,河南大学、成都华西大学、安徽学院教授等。

二月十九日　星期二

早九时许与商、关往打磨厂古玩店。关购石造象三尊。

关请往西车站早餐。餐毕往大古山房。商购父癸瓲一,关购严氏洗一,各一百元。

六时半乘汽车还家。

二月二十日　星期三

九时半往校长住宅开教职员会议。下午候胡适之,未至。马季明来。

二月二十一日　星期四

往清华见张荫麟。

清理明义士所赠甲骨拓片,凡大册二册,共七十叶,小册廿五册,共九百七十一叶。内一九二五年冬出土者,大四十三叶,小一百四十一叶。

二月二十二日　星期五

早授课。侯宗禹来。决停习英文,李书春来,告之。

二月二十三日　星期六

早研究所例会。十时半进城。

七时式古斋孙秋飔①请商锡永及余在春华楼晚饭。回北京旅馆宿。

二月二十四日　星期日

早逛古玩铺。午陈援广请食饭在同和居。

六时半乘汽车回家。内子及琬、琨、瑶均感冒。

---

①孙桂澄(1859—1931),字秋飔,直隶衡水人。光绪二十九年(1904)开设式古斋古玩铺,以经营钟鼎彝器闻名于世。

购张国淦①稿本《湖北先正遗书丛目》残本(自周至元)于冷摊中,价一元;《汉印谱》四册,价一元半。

邵瑞彭②托李锡周交《齐诗钤》一册来,嘱印行。

二月二十五日　星期一

早往授课。

午中华书局《四部备要》第二期由图书馆送来,共四百八十册,整理翻阅。

二月二十六日　星期二　阴

早往图书馆。午吴世昌③来。接三弟及林石庐信。

晚编《金石书录》。内子咳嗽,瑶儿感冒尚未愈。

二月二十七日　星期三

早往学校授课。一时与内子进城就医。

晚请式古斋夥计在春华楼晚饭,费九元馀,与商锡永、关寸草三人分任之。

在北京旅馆宿。

二月二十八日　星期四

早往访徐森玉,未遇。往见古物陈列所长张起凤④,谈甚洽。

与寸草游琉璃厂古玩肆,彼购唐石造象一方于赏奇斋。六时半回寓。

---

①张国淦(1876—1959),字乾若,号石公,湖北蒲圻人。曾任国务院铨叙局局长、总统府秘书长、内务次长、教育总长等职。1926年去职居天津,潜心史地研究。

②邵瑞彭(1886—1937),字次公,浙江淳安人。国会众议院议员。1923年10月曹锟贿选总统,邵获贿选证据,径寄京沪各报发表,并向北京地方检察厅递交控告状。

③吴世昌(1908—1986),字子臧,吴其昌胞弟。1928年南开大学预科,1929年考入燕京大学英文系,毕业后入燕京大学国学研究所为研究生,获硕士学位。

④张起凤(1880—1957),字翔之,山西猗氏人。毕业于山西大学堂,公费留学日本岩仓铁道学校。曾任太原工业学校校长,1929年任故宫古物陈列所所长。

三月

三月一日　星期五

早授课。摹金文。

三月二日　星期六

结算代学校购买古物账。凡四百九十五元,除来三百五十元,尚欠一百四十五元。此数由国学研究所预定《彝器图录》款挪用。

三月三日　星期日

校《古籀馀论》。

十二时伦慧珠与王启后来。珠借五十元。张荫麟来。三时内子回家。

三月四日　星期一

早往学校授课。伦、王二人回家。

摹金文。四时半文学院例会。改讲义。送古物到图书馆。

三月五日　星期二

整理拓本。

寄戴家祥①《古籀馀论》、《尚书骈枝》。寄三弟《碑别字》。复邵次公信。

三月六日　星期三

早授课。接八妹电报,已到沪,与徐中舒②来京。

午闻许地山言,辑古斋有唐画佛象四幅,遂往观之,索价一千六百元。

①戴家祥(1906—1998),字幼和,浙江瑞安人。1926 年入清华大学国学研究院,师从王国维,治经学和古文字学。1929 年任广州中山大学副教授。
②徐中舒(1898—1991),安徽怀宁人。1928 年入清华国学研究院,1925 年任复旦大学、暨南大学教授。1930 年经陈寅恪推荐任职于中央研究院史语所。

到式古斋见商、关等。商请晚饭于春华楼。在北京旅馆宿。

三月七日　星期四

早往辑古斋,购敦煌所出唐佛象四幅,小造象一。

请商、关二人在春华楼早饭。

午后与关往访陈仲恕[①],未遇。至同益恒,购矛一,铭"河南"二字。

晚乘汽车回家。

三月八日　星期五

早授课。

午写信。摹毳盘、毳匜,此二器在大古山房,索价六千元,匜器名为盉,疑有误。

三月九日　星期六

早国学研究所开会。沈兼士来演讲,在马季明家陪午饭。

二时许进城。到式古斋,云家中来电话,家母与八妹已到。

三时与刘廷芳往见裴子元,研究所赠以二百元,为医药费。亲交与之。

晚往清华,见徐中舒,商取行李事。

三月十日　星期日

早与徐中舒乘汽车进城,为母亲取行李。

辑古斋所购佛象,周养广言乃明物。托式古斋售去二幅,得价二百元。又在辑古强索得一残佛象,售五十元。购价共三百元,尚赔五十元。

---

①陈汉第(1874—1949),字仲恕,号伏庐,浙江杭县人。清季翰林,辛亥革命后历任国务院秘书长、清史馆编纂,晚年寓上海。擅写花卉及枯木竹石,尤善画竹。

六时半回寓。十二时韩德清①在三时学会请午饭。

三月十一日　星期一

早授课。下午编讲义。七时半司徒校长请晚饭。

三月十二日　星期二

早进城。孙中山四周逝世纪念。

午在春华楼饭。大风,天地昏暗,向所罕见。六时往搭汽车,沙土扑面,有如针刺。

关寸草购一彝,甚佳,价七百元。在尊古斋阅汉铜器三十馀件。

三月十三日　星期三

早授课。午会文书局来借洋百元,定期一月还。

校伦明《渔洋山人箸书考》,以备印入《学报》第五期。

三月十四日　星期四

校《渔洋山人著书考》。钟与苏来。

寄大洋十一元八角至博古斋书店,购秦刻《隶韵》及《石鼓文定本》各一部。

三月十五日　星期五

早授课。晚加菜三元,约张荫麟来同食。

三月十六日　星期六

早进城。〈见〉冯炳奎(楚璧)、周用(博器)于打磨厂天达店,皆北大同学也,邀往春华楼午餐,并邀商、关二人相陪。

晚在北京旅馆宿。

---

① 韩清净(1884—1949),名克宗,又名德清,河北河间人。18 岁中举人。1921 年于北京讲《成唯识论》,1927 年创立三时学会,讲学刻经并重。

三月十七日　星期日

　　早往访冯炳奎,与同往访林玛利。在春华楼午饭。

　　到尊古斋,关寸草购小玺,百馀元。暇乘汽车归家。

三月十八日　星期一

　　李书春、张竹林来。为祖弟购《愙斋集古录》,价二十元。

　　复明义士信。祖弟寄书来。

三月十九日　星期二

　　早进城,到京华书局改定《宝蕴楼彝器图录》,因其中父乙觯乃伪器。以亚方觚易之。

　　六时半进城。

三月二十日　星期三

　　早授课。

三月二十一日　星期四

三月二十二日　星期五

　　早授课。晚大泉山房请在春华楼食饭。五时与马叔平同进城。

三月二十三日　星期六

　　售易儿鼎与商锡永,得价一百六十元。

　　午孙伯恒请在清源馆食饭。访裘子元。晚乘汽车回家。

三月二十四日　星期日

　　早八妹往游青龙桥。校《燕京故城考》。

三月二十五日　星期一

　　早授课。作《西清金文真伪存佚考》。

三月二十六日　星期二

　　作《西清金文真伪存佚考》。

三月二十七日　星期三

早授课。午作《西清金文真伪存佚考》。[①]

四月

四月四日　星期四

下午一时进城。

在李铭三家购得□鼎二，一为祖壬作，一为父丁作；一觯。凡三器，价一百六十元。

四时半与张竹林往天津，观其家所藏古玩字画。在张家住。竹林之兄天祥，字懋勤，为张家口盐务稽核所所长，人甚豪爽。

四月五日　星期五

观张家所藏古玩字画，多赝品。在中原公司购什物。

四月六日　星期六

早黄子通、商锡永来。商在张家购书籍及铜器九十元。余为学校购一绍兴至德坛铜炉。

四月七日　星期日

早与子通、锡永同返北平。

在式古斋借洋壹百六十元，取李铭三铜器。六时回家。

四月八日　星期一

作《西清金文真伪存佚表》。

四月九日　星期二

作《西清金文真伪存佚表》毕。

---

①三月二十八日至四月三日未记。

四月十日　星期三

早与母亲、八妹同进城,住张宅。下午与八妹游故宫博物院。到古物陈列所。

四月十一日　星期四

与八妹游古物陈列所。晚回家。

四月十二日　星期五

早授课。

四月十三日　星期六

早研究所开会。九时半与黄子通、杜奉符①、陈叔敬②往古物陈列所,鉴定古铜器二百件。

晚在商锡永处宿。

四月十四日　星期日

早往访马叔平。

到光熙家购书。马季明、田洪都先到。午在一亚一午饭。晚乘汽车回家。

四月十五日　星期一

早授课。交《宝蕴楼彝器图录》稿、《四史馀论》稿与保萃斋装订,并托带鲍仲严③支票五十元。

托带经堂带回明器七件,与徐森玉转交吴文道。

晚马季明请食饭,并讨论国文系进行事宜。

四月十六日　星期二

到古物陈列所,清查壶、钫之属二百馀器。

---

① 杜奉符(1893—1951),字从林,四川合川人。1928 年入燕京大学研究院,1930 年毕业。后任教于成都华西协和大学、齐鲁大学等校。
② 陈叔敬(1906—1996),四川人。1928 年就读于燕京大学,1931 年在重庆创办牛奶场。
③ 奉宽(1876—1943),字仲严,蒙古族,姓博尔济吉特氏,汉姓鲍,又名鲍汭。曾任清兵部主事,民国后改任海军部、陆军部主事。著有《妙峰山琐记》等。

在尊古购壶一,并带钩一,价四十元;提梁卣一,价八十圆。

自购小玉坠二(一鱼、一蝦蟆),价十五元。

四月十七日　星期三

早授课。寄罗君美《彝器图录》三部,邹适庐、林石庐各一部。

到图书馆查金石书。七时黄子通请食饭。

四月十八日　星期四

编所购古物目录片。

四月十九日　星期五

早授课。一时许马叔平来。

四月二十日　星期六

早与黄子通往古物陈列所。十二时往张宅早饭。

往林玛利家。与苏、钟往真光看电影。六时半乘汽车回家。

四月二十一日　星期日

张竹林来。清理寄售之金石美术书。午余嘉锡[①](季豫)来。

四月二十二日　星期一

早授课。久安堂书店送秦公敦拓本来,云原器索价一万,还价二千元。

博古斋寄《隶韵》及《石鼓文定本》来。《隶韵》非初印本,退。

戴家祥寄回《古籀馀论》及《尚书骈枝》。

邀今年广东毕业同乡李锡周、刘厚德、许登文、王文澧四人晚饭。

四月二十三日　星期二

早进城,到古物陈列所鉴定古铜器。

在古光阁购一金错字带钩,价四元,得意之至。朱墨一,18元。又在鉴古斋购日利小印一,价二元。六时回家。

---

①余嘉锡(1883—1955),字季豫,湖南常德人。清末举人,曾任吏部文选司主事。目录学家、语言学家。时任辅仁大学文学院院长、国文系教授。

四月二十四日　星期三

早授课。午内子往公益医院留产。校《古籀馀论》。寄罗叔言信。

四月二十五日　星期四

复戴家祥、赵斐云、鲍仲宽［严］信。

四月二十六日　星期五

早授课。午马叔平送仿造瓦房模型来。二时许进城，到文奎堂看书。

四月二十七日　星期六

早往文奎堂，选金石书。同乡冯某回粤，货其家具，余购四十馀元。

四月二十八日　星期日

早与苏等往看电影。下午回家。

四月二十九日　星期一

早授课。

四月三十日　星期二

早进城，往古物陈列所。赵斐云在东华门相候。遇雨，不检定铜器。遂往斐云家，留饭。饭后往文奎堂看书。至北海图书馆，便道至公益医院。内子已于昨晚八时生一女①。

社会局长赵正平请在中央公园晚餐。在老馆宿。

五月

五月一日　星期三

早授课。

①即容庚四女容璀。

五月二日　星期四

早顾颉刚来，留饭。饭后同往清华，访冯芝山[1]、杨金甫。

五月三日　星期五

早授课。晚成府同人在校长住宅聚餐会，举余为会长。

五月四日　星期六

早与母亲进城，往公益医院看内子。往新馆，宿钟家。午往真光看电影，逛中山公园。

五月五日　星期日

早在德宝斋见甲骨一千四百函，索价千金，还七百。在尊古斋为学校购钟二。

雨。与苏等打牌消遣。晚往老馆宿。

五月六日　星期一

七时回家。授课。下午一时后进城。在英古斋为学校购神人镜一。在老馆宿。

五月七日　星期二

早往公益医院看内子。访顾颉刚。到古物陈列所鉴定彝器。

十二时回新馆早饭。饭毕往琉璃厂德宝斋看甲骨。为学校购汉保子宜孙洗一。在大古山房购周剑一。自购镜一，十二圆；壶一，四十圆；敦一，一百元。

七时卓君庸[2]请撷英晚餐。回新馆宿。

附：剪报

发掘古物办法八条

---

①应为冯芝生(友兰)之误。

②卓定谋(1886—?)，字君庸，闽县人。日本高等商业学校毕业，曾任中国实业银行经理、全国农商银行讲习所教务长。精于书法，尤长章草，著有《章草考》等。

五团体会议修正通过，呈候行政院采择施行

六日宁讯，近来中外人士常有采掘古物团体之发起。如西北古物考查团及美人组织之中华古物采掘团等，先后向外交部请领执照，前赴西北各省采掘古物。外交部对此应付困难，乃于二月前会同内、教两部及中央研究院，组织采掘古物条例会议。在外交部开过第一次会议，其后有北平古物保管委员会及中央研究院加入讨论。以上各团体，曾各拟具意见书，交由教育部汇集，参合各方要点，拟具对于采掘古物条例之意见九条。本拟议决条例，呈请国府颁布施行，后因筹备奉安等事甚忙，故将该项会议延至昨日（五日）下午三时，在教育部开第二次发掘古物条例会议。出席者：中央研究院文书干事许寿裳，内政部土地司长马铎，外交部欧美司帮办朱世全，教部社会教育司长陈剑翛，科长钟灵秀、陈维纶。陈主席，钟记录。行礼后，即就教部草拟对于采掘古物条例之意见九条，修正为八条通过，不日即将是项决议意见，呈请行政院转咨立法院，采择施行。兹将修正通过《对于发掘古物办法之意见》八条，纪录如下：

一、凡与考古学、历史学、地质学及其他人文科学有关之一切品物，如古美术品、自然物、工艺物，皆属于本办法所指之古物范围。

二、凡埋藏地下之古物，概指国有，其在私人土地上偶然发现古物时，发现人须立即报告当地主管行政机关，呈由省政府、特别市政府咨明内政、教育两部收存其古物，并给相当补偿金，或以时价收买其地皮保管之。

三、发掘古物须先呈请地方主管行政机关，转请中央古物发掘委员会审查许可者，由内政、教育两部发给执照，始可发掘。其不遵其手续者，无论为个人、为团体，以盗掘论。

四、中央发掘委员会之委员，由中央研究院、内政部、外交部、教育部及古物保管委员会、中央研究院，各推专家三人组织之，以

中央研究院院长为当然委员长。

五、发掘古物以中央或中央所属学术机关为主体。于必要时，得容纳外国专门人才，或学术团体参加。但其参加人数不得超过主体机关人数，并应订定相当契约，呈经内政、教育两部核准施行。

六、发掘之古物，应由中央或中央所属学术机关妥为保存，并予世界学者以研究上之便利。

七、发掘之古物经中央古物发掘委员会研究后认为有副本时，得与外国之学术机关作相当之交换，惟须由中央古物发掘委员会联合其他作同样研究之学术机关审查后，始得实行。

八、流通古物，以国内为限。其有因事实上必须运往外国研究者，由内政、教育两部会同发给护照，始得启运，并得由本国派遣专门学者随往共同研究，研究后须将原品运还。

五月八日　星期三

早授课。与母亲同回家。黄子通、杜奉符来。

记日记。寄关寸草信。广仓学窘寄书来。

五月九日　星期四

午张竹林来，搬书到图书馆。

购《秦汉瓦当文字》一、《吉金所见录》一，价五元。

五月十日　星期五

早授课。下午编讲义。

五月十一日　星期六

十二时内子与小孩及苏、曹太、曹三太等回家。

学校开放宿舍，与曹太等往游。晚饭后往观游艺会。

五月十二日　星期日

早与苏进城。到德宝斋，定购甲骨，价八百五十元。

十二时陈援广、沈兼士在忠信堂请食饭。饭后与顾颉刚、郭绍虞往中央公园茗谈。六时半乘汽车回家。

五月十三日　　星期一

早授课。曹太等回家。午编讲义。

五月十四日　　星期二

早进城。往古物陈列所鉴定彝器。

与周希丁到古光阁,选拓本数十叶,以《宝蕴楼彝器图录》一部报之。

五月十五日　　星期三

授课。午后顾颉刚来,与同往清华。请颉刚晚饭,绍虞陪。

五月十六日　　星期四

早与颉刚及八妹进城,往访陈寅恪,定八妹为中央研究所[院]助理员,月薪一百元,在吾家编《书目》,不到所,照支半薪。遇徐中舒。

徐中舒邀予等在四牌楼饭馆早饭。到颉刚家。余与中舒往德宝斋看甲骨。中舒以为价贵。六时与八妹回家。

五月十七日　　星期五

早送八妹往校门,与顾颉刚等往妙峰山。授课。托叔平往商德宝斋甲骨。

五时与马季明往傅葆琛①家看铜器。惟一镜是真品。

五月十八日　　星期六

编讲义。

五月十九日　　星期日

午后顾颉刚与八妹由妙峰山归。往郭绍虞家晚饭。

五月二十日　　星期一

早授课。编讲义。

---

①傅葆琛(1893—1984),字毅生,四川双流人。留学美国康乃尔、耶鲁大学。1924年回国后执教于清华、北师大、燕京等校,参与晏阳初河北定县乡村建设运动。

五月二十一日　星期二

编讲义。下午四时开成府同人会，讨论野餐事。

五月二十二日　星期三

早授课。马叔平来电话，言甲骨已说妥，连六十甲子一函，共一千元。

徐中舒来电话，商量甲骨欲由历史语言研究所购买。

五月二十三日　星期四

进城，往方砖厂访李济之[①]、董彦堂，同往范子衡处看甲骨。

请济之、彦堂及傅孟真[②]往忠信堂早饭。到德宝斋，嘱其将甲骨送家。

到中央公园来今雨轩，与孟真诸人谈话。五时与彦堂同回家，看西人演戏。

五月二十四日　星期五

早授课。午德宝斋送甲骨来。

董彦堂进城。六时成府教职员同人会，在朗润园野餐。到者约三十人。

七月

七月五日[③]　星期五

早母亲南归。

---

①李济(1896—1979)，字济之，湖北钟祥人。1911 年入清华学堂留美预备科，哈佛大学人类学博士。中央研究院历史语言研究所考古组主任。

②傅斯年(1896—1950)，字孟真，山东聊城人。1916 年入北京大学文科，1919 年庚子官费留学英国爱丁堡、伦敦大学及德国柏林大学。1928 年创办历史语言研究所并任所长。

③五月二十五日至七月四日未记，七月仅记九天，馀不再注。

七月二十日　星期六

与八妹进城。交壹百五十元稿费与鲍仲严。到北海图书馆查金石书。到静心斋研究所。

售丁晏稿本《四史馀论》、黄叔璥《中州金石考》、程敦《秦汉瓦当文字》、王福田《竹里瓦当文字》、一字一行本《说文》、《支那墨宝集》六种与北海图书馆，得洋壹百六十元。

与赵斐云逛琉璃厂古玩店，购得翁大年题光和量拓本，价六元。

七月二十一日　星期日

雨。在旧馆。

七月二十五日　星期四

早回家。

七月二十六日　星期五

存大陆银行壹百元。

七月二十七日　星期六

内子进城。

七月二十九日　星期一

早往学校。午清理金石书地志类。

寄祖弟讲义、《论衡举正》及《河南古物调查表》。

七月三十日　星期二

早张荫麟、沈勤庐[1]来，留饭。午陈援广来。

清理金石书目地志类。颉刚自杭州来信。

七月三十一日　星期三

早往学校。福开森赠《齐侯四器考》。

下午清理《学报》函件。内子自城内归。交煤二十八元。

---

[1]沈维钧(1902—1971)，号勤庐，浙江吴兴人。擅长金石考古，曾任中央古物保管委员会干事。1935年加入考古学社。

以百卷本《说郛·三器图义》较百二十卷本。百二十卷本错误甚多,此书言度量衡,各家言此者所不知也。

复颉刚信。

八月

八月一日　　星期四

清理金石书目。

八月二日　　星期五

编《金石书目》地志类。下午一时半进城,访斐云,与同游隆福寺。访郭玉堂①、李铭三二古玩商,郭未见。

八月三日　　星期六

早到古物陈列所。所中因中央研究院向内政部索其拓印品,对余应赠之拓本一份有留难之意。

到中央研究院,傅孟真留饭。饭后与杨金甫等游故宫博物院、北海等处。

七时回老馆宿。

早访郭玉堂,购汉石经残字约二百种,价二十元。中有《急就章》甚奇,为先人所未知,让与北海图书馆。

八月四日　　星期日

早到古物陈列所。购《伏庐藏印》。陈援广请忠信堂饭。

回寓。接中央研究院约定书。复研究院信。

八月五日　　星期一

第五期《学报》送来。

---

①郭玉堂(1888—1957),字翰臣,河南孟津人。金石学者、拓片收藏家。20年代受聘为北平图书馆名誉调查员、故宫博物院考古采访员。

八月六日　星期二

清理赠送《学报》事。四时许张荫麟兄弟与浦江清[1]来晚饭，夜深乃去。

八月七日　星期三

早往古物陈列所，与商拓本事。

往研究所见孟真，未遇。往新馆饭。饭后往赵斐云家，并晤张荫麟，同往东亚楼饭。饭后与斐云往北海研究所，见孟真。代八妹支薪一百元。在所中宿。

八月八日　星期四

早九时往古物陈列所。

在老馆饭。二时往送张荫麟，车至则行矣。遇冯俨若夫妇，同至他家。

八时同至中央公园晚饭。回冯宅宿。

在会文购《感旧集》一部，二十元；《古文辞类纂》，三元。

在通学斋购《退广题跋》，十元；《潜研堂金石跋》，八元；《泰山秦篆刘熊碑》，二元。

八月九日　星期五

早七时与冯俨若夫妇等回家，至三时乃去。四时学校开特别会议。

八月十四日[2]　星期三

校《古籀馀论》。

八月十五日　星期四

校《古籀馀论》。二时进城。晚请苏、钟往中天看电影。在老

---

①浦江清(1904—1957)，江苏松江人，古典文学专家。1926年毕业于南京东南大学，曾任教于清华大学、西南联合大学、北京大学。

②八月十至十三日未记。

馆宿。

八月十六日　　星期五

早往隆福寺书肆。午往冯俨若家,请往中央公园午饭。

与内子、琬女往内[古]物陈列所。往马叔平家。六时半乘汽车回寓。

八月十七日　　星期六

早张竹林及其姊来,留饭。

写林石庐、顾颉刚、卫聚贤①、卓定谋、周养广、张茂春、张荫麟信。

卫聚贤赠《古史研究》二册。

八月十八日　　星期日

校《尚书骈枝》。

八月二十四日②　　星期六

在琉璃厂德宝斋购得清初拓《天发神谶》刻石,价二十圆。又得唐颜鲁公《宋广平碑》拓本,及王澍临本各四册,价壹百壹十元。

八月二十六日③　　星期一

冼玉清④来。内子自城归。

八月二十七日,星期二

下午为蔡一谔书屏联。接七妹来信,言母亲有病。与八妹各汇五十元回家。

八月二十八日　　星期三

抄《金石书目》人名箸作表。

---

①卫聚贤(1899—1989),字怀彬,号介山,山西万泉人。1927 年毕业于清华国学研究院。历任暨南大学、中国公学、持志大学教授。

②八月十九至二十三日未记。

③八月二十五日未记。

④冼玉清(1895—1965),号碧琅玕馆主,广东南海人。1917 年入岭南大学,1927 年起任教岭南大学国文系。擅历史文献考据,精诗词书画,被誉为"岭南才女"。

八月二十九日　星期四

将移居燕东园,收拾新居。

九月

九月九日①　星期一

移居燕东园廿四号。

九月十日　星期二

移居毕。

九月十三日　星期五

早与郭绍虞进城,接顾颉刚及郭之父母。苏、钟、四太来。

九月十四日　星期六

晚寇恩慈②女士请晚饭。

九月十五日　星期日

花匠来修花。苏、钟等回家。晚请顾颉刚夫妇晚饭。

九月十八日　星期三

存顾颉刚书架四、书柜四、书柜架一、方桌一、茶机[几]一、水缸一。

十月

十月二十五日③　星期五

存大陆洋壹百元。

---

①八月三十日至九月八日未记,九月仅记6日。
②寇恩慈(Emma Louise Konantz,1870—1936),时任教于燕京大学数学系。
③十月仅记此1日,十月二十六至十二月八日未记。

十二月

十二月九日　星期一

曹太借五十元。

十二月十日　星期二

郝庆琛初来拓甲骨文字。

十二月十一日　星期三

是日拓七函。

十二月十二日　星期四

是日拓七函。

十二月十三日　星期五

是日拓八函。

十二月十四日　星期六

是日拓七函。

十二月十五日　星期日

是日拓五函。

寄郭沫若《书契前编》、《学报》、《古籀馀论》、《尚书骈枝》。

十二月十七日　星期二

两日八函。

十二月十八日　星期三

是日四函。借五元。

十二月十九日　星期四

拓五函。

十二月二十日　星期五

拓七函。

十二月二十一日①　　星期六

拓四函。

附通讯录

曾广源（浩然）　西四宫门口宗帽胡同八号,电西四一

吴文道（书臣）　洛阳北街二〇四

胡适　上海极司非而路四十九 A

林语堂　上海公共租界倪园路 94

朱春塘　南大街果子巷驴驹胡同十八号,子均舫

邵瑞彭（次公）　总统府花园大院十九号

陈淮生　上海西摩路文德里六号

罗振玉　旅顺扶桑町三番

戴家祥（幼和）　上海法界斜桥安吟里 21 号

关藻新（寸草）　广州多宝大街 32 号

郭玉堂　河南洛阳西华街毕仓后一号

邵章（伯絅）　宣内温家街二号,西一八三九

张懋勤　张家口口北盐务收税局

张星烺　方砖厂廿三号

陈邦福（墨迻）　江苏东台吴广大巷

柯燕舲　锦什坊街王府仓十六号,西二四三一

陶良五　天津英租界六十号路恩庆里西里一号

宝蕴楼彝器图录

陈仲恕、邵伯絅、孙伯恒、林石庐、叶泰慈、邹适庐、尔疋舅、顾颉刚、周希丁、陶朋、商锡永六部、黄仲琴、丁丁山、元胎、陈叔敬、王富晋五部、李济之、董作宾、顾颉刚、沈勤庐

十三言、陈列所十元、罗君美三部。

附 1929 年收支一览表

一月收入

15 日,《金文编》8、薪金 100、书 50

总计:158

一月支出

4 日,钞字 3、鱼菜 3、果 1

5 日,车 1.5、照片 1

7 日,《四部备要》50、请客 4

8 日,寿仪 2、车 1、玉佛照片 1、定冰千斤 1.4

11 日,请客菜等 5.3、格纸 1

15 日,《美术史》.9、车 1、报 1.3、《同州金石志》等 2、梅花等 2

21 日,车钱等 1、字画 6.5

22 日,车钱 1.2、书箱 1.5、《说文诂林》23

28 日,车电影等 2.5

30 日,车 2.5、手套袜 1.2、饭食.5、电影 1.5、保萃书 50、古钱.4、

李先生薪 6.5、点心.6、车 1.5、《图书馆季刊》1.2

30 日,总计:183

二月收入

27 日,薪金 100、售敦剩 20

总计:120

二月支出

3 日,镜柜花瓶 4.5、俞燿横披 2、牛奶粉 11、煤 50、点心 1

10 日,饭食车钱 4

11 日,车 3

12 日, 撷英餐 10

13 日, 车 1

14 日, 早餐 3、铜镜 1

15 日, 书 12.7

16 日, 彝器拓本 20

17 日, 梅兰芳画 6、抄书 3、抄书借 2

22 日, 李书春薪 5、车 3、赏各人 5、点心 1.2、笔茶叶 1、补西车 跕餐 3、金扇面 4、书籍 3

27 日, 车 1.6

总计:161

三月收入

1 日,《彝器图录》36、售书与锡永 46、售易兒鼎 160

26 日, 薪金 100、抄《古籀馀论》8

总计:340［350］

三月支出

1 日, 梨加菜 1、壶盖豆盖 30

6 日, 造象 2、矛 3、车 1.5、饭食 5、照片 1、点心手巾等 1.5、笔.8

8 日, 电话, 灯 18.6

12 日, 车 1.5、交母亲 20、与内子 13、生果等 3

14 日, 汇博古斋 12.8

15 日, 加菜 3

16 日, 春华楼菜 6

17 日, 点心生果 1.5、车 1、鞋 2.3、颂壶等拓片 5

19 日, 车费 1

22 日, 车费 1、点心 2、《愙斋集古》20、水牌 1、秦公敦拓本 7

29 日, 八妹游长城 2、《两面人》1

四月收入

《学报》稿费 100

薪金 100

四月支出

1 日,天津购物 13、抄字 5、广仓书 13

10 日,车费 2.5、游故宫 1.3

15 日,车费 2.2、饭食 1、铜鼎鲜 160、《年刊》2、邮票 2

21 日,车费 1

22 日,请客菜 4.3

23 日,车 1、古物 7.5

26 日,车 2、交母亲 20

五月收入

《彝器图录》11

薪金 100

五月支出

2 日,加菜 2、拓片 12

4 日,车 2、电影公园 3、食物 1

7 日,古物 100、赏门房等.5、车 1、古镜 8、家具 43、苏借 3、书 5、格纸 1

12 日,汽车 2.4、补产费 28、加菜 2、草帽 1.3、点心.5、车 1.5

14 日,车 1

15 日,加菜 1.4

16 日,车费 2.5

17 日,妙峰山(八妹)10

21 日,点心等 1、赈灾 1

23 日,忠信堂饭 6、车 1、学校戏票 1.8、野餐.4、捐同仁学校 1、

冰心礼 2、花 1、钟 2、交母亲 20

六月收入

薪金 100

六月支出

文奎书 19、修绠书 4、翰文书 1.2、请客 10、张竹林书 5、补内子 13、牛奶 2、车 10、邮费 2、电影 2.5、鞋 2.3、帽 1.3、玻璃厨 7、点心果露 3

七月收入

售书 146、售顾书 20、又 7、李董书 24、沈书 12.8、薪金 125

总计:334.8

七月支出

交母亲 80、饯行菜 10、煤 21、银鸡尊 100、《国学文索引》1、《元牍记》.4、顾寿屏 4、车 10、代祖《学报》10、《论衡举正》1、光和量拓本 6、烧鸭 2、牛奶 1、电灯电话 20、定期存款 100、邮费 1

总计:367.4

八月收入

薪金 125

八月支出

4 日,车等 2、《伏庐藏印》1.8

7 日,车 1、送苏 6、请荫麟 5

9 日,车 3、请冯思 6、点心果露 1.2

15 日,还《学报》5.6、牛奶 1、水 1、车 1.4、电影 2、送李二 3、邮票 1、《竹云题跋》1、送阿钟 10

23 日,车 1

28 日,汇母亲 53、牛奶 1、漏支 5

29 日,总支:112

九月收入

《廿四史》115、煤炉 13、《东莞志》二 20、《金文编》7、木炕 5、薪金 125、会文来 54

总计:349

九月支出

2 日,椅垫 10

3 日,桌椅 59、三大椅 19.4、窗帘 45、衣料 5.2、地毯 18、车 2.5、割草 1.5、中兴饭食 1.8、自己药片 2.2、铜条 1.3

14 日,铜钩 1.9、擦五金膏.5

15 日,花匠 1、移居费 9、拔草 1.5、车费 1、地板蜡 1、菊花.8、颐和园 1、邮票 1、请客菜 8.6

21 日,车 1.5、绣屏窗帘 18、帽 3.6、茶杯 1.6

27 日,果刀 5.5、皮包地垫 20、车费 2、颜色 1.7、式古画 7、对联 1.1、请客菜 8.6

29 日,请客菜 1.8、赏老妈 1、漏支 2

总计:268

十月收入

7 日,《东莞志》10

24 日,清华 100、《书契后编》8、吴黎责还 10、《书契类编》6、薪金 125

总计:259

十月支出

2 日,补运费 2.5、煤 50、富晋书 3

5 日,车费 1.8、饼干.4

10 日,毛袜等 3.8、羹匙水瓶 1.7、饼.6、车 1、毛巾.4、焰火 1、煤 51.2、地板蜡 1

20 日,车 1、发酵粉 1、点心 1、道藏书.8、铜器车轴 12、零用 1

28 日,请客菜 1.3

30 日,请学生菜 2.4、燕东园费 2.5、自行车 51、棉袍料 9、存长期 100、零用漏支 4.6

总计:306

十一月收入

1 日,薪金 125、清华 50、稿费 10

30 日,总计:185

十一月支出

3 日,帆布床 4、瓷碟菜盆 5、车 1、捐小学 40

15 日,房捐二月 5、劈柴 1、花匠 1、聚餐 1.3、《天发神谶》20、毛边纸笔 2、花.6、水碗 1.5、《国语旬刊》.3、点心,车 2.5、毛巾,袜 1、石印 1

19 日,捐款 14、请客 8.5、《金石契》2

27 日,车 1.6、张煦礼 1、《澂观阁帖》1、大秤 3.3、洋瓷碟等 1.7、车牌.7、花 1、餐费 2

30 日,总计:124

十二月收入

9 日,《金文编》15、《殷契类编》7

28 日,清华 50、薪金 125、《四部备要》225、《殷契类编》7.5、漏进 20

总计:449.5

十二月支出

2 日,房捐 2.5、刘妈工钱 2、床板 2.6

6 日,存长期 100、上月漏支 3.3、劈柴 1、地板蜡 1

9 日,车 1.5、苏借 2

16 日, 邮票 1、梅花 1

17 日, 请何遂 4.8

21 日, 地板油, 扫 3.4、汇君美 20

25 日, 大泉无字鼎 50、三友书 2、镜五枚 60、饭食 3、车钱 1、笔 1、端方, 潘祖荫等对 10、铜画片.4

27 日, 水电 45.6、陈宅礼 2.5、日记.6、钱代汇 27

29 日, 请学生 5.2、定煤 10

31 日, 请学生 7.6、刘妈 2、花匠 1、倒土等 2.5、纸 1

总计: 422.5

古铜尊 400

1929 年收支统计表

一月收入 158	一月支出 183	
二月收入 120	二月支出 161	
三月收入 340[350]		
四月收入 200		
五月收入 111		
六月收入 100		
上半年合计: 收入 1029[1039]	支出 956.4	揭存 72.6
七月收入 334.8	支出 367.4	揭存 40
八月收入 125	支出 112	揭存 53
九月收入 349	支出 268	揭存 134
十月收入 259	支出 306	揭存 87
十一月收入 185	支出 124	揭存 148
十二月收入 449.5	支出 422.5	揭存 175
下半年合计: 收入 1701.3	支出 1589.9	揭存 175

一九三〇年①

一月

一月十六日　星期四

柯燕舲②在同和居请午饭。

在雅文斋购铜觯一,乃破补者。余初不知,携归洗擦始知。

二月

二月六日　星期四

早进城。陈淮生从天津来,孙伯恒在春华楼请午饭。二时许到故宫审查铜器,以此为始。

晚到静心斋宿。

二月七日　星期五

早周希丁在富源楼请早饭。晚马叔平在厚德福请晚饭。晚到

---

①一九三〇年仅记:一月1天、二月6天、八月2天、九月3天、十月6天、十一月2天、十二月6天,不再一一标注。

②柯昌泗(1899—1952),字燕舲,山东胶县人。柯劭忞长子。毕业于北京大学,精于史学以及金石研究。曾任直隶政治研究所所长、东北大学教授、察哈尔省教育厅长。

旧馆宿。

二月八日　　星期六

朱墨二，四元；缩临唐碑，十五元；《端州石室记》，六角；《三秋阁书画录》，一元；黄忠端《孝经石刻》，三角五分；《庄子集解》，一元五角；《日本图经》金石类一册，残，四角；刘心源联，一元；石蟾蜍，十一元；陶陵鼎拓本，二元。

周季木①（进）赠《居贞草堂汉晋石景》一册。早徐森玉在泰丰楼请午饭。

二月十三日　　星期四

购《苗氏说文四种》，四元；《绍兴古物评》，二元八角；《东巡金石录》，壹元；砲弹，一元二角；镜，三元；陶陵鼎拓片，壹元三角。

二月二十一日　　星期五

接家电二封，云母亲有病。与八妹回家省亲，收拾行李。

水野清一②来。存洋二百六十元。

二月二十二日　　星期六

往天津，与媛妹同行。

八月

八月二日　　星期六

吴雷川、陈垣、黄子通、刘廷芳、冯友兰、顾颉刚、郭绍虞、张星烺、马季明、许地山共来赙敬式拾元。

---

①周进（1893—1937），字季木，安徽至德人。周馥之孙，周学海四子。民国时期著名金石收藏家。

②水野清一（1905—1971），日本兵库县神户市人。毕业于京都帝国大学。留学中国，调查过山西云冈、河南龙门、河北响堂山石窟，著有《云冈石窟》、《龙门石窟の研究》等。

冯思香敬二元,冯续昌奠敬二元。

陈寅恪、傅斯年、朱希祖、李济、赵元任[①]、董作宾、罗常培[②]、丁山[③]、徐中舒、裴善元共来蓝缎挽幛。

罗家伦[④]来洋绉挽幛;张天祥、毓麟、竹林来单幅花缎挽幛。

顾颉刚十六元,吕复[⑤]二元。

八月二十八日　星期四

《十二砚斋》(三),真子飞霜镜铭,义熙四年铜鼓款识。

九月

九月八日　星期一

售与哈佛各种金石书:

《金石索》十二册,卅元;《虚舟题跋》十册,$^{川×}_{元}$;《随轩金石文字》四册,五元;《华山碑考》,四元;《小蓬莱阁金石文字》,六元;《金石屑》四册,川乂十元;《金石续编》十册,八元;《观妙斋金石考略》,川8十元;《宝刻类编》八册,廿元;《淳化阁法帖考正》,卅元。

九月二十三日　星期二

在新馆早饭。在开源购地毯,价一百元。

---

①赵元任(1892—1982),字宜仲,江苏阳湖人。1910 年入清华学校留美预科,1918 年获哈佛大学哲学博士学位。1925 年任清华大学国学研究院导师。

②罗常培(1899—1958),字莘田,北京人,满族。1919 年毕业于北京大学。历任西北大学、厦门大学、中山大学、北京大学教授,中研院史语所研究员。

③丁山(1901—1952),字丁山,安徽和县人。1924 年入北京大学研究所。任职于厦门大学、中山大学、中研院史语所、中央大学等。

④罗家伦(1897—1969),字志希,笔名毅,浙江绍兴人。1917 年入北京大学,与傅斯年等成立《新潮》社,1920 年留学欧美。时任中央政治学校校长。

⑤吕复(1879—1955),字健秋,河北涿鹿人。1905 年赴日留学。曾任京师图书馆馆长。1927—1936 年任燕京大学政治系教授。

九月二十四日　星期三

会文书局来寄代售红印《集古录目》,三元;四屏,一元。

水野清一来。图书馆开会。

十月

十月二日　星期四

复叶慈信。水野清一来。

十月三日①　星期五

复叶慈信,寄《宋代金文箸录表》、《斯坦因取经·行径》②。

讲义本,壹元九角。通学斋《铁函斋书跋》,四元。

翰文斋《古泉丛话》,一元;《邻苏题跋》,二角。

开明《许学考》,七元;《蓬莱金石目》,四元;《草字汇》,一元。

以《持静斋书目》二部作抵。

十月十三日　星期一

桥川时雄③寄赠光彩染布乙匹。复三弟、七妹信。

北平图书馆来五十元购《武英殿彝器图录》。三嫂托买皮,交媛手十五元。

十月二十六日　星期日

钞字人何荣海,北平人,现年三十八岁,住海甸杨家井路南,门牌二十一号。

钞《匋斋款识跋》六千〇七十三字。《藤花亭镜谱》卷一,九千

①是日除第一行外皆记于九月三日,其自注:"十月三日,误记于此。"

②《斯坦因取经·行径》,谓吴金鼎所著《斯坦因敦煌取经事略·总论斯坦因三次来华之一切行径》。

③桥川时雄(1894—1982),字子雍,日本福井县人。曾在北京大学旁听,《顺天时报》记者,对中国文化有较深研究,与众多中国文化名人有交往。

八百二十字;卷二,六千四百〇六字。

十月二十七日　星期一

存款数:

五月廿六,存百五十元,燕七十四号;六月五日,存百五十元,七十七号;

八月廿七日,存百三十元,一百号;十月廿七日,存百五十元,一百十号。

寄叶慈、罗子期、罗原觉信。

十月三十一日　星期五

大雪。晚升煤炉。

十一月

十一月一日　星期六

寄中国书店《持静斋书目》三部。

十一月十一日　星期二

马太玄借去《殷〈商〉贞卜文字考》。

请全绍文、洪煨莲、黄宪儒、吴文藻夫妇晚饭。

十二月

十二月三日　星期三

修绠堂:《金文编》,八元;《字徽》二部,八元;《东莞志》(头二本),十元。

十二月九日　星期二

文华堂送来一铜器,状如方管。上节方,左右五分,前后减半分,削其四棱,上有十字纹;次节方,左右四分,前后减半分,四面各有一字;末节如圆锥,次末二节有冒,冒之正面有角隆起二分许,末节之底有渠管,长四寸一分,冒长一寸八分半,通长四寸三分。其古之笔欤？索价五百元,无力能得,拓十纸还之。

十二月十日　　星期三

内子入协和医院割痔疮。

十二月十一日　　星期四

寄三弟《高僧传》、《流沙坠简》。

陈松茂武英殿彝器拓本;明义士《金石书目》、《尚书骈枝》、《马哥孛罗游记》。

郭沫若、罗子期、邹景叔及三弟信。转戴家祥信。

十二月二十七日　　星期六

交景山书〈社〉《六体千文》五部,馀三十二部存开明书局,自取二部,锡永取一部,共四十部。

十二月三十一日　　星期二

九时半往协和,接内子回家。计:住院每天四元,二十天共八十元;割病房费十五元;割病费三十五元;齿的 X 光线费十元。共壹百四十元。

附通讯录

张国淦(石公)　(旅顺明治町三九)辽宁商埠地七纬路森字
　　　　　　十四号

侯宗禹　河南淇县邢园侯夏庭转

奉宽(仲严)　宽街十号

郦承铨(衡三)　南京磨盘街卅号

罗君美　旅顺扶桑町三番,大连交通银行王昌鲁转

陈邦福(墨逐)　江苏东台吴广大巷

陶朋(良五)　天津英界六十号路22

李俨(乐知)　河南灵宝陇海局

梅原末治　日本京都帝国大学文学部

李笠(雁晴)　武汉大学

夏曛禅(名承焘)　杭州之江大学文理学院

李根源(印泉)　苏州十全街五十四号

卓定谋(君庸)　东四十二条王驸马胡同

郭沫若　千叶县国分村须和田弁才天二六七

桥川时雄(子雍)　甘雨胡同卅二号

朱希祖(逖先)　新街口东草厂大坑廿一号

魏建功　朝阳门大街八十三号,东一五三八

张赐莓　惠福西路毕公巷二十九号

罗原觉　广州市逢源中约三十八号敦复书室

何叙甫　察院胡同,西一〇九〇

赵录绰(孝孟)　东城干面胡同西石槽九号,东二七三八

陈松茂　上海江湾路七百二十号(吴淞中国公学学生)

郭玉堂(翰臣)　洛阳县前街十四号

送《金石书目》

元胎六本、七姆、罗叔言、邹景叔、林石庐、叶慈、傅孟真、赵孝孟、陈骧尘二册、董作宾、梅原末治、咏南、夏曛禅、顾颉刚二册、郭沫若、周季木、赵万里三册、徐森玉、张仲锐、伦哲如、尹石公、杜连喆、洪煨莲、刘廷芳、王齐民、张德英、林石庐、黄伯川、马叔平、卓君庸、北平图书馆、徐中舒、丁山二册、陶朋、燕大图书馆

《持静斋书目》

送傅孟真一部;售富晋书社十部,〥十元;清华二部,〡〤十元

元;燕京二部,丨乂十元;开明二部①,丨二十元;售富晋十部,𠈌十元;马季明一部,𠈌元;送罗子期一部。寄售:文奎五部;北海图书馆五部,收十四元;来薰阁五部;保萃斋二部;元胎五部;直隶书局一部;中国书店三部(十一月一日寄去);博古斋九部(十二月廿七日寄,抵书价二丨十元)。

以上六十四部,馀二十六部。

景山书社二部(六元寄售);史语所一部,七元收;寄墨缘堂一部;余让之一部,七元收;开明二部;送赵斐云一部;二十年六月,会文一部。

1930 年收支一览表

一月收入

12 日,售《县志》4.5、大陆利息 2.4、郭沫若来 16、郦衡三来 15、清华 50、薪金 125

一月支出

1 日,斧 2、鎏金造象 3、造象小人二 2、弓 2、瓷合.4、车 2、书.5

11 日,铜造象二 7、车 1.5

16 日,《论衡》《颜家训》2、中国书店书 3.7、铜觯 25、车 1.5、定报十二起 13.2、《燕大月刊》2、加菜 1.5、水仙花.5、《集古录》1、抄字 1

24 日,刘妈 3、批冰 2

28 日,皮包 10、油画.6、饭食 1.1、车 2、印石硃墨等 1.5、汉银器 40、《艺林旬刊》1.6、茶叶.5、煤 50、《书目略》.8

二月收入

17 日,《殷契类编》15、薪金 250、清华 50、中央 100

---

①日记中夹有一纸开明书局收据:"今收到寄售《持静斋书目》式套,每六册。此致容先生照,北京开明书局具,十九年八月十二日。"

二月支出

1 日，车钱 1、《国山碑》3.6、《伏庐印谱》3.2、零本书.6、素镜 2、周半瓦 1、张宅利市 2.4、《上林鼎拓本》1.4、铃.3

8 日，购物 35、车 1、《陶陵鼎拓》2、书籍等 13.3、钟等利市 2.2、车 1.5、电影 2

16 日，加菜 2

17 日，邮票 2、琬琨学费 23

21 日，邮票 1、参 20、戏法 3、电报 2.6

22 日，赈灾 5

三月支出

3 日，回粤船费 55、绒背心 2.7、鞋 2.5、袜带.9、天马镜 20、衣料 25、绒竹布 16、回莞费 5、遮 1.4、裤带 1.3、皮包 6、冷线 6

四月收入

薪金 125

四月支出

17 日，往申船费 36、夏布 8、回粤费用 50

五月收入

薪金 125、清华三四月 100、中央三四月 100、孟岳良还 5

总计：455，除支存 273

六月支出

珠被 10、银包 1.5、往津船费 30、杂用 20、游杭 20、茶叶 5、鞋 2、书 3、北平车船 14、漆器 4

七月收入

薪金 125、奠仪 26、富晋定《书目》50、《金文编》二 15、史语所 100

七月支出

抄字 1、倒土 12.5、花匠 3、送黎礼 2、送沈礼.6、地板油蜡 2.9、刘妈工 6、奠仪力金 2、邮费 1、天丰煤 30、水电 61、取行李 9、《月刊》2

7 月 11 日,总计:132,以上内子经手

支内子 50

14 日,四舅阿胶 16、车 2、宣纸,裱工 2.2、鸿春饭食 1.5、《艺林月刊》1、扇骨.3、工马 1、捐小学.4、邮票 1

18 日,北平图书馆印书 50

19 日,铸新照相 10、饭食 3.8、车 1.5

20 日,文奎斋书 70、笔.8、《文字学》.6

21 日,《思适斋集》6、西瓜 5

24 日,手巾等 2.5

八月收入

5 日,薪金 144、《金文编》7

28 日,薪金 144

八月支出

3 日,赵㧑叔对 20、车 2、又车 2、鸿春点心 1.1、罗宅书 17

5 日,齐念衡来加菜 3.2、吴宅礼 1、园费 2.5、地板油 2.8

7 日,修缏书 34、《东洲金石诗》1、服尊全形 2、车 2

10 日,花匠 1、李宅电报 1.4

12 日,车 2

17 日,招待日人 6.3、花匠 3、杂志等 3.5、点心.5

18 日,杨宅礼 1、花匠.5、七妹电报 3、车饭食 2、车钱 2

20 日,泰丰楼 3、邮票 1

22 日,车钱 2、《新郑器图录》6.8

24 日,电报 3.3

25 日,鸿春楼 2、车 1

27 日,交内子 25、坤琬学费 15、定期存 21

29 日,车 1

九月收入

拓片 6、铜器 57、《胜朝遗民录》3、薪金 122.2

九月支出

1 日,邃雅书 25.2

3 日,会文借 40、教职员会 1、花匠 2、瞿宅礼 1.3、薛氏照片 1.8、《魏稼孙集》5、车 1、车饰 2.7

5 日,车 1、磁狗 1、钞金文目 2

10 日,邮票 1、鸡 1、定煤 62

14 日,车 1.5、电影 2、螃蟹 1、代静山鞋 2.8、自鞋 2.4、棉袍料 5.3、邮票 1.3、彝器拓片 22

18 日,《持静书目》18、高丽纸 1、游园券.8

22 日,地毯 100、车 2.5、碗 2、棉花 1、花 1

十月收入

3 日,《持静目》14

4 日,售哈佛书 224、售铜器 30、《持目》(斐云)14

11 日,中央薪 150

25 日,薪金 136.6、《持静书目》50

27 日,存款 109.5

十月支出

2 日,园费九十月 5、花匠 2

3 日,讲义夹 1.9、书账 5.2、煤 50

4 日,武英殿书 140、傅宅仆人 1、车.4、请客 6.5

9 日,武英照片 18、电影 1.8

12 日,饭食 4.7、车 2、保萃书 20、棕脚垫 2

13 日,三嫂买皮 15、果饼 1、菊花 2、陶陵鼎裱工 1.2

18 日,请客 6.6、国文学会 5

19 日,抄字 2、车 1.5、博物馆拓工 16、玉扣纸 2

24 日,抄字 5、照相 4.3、陈列所仆人 1、腰枕 5、车 1.5、打牌 3、
存款 150、邮票 1

十一月收入

7 日,《金文编》7

13 日,《金文编》8

26 日,薪金 136.7

29 日,史语所 100、《持静书目》7

十一月支出

1 日,花匠 2、邮票.5、加菜 1

3 日,车 2、布 8.2、笔 3、陈仲益礼 2

8 日,车 1、会文借 40、武英殿拓片 22

11 日,请客菜 9.3、王云五词典 4.1

13 日,床板 4、募捐 10

20 日,木棉花等 1、巴利士油 1.2、地板漆 4.2、古光阁 70

21 日,汇罗君羽 80

22 日,杯碟 1.9、车 2.5、醉红花瓶 10、五奶借 10、电影 1

23 日,早饭 1.1、烧鸭 2、炭精砚 2.4、请客菜 5.8

26 日,水电 65.5

29 日,车 1.5、八卦花瓶 7、《笏山记》等 1.2、聚餐 2

十二月收入

帝王像 40

20 日,汇文还 30

27 日,售小鼎 130、《字徵》8、《金文编》8、傅孟真书 50、又 40、
薪金 137、中央研究 50、铜笔 50、锡永书 48、媛来 60、《六体
千文》8

十二月支出

2 日,邮票 1、请客菜 11.6

6 日,车 1.5、电影 3、《语音学》等 4

8 日,车 1、《现代学生》2

9 日,救世军捐 2

10 日,《书目》69、铜笔 200、车 3、古物陈列所书 195

17 日,祯源午饭 1.7、缝工 1.4、园费 2.5、电影 7

23 日,德宝戈 8、格纸 18、尊古铜器 140、大泉镜二 10、车 2、学
校日记二 1.2、日历.8、电影 2.8、铜罘 45、印二砚一 5、常惠母
礼 2、妹 1、式古镜 10、还君美 30、还子期 36、式古爵 120、国
文系请客 6.3、车 1

29 日,协和院费 90、小费 3、药水 1.5、父己觯 40、成周戈 20

31 日,天丰煤 32

一九三一年

一月

一月一日　星期四　阴

排比汉金文,粘贴、标题雪堂所藏大册三完。

瞿润缗[1]与蒋焕章十时半来。前两天大雪,约三寸,丰年之兆欤?

一月二日　星期五　晴

历史语言研究所十二时在东兴楼聚餐。八时乘公共汽车往,先到琉璃厂,只见书摊数堆,全不似新年景象。在尊古斋取一敦底,连前丰作从彝敦底,共价三十六元。

十二时至东兴楼,到者三十馀人。饭后到赵斐云家,借得墓志篆盖数十种,吾借猎壶二种拓本。与徐中舒在斐云家晚饭后,七时乘汽车回家。

徐森玉赠所藏石经拓本全份。三弟寄一字一行本《说文》来。顾敦鍒[2]来信。复郭沫若,寄明义士信。

---

[1]瞿润缗(? —1952),字子陵,燕京大学国文系学生,从容庚治甲骨文。
[2]顾敦鍒(1898—1998),字雍如,江苏吴县人。之江大学本科毕业,燕京大学硕士,美国哥伦比亚大学博士。1949年后赴台,历任东海大学政治系教授、文学院院长。

一月三日　星期六　阴

粘雪堂《两京文字》、《居贞草堂》金文标题毕。

伦慧珠来取书款,垫壹百元,签支票与之。

博晨光送《学报》第八期英译题目来。

从开明书局假得吴式芬过录何焯校本《金薤琳琅》,命八妹录于《金石丛书》本之上。灯下覆校一过。

一月四日　星期日

六时早起,灯下阅《宝鸭斋金石拓存》及《宝鸭斋题跋》,录“汉莲勺宫灯”及“车宫铜锭槃”两段。

粘汉金文标题。瞿子陵来,云欲休学,作吾书记。允之,拟由二月一日起。

一月五日　星期一　阴　四时雪

六时起,灯下粘汉金文标题。十时赵紫宸[1]来,嘱书书首三种。十一时往图书馆,与洪煨莲长谈。彼言国人病在不能合作,吾与援广因小故即不到图书馆参与购书委员会,思之自失。三时王永华[2]来,取《文字学讲义》去。

八时粘汉金标题拓本毕,从各书转录者约十之一未粘。

叶泰慈来信。因转让书股五十元事寄信北平图书馆。

文华堂送来《常山贞石志》,乃原板。欲以余所藏翻刻者,补洋四元与之交换。

一月六日　星期二　早晴　午后阴

六时起,灯下作购置古铜器议案,以备提出研究所会议。

---

①赵紫宸(1888—1979),浙江德清人。上海东吴大学文学士,美国范德堡大学文学硕士、神学学士。曾任东吴大学文学院院长、燕京大学宗教学院院长。

②王永华(1901—1972),字文昭,广西百色人。1930年入燕京大学研究院。任教于广西大学、中山大学、广西师范学院等校。

九时黄子通来。文华堂送来一作宝彝敦，及一吴越金涂塔，索价一千二百。留拓数纸。

叶慈信交李安宅翻译。

一月七日　星期三　晴

六时一刻起，编《汉金文目》。

三弟寄一字一行本《说文》及《华峰山志》来。《说文》托邃雅斋代售，价八元，取头两本去。

京华送《王荆公年谱》及《历代石经考》来，复信照装订。

内子在协和医院割痔疮，化洋一百四十元，由学校退回百二十元。

王素意①女士请晚饭。麦应昌汇百二十元来，请代买四狐。罗子期来信。

一月八日　星期四　晴　下午阴　晚风

早八时进城。到古物陈列所取得铜器照片全份。

到张宅午饭。饭后逛琉璃厂，所摆书摊不多，甚为萧条。购书数册，交文华堂带回。

到老馆，为麦应昌购狐颈围，并购其一以赠内子，价卅二元。

晚与钟、苏等七人往中天看《离婚》电影。

一月九日　星期五　风　八度

十二时回家。寒甚，手为之僵。

郦衡三②、祖弟、顾颉刚、张荫麟来信。复叶慈信，赠以热河照片百种。

---

① 王素意，美国密歇根大学化学博士，时任教于燕京大学。
② 郦承铨（1904—1967），字衡三，江苏南京人。1928 年任第四中山大学艺术系讲师，后执教于暨南大学、厦门大学、金陵大学、浙江大学等校。

一月十日　星期六　晴

早往学校。归来翻阅会文送来小说，一一批价。

一时三刻与洪煨莲等乘汽车往游小市及琉璃厂书肆，购书物数事。

灯下复君美、子期兄弟信。君美欲购余所藏齍鼎二、且丁敦一、素瓠一，价肆佰伍拾元。除扣且丁小鼎价百三十元，尚欠三百二十元，分六月、十二月以前两期交价。即此作定。

一月十一日　星期日　晴

早阅侯毅《洪宪旧闻》，记筹安会盗严复名及蔡松坡出险、西贾贡马三事，附项城就任秘闻，不免过于铺张。

写堂幅寄外舅，并为金大本①、李箫楼、顾羡季②等写联幅数事。

晚改讲义三叶付印。唐谿来取《殷虚文字类编》一部去，价七元未付。

一月十二日　星期一　晴　风

早九时半教文字学，十时半教《说文》研究。古物陈列所傅博平来电话，云《武英殿彝器图》装订毕，嘱往取。一时半乘公共汽车进城，共十部。交赵斐云转北平图书馆一部、商锡永一部；交史语所二部；寄罗原觉二部、岭南大学图书馆一部、戴家祥一部、明义士一部，皆由开明代寄，馀一部与清华图书馆。每部五十五元。

在开明取《肙斋文集》一部，四元；《八千卷楼书目》一部，八元。

---

①金大本（1907—1948），字伯诚，号立甫，天津人。毕业于清华大学，任职于清华大学图书馆，藏书家。

②顾随（1897—1960），字羡季，河北清河人。1915年入北京大学，1926年执教于天津女子师范学院。1929年后执教于燕京大学、北京大学、中国大学、辅仁大学、北京师范大学等校。

在新馆宿。购张宗祥①校本《洛阳伽蓝记》，灯下阅之。

一月十三日　星期二　晴

九时往访福开森于东城喜鹊胡同，十时往宝珠子胡同七号访阚玉初，东花厅廿二号访陶心如②，皆不遇。至古物陈列所。一时半与福开森、廉南湖③往颐和园观古铜器。四时半回家。郝庆琛拓蝙作父丁鼎全形五纸，颇佳。

接七妹、冯日昌等信，及盐业银行来款通知。

去年十二月用水五元八角二分，电七元四角。

八妹校《藤花亭镜谱》毕。罗君美寄《金文编》十部来。

一月十四日　星期三　晴

早授课。学术会议在校务长住宅开会。

灯下写《汉金文目》卷三毕。唐豀取《金文编》一部去。

寄七妹信，嘱他送伯父母食物十元、三婆十五元、宝珠五元、爱平一元、七妹二十元，作过年礼物。他的家用完全作正开销。

一月十五日　星期四　晴

写《汉金文目》卷三毕。四时半往校务长住宅开会，讨论毕业论文事。

灯下为图书馆整理故宫彝器拓本。校正讲义六叶付印。

一月十六日　星期五　晴

早授课。一时商锡永来。

开明送来《八千卷楼书目》，价八元；《骨斋文集》，价四元。取

---

① 张宗祥（1882—1965），字阆声，号冷僧，浙江海宁人。曾任西泠印社社长、浙江图书馆馆长等职。
② 陶洙（1878—1961），字心如，江苏武进人。画家，工山水、花卉。亦是藏书家、红学家。
③ 廉泉（1868—1930），字惠卿，号南湖，江苏无锡人。光绪二十年（1894）举人，曾任户部郎中。1906 年集股创办文明书局（后并入中华书局），编印新式学堂教科书。

去《持静斋书目》两部,每部六元;《金文编》两部,每部八元。会文取去《东莞志》一部,价十元。又前取去一部。

三时许往黄宅打牌,输十八元,锡永输七元。

一月十七日　星期六　晴

十时半与锡永同进城,逛古玩铺。在大古购得铜轴头一,色泽佳,价二元未付。在大吉祥见一洗,鱼文清晰,索价六十元。锡永在古光购得香炉槃,乃嘉平元年物,香炉失,槃有三孔,有与香炉足相连者。锡永不知,以为后凿,欲觅工填补。余告以故,乃止。槃破而字佳,且北汉物,亦罕见。

为学校购尊古彝器拓本四册,约四百种,价百六十元,以尊古经手之物为多,皆未见箸录者。

付伦四太以麦应昌所汇款百二十元。七时乘汽车回寓。

一月十八日　星期日　晴

郝庆琛拓鼄尊全形十纸,以一赠商锡永,以一赠庆琛。

一时李铭三来电话,嘱往看铜器。一时半进城,至则见一地券、一盘、二素鼎,无甚佳品。

交《武英殿彝器拓本》一册与徐森玉,赠《持静斋书目》一部与赵斐云。

博古斋寄《苏斋丛书》、《百川学海》、《式古堂书画汇考》三书来。前二书价五十二元,乃代顾颉刚买;后一书自买,价二十元。三书乃用《持静斋书目》九部交换得来。

一月十九日　星期一　晴

寄古物陈列所信,请求拓盛京铜器花纹。

早授课,谈及西古作𨑢,甲骨、金文皆无此写法,柳字《说文》从𨑢,而石鼓从𣥖,䨆、埀二字皆从𨑢,疑是从𣥖,乃两人,非𨑢字也。两人坐于田上为留,坐于土上为坐,故古文坐字作𡊅,从两人相向。

如此解法较为新颖。

叶慈寄服尔德古铜器书来,意欲改编《殷周礼乐器考略》,采用大图增加材料,将成佳箸。若然,则谓受服氏书之启发亦无不可。

复陈受颐①、麦际可信,商锡永信。三弟来信。复七妹信。十二时寝。

一月二十日　星期二　晴　夜雪

复三弟信。郑德坤来,借《铁云藏龟之馀》、《殷契卜辞》、《殷契类编》去。

二时到图书馆,鉴定不出借书。灯下复七妹长信。

一月二十一日　星期三　晴

早授课。二时往图书馆审查购买书籍。

六时张东荪②请食饭,并晤其兄孟劬③。同席者:吴雷川、黄子通、洪煨莲、马季明诸人。谈论极欢。

一月二十二日　星期四　晴

八时试验文字学。二时到图书馆审查善本书籍。五时到马季明家,食茶点。

灯下阅试卷。罗子期、郭沫若来信。

一月二十三日　星期五　晴

评阅试卷。一时商锡永来。内子、五妹、琬、琨同进城。

黄子通来,言外国会议制度办事迟缓,虽无大功,亦无大过,不至进锐退速,自然日起有功,劝吾对于研究所不必过于燥急。其言

---

①陈受颐(1899—1978),广东番禺人。毕业于岭南大学,美国芝加哥大学比较文学博士。任岭南大学中文系教授兼系主任、北京大学史学系教授兼主任。

②张东荪(1886—1973),原名万田,浙江杭县人。毕业于日本东京帝国大学,燕京大学哲学系教授。研究系、国家社会党、民主社会党领袖,民盟中央常委、秘书长。

③张尔田(1874—1945),一名采田,字孟劬,浙江杭县人。北京大学、北京师范大学、中国公学、光华大学、燕京大学等校中国史和文学教授。

甚是。先祖尝谓先父求治太急，任事太勇，余亦正坐此病。顾颉刚在广东中大建设甚多，然颉刚一去即行停顿，皆未尝养之以渐。故其人存则其政举，其人亡则其政息也。黄购《金文编》，价七元。

一月二十四日　星期六　晴

八时进城，到琉璃厂游古玩肆。十一时到老馆张宅早饭。二时往游故宫。五时往赵元任家，见其伯叔。

八时到傅孟真处宿。商锡永先在，徐中舒亦来。

收中舒《字徵》八元，孟真《字徵》六元，尚欠二元，又《六体千文》二元，共四元。

一月二十五日　星期日　阴　大风

九时往古物陈列所，与张大川往琉璃厂延古斋，鉴定二铜鼎，高约尺六七尺[寸]，一有"丁"字，一有"子△"二字，花纹作饕餮形，与故宫三大鼎略相似。价二万金，乃为热河督办汤玉麟①代购者。此真豪举，吾辈小儒见之咋舌而已。

一时张氏邀往玉华台早饭。访徐中舒未遇，顺道访赵斐云。四时半回家。

挽丁佛言联云："议员有猪仔之讥，公能自洁；古籀绍愙斋之绪，我愧精研。"上联殊未惬意。

一月二十六日　星期一　阴　风

王永华、郑德坤来。郑借《石文编》、《玺印〈文〉字徵》，购《金文编》，七元未付。

写《汉金文目》卷五、卷六毕。余逊来，购《持静斋书目》，价七元。

睡时食糖姜二小块，终宵不能熟睡，可见其有提神之功，前天亦然，吾犹未寤也。

---

①汤玉麟(1871—1949)，字阁臣，奉天义县人。早年落草为寇，称霸辽西，后被张作霖收服。1928 年任热河省政府主席兼第三十六师师长。

一月二十七日　星期二　晴

阅《说聊斋》陈云栖一段,纯用京语,可称翻译佳品。此种作品时见于小报中,尚未有人注意也。

校何某所抄《仪顾堂题跋》中之金石跋,凡三千四百馀字。瞿润缗来。

发薪二百七十三元一角二分,扣储蓄十四元三角八分,共二百八十七元五角。与内子一百三十六元。

顾颉刚来,还《六体千文》二元。伦哲如为购《涵芬楼古今文钞》,价二十元,由内子带归。

一月二十八日　星期三　晴

寄罗君美、浦江清、赵万里、郦衡三信。罗君羽①《金石书目》二部,嘱以一转寄伯希和②。周一良③来。

十二时国学研究所开会。三时整理殷契卜辞,并写定释文。

一月二十九日　星期四　晴

三弟寄《明史窃》等书来。唐弢、瞿润缗来。瞿交还薪金三十元。

十一时往学校。十二时在洪煨莲住宅开图书馆委员会。写《汉金文目》毕。

一月三十日　星期五　晴

早唐弢来,索书篆屏。为房兆楹④、杜联喆⑤书联。

---

①罗福葆(1899—1967),字君羽,浙江上虞人。罗振玉四子。古文字学家、金石家、西夏学专家。

②伯希和(Paul Pelliot,1878—1945),法国汉学家、探险家。就学于巴黎大学,从沙畹学习中国学。1908 年往敦煌石窟探险,购买大批敦煌文物带回法国。

③周一良(1913—2001),安徽至德人。1930 年入燕京大学国文专修科,后转学历史系。1944 年获美国哈佛大学博士学位。回国后任教燕京大学、清华大学。

④房兆楹(1908—1985),早年毕业于燕京大学数学系,1929 年入武昌华中大学文华图书科学习。明清史、近代史专家。

⑤杜联喆(1902—1994),燕京大学历史系毕业,后赴美留学,旅美汉学、历史学者。房兆楹夫人。

书挽丁佛言联云："磨不磷涅不缁,公志自能风浊世;还乎仓补乎籀,吾来相较愧精研。"乃顾颉刚所改作。

二时往学校,点收京华送来《石经考》三百二十部。

往黄宅打牌,至夜一时半,赢十九元,累甚。

一月三十一日　星期六　阴

赵澄①、徐文珊②、栾植新③十时来。下午宁恕来。瞿润缗来清理甲骨。

结算本月进支款。本月共进二百二十二元一角,共支九十九元九角,存一百二十二元二角。

二月

二月一日　星期日　晴

早进城,往烂缦胡同访陈淮生,同往山左会馆吊丁佛言。与陈淮生、柯燕舲往便宜坊早饭。饭毕复往丁氏追悼会,一时半致祭。三时与淮生同到其家,取张石公《石经毛诗碑图》。

到式古斋会商锡永,同往古玩铺,在雅文斋〈购〉一鼎,价二十五元未付。在大古山房购父丁爵一,价百五十元;寿万年镜一,价二十五元;又唐镜一,价五元;穿带印一,价二元。还旧欠轴头一,一元;矛一,二元。共壹百八十五元。

尚有一鼎,有字二行,不甚清楚,说明价百元,交尊古代敷字。到春华楼,大泉山房张某请晚餐。回傅孟真家宿。锡永十一时

①赵澄,燕京大学学生,生卒年不详。
②徐文珊(1900—1998),河北遵化人。1929年入燕京大学国文系,后任教于北京大学中文系。1949年迁台,曾任东海大学兼职教授。
③栾植新,燕京大学学生,生卒年不详。

乃去。

二月二日　星期一　阴　微雪

早九时往研究所,支一月薪五十元。往古物陈列所,商拓铜器花纹事。廉赠余奉天彝器铭拓本一份,可云喜出望外。

二时往故宫鉴定古铜器。福开森因屋冷,遂中止。购《安阳发掘报告》第二册,赠陈淮生。

六时回家。寄胡肇椿、罗君美、薛慎微①信。

二月三日　星期二　阴

细辨大古铜爵,流断修补,意欲退还。

将鱊作父丁鼎、丰殷残底、小勺三器托会文书局带交薛书璋②,转交罗君羽。

为学校选购会文送来诗文集数百种。

七时半寇恩慈女士请晚饭,洪煨莲、马鉴夫妇同席。食毕来吾家看书,十时半去。

二月四日　星期三　阴

早为学校选购会文书籍。郑德坤、黄焕文来。为黄书屏。

二时图书馆开购书委员会。整理盛京彝器拓片。

二月五日　星期四　大风　阴

二时进城。早写《武英殿彝器图录》考释二种。

前在大古所购父丁爵口破补,与之交涉,廉价售一西瓜鼎作罢。

到女师大研究院晤黄仲良。访郑昭懿。到张宅晚饭。邀苏、钟往中央[天]看《红发女郎》电影。

---

①薛慎微,名书璋,金石学家、书画鉴赏家,生平不详。
②是年日记本中夹有一便笺:"今收到小铜勺一柄、鼎一个,丰殷残底一个,共计三件。希伯尊兄赐督,弟薛书璋慎微,二月十一日。"

二月六日　星期五　阴　风

早九时饭。到京华催印《汉金文》。

到琉璃厂，在尊古斋购得明宣德铜佛一尊，价四十元。在虹光阁购敦一、鼎一、觯一，价四百六十元。鼎、敦交式古敫字。为岭南大学博物馆购古铜镜十馀面，价百馀元。彼汇来百二十元，除一成五手续费，得百〇四元，为选存十二面，正合此数。付雅文斋铜鼎二十五元。

四时到车行，因无加车，遂乘洋车回家。风大，甚冷。

六时与内子、八妹往颉刚家晚饭。

二月七日　星期六　晴

到学校取款，付虹光阁支票式百元。克教师取铜鼎去，价四十元。

寄罗福颐信，邹景叔、郭沫若、张石公、浦江清信。

郝庆琛因背生疮，十时回古光阁。

二月八日　星期日　小雪

八时进城，访黄仲良不遇。访薛慎微亦不遇。

到式古斋，见所购铜鼎折一足，交虹光修理。

十二时裘开明请餐，在东兴楼。二时往女师大研究院，参观西北科学考查团展览会。

乘公共汽车回家。晚在黄宅打牌，输七元。

二月九日　星期一　晴

早往学校。批会文书局送来书样。晚顾颉刚来，留饭。

二月十日　星期二　晴

整理学校所购故宫彝器拓本。

一时明义士来，六时去，取去十二寸照片三张，三元；八寸片四张，二元；六寸片六张，一元五角；鲍鼎四种，五元；《金文编》，十元；

《玺印〈文〉字徵》，八元。共二十九元五角。

黄国安①、马约翰②等夫妇来，打牌。夜二时半乃去。

二月十一日　星期三　晴

赵澄来。十一时往学校，十二时半研究所开会。

胡肇椿津贴不能付。张国淦石经图不印。

三时坐陈援庵车进城，至文华堂看铜器，恶劣不能要。在式古斋取回一毁，铭云"文作宝尊彝"，尚清晰，中有饭粒变成绿锈，可证毁为盛饭之器。

往瑞蚨祥，为内子取皮外套。六时回家。

收来薰阁《持静斋书目》价七元、《殷文类编》价七元半，付《诒晋斋集》一元、《爱吾庐文集》一元。

阅傅振伦③《评明史》稿，不好，退还。

二月十二日　星期四　晴

编《武英殿彝器图录》。

付邃雅斋书款二十元（《濬南遗老集》三元、《东洲草堂文集》五元、《中州金石考》八元、《钱志新编》四元）。

付保萃斋书款二元，又嘱代收徐森玉武英殿彝器拓本二十二元（《泉史》十五元，《音学五书》四元，石印《金石索》、《寒山金石林》五元）。

罗君美来函，嘱收赵斐云一百二十元。

二月十三日　星期五　晴

早上课。一时商锡永来，代领史语所薪五十元，并交罗君美款

---

① 黄国安，燕京大学体育主任。

② 马约翰（1882—1966），福建厦门人。1911年毕业于圣约翰大学，后两度赴美国春田学院进修体育。时任教于清华大学，担任体育部主任。

③ 傅振伦（1906—1999），字维本，河北新河人。1929年毕业于北京大学史学系，曾执教北京大学、文华图书馆专科等校。

百二十元。嘱代还大泉山房镜价三十元、式古斋镜价三十二元,并交四十元,嘱代购宜侯王洗。

付九经堂《论衡》二元、《金石文帖》一元、《书画过目考》一元、《攈古录金文》十八元,共二十二元。开明书局《小蓬莱金石目》四元、《草字汇》一元、《许学考》七元、《说文审音》二元、《八千卷楼书目》八元、《肙斋诗文集》四元、《古泉散考》一元,共二十七元,未付。

柯燕舲以《子游碑》属题,因临一过。为顾敦鍒书堂幅。

与锡永谈至十一时半乃寝。

二月十四日　星期六　阴　晚雪

八时进城。到京华书局催印《汉金文录》。到尊古斋购铜佛一,有明宣德、正德两年款。购铜鼎一,色黑,漆花纹,与克鼎、史颂鼎同。共百二十元(佛价四十元、鼎价八十元),未收。周希丁为刻"容庚"铜印。

一时往东兴楼,丁道衡[1]请午餐。餐毕往孔德学校,四时半回家。

七时半洪煨莲请晚餐。交尊古丰段底及铜镜价五十五元。

二月十五日　星期日　雪

编《武英殿彝器图录》。

晚请张尔田、张东荪兄弟,黄子通夫妇、王素意女士便饭。

二月十六日　星期一　晴

九时往学校授课。房兆楹来。蔡贞芳[2]来求书六屏。晚傅宗武来。

二月十七日　星期二　晴

编《武英殿彝器图录》,牙痛。傅宗武来午饭。

---

[1]丁道衡(1899—1955),字仲良,贵州织金人。1926年毕业于北京大学地质系,留校任助教。1927—1930年参加斯文·赫定西北科学考察团,1934年赴德国留学。

[2]蔡贞芳,燕大女生,生平未详。

二月十八日　　星期三　　晴

早授课。编《武英殿彝器图录》。

二月十九日　　星期四　　晴

编学校所藏甲骨。整理书籍。

二月二十日　　星期五　　晴

早授课。一时商锡永、徐中舒、浦江清来。商、徐留宿。

商锡永为购宜侯王洗，价三十五元。

二月二十一日　　星期六　　晴

早与中舒同进城，到静心斋史语所傅孟真、胡适之家。在中舒家午饭。饭后到琉璃厂，在式古斋见雒械阳鼎，文字甚佳，索二百元，价昂不能得。在尊古斋购一洗，价百三十元，形类晋公盦，星虺花纹。购光和量拓本。拓本价六元，乃朱建卿手拓、潘伯寅收藏者。前年得一不全本，价亦六元也。得《续纂句容县志·金石》一册、李氏《历代沿革图》。书摊虽多，无足观者。

四舅托购金石日历，适故宫博物院以一见赠，可不必购，为购穿玉用丝绳，三元。

二月二十二日　　星期日　　晴

早八时到新馆。十时在钟处早饭，饭毕游厂甸。

在德古斋购汉画像二张，价二元；《曹全碑》阴，五角；《郭休碑》，七角；《荆南萃古编塼拓本》，一元；番生敦小轴，二元。

火神庙、土地祠二处古玩、书籍无甚可购者。得《赵州石刻录》一册，价五角，甚廉。牙浮肿。

二月二十三日　　星期一　　晴

牙肿更甚，请假不授课。往汽车行取回故宫所购拓本及史语所书籍。

往校医处瞧牙病，复[服]泻药，泻数次。

二月二十四日　星期二　晴

牙肿痛,往校医处医治。

阅吴其昌《矢彝考释》毕,凡四五万言,颇伤烦冗,所谓买菜求益者也。付京华先印。

二月二十五日　星期三　晴

牙肿痛,请假不授课。二时赴学术会议。马季明劝余往同仁医院治牙。

为式古斋徐良等书堂幅。

二月二十六日　星期四　晴

牙肿痛。八时进城往美国同仁医院医治,医生言尚未化脓,俟明天割治。特别挂号费二元、药费一元。

往静心斋史语所,在徐中舒家午饭。二时往厂甸逛书肆,同行者中舒及孟真。中舒在尊古斋购一秦鼎,价四十元。余购书籍数种:吴大澂临黄小松《访碑图》,一元八角;《四朝钞币图》,七角;中华活字本《东坡全集》,四元。

晚在孟真家宿。

二月二十七日　星期五　晴　大风

九时往同仁医院治牙,八妹先往。割牙肉流肿甚多,割后颇痛,渐次轻减。十时许与八妹往老馆张宅。阅李慈铭《越缦堂日记》中《荀学斋日记》。

二月二十八日　星期六　晴　风　午后风停

十时往同仁医院治牙,陈大夫落手太重,换药时几至下泪。

二时内子与琨儿进城,游白云观,顾颉刚亦同往。电招八妹,八妹方打牌,吾遂代之,输六元五角。阅《越缦堂日记》。

结算本月共收四元[百]六十六元五角,合上月结存一百二十二元二角,共收五百八十八元七△;付出六百二十八元(内铜器、书籍计五百四十九元二△）。借入七十元，尚存三十元七△。

三月

三月一日　星期日　晴

九时往同仁医院治牙，候久之，陈大夫乃至。

十二时还家，理发、洗澡、补记日记。

三月二日　星期一　晴

早授课。下午翻阅小说。

三月三日　星期二　晴

编《武英殿彝器图录》。复七妹信。

三月四日　星期三　晴

早授课。下午往图书馆开会。灯下录《铜鼓书堂藏书印》序。寄三弟书。

三月五日　星期四　晴

早进城，到古物陈列所，商照古铜器事。

午在钟处饭。到式古，雝械阳𥏖，父己𣪊还以三百六十元，彼仍不欲售。到尊古，见舀壶盖，精美之至，彼以千六百金购得者。

七时研究所春宴学界于东兴楼。十时回家。

三月六日　星期五　晴

早授课。售《泉史》，得六十元。一时商锡永来。四时半到校务长欢送会。

编甲骨文。灯下为吴春晗①写堂幅。

---

①吴晗（1909—1969），原名春晗，字辰伯，浙江义乌人。1934年毕业于清华大学。后任教于云南大学、西南联合大学、清华大学。1949年后任北京市副市长。

三月七日　星期六　晴

编《武英殿彝器图录》。编甲骨文。苏、钟、珠、陈太、五太来。

三月八日　星期日　晴

编《武英殿彝器图录》。白坚寄赠《汉石经残石集》。

三月九日　星期一　晴

早授课。赠《金石书录目》与白坚。《金文编》十部由通学斋带来。

赵孝孟托人送来镜、专、瓦等拓本。一时半乘车到故宫，鉴定铜器。

三月十日　星期二　晴　风

整理《汉金文目》。批会文书价。

三月十一日　星期三　晴

授课。一时学术会议。整理簠斋二百镜拓。批会文书价毕。

三月十二日　星期四　晴

往洪煨莲家长谈，甚快。复郭沫若信。

三月十三日　星期五　晴

早授课。午商承祚来。清理汉金文。灯下写《丁氏梅花草盦收藏吉金目录》。

三月十四日　星期六　晴

八时进城，至同仁医院医牙。因前次割口尚时流脓，未愈。陈医生劝余将智慧牙拔去。牙作钩形，拔时牙脚折断，甚苦。至十时半乃毕事，流血尚不多。

往式古斋会商锡永，购铜器四件，价七百六十元，盖欲为学校留也。在尊古见姑虘母作宝小觯，彼要百六十元，还百二十元，带归把玩。在来薰阁购《艺术丛编》初、二集，价四十元。定《小说月报》。在古光拓岭南所购铜镜三份，价伍元。在老馆宿。

三月十五日　星期日　阴　午后小雨

早九时往同仁医院医牙。顺道往古物陈列所、商锡永、傅孟真家。十二时乘公共汽车回家。

寄冼玉清镜拓二份。

三月十六日　星期一　晴

早授课。午编《武英殿彝器图》。谭超英来。晚国文学会开交际会。

赠李安宅《金文编》一部。又购《玺印〈文〉字徵》一部。

三月十七日　星期二　晴

复明义士信。他存我处之款七十元,除二月十日取书二十九元五角,此次寄照片三元二角五分,尚存三十七元二角五分。

方壮猷①来取《学报》单行本。

写友人信五六封:张荫麟、姜端妘、罗君美、容元胎、中国书店。

三月十八日　星期三　晴

早授课。九时半文字学因纪念停。编《彝器图录》。

三月十九日　星期四　晴

尽日编《彝器图录》,得二十器。

三月二十日　星期五　晴

早授课。午商承祚来。四时往黄宅打牌,至十时归。

承祚代罗子期交来大洋六十二元,除代购拓片三十七元五角、《古史辨》第二册一元,尚存二十三元五角。

瞿润缗、蒋焕章来。寄借张石公《石经》印本。

三月二十一日　星期六　晴

八时进城,至同仁医院八时半,未开诊。至中央公园"圆明园

---

①方壮猷(1902—1970),字欣安,湖南湘潭人。毕业于清华大学国学研究院,曾任武汉大学历史系教授、中南图书馆馆长、湖北省文化局长、省文管会副主任等职。

遗迹展览会",亦未开会。至古物陈列所,商照盛京彝器事。傅博平还《六体千文》价二十元。

至何遂家。二时复往中央公园展览会,晤朱启钤[1]、胡适、陶洙诸人,购《营造学社汇刊》二册,价一元。

三时许至琉璃厂,在雅文购一宋造象,价二十五元未付。在祯源馆晚饭。

往徐中舒家,未晤。在傅孟真家宿。

三月二十二日　星期日　阴

与傅孟真、李济之、徐中舒往尊古斋。孟真以七百元购得伯懋父壶盖。

孟真请春华楼早餐。

在邃雅斋购得《得壶山房印寄》,六元;《金石文字记》,二元;《射阳画象汇考》,一元;《古刻丛钞》,一元;《苍石洞题名》,二元,未付。又送来东西汉、五代、唐四种《会要》,价十二元。

在松筠阁购《史学丛书》,三元;《方志稿》,三元二角,付。

在通学斋取《侯获碑》;《古泉丛话》一册彼索二元半,还一元,未付。

四时半回家。写信与七妹,为颉刚与八妹作媒事。

三月二十三日　星期一　晴

早授课。一时半进城,校对京华所印《汉金文录》底片。七时半归。

三月二十四日　星期二　晴

购珍珠梅等花八株,植于园中,价三元。整理书籍。

---

①朱启钤(1872—1964),字桂莘,贵州开州人。光绪举人。曾任京师大学堂译书馆监督、民国内务部长。为古物陈列所及中国营造学社创建者。

三月二十五日　星期三　阴

早授课。

十二时半学术会议。我与颉刚定于四月四日往河南、山东调查画象、造象。遂画一草图,及调查范围。

三月二十六日　星期四　晴　早风

早往颉刚处商调查事。

排比《学报》印稿。寄还陈淮生拓本二册。灯下校李杲明[①]《古文疏证》。

三月二十七日　星期五　晴

早授课。午与洪煨莲、顾颉刚商往河南、山东旅行调查事。在洪宅早饭。

商承祚与其妇来。校《古文疏证》毕。

三月二十八日　星期六　晴

八时进城,到同仁医院医牙。

承祚言大泉有一鼎,下有隔,心欲得之。比往观器,既细小,花纹亦不佳,殊失望。盖有隔之鼎得见者,仅《西清续鉴》一器,不多见也。

在尊古购一爵,彼要七十元,吾还以六十元,价未议妥。四时半回家。

三月二十九日　星期日　晴

整理汉金文,付京华。故宫送吉金拓片来,共七十四种。

三月三十日　星期一　阴

早授课。

---

①李杲(1901—1930),字杲明,浙江瑞安人,1930年初与容庚通信订交,同年7月27日逝世于北平。其《说文解字古文疏证》于1935年刻版印行。

一时半进城。到同仁医院医牙。到柯燕龄家,不遇。转到周志辅①家,观刘惠之②所藏拓本,多精品,惜真伪杂糅耳。彼欲燕大为之印行,我以须改选精印答之。七时往东亚春同饭。在老馆宿。

三月三十一日　星期二　晴

七时回家,办理旅行事。退还故宫第一次拓本十四种。

四月③

四月一日　星期三　晴

早授课。孙海波④来,还《殷契后编》书价二十元。

买梨树一、柿树二、芍药三,价三元二角。

寄叶慈信,赠以《碑别字》增订本、《奕载堂古玉图录》二书。寄子期信,代购《宗周钟》拓本,十元,尚存洋十三元五角。寄三弟信。

洪煨莲、吴文藻、顾颉刚、郑德坤来,商量豫、鲁旅行事。十时半去。

四月二日　星期四　晴

早进城,到京华印《汉金文》。在云林阁购一西夏文四字刀,价十元未付。

到同仁医院医牙。十二时回家。

---

① 周明泰(1896—1994),字志辅,安徽至德人。曾任北洋政府总统府秘书、天津久安信托公司董事长。与堂兄周季木、三弟周叔迦及柯燕龄组织展社,研究史学金石。

② 刘体智(1879—1962),字晦之,又作惠之、慧之,晚号善斋老人,安徽庐江人,刘秉璋之子。曾任中国实业银行总经理。后闲居上海,专心于金石、甲骨等文物收藏,藏品堪称海内一流。

③ 四月仅记3日。

④ 孙海波(1909—1972),字铭思,河南光州人,1934年毕业于燕京大学研究院,容庚弟子。曾任中研院史语所助理研究员,任教于云南大学、河南大学等校。

办汇款事。收拾行李。银滤壶重 220g,容 290cc,高 $6\frac{1}{4}$英寸。

四月三日　星期五　晴

办理旅行事。五时乘汽车行[往]车站。

五月①

五月十三日　星期三　晴

一时自北平回。清理信件,复三弟信。

五月十四日　星期四　晴　午雨

进城。在式古斋取回父己鬲、槭阳鼎二器。

催京华印《汉金文录》。在尊古斋购一玉马,价八元。

到史语所,支薪金五十元,领二二三号襟章。

五月十五日　星期五

早授课。商锡永来。郑德坤、刘朝阳②来。

五月十六日　星期六　晴

一时接外舅删日酉时去世电报。电嘱三弟送赙仪一百五十元。

五月十七日　星期日　晴

整理碑帖。寄崔卓吾③、罗子期(附石经七纸)、李俨④信。吴文藻来。

———————

①五月一至十二日、十九至二十一日未记。

②刘朝阳(1901—1975),浙江义乌人。毕业于厦门大学,先后任教于中山大学、清华大学、燕京大学。1931—1937 年任青岛观象台研究员。

③崔卓吾,字斯哲,广东东莞人。康有为弟子,擅书法。

④李俨(1892—1963),字禄骥、乐知,福建闽侯人。中国数学史专家。1912 年入唐山路矿学堂土木工程科,1913—1955 年在陇海铁路工作。

五月十八日　星期一　晴

早授课。富晋来,〈取〉去《东莞志》一部,十元;《史窃》二本, 十五元。

交《说文辨字正俗》、《经学历史》、《吉金贞石录》与会文装订, 由通学斋伴送去。

五月二十二日　星期五　晴

早授课。一时商锡永来。

五月二十三日　星期六　晴

八时进城,往古物陈列所,见廉南湖及主任钱①。

往商承祚家,未遇。往春华楼,大泉山房请早饭。

饭后游厂肆。四时往中山公园,访王秋湄②未遇。

至伦四太家晚饭。在张宅宿。

五月二十四日　星期日　晴

早往宗帽胡同,访郭文彬,购瓦俑四十,价四十元。

购宋镜一,价三元;明器八,价四元,于晋雅斋,欠四元未付。

在张宅早饭。伦哲如以翟文叔所作《说文》三种见示,交王富 晋代印,未知成否？往商承祚家,看宗妇敦及周钟。

访傅斯年。四时半回寓。

五月二十五日　星期一　晴　夜雨

早授课。一时进城,在虹光阁购镜框一个。

七时李济请东兴楼晚饭,王献唐③等在座。赵斐云言,叶恭

①钱桐(1873—1938),字孟材,上海人。早年入武昌自强学堂学外语,后自费留学日本。曾 任参谋部国防科科长,时任内政部古物陈列所主任。

②王秋湄(1884—1944),号秋斋,广东番禺人。早年入读广东武备学堂、上海震旦大学。曾 任香港《中国日报》记者及编辑,后受聘于南洋兄弟烟草公司。

③王献唐(1896—1960),号凤生,山东日照人。1929年任山东省图书馆馆长。1930年后参 与发掘城子崖龙山文化遗址,并成立山东古迹研究会。

绰①请我作《毛公鼎考释》,稿费由二百元至五百元。允之。晚在
静心斋宿。

五月二十六日　星期二　晴

早七时乘汽车回家。作《毛公鼎考释》。

五月二十七日　星期三　晴

为瑾女存款一百七十四元一角一分于大陆银行,存十五年长
期,于民国三十五年五月二十七日期满,付洋壹千元,存单为燕字
第十三号。

早授课。下午作《毛公鼎考释》。

五月二十八日　星期四　晴

作《毛公鼎考释》。

五月二十九日　星期五　晴

早授课。商锡永来。四时往王宅打牌,十二时归。

五月三十日　星期六　晴　夜雨

早往学校。一时进城,往京华校《汉金文录》稿。七时式古斋
请在春华楼晚饭。在新馆宿,打牌达旦,输十六元。

五月三十一日②　星期日　晴

八时往京华校《汉金文录》稿。在张宅早饭。

二时半往真光看电影,钟太请。六时一刻回家。

---

①叶恭绰(1881—1968),字裕甫、誉虎,号遐庵,广东番禺人。曾任北洋政府交通总长、广州
　国民政府财政部长、南京国民政府铁道部长。1927年任北京大学国学馆馆长。
②日记本中夹有一纸开明书局是月出具的便笺,内容如下:"计开前欠洋弍拾七元正。札迻
　一、卜法说考一、商周文拾遗一、拍案惊奇一、泉林新咏一、金石文字辨异一(退)、古钱述
　记一、龟甲兽骨文字一,李氏音鉴一。共合大洋五拾叁元九角正。容先生,北京开明书局
　(章)具,二十年五月。"

七月①

七月七日　星期二

编《秦金文录》。

七月八日　星期三

编《秦金文录》毕。二时往图书馆整理古物。

七月九日　星期四　晴

京华寄来《汉金》卷二，即排比毕，拟送去。编《武英殿彝器图录》毕。

寄郭沫若《泉屋清赏》照片，价三十八元。前寄《中国古铜器》照片，三元三角，共四十一元三角，除收稿费二十元，尚欠二十一元三角。校《铜仙传》。

八月

八月六日　星期四

明日往上海，收拾行李。结欠罗君羽书款一百七十一元。

八月七月　星期五

校《秦金文录》毕。一时进城。五时与徐中舒乘二等车往上海。

八月九日　星期日

十一时到南京下关。

八月十日　星期一

九时往苏。

①六月缺，七月记三日，八月记六日，九月记二日，十二月记三日。

八月十三日　星期四

八时往上海。

八月三十日　星期日

九时半乘车回北京。

九月

九月一日　星期二

十一时至北平。十二时乘汽车回家。

九月十六日　星期三

明义士来，取《泉屋清赏》照片款六十二元五角、《石经》二十五元、《汉晋石影》七十元、善斋照片壹百八十元。除前存三十七元五△，来款三百元，作讫。

十二月

十二月十六日　星期三

叶慈来信。寄复信，并寄弟七期《学报》一册。

十二月二十八日　星期一

寄关百益《泉屋清赏》照片，价六十五元。

十二月二十九日　星期二

汇李乐知二十元。寄叶慈信、《文字学讲义》、叶葓渔甲骨拓片。

附通讯录

白坚(山夫)　上海法界辣斐德路桃源村十八号

瞿润缗　苏州西北街十号
吴元俊　西二分局六十号吴家花园
钱穆　苏州西花桥巷 28 号
郑师许　广肇公学宿舍住宅
沈勤庐　苏州阊门西街打铁巷十五号
佐藤和夫　日本千叶县市村町外须和田二六七
商锡永　东城东板桥二度桥,电话一五八九东

一九三二年

一月

一月一日　星期五

八时进城。谒马叔平先生,承赠《石鼓为秦刻石考》一册。他欲将天阴门铜器一百一十元、戈觯一百元、三唐武后时造像九十元让归燕大研究所。

访冯俨若。在大古山房购一车铃,上有蝉纹,价二十元。逛书摊,无佳者。

在东莞旧馆张宅宿。

一月二日　星期六

为东莞图书馆向旧馆各人募捐。罗绰裕为旅京邑人之富有者,而一毛不拔,令人可恨。

在云松阁购得一瓦瓶,涂朱黑字,惜剥落太甚,只存十馀字,价六元。

在邃雅斋选购《春雨楼丛书》,价六元;《寰宇访碑录》,价四元,等数种。在文华堂晤郑颖孙①。

---

①郑颖孙(1893—1950),安徽黟县人。古琴家,时任教于北京大学。1948年赴台任教。

四时回家。八妹请克女士、海女士①等晚饭。

一月三日　星期日

收拾书籍。黄仲良、胡文玉来，留午饭。

一月四日　星期一

上午授课。下午收拾书籍。付三弟欠《燕京学报》款二元八角。

一月五日　星期二

收拾书籍。下午五时施友忠②、郑德坤来。寄马叔平、邓屺望信。

一月六日　星期三

早授课。午约施友忠、郑德坤及研究所书记邓诗熙便饭。

收拾书籍。付三弟所欠研究所书价《尚书骈枝》四部二元，《古籀馀论》自付二部、《吉金贞石录》五部六元，共八元。

一月七日　星期四

校钞本胡元仪《北海三考》毕。此乃伦明所藏原稿，索价百二十金，命胥录之。

顾颉刚来还朱松子书款四十六元，以张荫麟所译《清初耶稣教士纠纷考》，嘱其介绍登于《东方杂志》。

马叔平嘱人送古物来。罗根泽来。寄还杜奉符所钞《啸堂集古录》。

一月八日　星期五

早授课。一时商锡永来，以周季木所藏匋文千馀纸见贻。

晚顾颉刚请便饭。孙海波来。施密士甲骨拓本十元，《六体千

①海松芬（Miss Hilda L.Hagne），哈佛燕京学社北平办事处西文秘书。
②施友忠（1902—2001），福建福清人。1926年入燕京大学研究院，美国洛杉矶南加州大学哲学博士。曾任教于成都燕京大学、西雅图华盛顿大学。

文》馀款二元。

一月九日　星期六

早试验文字学。阅试卷。

一月十日　星期日

早写信与郑师许①。阅试卷。午偕内子往访郑振铎②。

一月十一日　星期一

早编《文字学义篇》讲义。

来薰阁送《清史稿》来,与余之《殷虚书契》及《殷虚文字类编》交换,再补他大洋五十元。祖弟、张荫麟来信。复祖弟信。

中国书店结账,售《金文编》一部,十元;《持静斋书目》二部,十四元。入书账廿五元,找一元作讫。

一月十二日　星期二

早往访何福德及张文理③。在洪煨莲家早饭。

京华送《秦汉金文录》十部来。七时半图书馆开购书会。

一月十三日　星期三

早清理《秦汉金文录》样本。下午往学校。

罗子期寄《贞松堂集古遗文》五部来,商允以十部交换且丁小鼎。

景山来《持静斋书目》陆元、《六体千文》五元。

一月十四日　星期四

整理刘氏彝器照片,以便分售与河南博物馆及燕大图书馆、哈

①郑师许(1897—1952),原名沛霖,广东东莞人。毕业于金陵大学,任教于交通大学、暨南大学、大夏大学、中山大学、无锡国学专修学校等校。

②郑振铎(1898—1958),字西谛,福建长乐人。1917年入北京铁路管理学校。1921年参与组织文学研究会,曾主编《小说月报》,1931年秋任燕京大学、清华大学教授。

③张文理(？—1973),福建平和人。毕业于燕京大学政治学系,后留学哈佛大学,归国后在政府部门从事统计工作,1947年迁居台湾。

佛图书馆。

一月十五日　　星期五

早往研究所,寄刘氏照片与河南博物院。孙海波、商锡永来。约孙来晚饭。

写讲义一页。晚沈勤庐、顾起潜[1]来。为吴梅[2]刻名印,为锡〈永〉刻"商氏吉金"印。

一月十六日　　星期六

内子与珊女八时往协和畛病。早校《殷契卜辞》释文。

一时内子未归,进城觅之,恐珊女病须住院也。至则女[母]子在汽车行候车。遂往中央研究院。四时半偕内子回家。

七时半图书馆开购书会。

一月十七日　　星期日

校《殷契卜辞》释文。七时偕内子往何福德家晚饭。

一月十八日　　星期一

早往学校,取得朱松子支票一千三百元,及古物陈列所支票三十馀元。

一时半进城,到古物陈列所,在文奎堂取得《金文编》十元、《玺印文字徵》八元;在修绠堂取得《金文编》十元、《玺印文字徵》二部十五元。在中兴楼饭店聚餐,到者:孙伯恒、马叔平、唐立庵、周季木、商锡永。拟成立一金石学社,定名述社,印行吉金文字,每人出资二十员[元],集资四百元。

在老馆宿。

---

①顾廷龙(1904—1998),字起潜,江苏吴县人。1933年获燕京大学文学硕士学位,曾任燕大图书馆中文采访主任。1939年参与创办上海合众图书馆,任总干事。

②吴梅(1884—1939),字瞿安,江苏长洲人。擅诗词戏曲,历任北京大学、中山大学、中央大学、金陵大学教授。著有《顾曲麈谈》《曲学通论》等。

一月十九日　星期二

早至会文书局，说定所欠小说三百馀元，减收百七十元作了。付云林阁二十元、尊古斋三十元。

交支票与朱松子。往京华印书局。

回老馆午饭。往林玛利家。至史语所晤徐中舒、董彦堂。六时回家。

一月二十日　星期三

校《殷契卜辞》释文。购梁鼎芬手札一册，价五元。

一月二十一日　星期四

校《殷契卜辞》释文。

一月二十二日　星期五

校《殷契卜辞》释文。

一月二十三日　星期六

早商锡永来，售吾光和量一张，与吾前所购正相合。

复张荫麟书。与顾起潜往访张寿林。

一月二十四日　星期日

复张荫麟信完。陈黄荣来，托带《持静斋书目》一册与萧纶徽，价七元。

下午到洪煨莲家，与张文理谈生产。

一月二十五日　星期一

早到学校。下午与八妹到洪宅，与张文理谈生产主义。公共生产、平均支配实为救国要法，至于如何实行，尚待细商。

洛阳商场四德堂寄来《晋大学碑》，川元；《三体石经》，一元；《龙门百种》，三△；《嵩高灵庙碑》，8△；《晋永安侯墓》，‖8△。共888元。其馀顾起潜购之。

一月二十六日　星期二

阅《有学集》。到学校,与许地山回家回[午]饭。吴元俊来。

二时到吴校长家,观杨昭僎携来各书帖,盖欲售与图书馆者,索价甚昂:一《十竹斋画谱》索价二千元;《夏承碑》首,索价千元。

薪水支票送来,扣储蓄十八元、抗日会十四元四角,馀三百二十七元六角,以一半与内子,存一百六十三元八角。

代收景山书社来伦达如《改造外国地理》四本,每〈本〉||元,共乂三元,嘱三弟交五元小洋与他。

一月二十七日　星期三

早写讲义一叶。往学校。复三弟信。三时国文系开教授会。

晚写讲义二页。顾起潜来,还甲骨拓本十元、《金文录》十元、代汇四德堂五元五角五分。

一月二十八日　星期四

八时进城,至赵斐云家,交甲骨拓片两种,嘱代售二十元;钱维乔《向道知津录》,嘱代售川百元。

至琉璃厂,在古光阁取回二爵及拓本,又一爵,彼嘱售与学校,价捌十元。

三时往研究所,晤傅孟真。九时往晤陶北溟①。回老馆宿。

一月二十九日　星期五

往京华、式古斋。

悦心斋有汉画像,朱友渔②欲购,洪煨莲嘱往鉴定。余以为伪刻。

---

①陶祖光(1882—1956),字伯铭,又字北溟,江苏武进人。工篆刻,精鉴别。撰有《翔鸾阁金石文字考释》、《金轮精舍藏古玉印》等。

②朱友渔(1885—1986),曾就读于上海圣约翰书院、美国纽约总神学院,哥伦比亚大学哲学博士。时任教于燕京大学社会学系。

十二时回家,整理汉金文。与刘维智剪字。

七时往洪宅,与张文理长谈。二时刘节[1]、侯堮[2]来。

一月三十日　星期六

复屺望、元胎信。到图书馆阅米万钟画。

代东莞图书馆捐得大洋十七元、书一百二十二册、拓片十张;代购《灰画集》一元川-△、《三体石经》丨δ元、子幹手寄费川廾元。捐册寄还屺望。

报载上海与日开战,为之一快。

瞿润缗来《殷契书契后编》价十元,尚欠五元。

一月三十一日　星期日

早往洪宅。午寇恩慈请食饭,同席:陈源夫妇[3]、吴雷川、黄子通。

送鼎与刘节,售与北平图书馆,照原价四百元。

往洪宅开抗日委员会,胡经甫[4]退出,黄子通因病未到,只我与陈其田[5]、洪煨莲三人。

二月

二月一日　星期一

写讲义五至八共四叶。

---

①刘节(1901—1977),字子植,浙江永嘉人。1926年入清华国学研究院,后任南开大学讲师、河南大学教授、北京图书馆金石部主任。1935年任教于燕京大学。

②侯堮,号芸圻,安徽无为人。训诂学家,毕业于无锡国专及清华研究院。

③陈源(1896—1970),字通伯,笔名陈西滢,江苏无锡人。先后在英国爱丁堡、伦敦大学攻读政治经济学,1922年获博士学位。同年归国,任北京大学教授。其妻凌叔华(1900—1990),著名作家,广东番禺人。1923年入燕京大学外文系,1926年与陈源结婚,1929年任教于武汉大学。

④胡经甫(1896—1972),广东三水人。昆虫学家。东吴大学生物系学士、硕士,美国康奈尔大学博士。历任东南大学、东吴大学、燕京大学教授。

⑤陈其田,燕京大学社会学教授、法学院院长。

孙海波来《龟甲兽骨文字》八元、《集古遗文》十二元,欠六元。

二月二日　星期二

铸新来照古器物,发见明器多伪造,郭玉堂殊可恨。寄张荫麟信。

二月三日　星期三

九时授课。寄陶北溟信。张西堂[1]寄赠《谷梁真伪考》。

下午往学校清理古物,摄景。唐立庵来。

开明代售《金文编》五部,五十元;《持静斋书目》,六元;《六体千文》,五元,共六十一元。取《封泥汇编》,乂三元;《书目答问补正》,刂元;《中原音韵》,刂二元;《续斋鲁古印攈》,刂8十元;《蜀石经》,刂8十元,共五十九元。来现二元。

售哈佛《明史稿》,刂8十元;《皕宋楼藏书记》,一元。

二月四日　星期四

早往学〈校〉照料古物,摄影。二时往学校。朱友渔以一觚求鉴定,乃后仿之物。

四时抗日会开会,议决捐助一千元与十九军。

七时往洪煨莲处,商电十九军稿。

付邃雅斋《寰宇访碑录》,乂元;《春雨楼丛书》,亠元、《金退石史》,丨元;《灰画集》丨元,共十二元。《阁帖考正》,丨元。

二月五日　星期五

早授课。修改讲义。

二月六日　星期六

写讲义六叶。

---

[1]张正(1901—1960),字西堂,湖北汉川人。早年入清华学堂,因病辍学。1919年复入山西大学国文科。曾任教于武汉大学、河南大学,山西省政府秘书长。

二月七日　星期日

写讲义二页。

二月八日　星期一

早授课。下午一时半进城,至琉璃厂购:

《墨子间诂》,丨二元;《中国科学美术杂志》六册,六毛;《泾川金石记》,刂△;《朱骏声文集》,刂△;《最近三十五年之中国教育》,乂元刂△;积木、照相底本等,ゐ元;《童话集》,丨二元;《苏俄视察记》,川ゐ△;《中国语与中国文》,ゐ△;玉刀,丨元;鞋擦,川△;画佛,亖△(此送四太)。

新馆各人赏钱,乂元。

二月九日　星期二

早往访薛慎微。到老馆,赏门房及仆人二元。

在通学斋购《十二砚斋金石录》底稿,八十元;黄牧甫《双钩碑帖》五册,二十五元。瓦当二块,一元。

二月十日　星期三

早授课。五时傅孟真来。浦江清、张荫麟来信。

二月十一日　星期四

写讲义一页。交《答张荫麟书》与吴世昌登《火把》。

四时听张君劢[1]讲演上海事变。

访洪煨莲未遇。与张文理谈。访刘廷芳,上海事变彼适在也。

六时往马宅,国文系聚餐。

---

①张君劢(1887—1969),名嘉森,江苏嘉定人。早年留学日本早稻田大学,曾组织政闻社,上海《时事新报》主笔,参与"科学与玄学"论战。国家社会党党魁。

二月十二日　　星期五

早授课。下午与八妹入城。访吴鼎昌①。到史语所。晚在老馆宿。

二月十三日　　星期六

早八时许往铸新照一相,往朱松子处。

购李涵秋《近十年目睹之怪现状》,川△;《宣和遗事》,川△;《德意志主战论》,॥△;《王奉常书画跋》,亖△;《过云楼书画记》,川△;《三体石经时代辨误》,|△。共॥元。丞不败残杯,川元。

邓承修联,δδ元;紫檀合二,一元;磁碟八,δ元;磁汤碗四,乂元。共॥〇δ十元。文竹,三△。

二月十四日　　星期日

清理积案及照片。

二月十五日　　星期一

早授课。下午二时唐立广来。寄三弟及薛慎微、麦际可、黄仲良、罗子期信。

二月十六日　　星期二

写讲义四页。

二月十七日　　星期三

早授课。下午写讲义二页。

二月十八日　　星期四

早九时往学校,与洪煨莲谈研究所事。余所编之《殷契卜辞》印费三千元,已由美出版委员会核准,《善斋彝器图录》缓议。核准者尚有顾颉刚《古史研究》六千元,分三年付;《宋会要》补助北平

---

① 吴鼎昌(1884—1950),字达铨,浙江吴兴人。早年留学日本,《大公报》社长,中国银行总裁。1938—1945 年任贵州省主席兼滇黔绥靖公署副主任。

图书馆印费一万元;《碑传集补》请款一千元,付半数。未核准者:《俞曲园日记》、钱穆某书。

写讲义二页。四时听吴贯因[1]演讲日本政治。

二月十九日　　星期五

早授课。下午商锡永来。修改讲义。与锡永谈至十一时。

二月二十日　　星期六

早八时进城,至铸新、商务书馆、永华印刷馆等处。

在老馆午饭。下午逛厂甸。

购《襄阳金石略》,‖δ元,未付款;《续方言》,‖毛;《玉说荟刊》,宀△;《景教流行中国碑》,∣元;《吕氏春秋》,∣元。

墨四锭,乂元;小银合,川元;木笔筒,‖宀元。

二月二十一日　　星期日

早写讲义。下午唐立广来,商为颉刚代课事,与往见洪煨莲。

二月二十二日　　星期一

早授课。下午二时写讲义共四叶。

二月二十三日　　星期二

早修改讲义。

下午一时进城,到史语所,捐助十九路军款五十元。六时半回家。

二月二十四日　　星期三

早授课。

三时往学校,面魏建功,谈久之。四时半抗日会开会,不足法定人数。

---

[1]吴贯因(1879—1936),原名冠英,广东澄海人。早年入日本早稻田大学,曾任北洋政府卫生司司长。1927年后任东北大学、平民大学、燕京大学教授,华北大学校长。

郑振铎约吾电劳十九路军,我提议各捐五十元,共百元汇去,雷洁琼[①]、谢玉铭皆允参加。

二月二十五日　　星期四

往学校照料古物摄照事。十二时唐立广来,并宿吾家。

捐助十九路军,吴雷川、郑振铎、郭绍虞、祝廉先[②]及我各五十元,刘廷芳二十元,雷洁琼十五元,谢玉铭、马鉴、张寿林各十元。即汇去三百元。

付何某抄《殷虚书契》释文五元。

二月二十六日　　星期五

早授课。写捐助十九路军启事。商锡永、孙海波来。唐立广回去。

与郑德坤编古物照片说明。

交锡永《殷契类编》五部价二十元,《金石蕃锦集》一元。来甲骨拓片十元(《类编》售学生二部,八元,即收款,故未计入支数)。

二月二十七日　　星期六

早抄教职员捐款数目,公布。九时往学校,编古物照片。三时吴子馨来。

二月二十八日　　星期日

早往洪煨莲家。

下午一时半进城,至铸新,嘱其粘印国学研究所照片,以便由司徒校务长带去美国。

---

①雷洁琼(1905—2011),广东台山人。毕业于燕京大学,后任教于燕京、北京大学。1945年参与创建中国民主促进会,曾任北京市副市长、全国政协副主席。

②祝文白(1884—1968),字廉先,浙江衢县人。毕业于浙江高等学堂,曾任浙江省教育会秘书长、燕京大学教授。抗战期间任浙江大学中文系主任。

在文禄堂购原版《通雅》，价十四元。在尊古斋取令姆鬲。七时回家。

二月二十九日　星期一

早授课。下午写讲义一页。公植内兄来信，言外姑病，寄去二十元。

三月

三月一日　星期二

早往学校。五时立广来，寓吾家。

卫聚贤评《燕京学报》第十期，登北晨《学圃［园］》。彼前投稿《学报》，由我退回，挟嫌谩骂。作文答之。

三月二日　星期三

早授课。三时唐立广来。四时往学校，接魏建功。唐、魏二人同寓吾家。

闻十九路军因后援不继而退。痛恨蒋介石、汪兆铭之不是东西。

三月三日　星期四

与魏建功、唐立广长谈。

四时听龚德柏①演讲"中国对日必得胜利之故"。复颉刚信。

浦江清来示电报，痛骂政府不当欺骗国民，由陈寅恪领衔，余极赞成，付以电费五元。

---

①龚德柏(1891—1980)，湖南泸溪人。早年留日，曾任职于《东方日报》、《申报》、《世界日报》总编辑，国民政府军事委员会参议。

三月四日　星期五

早授课。午锡永来。四时往学校,听王造时[1]演讲"上海战事之经过",同往张君劢家晚饭。

《秦汉金文录》剪完。

三月五日　星期六

将杲明遗稿寄去,箸文目顾起潜代填。复李雁晴[2]信,并附刻费十元。

补写日记。二时在洪煨莲家商公祭抗日烈士事。

三月六日　星期日

写讲义。

三月七日　星期一

早授课。下午与郑振铎商抗日会事。

三月八日　星期二

写讲义。唐立广来,寓吾家。

四时半抗日会开会,补选周学章[3]、谢玉铭、郑振铎三人为委员;准胡经甫辞职;取消"抗日会两次流会即将会解散"议案。

九时与学生商筹备公祭抗日烈士事。

三月九日　星期三

早授课。写讲义。四时魏建功来。

三月十日　星期四

照料公祭抗日烈士事。

---

[1]王造时(1903—1971),江西安福人。早年入清华学校,美国威斯康星大学政治学博士,后入英国伦敦政治经济学院。光华大学教授,创办《自由论坛》杂志。

[2]李笠(1894—1962),曾名作孚,字雁晴,浙江瑞安人。文献学家、语言文字学家,曾任武汉大学、复旦大学等校教授。

[3]周学章(1894—1945),字焕文,天津人。哥伦比亚大学教育学博士。曾任厦门大学教授,河北大学教务长,燕京大学文学院院长、教育系主任。

三月十一日　星期五　大风

公祭抗日烈士。李朴生来。在黄子通家午饭。

往吴文藻家开会。到洪煨莲家闲谈，留晚饭。

《答卫聚贤评第十期学报》在北晨《学圃[园]》登出，删去数句。

三月十二日　星期六　大风

张文理来谈生产主义，四时去。写讲义二页。

三月十三日　星期日　大风

九时张文理约同出城，赴王以哲①午餐。

六时半回家，在张子幹处带还康有为箸书数种。灯下写讲义一页。

三月十四日　星期一

早授课。午张文理来。

三月十五日　星期二

写讲义四页。晚张文理来。

午宏利保寿公司来商保寿事，拟保五千元。唐立广来。

三月十六日　星期三

早授课。四时半赴公祭委员会。晚修改《殷契卜辞》。

三月十七日　星期四

修改《殷契卜辞》。

三月十八日　星期五

写讲义。滕圭②来。商锡永来。

---

①王以哲(1896—1937)，字鼎芳，吉林宾县人。东北军高级将领，曾任步兵第十九师中将师长兼第七旅旅长、六十七军军长等职。1932年创办《东望》周刊。

②滕圭(1895—?)，字白也，江苏奉贤人。早年留学法国学习雕塑，曾赴美国华盛顿大学任教，后任沪江大学、燕京大学和暨南大学美术教授。

三月十九日　星期六

写讲义。伦珠、翟宗汉等来。

三月二十日　星期日

写讲义四叶。

三月二十一日　星期一

早授课。伦珠等进城去。一时半进城,与马季明同往文奎堂看书。

五时至史语所,支津贴一百元。七时往商锡永家饭,回史语所宿。

三月二十二日　星期二

早在史语所,与徐、董诸人谈。十二时乘车回寓。复陈仲恕信。

三月二十三日　星期三

早授课。

三月二十四日　星期四

修改讲义。下午往学校修理明器。

三月二十五日　星期五

早授课。四时半往学校听贺麟①演讲。

锡永送来丞不败杯及周志辅《续封泥考略》。晚张文理来。

种梨树二,五元;葡萄一架,六元;枣树十,四元;垂杨二,丨元;洋槐四,丨元;珍珠梅四,刂元。

三月二十六日　星期六

九时张文理来。一时半进城。

六时至锡永家。唐立广邀饮于市场五香斋,董彦堂、吴子馨、

①贺麟(1902—1992),字自昭,四川金堂人。早年入清华学堂。先后就读于美国奥柏林、哈佛大学和德国柏林大学。1931年9月受聘为北京大学副教授。

刘诗孙①在坐。

九时往孟真家,商修改《秦汉金文录》序事。

十时往周季木家,观新得彝器八,价二千元,以陈侯午敦为至佳。二时许至锡永家宿。

三月二十七日　　星期日

在锡永家阅金文拓片。十二时回家。张文理来。

三月二十八日　　星期一

早授课。一时半往图书馆,与滕圭陈列古铜器。

七时燕东园在米德②家聚餐。瞿润缗、顾廷龙来谈,十时半去。

三月二十九日　　星期二

阅拓片。罗牧与其友郭某来。植海棠一,价五元;桃二,价四元;酒资乂△。

洪煨莲来,为援助西郊农民,请求政府缓办出承西郊水旱田事,嘱签名。

三月三十日　　星期三

早授课。写讲义四叶。

三月三十一日　　星期四

写讲义四叶。

四月

四月一日　　星期五

早授课。午收拾书桌。

---

①刘文兴(1910—1960),字诗孙,江苏扬州人。1933毕业于北京大学研究所国学门。后入
　辅仁大学研究所任编辑,1957年在兰州大学被划为极右分子。
②米德(LawrenceM.Mead),1928—1939年任燕京大学英文系教授。

晚《学报》编辑会开会并聚餐,到者:吴雷川、郭绍虞、张星烺、洪煨莲、冯友兰、马鉴。

四月二日　星期六

五时起,六时往清华园车站,乘车往青龙桥,游长城。车七时半开行,同行者约二百七十馀人,吴校长与焉。五时归至南口,内子、婉[琬]女在福音堂宿,我在南口饭店宿。

四月三日　星期日

六时起,往福音堂早餐。八时骑驴往游明长陵,内子乘轿往,归游思陵。

四时半至南口饭店。驴价九角,轿价五元,而驴实得六角,轿夫实得二元,其馀皆归工头中饱,可叹!

火车在东山出轨,至九时许乃开行,归家已十一时半矣。

四月四日　星期一

复傅孟真信。作《宋以来吉金书籍述评》。

四月五日　星期二

作文。黄焕文、罗根泽、顾廷龙、张文理来。

四月六日　星期三

作文。

四月七日　星期四

早作文。下午往图书馆借书。

四月八日　星期五

为蔡先生作文。一时商锡永来。

五时贺麟子昭来。邀瞿子陵、何伯龙、张文理来晚饭,谈到十二时睡。

四月九日　星期六

贺子昭十时进城。与张文理等往清河参观王以哲军队。

四月十日　星期日

作文。

四月十一日　星期一

早授课。伦珠来借五十元。

四月十二日　星期二

作文。午许地山来早餐。唐立广来,留宿。

四月十三日　星期三

早授课。一时半立广进城。由会文带照片与铸新。

午作文。寄三弟《秦汉金文录》三部、邹适庐一部嫁女礼。

晚国文系在郭绍虞〈处〉聚餐。

四月十四日　星期四

作文。

四月十五日　星期五

早授课。午锡永来。晚张文理等来。改"学术界消息"。

四月十六日　星期六

与吴雷川、马季明等游大觉寺、温泉、黑龙潭,四时归。伦珠等来。

四月十七日　星期日

改"学术界消息"。寄顾颉刚、罗君美等信。

四月十八日　星期一

早授课。写讲义。

四月十九日　星期二

写讲义。

四月二十日　星期三

早授课。写讲义。

四月二十一日　星期四

写讲义。

四月二十二日　　星期五

早授课。从星期一起,至此共写讲义十六叶。

四月二十三日　　星期六

八时与内子进城,至故宫购《宋元画萃》。

十二时许地山夫妇请午餐,到始知其结婚四周纪念。微雨。四时半回寓。

四月二十四日　　星期日

八时与琬、琨进城。至琉璃厂。还朱松子钱坫字三十五元。

十二时往中山公园,冯俨若在来今雨轩请午餐。道遇福开森。

到东安市场购《最近三十年中国政治史》,八△;《战争与和平》,三△;《墨子》,四△。

四时回寓。往洪煨莲家长谈。

四月二十五日　　星期一

早授课。午郑德坤来。四时吴佩孚①来校讲演"内圣外王"。

七时燕东园聚餐。古光阁伴来云,铜彝允售,取款百三十二元去。

四月二十六日　　星期二

往图书馆。喉痛,往校医医治。写《金文录》序。

瞿子陵来,还《书契后编》五元、《秦汉金文录》六元。

四月二十七日　　星期三

早授课。写《金文录》序毕。

四月二十八日　　星期四

清理小说。

---

①吴佩孚(1874—1939),字子玉,山东蓬莱人。张勋复辟时任西路讨逆总司令,北伐战争中惨败于鄂南汀泗桥、贺胜桥。1932 年初定居北平,专事著述。有《正一道诠》、《明德讲义》等传世。

四月二十九日　星期五

早授课。清理书案。

四月三十日　星期六

冯思等来,陪游学校。

五月

五月一日　星期日

写讲义四页。

五月二日　星期一

授课。清理小说。

五月三日　星期二

整理小说,计所藏一百八十馀种。

张荫麟汇来大洋一百一十八元一角七分,除付炜麟①四十一元二角,尚存七十七元。

五月五日②　星期四

写讲义。

五月六日　星期五

授课。商锡永、贺子昭来。

代张荫麟汇张静娴大洋五十元,汇费二元五,寄费一△六分,由梁方仲③手交浦江清三十元。

---

①张炜麟,张荫麟弟。

②五月四日缺。

③梁方仲(1908—1970),广东番禺人。1933年获清华大学经济学硕士学位。后任职于中央研究院社会研究所、岭南大学、中山大学教授。

五月七日　星期六

早清理自藏各器拓片。

一时半进城。到故宫访罗敷盦不遇。到琉璃厂,在来薰阁取《清史稿》价二百元与式古斋。访朱松子。

在老馆宿。与苏等看电影。

张子幹还东莞捐款四元,仲锐还三元,代寄费一元。

五月八日　星期日

早九时内子等来,同游崇效寺,看牡丹,并游陶然亭。饭后往游中央公园。四时半回家。

五月九日　星期一

早授课。

五月十日　星期二

写讲义一页。种树。侯堮请晚餐。吴其昌、唐兰留吾家,为题藏器。

五月十一日　星期三

早授课。约叶公超①夫妇、吴文藻夫妇、赵万里、浦江清、许地山晚餐。

五月十二日　星期四

写讲义三纸。

国文系聚餐,在吾家,到者:吴雷川、郭绍虞、郑振铎、祝廉先、张寿林,并约侯堮。

五月十三日　星期五

早授课。

汇张炜麟一百元,其上付二百二十三元八角六分,除来尚欠一

---

① 叶崇智(1904—1981),字公超,广东番禺人。英国剑桥大学文学硕士,1926 年归国后任教于北京、暨南、清华、西南联合大学,1949 年后迁台。

百〇五元七角。

五月十四日　星期六

写讲义。六时伦珠来。

五月十五日　星期日

写讲义。六时滕圭约晚餐。

五月十六日　星期一

早授课。写讲义。六时在郑振铎家开抗日委员会,并聚餐。

五月十七日　星期二　雨

阅研究生论文等。寄邹景叔、张荫麟、叶慈信。

五月十八日　星期三

早授课。写讲义。

五月十九日　星期四

写讲义。

五月二十日　星期五

早授课。锡永携簠斋藏印来,上满簠斋题字,云其后人欲押款百金。

写讲义毕。

五月二十一日　星期六

八时进城,与顾起潜、孙海波往访马叔平先生。至大泉山房取🖼彝。

在雅文得一中競父簠及一西瓜鼎,两耳有字,价二百元,廉甚。在墨因簃得李山农藏器全形拓本,三条凡九器,价十七元。

六时往商锡永家,饭后往周季木家,谈至十二时。在锡永家宿。

五月二十二日　星期日

八时许与锡永、海波往访罗敷盦,留饭。二时去。

在馀古斋得陶斋所藏鬲鼎全形拓本,价三元。四时半回家。

五月二十三日　星期一

早授课。修改《武英殿彝器图录》。

五月二十四日　星期二

修改《武英殿彝器图录》。午唐立广来,留其小住,为订正《图录》。

五月二十五日　星期三

早授课。四时半抗日会开会。作《颂敦考释》。

五月二十六日　星期四

作《颂敦考释》。

五月二十七日　星期五

早授课。作《颂壶考释》。校《金石书录》。

五月二十八日　星期六

作《颂敦考释》毕。一时半与内子及唐立广进城,观故宫太平花。

往陈仲恕家,交北平图书馆预约《印谱》款六十元。

于思泊①请玉华台晚餐。回老馆宿。

五月二十九日　星期日

八时与内子访林玛利。

十时至琉璃厂,在来薰阁取《明史稿》款壹百五十元,付雅文斋古器款二百元。

与于思泊、商锡永、唐立广逛古玩肆,无所得。六时半回寓。

五月三十日　星期一

早往学校纪念周,五卅纪念,停课半天。

五月三十一日　星期二

阅书。午唐立广与于思泊来长谈,饭后七时去。

---

①于省吾(1896—1984),字思泊,辽宁海城人。毕业于沈阳国立及高等师范,曾任奉天省城捐税局局长,九一八事变后移居北平,潜心研究故物和古文字。

六月

六月一日　星期三

早授课。复黄晦闻信,不就北大教席。

一时半进城,至故宫购第五、六期《古铜拓本》,二十三元。

至史语所,见傅孟真。夜与中舒访陈受颐、周季木。十二时在商锡永家宿。

六月二日　星期四

与锡永到研究所,支洋三百元。与锡永、中舒游琉璃厂。在式古斋购花盆一对,洋六元。在英古斋购慰人慰斗盖一,洋六元;《金石书目》,Ⅱ元。

在直隶书局支《古玺文字徵》二部,十六元;《金文编》一部,十元。

一时坐洋车回寓。顾廷龙口试。陈黄容还三十元。

六月三日　星期五

早授课。锡永来。七时郭绍虞请餐。

六月四日　星期六

粘武英殿彝器拓本。

五时半进城,与商锡永同请关伯益、李济之、唐立广、于思泊、黄仲良、徐中舒、董彦堂、孙海波,在玉华台晚饭。回锡永家宿。

六月五日　星期日

早在锡永家饭。唐立广、于思泊来谈。二时许往后门,逛古玩店,至琉璃厂。

收修绠堂《古玺文字徵》八元、《持静目》七元,付《金文箸录表》二元半。付文禄堂《通雅》十四元。

收开明《持静目》一元、帝王像乂元、《遗古遗文》〢十、《获古丛编》〢乂十元, 共陆拾四元。付《广印人传》〢元、《姚氏印存》〢元、《永乐大典戏曲》〡三〇元, 共陆元三△伍分, 除零不计, 实收五十七元。

付古光拓工十元。在老馆宿。

六月六日　　星期一

八时回家。付通学斋《刘熊碑》一元、《沙南侯获碑》二元。

付会文书局十元。付铸新照相馆壹百元。

换自行车外带〢二元。往研究所, 校对碑目。

六月七日　　星期二

整理《金石书录》。唐立广、于思泊来。四时往国文系口试研究生刁汝钧①。

六月八日　　星期三

八时文字学班考试。阅试卷毕。

六月九日　　星期四

到研究所, 为八妹校拓本目。整理《金石书录》。

六月十日　　星期五

接元胎电, 云岭南大学停办国文系, 彼被裁。

校《金石书录》稿。晚为元胎事访刘廷芳。存定期款二百元于大陆银行。

六月十一日　　星期六

八时为元胎事进城, 访马叔平、沈兼士、陈援广、傅孟真、陈受颐。

---

①刁汝钧(1907—1994), 字士衡, 河北邯郸人。1932 年获燕京大学文学硕士学位。同年赴法国巴黎大学文科学习文学、戏剧。

晚在静心斋宿。爰[媛]妹来电云,颉刚来,云罗家伦托彼为中央政治学校觅一国文教员,月薪二百四十元,问可否推荐元胎。我意赞成,因北平谋事不易也。

六月十二日　星期日

早与中舒逛后门,购拓片八纸,价二元。中舒亦购一全形拓本,花纹作牛形,价亦二元。

访孟真,谈元胎事。访锡永不遇。晤王以中①。

十二时回家。电复元胎,问以中央政治学校席位就否。

粘武英殿拓片。伯龙来。

六月十三日　星期一

粘《武英殿彝器图录》拓片。与洪煨莲晤谈。

锡永来电云,有友人欲购余所藏银漏壶,余告以索价千五百元。

六月十四日　星期二

早送银漏壶,由汽车行转交商锡永。访颉刚。整理《武英殿彝器图录》。

六月十五日　星期三

写《武英殿彝器图录》。

六月十六日　星期四

写《武英殿彝器图录》。与洪煨莲等讨论所事。为赵澄等写对联。

六月十七日　星期五

写《武英殿彝器图录》。整理《金石书录》。

六月十八日　星期六

早进城,往马叔平先生家。

---

① 王庸(1900—1956),字以中,江苏无锡人。1925年入清华学校国学研究所,1931年任北平图书馆编纂委员兼舆图部主任,撰成《中国地理图籍丛考》。

到古物陈列所,查铜器容量。晤孟真。在商宅宿。

六月十九日　　星期日

九时从商宅往琉璃厂。遇雨。十二时回寓。八妹请吴元俊等早饭。

六月二十日　　星期一

写《武英殿彝器图录》。早雨。

二时开奖金审查会,洪煨莲、顾颉刚及余三人。旧生保留者,郑德坤、冯家昇[1]、顾廷龙、罗香林[2]四人;新取者吴士[世]昌、翁独健[3]、张维华[4]、李晋华[5]四人。

六月二十一日　　星期二

学校行十六届毕业典礼。胡适之演讲"毕业生到那里去及应作什么"。

颉刚请胡适之夫妇及钱玄同,邀余作陪。

三时回家,写《武英殿彝器图录》。商锡永送还银漏壶。

六月二十二日　　星期三

早雨。一时半进城。在云林阁购西夏刀三柄,式有字,价十六元。

在晋雅斋购严氏作洗,价廿二元;隋大业造象,价十元。

七时往玉华台,唐立广招饮。十时半至老馆宿。

---

[1] 冯家昇(1904—1970),字伯平,山西孝义人,满族。毕业于燕京大学。1958 年任中国科学院民族研究所研究员。

[2] 罗香林(1906—1978),字元一,号乙堂,广东兴宁人。1926 年入清华大学史学系,1930 年升研究院,兼肄业燕京大学研究院。1949 年移居香港。

[3] 翁独健(1906—1986),原名贤华,福建福清人。燕京大学研究院毕业,哈佛大学博士,曾任云南大学、北平中国大学、燕京大学教授,燕京大学代理校长。

[4] 张维华(1902—1987),字西山,山东寿光人。1931 年入燕京大学研究院。曾任齐鲁大学文学院院长兼历史系主任,1952 年后执教于山东大学。

[5] 李晋华(1899—1937),字庸辛,广东梅县人。1929 年毕业于中山大学,1932 年入燕京大学研究院。著有《明代敕撰书考》等。

六月二十三日　　星期四

早伦哲如来谈。往访林玛利未遇。

在钟处早饭。往故宫博物院,为罗子期购拓本。

购《周栎园书画集粹》,价一元二角。

因时间早,汽车未开,购《北海风票[景]》、《新书月刊》,价共三角;毛巾,价一元。苏代某捐二元。六时半回家。

六月二十四日　　星期五

整理《金石书录》。三时与洪煨莲商研究所事。

孙海波来,购《武英殿拓本》一册,交十二元,欠十元。

六月二十五日　　星期六

写《武英殿彝器图录》。

六月二十六日　　星期日

八时进城,与郑振铎同到故宫印刷所。

与赵斐云同到北平图书馆,托代购书画书录等,五元。

十二时黄仲良在十刹海会贤堂请午餐。

与魏建功游厂肆,付晋雅斋严氏洗价二十二元。代罗子期购故宫五、六期《铜器拓本》,二十三元。四时半回家。

六月二十七日　　星期一

写《彝器图录》。

六月二十八日　　星期二

写《彝器图录》。

六月二十九日　　星期三

写《彝器图录》稿。十一时至校,与洪、顾商所事。

六月三十日　　星期四

写《武英殿彝器图录》。一时半进城,参观萧纶徽结婚礼。在新馆宿。

七月

七月一日　星期五

早往式古斋书联。在铸新取陈氏匋文拓本全份。

下午清理陈簠斋匋文拓本，内多重复，还之。计五千八百纸，索价三百馀元。

七月二日　星期六

早往陶北溟家取回《生春红》杂志。吴其昌在来今雨请午饭。

四时史语所欢迎蔡孑民先生。六时半回寓。

七月三日　星期日

写《武英殿图录》。

七月四日　星期一

写《武英殿图录》。

七月五日　星期二

写《武英殿图录》。五时半进城。宏利保险公司在东兴楼请晚餐。

七月六日　星期三

以《武英殿彝器图录》稿交墨因簃装裱。

与李方禹订印《勺园图》，每页印一百分，价三元五△，共八页。

牟传楷①、班书阁②请午饭，在庆林春。

二时与洪煨莲等回家。回家后身体不适，发热。

七月七日　星期四

发热，倦甚。五时请李大夫来诊病，服药。校《金石书录》。

①牟传楷(1909—1988)，字润孙，山东福山人。1929 年入燕京大学国学研究所。曾任教于河南大学、辅仁大学、同济大学和暨南大学。1949 年后迁台。
②班书阁(1897—1973)，字晓三，河南杞县人。1932—1937 年任《续修四库全书总目提要》编辑，1948 年起任山西大学历史系教授。

何伯龙来,云其父为谋得银行事,月薪八十元,与吾商行止,意其于学界未必能有成就,只得听其归去,但吾之《金文编》停顿,不无可惜。彼将与赖广权等同行,十号起程。遂为垫付史语所薪金四十元,并赆以二十元。

七月八日　　星期五

仍有热。早服李大夫药。收拾书籍。

七月九日　　星期六

今日热退,十时李大夫来,服药。校《金石书录》。

七月十日　　星期日

写信。

七月十一日　　星期一

写信。

七月十二日　　星期二

写《武英殿图录》。

七月十三日　　星期三

写《武英殿图录》毕。

七月十四日　　星期四

写《殷契卜辞》四页。

七月十五日　　星期五

写《殷契卜辞》七叶。

七月十六日　　星期六

八时进城,到古物陈列所、史语所,代伯龙支薪四十元。

二时往京华估价,印《武英殿彝器图录》,石印每叶八元半,珂罗版加十五元,共川百份。

九时请苏等在光陆看电影。在老馆宿。

七月十七日　星期日

早雨。九时回家。十二时颉刚请午饭。

七月十八日　星期一

还京华印刷费一百元。写《金石书录》稿。

七月十九日　星期二

写《殷契释文》。

七月二十日　星期三

写《殷契释文》至廿八页。十一时董作宾来，五时去，借书数种。复七妹信。

七月二十一日　星期四

写《殷契释文》八页。复袁同礼[①]信，并借《艺风堂金石续目》与他。

七月二十二日　星期五

到图书馆借书。文奎堂来《金文录》十部价九十元。侯塄来。编《金石书录》。

七月二十三日　星期六

写《殷契卜辞释文》。

七月二十四日　星期日

写《卜辞释文》。

七月二十五日　星期一

写《卜辞释文》。

七月二十六日　星期二

写《卜辞释文》。

[①]袁同礼(1895—1965)，字守和，河北徐水人。1916年毕业于北京大学，1942年任北平图书馆馆长。1949年赴美，先后在国会图书馆和斯坦福大学研究所工作。

七月二十七日　星期三

写《殷虚卜辞》完。德宝斋来电话，请看铜器。

一时半进城，至德宝斋，所见乃冯氏之小鬲，一大字，甚佳，价四百五十元，惜太昂耳。

在开明取《藏书纪事诗》一部，三元。

在新馆钟处晚饭。收罗子期来富晋书社款丨二十元。

七月二十八日　星期四

在隶古斋购齐侯壶全形两张，甚快。往京华商印书事，据云太忙，不能印。

三时往访唐立广，谈及齐侯壶。他说马叔平先生说，《周金文存》之两齐侯壶全形乃翻刻本，以窓斋本一校便知。想余所购拓本亦曾送叔平先生处，微他一说，余将大吃其亏，三十年老娘倒绷婴儿矣。

六时半回寓。

所购齐侯壶拓本果是翻本，然较奇觚所翻远胜。翻刻之人本事真不少，购拓本者其慎之。

七月二十九日　星期五

校《殷契卜辞》。

七月三十日　星期六

校《殷契卜辞》。

七月三十一日　星期日

校《殷虚［契］卜辞》毕。寄九妹信。

八月

八月一日　星期一

张荫麟邮汇来一百九十元〇六△，除还一百三十元七角，尚存洋六十元正。

八时往图书馆,与房兆颖[楹]觅与罗氏所购抄本书。

十二时翰茂斋拓工来,拓抱冲斋帖。复张荫麟信。

八月二日　星期二

校《殷契卜辞》毕。

八月三日　星期三

校《武英殿彝器图》。天气甚热,静坐汗流。

洛阳人送碑帖来,购《晋辟雍碑》一份,二元;《隶书唐志》一份,二角。

八月四日　星期四

天气热至室内八十八度。校《武英殿彝器图》毕。

八月五日　星期五

作《宋代吉金书籍述评》。

八月六日　星期六

作《书籍述评》。

八月七日　星期日

八时进城。购《贤良方正碑》一纸,价一元。三时雨。六时半回寓。

八月八日　星期一

作《宋代吉金书籍述评》。

八月九日　星期二

作《书籍述评》。伦珠与其友刘女士来。

八月十五日①　星期一

自五日起作《宋代吉金书籍述评》,至今日毕。

①八月十至十四日缺。

四时与张文理乘自行车往金仙庵访顾颉刚及洪太太,五时至青龙寺,六时至温泉。在温泉饭店进食。六时半起行,七时至北安河,将车寄存家庭工业改进社,步行至金仙庵,八时到。

八月十六日　星期二

九时回家,在路上失去衣服、草帽各件。二时到家。

八月十七日　星期三

校改《殷契卜辞》。

八月十八日　星期四

校《卜辞》。

八月十九日　星期五

校《卜辞》。

八月二十日　星期六

校《卜辞》。

八月二十一日　星期日

早进城。付云松阁西夏刀二价十六元,付雅文斋明造像三尊价二十元。

约伦珠在美华早餐,钟、苏等均在。

二时施友忠结婚,往观礼。五时往傅斯年家。八时与商锡永往东来顺晚饭。

八月二十二日　星期一

早往大泉山房说定铜器三件,二鼎、一彝,及前所取破彝碗,价九百元,先付支票五百元。

访于思泊,叚观所藏《薛氏款识》,乃朱刻本,初印,价二百五十元。与同访唐立广,在玉华台早餐,并约锡永、子馨来。

访马叔平先生及董彦堂。六时半回寓。

八月二十三日　星期二

早往学校校碑目。下午编理自藏碑刻。

八月二十四日　星期三

早往学校校碑目。校《宋代金石[吉金]书籍述评》。

约郑德坤来,商造纸事。

八月二十五日　星期四

早往学校校碑目。

八月二十六日　星期五

清理自藏碑刻。八时与马季明、郭绍虞往八大处,访吴校长,至晚八时归。

八月二十七日　星期六

约吴其昌、于思泊、唐立广、刘节、赵万里、商锡永、罗常培、顾颉刚等来吾家便饭,作竟夕之谈。

八月二十八日　星期日

林玛利约来吾家,因雨未来。

八月二十九日　星期一

早入城。

八月三十日　星期二

在隶古斋购碑额七十馀纸。

商锡永等晚七时在玉华台与吴其昌饯行,饭后与颉刚同往锡永家宿。

八月三十一日　星期三

早翻阅锡永所藏金文,借十数纸。十二时与颉刚回家。复三弟信。

九月

九月一日　星期四

早往学校借父甲鼎、有流鼎,交车行带交锡永。

访文理。午隶古斋人来,交唐碑额与之重装。

林玛利与其庶母来。孙海波、瞿子陵来。

九月二日　星期五

修理房屋。复郑师许信。清理拓片。

九月三日　星期六

作《周金文存释文》,以备瞿子陵作《金文编》之用。

校阅顾颉刚所作旅行豫鲁报告。

九月四日　星期日

清理拓片,摹借锡永之金文拓片。与谭超英到洪煨莲家晚饭,毕九时回家。

九月五日　星期一

早到学校。学校行开学礼。下午复到学校。复黄仲良信。子陵来。

九月六日　星期二

八时与子陵进城,到研究所。

在雅文购铜灶一,价廿五元。与友联宋某商印件。

九月七日　星期三

在馀古购铜器拓片全形四张,价十元。四时与瑾女回家。

往金城银行,向刘厚滋①取回《殷虚书契前编》。

九月八日　　星期四

校《书契前编》,后印实胜于前,然亦有不如处。作豫鲁旅行报告。

九月九日　　星期五

整理善斋金文拓片。补作旅行报告。

九月十日　　星期六

整理善斋金文。马季明请晚饭。

九月十一日　　星期日

八时进城,在式古购明崇祯钱四十三枚,价五元;方足布十枚,价五元;代屺望购古钱,十元。

付墨因簃《平安馆吉金》拓本四册,廿元;裱二百镜斋藏镜等,十七元;《子游残碑》,一元。

九月十二日②　　星期一

作旅行报告。

付文奎堂《金文丛考》八元、《金文辞大系》四元;《许学丛书》、《字说》,共十一元。共廿三。又《美术全集》,一百元。付九经堂《襄阳金石略》,二八元。保古斋《孙夫人碑》,一元。

九月十三日　　星期二

释金文与瞿子陵剪贴。

隶古斋碑帖铺人来,付碑头二十三种,价二十元;《白石神君碑》一册,价三元。以《封龙山碑》一册易《范氏碑》一册。

---

①刘厚滋(1909—1996),又名蕙孙,字佩韦,江苏镇江人。1931年入北京大学研究所国学门。曾任职于北平研究院史学研究所及中国大学、辅仁大学、燕京大学、之江大学。
②此日误记于十月三日,本页有说明,十月三日所记后附言:"此乃八月十二日误记于此。"

九月十四日　星期三

为于思泊校《彝典集解》。七时顾颉刚请晚饭,并讨论建设研究社事。

开明来《文字学讲义》五册,四元八角;《铁云藏陶》,十二元;《金文编》,九元。共二十五元八角。付《说文诂林补遗》十六元,补《东洲草堂》书价六元、《藏书纪事诗》川元、《国山碑考》丨乂元,代订书丨一元,共川三十元。找补丨二元。

九月十五日　星期四

摹借锡永之金文拓片毕。约瞿子陵来午饭。

九月十六日　星期五

进城访张国淦,与同往北平图书馆。

闻惠州船于廿一日往广州,拟乘之回粤。六时半回家。

九月十七日　星期六

收拾书籍。

九月十八日　星期日

学校来《勺园图》印刷费七十五元,拓《抱冲斋帖》六十元已付,尚存《大佛寺》专刊费一千三百六十三元四△七分。

八时往学校,开国难纪念会。

傅孟真来港票丨二十元、粤票川一十元,嘱代换。

九月十九日　星期一　微雨

早校补唐立广所写《弓镈图》。

一时半进城。候船,定廿日出京,搭惠州船回粤。

在校车上,朱松子大夫适来,与同回家,导游学校。五时同进城,留晚饭。十时乃往老馆。

还墨因簶裱工乂川十元,洋车川△。

九月二十日　星期二

早与友联印刷所宋某往兴隆街敬记纸行,调查乐吉羊所定纸价。与乐定印《殷契卜辞》,每页十元计算。现知夹连纸每刀ㄨ〓元,每叶五百份,约纸价ㄨ丨元、印工丨丨元、照相〓△,共印丨百页,约可获利一百元。

往新馆,三时与钟、苏等往看电影。

车８８△,电影等丨丨元,肉松ㄨ８△。《百年来古城发掘史》、《雕板源流考》一△。惠州船票丨夊十元。

九月二十一日　星期三

早雨。二时往隆福寺书铺。五时往佛照楼,问惠州是否开行。打长途电话与津大安栈,云船于廿三早开行。

洋车川△,电话一△。

九月二十二日　星期四

七时往车跕,张次溪、钟、苏送行。

八时二十五分开,十一时许到。寓大安栈。在车上遇裘子元,谈及故宫事,作《故宫古物应否出卖应否迁移》一文,寄傅孟真,嘱代发表。

洋车ㄨ８△,车票二等ㄨ丨元,搬行李８△,月台票丨８△,生果〓△,点心一△。

九月二十三日　星期五

乘十一时半车往塘沽,上惠州船,一时半至船,六时开行。

牛奶８川△,点心ㄨ△。

大安栈房伙丨８元,小账二△,车票〓△,搬行李丨〓元,塘沽至船洋车８△。

九月二十四日　星期六

一时半至烟台。由塘沽至此费十九时半。四时半开行。

九时半至威海，十时半开行。至威时略有风浪。苹果川△。

九月二十五日　　星期日

风平浪静，船行甚适。

九月二十六日　　星期一

天阴，无浪。夜雨。晚腹痛甚。水泻三次，几疑遇虎。

九月二十七日　　星期二　　雨

早雨。甚疲。午泻一次。有浪，因顺风故不至颠簸。下午六时过福州。

午夜均雨，闻小儿哭声，甚苦其扰。夜梦先母。

九月二十八日　　星期三　　天阴　　晚晴

有中大学生岑某言无赏茶房钱，乞假二元，以五元票假之。

十二时至厦门。学生借８元，赏茶房丨元。

九月二十九日　　星期四

十二时至香港。一时许搬行李往平安栈。

往云地利道访麦应昌，同往奕荫街川８十号四舅家，四舅不在。浴毕往访黄般若①，留饭。四舅来。寓四舅家。

船上膳费一元，平安栈费川一元，电车丨△。唐维城借十元。

九月三十日　　星期五

早尔疋舅为写联二付，与洪煨莲写一付。

午与尔疋舅往赤柱及安乐园饮茶。遇黎锡林，同往四舅家。锡林请余及尔疋、黄般若晚饭于大同酒家，化十二元。

十时与锡林坐西安夜车上省，唐餐房四元由锡林代出。

赏四舅下人港币丨元，电车Ⅹ△。

---

①黄般若（1901—1968），名鉴波，广东东莞人。邓尔雅女婿。早年参加癸亥合作画社，1949年后居香港，1956年后多次回内地观光写生。

十月

十月一日① 星期六

六时至广州,寓三弟处。访伦学圃、徐公植、仲生②叔。

与仲生叔、三弟往聚丰园晚膳。

徐乐天来,借川十元去。船上茶资六毛,洋车乄毛。

聚丰园八元。徐乐天借川十元,赏徐、伦、容小孩川元。

附通讯录

白坚(山夫) 上海辣斐德路桃源村十八号

张西堂 北平西四六合大院二条二号

陶祖光(北溟) 丰盛胡同二十三号

麦际可 跑马地云地利道三号可庐,电话二六五六〇

张宋顾 温州瑞安汇头街刻字铺

胡肇椿 广州上西关兴宁大街植福里十二号

郑师许 上海法界蒲石路迈尔西爱路口诚德里十三号二楼

魏建功 朝内大街八十三号

傅斯年 后门外前铁匠营二号,电西二七三七

1932 年收支一览表

一月收入

2 日,《持静目》三部 20、前存 8.8

---

①1932 年日记止于此。

②容祖椿(1872—1944),字仲生,广东东莞人。容庚族叔。岭南画家居廉弟子,擅山水、人物、画鸟、虫鱼,容庚北上求学前曾从其游。

9 日,甲骨拓本等 12

11 日,《殷文类编》二 10、《持静目》二部 14、《金文编》10

13 日,《持静目》6、《六体千字文》5

18 日,《玺印文字徵》三 23、《金文编》二 20

27 日,甲骨拓本 10、《金文录》10、薪水 163.8

29 日,顾还书款 10

30 日,瞿还书款 10、《持静目》7

31 日,借进 129.2

总计:468.8

一月支出

2 日,车费 1.4、电影 1.6、定《东方》一年 3.6、《书苑英华》石印.
7、学生募捐 1

5 日,汽车(支票)4

8 日,黑线袜.9、食物.2

11 日,《清史稿》(支)55、中国书店书 25

12 日,学生平民教育 1、装订故宫周刊.5

14 日,《晨报》1.3、捐东北学生 5、邮费 1

16 日,牛奶 5.2、加菜 1、车 1

18 日,《艺风读书记》2、聚餐 1、车 1

19 日,西夏刀牌 15、侯戈(支票)30、汉墨书瓶 5、苏借 2、车 1

20 日,梁鼎芬信 5

21 日,书柜(支)14、竞进格纸等 4

23 日,光和量拓本 2

25 日,会文小说(支)170

27 日,园费 6、《周书斠补》1、四德堂碑 5.6

28 日,大古山房(支)20、车 1

29 日,车 1、白土布 7.5、《六书综》7.4、寄叶慈《文录》2.9

30 日,交婉[琬]女 10、芝舅阿胶 8.6、带钩 1

31 日,煤夫酒钱.5、送鼎酒钱.1

总计:444

二月收入

1 日,前存 24.8、孙来书款 20

5 日,开明书款 61、哈佛书款(支)26、《贞松堂》18

24 日,进史语所 50

26 日,甲骨拓片 10

27 日,薪金 180、售天君鼎 100

总计:489.8

二月支出

1 日,地板油 3.6

2 日,邮票 1

3 日,缩本《清经解》7、煤(支)81

5 日,开明书款 59、琬书 1、邃雅书 12、又 11

8 日,书 13.4、杂物 2.1、赏钱 6

9 日,瓦当 1、车钱 2、琬.5

12 日,赏钱伦宅.8、车 2

13 日,书 2、铜残杯 3、邓承修对 5.5、碗碟 9、紫檀合二 6、文竹
二盆.3、漏支.6

14 日,《晨报》1.3、朱松子书(支)30

16 日,牛奶 5.2

20 日,书 2.8、杂物 9.6、剪发.2、车 1.7

23 日,车 1

24 日,捐十九路军 50

25 日,捐十九路军(支)50、《金石蕃锦》1、付锡永《类编》12、抄《前编》释文 5

27 日,储蓄 9、抗日捐 6、两月水电 37.8

28 日,车 1、加菜 1、《上海地图》.1

29 日,寄外姑 20、邮费 1

总计:425.5

三月收入

1 日,前存 64.3

21 日,研究所 100、《周金文存》30

26 日,铜戈 18、《毛公鼎文》200、薪金 180

总计:592.3

三月支出

3 日,抗日电报 5、修电灯 1.7、加菜等 1、《中国书史》7

6 日,刻呆明稿 10、邮费 1

13 日,电灯泡.4、剪发.2、车 1.7

14 日,加菜 4、报 1.3

15 日,木床 12、钉书 1、牛奶 5.2

17 日,公祭 3、杂用 1.1、抄字 2.7

18 日,潘氏挽联 1.6

19 日,学生演剧 1

21 日,车 1.1、慰劳十九军 50、陈黄荣借 30、缝工 1、琨制服 2

23 日,宏利保险 202.8

25 日,果树 19

26 日,车 1.3、蓝白布 16.2、古光阁拓工 25、侯戈布金 2、储蓄 9、抗日会 7.2

28 日,拓本 2

29 日,种树 9.4

30 日,捐东北学生 5

31 日,游长城 7.5、张炜麟借 15.2

总计:460.3

四月收入

1 日,前存 132

15 日,孙海波书 6

23 日,《集古遗文》15

25 日,《楚雨楼》75、甲骨拓片(北平)20

26 日,薪金 180、瞿来书款 11、学生银行股息 1.4

总计:440.4

四月支出

2 日,孟桂良结婚 2、驴 2

3 日,面食等 1.8

4 日,剪发.2、食物.2、刀片.2、《学报》聚餐 6.6、水管(支)6.5

8 日,花匠 1、加菜 2、车票.4、宋人小说 3.3

12 日,花匠 1.4、加菜 1

13 日,报费 1.3

14 日,牛奶 5、邮票 1.1、《金文录》京华代寄 3.6

15 日,生果等 1、葡萄酒 1.5、游大觉寺 5

16 日,加菜 2、花匠 1

18 日,修车.6

20 日,捐学生 1、漏支 1.1

23 日,车 1.5、《宋元画粹》.3、《薛氏款识》1.4

24 日,车 1.5、书 1.5

25 日,铜彝 132

26 日,储蓄 9、抗日会 7.2、水电 32.5、鞋 2.7、陶珙礼 1.3、抄《梁无闷集》3

29 日,花匠 1

30 日,加菜 3

总计:250.7

五月收入

1 日,前存 189.7

26 日,薪金 180

30 日,借款(中央)100

总计:469.7

五月支出

1 日,广州电报 2.4、袜等 1.5、杂用.4

2 日,天丰煤 37、花匠 1、地板油等 4、剪发.2

4 日,木匠.2、竞进 20

5 日,《四部备要》65

6 日,李士勋礼 2

7 日,车 1.1、电影 2.4、罗纹宣 1.6

8 日,车 1.5、冰淇淋.3

11 日,柑 1.1

12 日,菜 15.4、种树酒钱.4、花匠 1

13 日,园费二月至五月 8、罗纹宣 1.6

16 日,《晨报》1.4、定《晨报》半年 7.2

17 日,内子手杂用 5

21 日,车 1.8、全形拓本 17

22 日,全形拓本 3

23 日,交内子 20

24 日,桌布 2.5

25 日,牛奶 4.5、东北学生捐 1、花匠 1、果刀十二把 1.2、罗纹宣 5、信札五十三 5.3

28 日,车 2、雅文古物 200、故宫票.5、加菜 2

总计:438.5

六月收入

1 日,前存 31.2

2 日,直隶书 26、陈黄荣还 30

5 日,修绠书 15、开明书 63.3

8 日,中央 200

23 日,《玉海》24

24 日,武英殿拓片 12、薪金 180

30 日,售铜器 172

是月共进:753.5

六月支出

1 日,熨斗盖 6、花盆 6、车 1.5、《金石书目》2、补储蓄 9、抗日会 7.2

4 日,聚餐费 6.8、车 1、玉华台菜 8、《宋元俗字》1

5 日,修绠书 2.5、文禄书 14、开明书 6.3、古光拓片 10

6 日,通学斋书 3、会文书 10、铸新 100、车带 3.2、砚碗 2、竞进 书 35、张炜麟借 25

7 日,唐兰印书 16

9 日,国文学会 5

10 日,存大陆 200

11 日,车 1.4

12 日,拓片 2、电报 3.6、木匠 2、花匠 1

18 日,车 2、笔.8、花匠 1

22 日,阿琬 2、萧纶徽礼 4、车 1.6、杂书 1.5、捐款 2、手巾 1

25 日,车 1.3、铜洗 22、北平图书馆书 5

27 日,花匠 1

29 日,水电 41.2、储蓄 9

30 日,车 2.1

是月共化:488

七月收入

20 日,《金文录》一 9.2

22 日,又《金文录》十 90

28 日,薪金 180、前存 265.5

共进:544.7

七月支出

2 日,罗纹宣 1、花匠 1、加菜 1

5 日,车 1、《清学者箸作表》.6、顾昊瞻[?]扇面 3、琨自行车 14

8 日,牛奶 9、赠何伯龙 20

10 日,花匠 1

15 日,车 1.5

16 日,电影 4.4、元胎郑书 10、邮票 1、京华印费 100

20 日,鸡.6

22 日,大陆存 100

26 日,花匠 1

27 日,车 1.6、笔.4、福州帖 4、裱武英殿稿 6

28 日,储蓄 9、杂用 1.4

是月共支:292.5

八月收入

前存 252.2

2 日,《辽痕》1.5、张荫麟还 130.6

27 日,三弟来 8.5、薪金 171

共进:563.8

八月支出

2 日,大陆存 200

3 日,《辟离碑》2.2、

7 日,太太用 1、西瓜.8、车 1.5

9 日,邮票 1

10 日,花匠 1、鱼菜 1

15 日,往金仙庵 3.2

22 日,螃蟹等 1、云松阁 16、雅文斋 20、车 2.4、美华早餐 5.5、施友忠礼 2、《书契前编》90、车带 2.5

24 日,杂用 2.4

26 日,往西山 4.1

27 日,请客 6.6

29 日,车 1.6、打牌 6

31 日,花匠 1、写扇板 2.4、《阳港碑》1、《石室秘宝》3

是月共支:379.2

九月收入

1 日,前存 184.6

10 日,《持静斋》7、开明书 25.8、书画苑 55

九月支出

1 日,车票.8、碗 1、赏李二 2

2 日,修表.5

6 日,牛奶 10、古光阁拓工 31.5、铸新照相 2、铜器拓本 10、饭食.4、夏承礼器印本 6、车 1.5

7日,车1、赏张宅下人等1、琬女学费等40、天丰批煤50、玉版
宣纸10、交内子2

9日,平民学校1、刘下人1、朱佩弦礼4、阿琬1

11日,车1、古钱10、代屺望古钱10、铜器拓本60、墨因簃裱工
27.4、《小说书目》.7

12日,书籍等19.5、《美术全集》100

13日,隶古斋23、成记宣纸10、琬女购物10

14日,花匠2、开明书籍28、送冰节钱.2

16日,车1.417日,代文学史4、代张炜麟26

18日,胰子.3

一九三三年

一月

一月一日　星期日

十时亮白弟夫妇来。

十二时张拔超①请余与元胎弟往太平馆午餐,谢瀛洲②、翟俊千③等在座。

六时伦慧珠与朱希祖来,留晚饭。

一月二日　星期一

三时往搭泰山船往香港,陈永强及元胎夫妇送行。四时半船开行。同行者张全恭,唐餐房船费四元。十时三刻至香港。张铨忠来接船,将行李寄存平安栈,同至跑马地景光街十五号张铨忠家少坐。往麦际可家,谈至三日早六时乃寝。

一月三日　星期二

十时往张宅早饭。五时铨忠请往新纪元晚餐。回张宅,将行

①张拔超,曾任东莞县长、广州特别市政府秘书长(1931年底至1932年初)。生卒年待考。

②谢瀛洲(1894—1972),字仙庭,广东从化人。1916年入法国巴黎大学法学院,1924年获博士学位。曾任教于中山大学,1932年任广东省教育厅长。1949年后赴台。

③翟俊千(1893—1990),广东东莞人。1920年毕业于北京大学,1921年入法国里昂大学,获法学博士学位。1927年回国后任教暨南大学、北京大学、清华大学、中山大学等校。

李携至名利栈,挑往尖沙嘴搭哥力芝总统船往上海。张宅全家皆来送行。余与张全恭坐三等七十二号房,船费港币五十三元。船于三时开行,余于一时先睡。

一月四日　星期三

六时许摇铃早餐,余乃起床。十二时午餐。

写九妹信,五时许晚餐。同行多侨民往美者。

全恭以所作小说与予看,描写入微,可造就也。

一月五日　星期四

早餐后写信与麦凌霄①。船上揭示云,明早七时至上海。

阅郑振铎《近百年古城古墓发掘史》。

一月六日　星期五

八时至沪,因驳船及海关检查,至十一时许乃到。寓东西旅馆,与全恭同一房,日租三元半。

在虹口与何骥相遇,彼寓虹口旅社。

全恭之友梁友耀请新雅晚餐。十时郑师许至,谈至一时许乃去。车费等1元。

一月七日　星期六

往先施公司买手表,二十元;衣料,又8十元;毛巾、手巾,川元。

与郑师许往访叶玉森,留午餐。与张全恭、梁友耀游书肆。

刘子长请晚餐于会宾楼,子长大醉。访张其淦②,时十时许,已睡,未见。

一月八日　星期日

进早点后与张全恭往虹口公寓访梁友耀。往闸北吴淞观战

---

① 麦凌霄(1908—1997),广东东莞人。1962年8月29日与容庚结婚。
② 张其淦(1859—1946),字豫泉,广东东莞人。光绪二十年(1894)甲午恩科进士,山西黎城知县,官至安徽提学使。辛亥革命后在上海隐居,专心著述。

迹,顺道往参观沪江、复旦两大学。

晚郑师许与其夫人簏妹来。与师许往刘宅参观拓片。

《申报年鉴》〢〨元,又邮费〡〦△。

一月九日　星期一

往先施购糖果五元,玩具九元。

往中国旅行社购往北平二等车票ㄨ夂〨十元,卧车票〨元。

购《儿童画报》等〡〦元、《礼器碑》〡〢元、《华山碑续考》〢元、日历川△,《陶磁说》ㄨ△、香蜜〡元、毛袜〣△。

晚与张全恭、梁友耀往白宫舞场,十一时归。

一月十日　星期二

早微雨。八时许往沪宁车跕,九时廿五分开行。搬行李费〢元,早餐及茶〡〣元。五时过江。搬行李费〡元。

一月十一日　星期三

早至徐州。沿途皆雪。餐费〢元〨△。

一月十二日　星期四

一时许至前门车跕。八妹与伦鉴培来接。三时与八妹乘汽车回家。

六时往祝廉先家开国文系教授会。赏茶房〢元。

一月十三日　星期五

收拾书籍。午后访洪煨莲。内子经手化用牛奶廿元。捐冯日昌遗族十元。

《燕京报》〢〨元。倒土八元。救世军〢元。燕京捐款〡二十元。冰ㄨ元。琨、瑶学费等廿元。琬学费等〣十元。

修理厨房〨元。《晨报》〡〣元。琨车带川〢元。

地板油川〨元。共化〡〓〡〨百元。

一月十四日　星期六

收拾书籍。

一月十五日　星期日

收拾书籍。

一月十六日　星期一

九时赴大礼堂早会,顾子仁①讲演。在研究所晤伯希和。午赴博晨光等早餐。

访顾颉刚。张炜麟来,住吾家。滕白也请晚饭,侯堮等在座。

一月十七日　星期二

八时进城,至式古斋,见所存西瓜鼎,敷出耳上四字。购鸟二元五角五。

下午往访傅孟真于研究所,并访马叔平、唐立广、黄晦闻。黄未遇,留先君遗稿,嘱代阅。晚至新馆。

还英古斋川十元、雅文斋川十元、傅孟真乂十元、张子干十三元。《贞松堂集古遗文续编》三部,⊥8元又丨8△。

一月十八日　星期三

早友联印刷所宋某来谈印《殷契卜辞》事。

至大泉山房,取回铜鼎二、彝一,存式古斋,除付价五百元,尚欠四百元。

至永宝斋,为各人购墨合,价十元二角。为伯枬妗母在雷万春购阿胶、鹿角胶,六元。

与苏等往中原公司,购里布,丨三元;手套丨二元。十时宋某与乐吉羊来。

---

①顾子仁(1887—1971),上海人。毕业于圣约翰大学。1926年任世界基督教学生同盟干事,致力于推动基督教学生运动。

一月十九日　星期四

早雪，午后方停。十二时回寓。于思泊来，五时半方去。

寄麦细嫂、黄晦闻、赵万里信。进城车费川乂元，缝皮袍工〡二元。

一月二十日　星期五

收理书籍。十二时半往校门接麦应维来吾家小住。

二时开教职员抗日会，会毕与马季明往〈观〉旗人柯立生出售之书籍，取《衡方》、《乙瑛》二碑归。

一月二十一日　星期六

收理书籍。孙海波来还《武英殿拓片》十元。

寄《中国文学史》8元、《古史辨》第三下〡元与张拔超。寄《集古遗文续编》与叶慈，寄《名理探》与张荫麟，邮费川元。

内子经手化用〡乂〡百元。张荫麟汇来〡三夂百元，前存六十元，付炜麟学费〢十元，月费五个月（九至一）亠8十元。付浦江清8十元，除存十四元，付《名理探》邮费一元，交下月月费十三元，正完。浦8十元未付，留作炜麟学费。

一月二十二日　星期日

清理书籍。

一月二十三日　星期一

往学校，听丁文江①演讲。

付文奎堂《两周金文辞大系》乂元，《金文丛考》〢元，《之馀》〢8元，《汉印偶存》、《句吴金石考》十元，《美术全集》馀款乂8元，共〢夂十元。

付富晋《泉币图说》〢8元、《簠斋尺牍》十元、《石鼓泰山碑》

---

①丁文江（1887—1936），字在君，江苏泰兴人。早年留学日本、英国，格拉斯哥大学动物学及地质学双学士。中国地质调查所及《独立评论》创办人之一。

九元;保萃《竹云·虚舟题跋》馀款丨元。

题《宝蕴楼彝器拓本》。

一月二十四日　星期二

九时往学校,听义勇军李某讲演。

寄元胎、陈淮生、陈绳夫①、许志远、罗子期等信。

一月二十五日　星期三

八时进城,访黄节、唐兰、于思泊。以王戊剑与于,易《迦音阁赟诗图卷》、马芳指头画册,及洋六百元。访商锡永未遇。

中央史语所欢迎杨杏佛②,四时开会。六时乘汽车回家。

一月二十六日　星期四

早录《迦音阁赟诗图卷》。访顾颉刚。为八妹修改"学术界消息"。

一月二十七日　星期五

杨家骧征当代名人录稿,草就寄之。

五时半进城,至欧美同学会,傅孟真请晚餐。回张宅宿。

一月二十八日　星期六

早往新馆及琉璃厂。回张宅午饭。

二时复往琉璃厂,购烟袋乂△,《中华活页》小本川三元,象乂8毛,《昭陵碑考》乂元、《王懿荣墓志》川△、《啼笑姻缘》川△,《章草歌诀》8△,书架圭△,《选学斋书画笔记》等丨8元。

在会文取《古志石华》,丨乂元。在墨因簃取俞瘦石画,8元。在尊古斋取铜敦,丨二百元;玉璪,丨8十元;玉狗,五元。

六时公宴杨杏佛,每份值六元。回静心斋宿,与中舒谈至一时。

---

①陈准(1900-1941),字绳夫,浙江瑞安人。曾任上海仿宋印刷局编辑。富藏书,家有"抱殷堂"藏书楼。

②杨铨(1893—1933),字宏甫,号杏佛,江西清江人。早年留美,发起创办《科学》杂志。回国后任东南大学教授、中央研究院总干事,1933年6月18日遭暗杀。

一月二十九日　星期日

九时与中舒访商锡永。十二时访林马林[利]。至鸿春楼午点乂△。
至琉璃厂。三时许乘电车回寓。唐立广来访,留宿。

肛门微痛,察视突出豆大,以第威德痔药搽之。

一月三十日　星期一

送唐立广到颉刚家。十二时在颉刚家开《学报》会议。

寄中国书店《陈氏种德堂丛书》一部,嘱代售十三元五角。

一月三十一日　星期二

早九时往校务长住宅开学校会议。往图书馆查《如皋县志》,
未见马芳其人。

往顾宅晤杨振声。题《宝蕴楼彝器拓本》下册毕。

二月

二月一日　星期三

九时往学校行春季开学礼。清理照片,拟重订《殷周礼乐器
考》,插图用照片。

二月二日　星期四

八时与内子、琨、琬同进城。游琉璃厂。

在钟太处早饭。一时往协和医院医痔疮,彼以微泻药与吾服。

在老馆宿。与友联商印刷事。

二月三日　星期五

早与宋某往敬记纸庄。十二时至于思泊家。一时至吴燕绍①
家早饭。

①吴燕绍(1868—1944),字寄荃,江苏吴县人。晚清进士,边疆史研究学者。

　　三时游琉璃厂,与于思泊至尊古斋,购铜剑十元,取成周铃陆拾元。黄伯川①以刚卯照片四册属题。

　　在老馆宿。痔疮渐愈。

二月四日　　星期六

　　在云松阁购小弩机一,上有"閔"字,与古币同,价三元,未付。至敬记纸庄,定印《殷契卜辞》纸,〔付〕定洋肆百元,付。付友联油墨费四十元。

　　与于思泊逛古玩肆。还尊古古剑三十元。六时还家。

二月五日　　星期日

　　清理字画。布置客厅。交琬女学费四十元。

二月六日　　星期一

　　校于思泊《吉金文选》。伤风。李方禹来,欲觅印件。

　　黄子通来。开明送《说文诂林续编》来。

二月七日　　星期二

　　摹吉金图。一时于思泊来。

　　交张炜麟学费七十元,三月月费十三元,除来尚欠大洋三十三元。

二月八日　　星期三

　　八时进城。访福开森。赠《秦汉金文录》与黄晦闻。访唐立广。在于思泊家早饭,饭后与思〈泊〉同至琉璃厂。

　　购红木花瓶底座,｜元;簠斋汉器全形拓片八张,十二元。

　　往沈宅拜吊。兼士先生丧母,今日接三也。

　　访董彦堂,还拓片款廿元,尚欠十元。取回象鼻毁。

　　访徐中舒。六时回家。摹吉金图。

---

①黄伯川(1880－1952),名濬,湖北云梦人。琉璃厂尊古斋主人,文物鉴藏家,号称"黄百万"。

二月九日　星期四

编自藏吉金。

六时国文学系在吾家聚餐,到者:马季明、郭绍虞、祝廉先、侯堮、滕圭五人。

二月十日① 星期五

二月十一日　星期六

八时进城,在尊古斋得铜铎一,价廿元。

将所有铜器交铸新照相,交古光阁拓铭。交铜器八纸与李方禹制版。

往访冯思,未遇。六时半回家。

二月十二日　星期日

作《颂斋吉金图录说》。

二月十三日　星期一

作《颂斋吉金图录说》。

二月十四日　星期二

早授课。下午校于思泊《吉金文选》。伤风甚苦。

二月十五日　星期三

早授课。赴师生大会。

一时半进城,至琉璃厂。在尊古斋取邝郸率铎。

五时往于思泊家。八时往福开森家晚餐。

十一时往史语所宿。与徐中舒谈至一时。

二月十六日　星期四

六时起。六时半乘车往燕大汽车行,乘车返校。

———————

①二月十日原缺。

九时授课。二时往学校校碑目。四时半往教务长住宅送行。

晚记邝郢率铎。阅高锦瑛论文。

二月十七日　　星期五

早授课。瞿润缗来,言将往上海就中华书局编辑职,月薪八十元。

校于思泊《吉金文选》。校《殷契卜辞》。

二月十八日　　星期六

八时进城,得两壶拓片,甚佳。与友联交涉印刷事。

照铜器。在云松阁得铜竟二,价丨三十元。六时半回家。

二月十九日　　星期日

校《吉金文选》。清理照片。写信与于思泊。

二月二十日　　星期一

早校《吉金文选》、《墨林快事》。

德人鲍尔铿来,以古剑拓本见示,与王文敏所藏相同。余深悔余所藏之售去也。

王[黄]晦闻来。复麦凌霄信。

二月二十一日　　星期二

早校《墨林快事》。上课。午约张石公、周一良、瞿润缗、顾颉刚便饭。

晚写先君遗稿。寄三弟书信、傅孟真信。

二月二十二日　　星期三

早授课。写先君诗稿。

二月二十三日　　星期四

早授课。写先君诗稿毕。

二月二十四日　　星期五

将先君诗稿请张尔田先生校正。授课。

四时半听义勇军王某演讲,至七时乃毕。写《宝蕴楼彝器》文字目录。

二月二十五日　星期六

整理金文拓本。江吕文介绍谭桂芳来。

二月二十六日　星期日

八时进城,在直隶书局与于思泊、商锡永相见。

定印先君诗稿三百部,价九十六元。往福寿堂吊沈宅丧。

往林宅、李方禹〈处〉。与苏往庆乐园看《赖婚》戏,甚卖气力。回张宅宿。

二月二十七日　星期一

八时往沈宅送殡。十二时与商锡永往敬记纸行及祯源午餐。

往林宅,见邓石如屏,甚佳。六时回家。校汉石经《大诰》、《康诰》、《洛诰》。

二月二十八日　星期二

早授课。下午作《颂斋吉金考释》。

晚写信与曹诗成、张乾若、丁丁山,寄江绍原①《古器物识小录》、《铜仙传》。

三月

三月一日　星期三

早授课。清理所藏金文拓本。

三月二日　星期四

早授课。写《颂斋吉金图释》九页。

---

①江绍原(1898—1983),安徽旌德人。1917年在北京大学哲学系旁听,1920年赴美国芝加哥大学攻读比较宗教学,1923年回国任北京大学教授。

三月三日　　星期五

早授课。一时李方禹来,付印费乂三十元,三十二页铜器皆印毕。

清理印本,拣出五份。

三月四日　　星期六

写《颂斋吉金图释》七页。汤玉麟退出热河。

三月五日　　星期日

八时进城。十二时于思泊请春华楼午餐。

五时往史语所。徐中舒不在,见董彦堂。六时回寓。

三月六日　　星期一

写自藏彝器考释。五时教职员抗日会开会。

六时约甲骨、钟鼎文学生七人晚膳。

三月七日　　星期二

上午授课。写自藏彝器释文毕。五时图书馆开购书会。

三月八日　　星期三

上午授课。十一时全体大会,徐淑希①演讲。

将贞松堂补遗之秦汉金文注入《秦汉金文目》中。

五时张景观来晚饭。将所藏金文加盖鼎、鬲等文印记。

三月九日　　星期四

上课[午]授课。整理金文。六时国文系在郑振铎家聚餐。

三月十日　　星期五

早授课。午黄子通请食饭。校《卜辞》稿、《聊自娱斋稿》。

以《颂斋吉金录》寄三弟,欠归尊、成周戈拓片。

三月十一日　　星期六

作《殷契卜辞》序。整理全形拓本付裱。

---

①徐淑希(1892—1982),广东饶平人。曾就读于香港大学、美国哥伦比亚大学。燕京大学
教授,曾任国际联盟理事会中国副代表,1949年后迁台。

三月十二日　星期日

八时进城。访黄晦闻,为题先子诗及赘诗图卷。访唐立广、于思泊。

交墨因簃裱全形拓本四十页,修理赘诗图卷。四时半回寓。

三月十三日　星期一

校镜文摹本。朱士嘉[1]来。写联六对。

购许刻《夏承碑》、《天冠山诗》各一册,价十元。

寄《清华学报》与元胎,共十四册,价五元五,邮费三川△。乃莫天一[2]托购。

三月十四日　星期二

早授课。下午与马季明同任画会茶会,到者约十馀人。

三月十五日　星期三

早授课。四时往画会茶会,画家到者二十馀人。

三月十六日　星期四

早授课。改定《东莞印人传》。四时往图书馆开购书会。

三月十七日　星期五

早授课。下午一时半进城,往史语所。孟真未来。与徐中舒、孙海波往访于思泊,见所购铜器数十事,颇佳,皆熟坑,惟价六千馀元,太昂耳。回老馆宿。

三月十八日　星期六

早往史语所,与孟真订明《金文续编》稿费五百元。

十二时黄仲良在玉华台请食饭。一时金潜广[3]请食饭。

---

[1]朱士嘉(1905—1989),字蓉江,江苏无锡人。1932年毕业于燕大研究院,留校任图书馆中文编目部主任,兼任辅仁大学历史系讲师。

[2]莫伯骥(1877—1958),字天一,广东东莞人。藏书家,所藏之富、版本之精为广州书楼之冠,自称“五十万卷藏书楼主”。

[3]金开藩(1895—1946),字潜庵,浙江吴兴人。画家金城长子,工书善画,能承家学,在钱粮胡同14号组织湖社画会,出版《湖社月刊》。

　　饭后往隆福寺。在敬记定夹连纸五十刀,每刀仍旧价乂一元。在老馆宿。

三月十九日　星期日

　　早往琉璃厂。

　　以象足簋易事父簋。因前与尊古说好象足簋时,我以为是百二十元,彼以为是百六十元,现易事父簋,仍价百六十元,花纹、文字、色泽皆较佳,惟象足簋形制别致耳!

　　十二时祁劲庵之子定婚,在大美番菜馆请午餐。

　　与苏、钟往庆乐园看李桂云演《桃花泣血记》。六时半回寓。

三月二十日　星期一

　　付宏利保险费廿三日支票一百八十九元七角五分。

　　清理全形拓本。借用八妹存款八十三元九△三分。

三月二十一日　星期二　夜雪

　　早授课。下午吴世昌来学刻印。傅孟真来,同往顾颉刚家。

　　寄邓屺望《古今钱略》、《钱志新编》、《古泉丛话》三种。

三月二十二日　星期三

　　早授课。十二时全体大会,陈博生①演讲。大雪,为十年来所未见。

　　评《猷氏集古录》弟三册。

三月二十三日　星期四

　　早授课。午往图书馆、研究所。五时开购书会,至六时许。

　　晚间清理全形拓本。

三月二十四日　星期五

　　早授课。清理全形拓本。

---

①陈博生(1891—1957),字渊泉,福建闽县人。早年留学日本早稻田大学。1918年任北京《晨报》总编辑,1928年入英国伦敦政治学院。1930年任《北平晨报》社长兼总主笔。

三月二十五日　　星期六

八时进城，与顾起潜访福开森、于思泊、唐立广。

在延古斋购一莽罦，价三百元。付墨因褾裱全形拓本三百馀纸。

往红罗厂十三号访张石公，留饭。九时回张宅宿。

三月二十六日　　星期日

早往琉璃厂。十二时回家。清理书桌。

三月二十七日　　星期一

早往学校访颉刚。文古书店送《列国志》来。晚请文字学班学生食饭。

三月二十八日　　星期二

早授课。午赵澄来照相。请文字学班女生晚饭，四时来观书。

三月二十九日　　星期三

写信。校《殷契文编》，写凡例。

三月三十日　　星期四

早授课。校《范楷亭指画图解》。作《华山碑考续考提要》。

三月三十一日　　星期五

早授课。购小说《列国志》，川十元，明板。

收拾行李，预备往正定。汇张炜麟四、五月月费川二十元。

四月

四月一日　　星期六

八时进城，至平汉铁路办事处定车票。至琉璃厂。在老馆早饭。

午后复至琉璃厂。与于思泊、商锡永逛古玩肆，见一彝，甚佳，字在两耳，铭"丮父己"，左右同文。索价八百元，还四百，不肯售。

晚在商锡永家宿，周季木来，谈至一时半乃睡。

四月二日　星期日

五时起,往燕京同学会访顾颉刚。至西车站购车票,至正定,共十六人,每来回半价四元五角,共七十二元。同行者:顾颉刚、博晨光、许地山、刘兆蕙、滕圭、张颐年、顾廷龙、熊正刚、郭竽、雷洁琼、牟传楷、赵澄、翁德林及媛妹,共十五人。郑德坤未至。

四月九日① 星期日

十时半由正定乘车回平。十一时至寓,燕京同学会。

四月十日　星期一

七时回家。

四月十一日　星期二

早授课。午植树。七时往洪煨莲家晚饭,谈建设社事。

四月十二日　星期三

授课。往西苑观高射炮。校隆兴寺碑。

四月十三日　星期四

早授课。校隆兴寺碑。

四月十四日　星期五

早授课。校隆兴寺碑。

四月十五日　星期六

往访洪煨莲。复张荫麟等信。

四月十六日　星期日

进城,游琉璃厂。

在厚德福聚餐,凡十四人,食熊掌,每人三元。六时半回家。

四月十七日　星期一

徐中舒来。孙海波来。

---

①四月三至八日在正定旅行期间未记。

七时请洪煨莲、刘廷芳、吕复夫妇、博晨光、寇恩慈晚饭。

徐中舒取施密士甲骨拓本一份去,价十元。

四月十八日　星期二

修改《东莞印人传》。授课。

四月十九日　星期三

早授课。补作《颂斋吉金图录考释》。

四月二十日　星期四

早授课。叶楚生、林慧贞来,求书小幅。

四月二十一日　星期五

早授课。修改《宋代吉金书籍述评》。

学生某来求书联幅。在李太太家开会,商陈列国货事。

四月二十二日　星期六

修改《宋代吉金书籍述评》。十二时往洪煨莲家午饭。

往寇女士家,见杨振声。同来吾家小坐,同往访顾颉刚。

四月二十三日　星期日

八时进城,至琉璃厂。

聂崇岐、朱士嘉请忠信堂午饭。至新馆、老馆。子幹生日。

四月二十四日　星期一

早往琉璃厂。往古物陈列所,将古物装箱南运甚忙。

往史语所,晤徐中舒、傅孟真。

游中央公园。访冯俨若,留晚饭,并宿于其家。

四月二十五日　星期二

早授课,回校。罗子期寄拓本二十纸来。

校《殷契卜辞》稿。往体育馆陈列国货。

寄罗子期、徐中舒、于思泊等信。郑师许寄《挈经室集》来,价四元。

四月二十六日　星期三

早授课。师生大会,胡适之演讲。往国货陈列〈处〉。

四月二十七日　星期四

早授课。烘煨莲请午饭,商办报事。赵斐云来。往学校。往国货陈列处。

四月二十八日　星期五

早授课。整理《金石书录》。颉刚为修改《殷契卜辞》序。

四月二十九日　星期六

写《殷契卜辞》序。校《卜辞》印稿。

冯俨若夫妇及陈君夫妇等来。往学校参观。

张荫麟汇大洋八十一元来,除还旧欠乚乂十元,尚存刂二十元。

四月三十日　星期日

写《颂斋吉金图录》稿。

五月

五月一日　星期一

写《颂斋吉金图录》稿。复伦慧珠信。

冼玉清汇大洋弍百元来,嘱代买铜器。

五月二日　星期二

早授课。下午写《颂斋吉金图录》。晚校《金文箸录表》序、收藏人名。

五月三日　星期三

早授课。选《泉屋清赏》彝器图七十六器,拟制铜版。

顾颉刚来电话,约五日往游云冈。

五月四日　星期四

早授课。一时半进城。在大观斋购爵一、罐盖一，价一百元。

五月五日　星期五

七时回寓。整理所裱全形拓本。

三时半与颉刚、煨莲、季明、苏恩伯乘京绥路车往游大同。

五月六日　星期六

七时至大同，乘骡车往云冈。九时起行，大风。三时半乃至。参观佛象，庄严巨丽。

五月七日　星期日

十一时半回大同，三时至城。大同车跕段长汝怀新君在华严寺相接，邀饮于酒家。

七时半乘车至张家口。

五月八日　星期一

上午一时至张家口，寓兴隆旅馆。七时许往访张天祥盐务收税长，尚未起。

往游赐儿山等名胜。苏恩伯因照相，余等被送至公安局，争辩多时，乃始释放，时已三时。

至饭店午饭。颉刚四十生日，余等为之祝寿。天祥派汽车来接，乃往其家，与游古玩肆。返谒冯玉祥①，谈甚快。

八时许回天祥家晚饭。彼赠余石象一、笔筒一。十时半回寓。

五月九日　星期二

六时至车跕，七时半车开行。回平三时十五分，至清华园下车回家。

---

① 冯玉祥(1882—1948)，字焕章，安徽巢县人。1924 年在第二次直奉战争中发动"北京政变"。1933 年在张家口建立察哈尔民众抗日同盟军，任总司令。

五月十日　星期三

早授课。

孙海波来，携商锡永所藏之爵来，与余新购同铭者，以《楚雨楼丛书》相易。作二爵考释。

五月十一日　星期四

早授课。午林慧贞、叶楚生、舒远隆来。六时国文系在余家会议，并聚餐。

五月十二日　星期五

早授课。日本飞机来。下午孙海波来。

付宝书堂抄本《唐代金石跋》一册，十元；《古今钱略》，五元。

顾起潜云，拓本《金石跋》似是郑业敬所作，考之良确。

五月十三日　星期六

早往孙海波处。午顾颉刚请食饭。

下午清理照片制铜版。清理拓本付裱。至十一时乃睡。

五月十四日　星期日

八时进城，访唐立广，其《颂斋吉金图录》序已作毕。留食面。

往清宫，购《三朝夷务始末》，未得。

在德古斋购汉钫拓本，价七元，甚廉。在华昌制铜版。在新馆宿。

五月十五日　星期一

往敬记结纸账。在大泉购一爵，价丨乂百元。

在大观购一彝，铭作手持刀宰兽，价八十元；一素觚，蓝绿锈，绝佳，价六十元。

在尊古购古钱，川8十元。

七时回寓。文奎送来《卜辞通纂》，丨二十元。来薰阁送来《草韵汇编》，丨二十元。

五月十六日　　星期二

早授课。

午后清理拓本。复冼玉清信。共代购铜器:雅文十一件,丨三百元;大观觚一,川二十元;自让出云纹钟,四十元。共丨夊川百元,馀八元作邮费。

五月十七日　　星期三

早授课。

会文送《意园古今官印匇稿》来,初以为盛伯羲所作,价十四元,留之,细阅乃知为侯汝承所作。

修改《颂斋吉金图录》序。

五月十八日　　星期四

早授课。孙海波来。修正《武英殿彝器图录》。校《金石书录》。

五月十九日　　星期五

早授课。德古斋来,以散氏盘、汉钫拓本款十七元与之。

剔治铜器。为孙海波借图书馆《书契前编》。

五月二十日　　星期六

八时进城。在林宅购邓石如屏六条、翁方纲联一,共价亖川十元。

付翰茂斋拓工丨百元。

五月二十一日　　星期日

寄郑师许《泉屋清赏》照片245页,每页川δ△,共大洋亠丨二δ十元。

克恩慈取去觚一,八十元;爵一,川百元。寄马叔平信。校《金石书序跋》。

五月二十二日　　星期一

八时拟与内子同进城,参加祁宅喜事,八妹言时局危急,遂中止。

文岚簏送先君《聊自娱斋遗稿》百五十册来。

清理《金文续编》。燕东园教员于五时半讨论时局危急办法。收拾铜器。

五月二十三日　星期二

早授课。清理《金文续编》。

五月二十四日　星期三

早授课。付友联印费丨百元。孙海波来求书联四付。清理《金文续编》。

五月二十五日　星期四

早授课。

清理学校所付款,存《大佛寺》印刷费八百元〇九分,《殷契》印费 285 元 6△。清理《金文续编》。

五月二十六日　星期五

早授课。写信三弟,提议将绍述堂蒸尝由余等及三妹均分。清理契据。

五月二十七日　星期六

雨,欲进城未果。写《吉金图录》稿。马季明请午饭。

三时半进城,寄邮局保险信,因过时未能寄。访马叔平,未遇。在老馆宿。

五月二十八日　星期日

早往访马叔平先生、林玛利。

下午往琉璃厂,付云松阁镜款十六元;付大观爵、罐盖一百元,觚六十元,岭大觚廿元,收克女士觚款八十元;付墨因簏裱工 8 夂十元。

五月二十九日　星期一

早往琉璃厂,付铸新照相款川 8 十元。

往邮局寄保险信五百元与三弟。十时半坐洋车回家。

腹泻三次。五时与内子赴教职员送别会。

五月三十日　星期二

早授课。

阅《东莞歌》,欲为之刊版。将印《大佛寺》专号款八百元〇九分又利息川8二十元退还会计处。

五月三十一日　星期三

早授课。阅小说书目,并为八妹修改书评。

一月至五月底共化二千七百元,共进二千元;购置费一千三百元,储蓄费三百六十元,除尚化一千一百四十元。

六月

六月一日　星期四

早授课。

六月二日　星期五

早授课。下午清理所制铜版。

六月三日　星期六

清理照片,交华昌制版。下午一时进城,交光和量一纸与墨因簃代售。

六月四日　星期日

早往李方禹、林玛利家。

十二时与顾颉刚、许地山在许宅请梁思成夫妇[1]、博晨光、刘兆

---

[1]梁思成(1901—1972),广东新会人。梁启超之子。1928年毕业于哈佛大学研究院,同年与林徽因结婚。林徽因(1904—1955),福建闽县人。曾就读美国宾州大学及哈佛大学戏剧学院。

蕙、雷洁琼等。三时半坐博车回家。

六月五日　星期一

写《颂斋吉金图录》稿。

钟来。代张荫麟收《大公报》稿费十元,共存十二元。

六月六日　星期二

早授课。孙海波、唐立广来。雷洁琼来照相。

四时许手忽酸痛,不可忍,早睡。

六月七日　星期三

早授课。下午写《颂斋吉金图释》。来薰阁取《颂斋》稿去。

六月八日　星期四

写《颂斋吉金图释》。六时在郑振铎家开国文系会议并聚餐。

六月九日　星期五

寄张懋勤、汝怀新信。看试卷。

作《秦汉印范提要》。张荫麟来信。抗日会开会。

文奎堂来《种德堂丛书》,丨三δ元;《文字学讲义》,δδ亖元。共亠十亖刂元,付《卜辞通纂》丨二十元。

六月十日　星期六

八时与内子及琬进城。三时往参观周起凤之女婚礼。

四时半往访董彦堂,同赴唐兰、刘节大美番菜馆晚餐。

在老馆宿。付英古斋行戈及砖、尺价七元。

六月十一日　星期日

早往琉璃厂,在墨因簃购改琦《红楼梦图》,及《急就章》,价五元。图交来薰阁修理。

三时半与张仲葛[1]回家。

---

[1]张仲葛(1913—1999),字次篁,广东东莞人。张伯桢次子。畜牧学专家、教育家。1936年毕业于国立北平大学农学院。

六月十二日　　星期一

修改《颂斋吉金图释》，并写三纸。阅试卷。

晚在颉刚家开技术观摩社会，拟组织印刷所，招一百股，每股十元。我认二十股，媛妹认十股。

六月十三日　　星期二

文字学考试。阅试卷。校《金石书录》。

六月十四日　　星期三

写《吉金图释》。

代罗购《三朝夷务始末》，价一乂ઈ十元，抵销欠他《楚雨楼丛书》、《汉晋书影》等书款。

雷洁琼、高君珊①请晚饭。

六月十五日　　星期四

校《缀遗斋汉器款识》抄本。抄《吉金图释》毕。

六月十六日　　星期五

整理《礼乐器考略》铜版图。

六月十七日　　星期六

早往学校。一时商锡永、董彦堂、唐立广、王铁广②来，三时半同往颉刚家。

七时赴国文学会，欢送毕业同学，醉归。

六月十八日　　星期日

醉酒。

---

①高君珊（1893—1964），福建长乐人。高梦旦之女。1931 年获美国哥伦比亚大学教育硕士学位。先后任教于北京女子高师及燕京大学、东南大学、中央大学、暨南大学等校。

②王辰（1909—1936），字铁庵，北京人。著有《续殷文存》。容庚《商周彝器通考》："王君印此书时已卧病不起……书成而王君以廿五年四月卒，年廿八，以此书留姓名于世，悲夫。"

六月十九日　星期一

早研究所开会,审查奖学金事。旧生留五人,新生取六人,国文系三人:郑侃慈、李素英、高贻妢,均女生。《殷契卜辞》印刷费共二千一百乂川十元,前来 2 千 4 元,尚存 2 百 58 元,退还会计处。

七时技术观摩社在吾家开会。

六月二十日　星期二

九时往观毕业典礼。整理考古旅行照片。寄三弟《卜辞通纂》,丨十二元。

六月二十一日　星期三

整理考古旅行日记。整理《续金文编》。

寄张炜麟五十元,除《大公报》十元、《学报》稿费十元,前存二元,尚欠川亖十元。

六月二十二日　星期四

八时进城,与颉刚访杨振声,不遇。往访何遂,客来甚多,见义军女将姚瑞芳。

往华昌。至钟家早饭。二时往故宫参观,并茶会。

五时回新馆,在陈太家晚饭。约苏往中天看电影。

六月二十三日　星期五

九时友联人来。

往曹太家,与曹太等往半亩园食番菜,并往庆乐园看戏。六时往老馆。

六月二十四日　星期六

早往华昌。午往商锡永家,见郳季子鼎,甚佳,彼云以七百元得之。

六时半回家。大雨。

六月二十五日　星期日

整理全形拓本、《古官印匄》。为刘绳曾书联。

六月二十六日　星期一

整理《金文续编》,并摹两纸。

六月二十七日　星期二

整理《金文续编》。博晨光请晚饭。

六月二十八日　星期三

整理镜文。洪煨莲请晚饭。大雨,东门水流成河。

六月二十九日　星期四

整理镜文摹本。友联送《殷契卜辞》三十部来。

早往学校。艾立雪夫与博晨光来观余所藏铜器。

六月三十日　星期五

往学校。下午复往学校。

寄何伯龙、邓岊望、麦凌霄信。七时半蔡一谔请晚饭。

寄元胎、何伯龙、东莞图书馆《殷契卜辞》。

七月

七月一日　星期六

整理竟文。七时吴文藻请晚饭。

接三弟电报,说粤师蹋(疑误字)①,旬日北上。

七月二日　星期日

整理竟文。

七月三日　星期一

整理竟文。

七月四日　星期二

整理镜文。

---

①原文如此。

七月五日　星期三

整理镜文。王铁广约会贤堂晚饭,五时半进城。

七月六日　星期四

早往琉璃厂。回老馆早饭。

二时往访唐立广。三时往访商锡永,候徐中舒至,同往大兴公寓访李某,看所藏铜器,见一鬲,还价四十元。

五时至王铁广家打牌,输一元。十一时回商宅宿。

七月七日　星期五

早至隆福寺,在修绠堂购《古金录》,十元。

在保萃购《瀛洲笔谈》,五元。在张宅早饭。与苏等往看电影,五时毕。

访赵万里,彼已南归。至东安市场,购于啸轩刻象牙小牌二,价三元。在五洲书局购《廿〖一〗史朔闰表》,价一元。六时半回家。

七月八日　星期六

吴世昌来,借二十元去。校《宋代吉金书籍述评》。

接三弟快信,说在中大被裁。

七月九日　星期日

校《二百竟斋竟》摹本。校三弟《韩朋赋考》。

七月十日　星期一

早往学校。郑侃嬟与连士升①来,为书联二付。赵肖甫来。校《古金录》序。

七月十一日　星期二

整理镜文。天热至八十六度,不能工作。伦珠来信,属交五十元与四太。

①连士升(1907—1973),字子云,福建福安人。1927年入燕京大学经济系。毕业后在岭南大学任教,抗战初期迁香港,任报章专栏作家。后移居新加坡。

七月十二日　　星期三

整理竟文。十一时往学校。热至88。

三弟来信说,岭大聘他,薪二百七十元。电属应聘。

交开明带三器与古光阁拓。

七月十三日　　星期四

整理竟文。热至88。李智广送小鬲来,铭"羊ㄙ"二字,价四十元。

七月十四日　　星期五　　室内88

整理竟文。汇五十元与张炜麟。

看《醒世姻缘》。嘱开明寄《卜辞》二十部与中国书店。

七月十五日　　星期六　　88

整理竟文。

七月十六日　　星期日　　88

竟文贴讫。阅《隶释》、《隶续》。

七月十七日　　星期一

翻阅《古泉汇》、《符牌图录》,定将符牌收入《金文续编》中,而古泉则俟《泉文编》收之。

复瞿子陵信。寄刘晦之《卜辞》。

七月十八日　　星期二

录竟文。摸符牌字收入《续编》中。

七月十九日　　星期三

录竟文。

七月二十日　　星期四

八时进城,至琉璃厂,往华昌制版。在老馆早饭。

下午复至琉璃厂。遇于思泊,同至祯源馆晚饭,复遇商锡永。

七月二十一日　星期五

早打牌。下午往新馆,为陈老太住房事。九时与苏、钟往中央看电影。

七月二十二日　星期六

九时回家。看《东方杂志》。整理自藏金拓。访郭绍虞。

七月二十三日　星期日

校竟文。

七月二十四日　星期一

整理《颂斋吉金图录》,嘱刘维智加盖数目印于上。寄伦珠信。

七月二十五日　星期二

检唐立广《乐器小记》插图。寄张荫麟、张全恭信。

许地山来,留饭。傅博平与梁道坦来,为考燕大事。

七月二十六日　星期三

写《吉金图录》封面。

七月二十七日　星期四

写《吉金图录》封面毕。校《宋代吉金书籍述评》。

七月二十八日①　星期五

七月二十九日　星期六

八时进城。至立广家。访冯俨若,留午饭。二时至琉璃厂。五时至旧馆。

七月三十日　星期日

在老馆。十时往新馆开会,讨论住房事。公推我与伦明、张仲锐为馆章起草人。二时回老馆,拟馆章。

---

①是日原缺。

七月三十一日　星期一

午后大雨。早起拟《告新馆同乡文》。

八月

八月一日　星期二

早往隆福寺保萃斋,整理金文拓本。

与文奎堂约定预购《颂斋吉金图》五十部,每部六元计算。

访徐中舒、董彦堂。赠中舒《卜辞》一部。十二时回家。访吴雷川。

八月二日　星期三

复张荫麟、三弟、伦珠等信。

八月三日　星期四

写《续编》卷十三六页。十一时吴雷川来谈。

八月四日　星期五

写《续编》卷十二七页。

八月五日　星期六

写《续编》卷十二二页,卷十一二页。

林慧贞来补考。热至八十八度,不能工作。

八月六日　星期日

写《续编》卷十一五页。

八月七日　星期一

写《续编》卷十六页。

八月八日　星期二

与琨入城,报考崇德小学五年级。

至新馆,闻陈恭甫死。三时与苏往度乐园看戏。

八月九日　星期三

　　至琉璃厂。与八妹、苏等至庆乐园听戏。六时半回家。

八月十日　星期四　雨

　　写《金文续编》卷十六页,完。四时往访浦江清、雷洁琼,皆不遇。

八月十一日　星期五

　　写《续编》卷九二页。张文理来。

八月十二日　星期六

　　写《续编》五页,卷九完。文理来,云明日往沪。

八月十三日　星期日

　　写卷八二页。往煨莲家。请煨莲、文理等午饭。

八月十四日　星期一

　　写卷八五页。

八月十五日　星期二

　　写卷八四页。刘廷芳请食饭,为廷蔚①与元俊结婚也。访雷洁琼。

八月十六日　星期三

　　写《续编》卷八二页。张国淦来。五时半进城,到冯宅。

八月十七日　星期四

　　九时与王芷章②往北平图书馆。

　　三时往琉璃厂。六时半回家。在云松阁购爵二,共四十元。

八月十八日　星期五

　　写卷八二页,完;写卷一二页。

---

①刘廷蔚,浙江永嘉人。刘廷芳三弟。毕业于燕京大学,昆虫学家,供职中国农村复兴联合会。
②王芷章(1903—1982),字伯生,河北平山人。曾得容庚推荐,任北平图书馆馆员。著有《清升平署志略》、《腔调考源》、《清代伶官传》、《中国京剧编年史》等。

十一时往清华访张石公。琨考进崇德小学五年级。

八月十九日　星期六

写卷一五页。

八月二十日　星期日

写卷一三页,完;写卷二一页。

八月二十一日　星期一

清理所印吉金图,发现缺坏之页,须重印者八九器。

八月二十二日　星期二

八时进城。

八月二十三日　星期三

八时往友联商印刷事。

二时往北平图书馆,荐王芷章,月薪三十元;钟坤,月薪二十五元。

五时回家。

八月二十四日　星期四

作《选印四库未刊本小言》。写《续编》卷二三页。

八月二十五日　星期五

八时进城,交涉友联印刷事。

八月二十六日　星期六

至车站接张全恭,未遇。

至中央公园,贺吕宅喜事。复至协和礼堂,贺梁宅喜事。付友联二十五元。

八月二十七日　星期日

进城接张全恭。徐中舒来。唐立广、刘子植来,未遇。清理旧信。

八月二十八日　星期一

早往访闻宥①。往学校。为刘□②写扇。清理旧信。

八月二十九日　星期二

作《金石文考提要》。

八月三十日　星期三

往学校，为三弟查《孔尚任传》。

王富晋之弟来取《六体千文》四部，二十元；《清织氎》十部，四元。

写《金文续编》弟二二页。李芳禹补印《吉金图》送来。

八月三十一日　星期四

与张全恭进城，至文奎堂。他预定《颂斋吉金图录》五十部，价三百元，取一百元（其伴带支票二百元至吾家）。访陈受颐。

在商锡永家饭。至富晋书社，取预定《颂斋吉金图》三十部，款二百元，又付《千字文》款〤十元。在会文取《安阳》四种，价三元。

晚与苏、钟、张等在中央看电影。

在三友堂购王铎横幅，十二元；《草均辨体》，〤元。

寄三弟三百元，由张全恭交款，由我还他。由商手交李方禹三十元。

九月

九月一日　星期五

至琉璃厂。回老馆饭，食螃蟹。四时半回寓。

---

①闻宥（1901-1985），字在宥，号野鹤，江苏娄县人。早年曾在上海《早报》及商务印书馆编辑部工作，擅诗词、书法，时任燕京大学副教授。

②原空。

九月二日　星期六

至学校。访颉刚。代三弟交《殷契卜辞》款四十八元。

三弟寄大洋式拾元来,食我生日。

九月三日　星期日

杜鹿笙、唐现之①来,与游学校及清华园。张全恭迁学校。

九月四日　星期一

八时进城。十二时徐中舒在森隆请午饭。

九月五日　星期二

十二时黄仲良在来今雨轩请午饭。四时回家。

九月六日　星期三

写《续编》卷二二页。

九月七日　星期四

写《续编》卷二二页。下午八时赴欢迎新教职员大会。

九月八日　星期五

往蔚秀园开校务大会。写《续编》卷二一页。

九月九日　星期六

早清理自藏铜器拓本。九时赴校务大会。

九月十日　星期日

早进〈城〉访马叔平未遇。在唐立广处取颐和园照片交铸新摄景。

六时回家。

九月十一日　星期一

写《金文续编》三页。张石公与孙鹏(字克明)来午饭。

---

①唐现之(1897—1975),广西灌阳人。1932 年筹办广西省立高等师范专科学校,1937 年创办桂林师范学院。

九月十二日　星期二

写《金文编》二页,卷二完。张石公等来午饭。

晚作《九一八以来所得之教训》。

九月十三日　星期三

写《续编》卷三一页。作《九一八以来所得之教训》。

张石公来早饭。抄《汉碑目》。与刘维智十元,与购自行车之用。

会文书局还壹百元。伦哲如前将《校礼堂集》向修绠堂揭款二百元(钟值八十元,珠值百二十元),今已到期一年而不赎取,修绠堂愿不取息(原二分计算),遂为之转压。

九月十四日　星期四

清理书籍。

九月十五日　星期五

授《说文》课。校颐和园铜器拓本。

子期由来薰阁拨来丨百元,为照颐和园铜器之用,计:丨二十寸三张、夂元;八寸五张,亠8元;六寸丨乂十张,丨乂十元;四寸乂十张,刂乂十元,共8乂8十元,尚存洋乂88十元。

九月十六日　星期六

校颐和园铜器拓本。晚引得校印所开会。李炳华请晚饭。

九月十七日　星期日

写《续编》两页。整理大佛寺碑文。

九月十八日　星期一

九一八两周纪念。写《续编》两页。

九月十九日　星期二

整理所印《吉金图释》。写《续编》四叶。

李会计送小说来,共价二十元,以《西游原旨》、《女仙外史》、《水浒后传》为至佳。

九月二十日　星期三

早授课。访振铎。

李会计送《泉宝所见录》、《泉史》、《纫斋画剩》三种来,价三十元,付之。《泉宝所见录》则余向所未见者也。

九月二十一日　星期四

写《续编》卷三三页、卷四一页。和济张枚观来接揽生意。

结《卜辞》账,与瞿合赠者:商锡永、唐立广、董作宾、魏建功、沈兼士、马叔平,共六部。

自送者:吴雷川、何伯龙、容元胎、邓尔雅、东莞图书馆、张石公、徐中舒,共七部。

我得研究所赠Ⅱ8十部,多印三部、样本一部,共Ⅱ夂十部,除送出十部,存十九部。

瞿又赠顾起潜一部、周一良一部,尚存Ⅱ十部。

九月二十二日　星期五

早往学校上课。灯下写《子游残碑》释文于《安阳四种》拓本上。

九月二十三日　星期六

八时进城。于思泊欲以冈父已簋及奚簋与余鹽金黼尊相易。

付云松阁癸爵款Ⅱ十元。

九月二十四日　星期日

张仲锐结婚,在西长安街广和居。六时半返寓。

黄伯川欲以黄十钟与余仲竞簋相易。

九月二十五日　星期一

早授课。写卷四一页。

九月二十六日　星期二

写卷四三页。

九月二十七日　星期三

早上课。下午往学校,并开抗日会。

九月二十八日　星期四

写《续编》卷四四页,完。为杨智广作润格,赠杨智广《卜辞》一部。

九月二十九日　星期五

早授课。郝庆琛二时来吾家。

接荫麟汇信。付会文小说等账川二十元,付保萃十八元。

付三友王觉斯草书丨二十元,《草均辨体》乂元,《石鼓文汇》等川元,共丨夊十元。

九月三十日　星期六

收拾书桌。

十月

十月一日　星期日

于思泊、商锡永、赵斐云、胡文玉、刘子植、徐中舒、魏建功、孙海波来午饭。

以蟠尊与于思泊易冈父己簋、大禹。

十月二日　星期一

早授课。下午进城。苏生日(四十一),甚热闹。

尊中竞簋与尊古斋易黄十钟、且乙爵。在大古山房得一土簋,价二十元。

十月三日　星期二

九时往北平图书馆校《泉屋清赏》。

四时往团城访罗膺中①,观新嘉衡,计直方竿一、权三,形如环。

与魏建功长谈。六时半返寓。

十月四日　星期三

晚间约五妹、张全恭等晚饭。

十月五日　星期四

写《续编》已写之一、二、三、八、九、十、十一、十二、十三九卷金文上之小篆,俾易于阅看。

十月六日　星期五

早授课。晚清理《金石书录》。复周星槎信、罗子期信。

十月七日　星期六

写《续编》卷五三页。宋守仁来。

十月八日　星期日

八时进城,送柯劭忞②出殡。访杨金甫。六时半回家。

十月九日　星期一

早授课。一时半进城,与苏看电影。

十月十日　星期二

商锡永、魏建功、顾颉刚、胡文玉、于思泊、徐中舒、刘子植、赵万里、孙海波、唐立广十人招饮于东兴楼,为吾四十寿。

四时半回寓。早访福开森。

十月十一日　星期三

早授课。伤风。寄元胎信。整理《颂斋吉金图录》,付装订。

---

①罗庸(1900—1950),字膺中,江苏江都人,蒙古族。1924 年毕业于北京大学研究所国学门。1927 年后任中山大学、浙江大学、北京大学、云南大学等校教授。

②柯劭忞(1848—1933),字凤荪,山东胶州人。光绪十二年(1886)进士,历任翰林院编修、侍读、侍讲、京师大学堂总监督等。编著《新元史》,负责总成《清史稿》。

十月十二日　星期四

收拾客厅。国文系教授在吾家聚餐。

十月十三日　星期五

早授课。下午进城。托赵万里售《簠斋印集》与北平图书馆，价百二十元。

晚在锡永家宿。徐中舒商印《吉金文字》。

十月十四日　星期六

将锡永所藏罕见之吉金文字选出。四时半回家。

赠《颂斋吉金图》人名列下：商锡永、于思泊、刘子植、赵万里、徐中舒、顾颉刚、洪煨莲、傅孟真、东莞图书馆、元胎、邓尔疋、黄伯川、福开森、明义士、叶慈、唐立广、刘晦之、马叔平、沈兼士、徐旭生。

补赠：燕大图书馆、史语所、李济之。

十月十五日　星期日

写《续编》卷五三页。

十月十六日　星期一

早授课。以《颂斋吉金图》与修绠易《支那古兵器篇》。

郑侃嬩、李满桂来。四时往清华访叶公超，商张荫麟席位事，顺道访陈寅恪。

吴文藻请晚饭，商组织学会事。

十月十七日　星期二

写《续编》卷五三页。

十月十八日　星期三

早授课。孙海波送重订《金文编》稿来。

十月十九日　星期四

整理重订《金文编》稿。

晚请李炳华夫妇、徐淑希夫妇、寇恩慈、高君姗、陈意、曾绣香叙餐。

十月二十日　　星期五

　　早授课。整理《金文编》稿。在颉刚家早饭,徐旭生在座。

十月二十一日　　星期六

　　八时进城,往文奎堂取洋一百元。

　　往锡永家。访于思泊不遇。至祯源馆午饭。电招于思泊、黄伯川来。

　　三时与黄往庆乐园听戏,晚看电影。赠《颂斋吉金图》与徐旭生。

　　付铸新照相费又十元,除罗子期值δ乂δ十元,自值川δδ十元。

十月二十二日　　星期日

　　早往李方禹家取《双剑誃吉金图》。十时往新馆,至三时乃开会。六时回家。

十月二十三日　　星期一

　　早授课。下午整理《双剑誃吉金图》。

　　三时与内子往学校,听飞行家孙桐岗[1]演讲。作《铜鼓书堂藏印提要》。

　　明义士来款五十元,付善斋馀款川十元,甲骨拓片川十元,尚馀十元。

十月二十四日　　星期二

　　整理《金文编》稿。下午黄太太邀往打牌,输三元。

十月二十五日　　星期三

　　早授课。文学院四时半开院务会议。复明义士信。

　　来薰阁书款δ川十元。《广金石韵府》乂元,《两汉印萃》丄

---

[1]孙桐岗(1908—1991),河北交河人。1933年6月26日驾驶"航空救国"号小飞机开始欧亚之行,途经15国,于7月23日下午飞抵南京明故宫机场。

元,《草韵汇编》〡〢十元,《卜辞通纂》〡〇元,《周汉遗宝》十元,《埤雅》乂元,《通俗小说目》〡元。

十月二十六日　星期四

整理《金文编》稿。宋守仁来,付印刷款四十元,清讫。

十月二十七日　星期五

早授课。下午女部主任住宅茶会,并往抗日会开会。

十月二十八日　星期六

八时进城,往傅孟真家,留午饭。

四时半回寓。在东安市场购《梅叟闲评》,亠△;《括苍金石志补遗》,δ毛;《清华周刊》文学专号,川△;《双忽雷本事》,〡△;茶杯,乂△。

六时闻宥请晚饭,皆北平图书馆中人,分在各家宿,刘节来吾家。

十月二十九日　星期日

写《金文续编》三页。

收张荫麟汇款五十元,付炜麟十、十一两月费川亠十元,尚欠〡亖百元。

十月三十日　星期一

早授课。四时宋守仁来,与同进城,商印《武英殿彝器图录》事。

晚与苏看电影。

十月三十一日　星期二

早往古物陈列所,商印《武英殿图录》事。印三百部,送陈列所六十部。钱氏言可具一信来,即可核准。

访傅孟真。回张宅早饭。与苏及曹三同往庆乐听戏。

六时回家,在田洪都住宅开图书馆会。

十一月

十一月一日　　星期三

早授课。下午往黄国安家,捐民众读物编刊社款,留打牌。

十一月二日　　星期四

写《续编》卷五三页。

十一月三日　　星期五

早授课。作《日本金石志提要》。

晚校务会议议决捐款:教职员于三四年内捐款十万元。

十一月四日　　星期六

写《续编》卷五二页,完。唐立广至颉刚家,邀余午饭。

与立广同回家,谈至四时许乃去。六时振铎请晚饭。

十一月五日　　星期日

早进城,为邓保其与学生讼事,调解不成。

杨智广在富源楼请午饭。往锡永家选金拓付印。在锡永家宿。

十一月六日　　星期一

早授课。七时回家。

午顾颉刚请陈援广午饭,邀余作陪。援广告余,如元胎来平,彼可为谋一教席。

作《汉印字类纂》提要。购文德堂《汉晋印章图谱》(《欣赏编》本),价四元。

十一月七日　　星期二

写《续编》卷六二页。十一时张伯苓①演讲。

---

①张伯苓(1876—1951),名寿春,天津人。教育家,创办南开中学、南开大学、南开女中、南开小学和重庆南开中学。1948年6月曾任国民政府考试院院长。

十一月八日　星期三

早授课。下午写《续编》卷六一页。四时图书馆开购书会。晚燕东园开会。

十一月九日　星期四

写《续编》卷六三页。陈其田请午饭。四时往附属学校开会。夜校《小说目》。

十一月十日　星期五

早授课。张全恭来。张荫麟复电。七时往学校，看演《圣经的故事》。

捐学校款一千六百元，分四年付，每年付四百元，除六月、十二月外，每月捐薪四十元。

十一月十一日　星期六

七时往清华园车站，与国文系同人十九人乘车往昌平，游明陵。九时至昌平，游永陵、德陵、长陵、献陵、昭陵、思陵六陵。五时许至南口饭店宿。

十一月十二日　星期日

九时许乘火车往青龙桥，游八达岭。二时回至居庸关，观元刻塔座，六体文字刻于其中，雕刻之美使人流连不已。五时回南口候车头，至七时半乃开行。九时半至清华园车站，天雨雪，无洋车，候汽车来，回家已十时矣。

十一月十三日　星期一

早八时进城，访陈寿宜①。雨。在旧馆早饭。二时与苏等看《复活》新戏。

---

①疑即陈受颐。

十一月十四日　星期二

与宋守仁商定印刷《武英殿吉金图》事。

每页印工一元陆、照相一元、纸费三元,共约一百八十页,价约一千元;照图及珂罗版六百元;装订八十元;套一百元。共一千七百八十元。

十二时与苏等回家。

十一月十五日　星期三

早授课。下午为邵子风①写屏联。

十一月十六日　星期四

早李芳禹、宋守仁来,商印刷《武英殿吉金图》事。付李定洋壹百五十元。

十一月十七日　星期五

早授课。下午往学校陈列古器。贺子昭来,五时半去。

十一月十八日　星期六

作《武英殿吉金图》序。

十一月十九日　星期日

作《武英殿吉金》序完。校《全汉碑文》。

十一月二十日　星期一

早授课。一时半进城,访傅孟真、陈受颐、魏建功。魏建功请淮扬春晚饭。

赠《吉金文字》与傅、魏各一册。寄售古光阁、墨因簃、开明各一册。

十一月二十一日　星期二

早往琉璃厂。

①邵子风(1903—?),湖南常德人。燕京大学研究院毕业,长沙雅礼大学教授、国之系主任。著有《甲骨书录解题》等。

在墨因簃购《小汉碑》一册,价八元,比余所购拓本远胜,盖余所购破裂过半也。

在大泉购戈一,川8十元;汉印二、玉印一、小拱璧一、带钩一、剑一,价八十元。

十二时回寓。黄宅邀打牌。

十一月二十二日　　星期三

早授课。下午往清华访张申府[①]、叶公超,未遇。陈寅恪与谈张荫麟事久之。

十一月二十三日　　星期四

早作想提议请吴世昌作图书馆职员一文。

下午吴世昌来,求写联三付。临秦公簋横幅与雷洁琼。

十一月二十四日　　星期五

早授课。午写信。晚往学听昆曲。

十一月二十五日　　星期六

早进城。退大古[②]玉印一、带钩一、戈一,付款五十元。又取小竟二,价十元。

午在张宅饭。下午复往琉璃厂,六时回家。灯下校《小汉碑》。

十一月二十六日　　星期日

欲补《殷周礼乐器》图,而李书春来,报告校印所事。二时至洪宅开会。

十一月二十七日　　星期一

早授课。校《全汉碑文》。

---

①张申府(1893—1986),名崧年,河北献县人。时任清华大学哲学系教授。早年参加中国共产党,曾介绍张国焘、周恩来、朱德入党。
②十一月二十一日记作"大泉",二者必有一误。

十一月二十八日　星期二

作《类书陈列和书库开放问题之讨论》。

午师生大会。陈衡哲①演讲游美之感想。四时半往附小讨论习字问题。

十一月二十九日　星期三

早授课。下午粘《金文编》释文。

十一月三十日　星期四

写《续编》六页,卷六完。购宝书堂《兰亭稿》,十元。

十二月

十二月一日　星期五

早授课。

下午一时进城。至同仁医院李智广家。至徐中舒处,取《金文续编》稿费川百元。复同到傅孟真家。在西单商场晚饭。在老馆宿。

十二月二日　星期六

早往琉璃厂,在尊古取一戈,一鸟篆用字,价二百四十元。

孙秋江请请功德林素餐。晚与苏等往开明听戏。

十二月三日　星期日

早往琉璃厂及于思泊家。午与于同回家,往访顾不遇。

灯下写《颂斋吉金文字》十四册[叶?]。

在雅文购一爵,有"盉辛"二字,价川㐅十元。

---

①陈衡哲(1890—1976),笔名莎菲,湖南衡山人。先后入美国沙瓦女子大学、芝加哥大学,学习西洋史、西洋文学。1920年任北京大学教授,讲授西洋史。

十二月四日　　星期一①

早授课。

十二月五日　　星期二

八时进城。往同仁医院验眼,遇马季明,言不如往协和医院廉。至则下午方医病,遂先至于思泊家,同往琉璃厂。至明华春午饭。二时复往医院查验,至五时馀,云吾目无病,不宜配镜。至东安市场,购《红楼馀梦》、《红楼梦抉微》、《聊斋馀稿》三种,︱三元;《二十年目睹怪现状》,一毛;《九尾龟》,一8毛。

六时回寓。

十二月六日　　星期三

早授课。下午写卷七三页。灯下校《续编》。

十二月七日　　星期四

写卷七三页。下午于思泊来,五时半去。灯下作《向道知津录》提要。

十二月八日　　星期五

早授课。写卷七二页。

十二月九日　　星期六

九时往颉刚家开会。十一时周季木、柯燕舲、王铁广来,四时去。

友联送《武英殿图录》印稿来。灯下校之。

十二月十日　　星期日

写卷七三页。

十二月十一日　　星期一

早授课。一时半进城,商印《图录》事。

---

①是日原注:"五日误记于此。"

十二月十二日　星期二

早往陈列所,商由学校印行《武英殿彝器图录》事。钱氏允接收六百元板税,另书十部则送所中诸人。

二时与苏等往庆乐听戏。七时与锡永、中舒请刘晦之于丰泽园。

在富晋书社取《周秦遗宝》,十元;《周礼正义》１０８十元;《古竟之研究》,亠8元。

十二月十三日　星期三

早授课。七时回家。阅《故宫月刊》,选铜器。

送陈列所《图录》十部人名如下。

委员:钱桐、俞星枢、吴景洲、刘继卿、凌叔华;股长:李寅生(名仁俊)、谢松圃、傅博平、曾广龄;监察:钮孟韬(?)。

十二月十四日　星期四

卓君庸来。晚在吴雷川家聚餐。

十二月十五日　星期五

早阅《故宫》。授课。

购《宣德鼎彝谱》陶氏本,亠川元。校孙海波《甲骨文编》。

十二月十六日　星期六

早写《续编》卷七三页。下午董彦堂来,五时去。

十二月十七日　星期日

早往友联看印稿。与尊古说好,用戈连铜勺,共价一百八十元。

十二时往东兴楼,张国淦请午饭。

饭毕往北大,观川8十周年纪念。在出版部购《国学季刊》及讲义,夂亠元。

四时半回家。灯下作《鸟篆考》。

十二月十八日　星期一

早授课。陈受颐送来《书目》,即包裹邮寄。

十二月十九日　星期二

清理小说,寄岭南大学图书馆,共五十五包,补换八包,共寄费、包裹费 | 丄 8 十元。

十二月二十日　星期三

早授课。下午校《武英殿图录》印稿。六时请《说文》研究班学生晚饭。

中国书店售《持静斋书目》一,七元;《颂斋吉金图》一,三元,共 | 8 十元。

十二月二十一日　星期四

早写《续编》卷七二页。

卓君庸来。于思泊、商锡永、王铁广来。以《殷虚文字》一部易于思泊玉鱼一。

十二月二十二日　星期五

早授课。下午写《续编》一页。

付《中国分省地图》、《平民字典》川元;付《中国艺术家辑略》、《古代铭刻汇考》三 | 元。

十二月二十三日　星期六

早捌时进城,到北平图书馆校《武英殿》印稿。

十二时至张宅饭。二时往听戏。付华昌印款 | 8 百馀元。

十二月二十四日　星期日

早往李芳禹〈处〉看印稿。往琉璃厂,还大古二铜印。

十二时回家。溜冰。校《武英殿》稿。

十二月二十五日　星期一

修改《武英殿》稿序。溜冰。复罗子期、九妹、三弟等信。

十二月二十六日　星期二

编《简笔字》。

十二月二十七日　星期三

早授课。作《学报》"学术界消息"。晚与内子往学校听戏。

十二月二十八日　星期四

作《学报》"学术界消息"。下午四时往学校开会。晚请文字学班学生食饭。

十二月二十九日　星期五

早授课。下午宋守仁来。校稿。写字。

十二月三十日　星期六

早往学校。午国文学会聚餐,并邀请胡适、杨金甫、周作文[人]①、沈从文②诸人。

四时与杨金甫同进城。七时卓君庸请忠信堂晚餐。在大陆银行储蓄五百元。

十二月三十一日　星期日

早往琉璃厂。午往彩华。晚至林玛利家,邀往大美晚餐,并请苏等儿媳。

付友联印刷费二百元、彩华8十元。

1933 年收支一览表

一月收入

21 日,孙海波 10、《秦汉金文》二 19.2、《文字学》十 24、

---

① 周作人(1885—1967),原名櫆寿,字启明,浙江绍兴人。1906 年官费留学日本。1918 年任北京大学文科教授。1939 年 3 月兼任伪北京大学文学院院长。

② 沈从文(1902—1988),原名岳焕,湖南凤凰人,苗族。1923 年在北京大学旁听。1931 年任山东大学文学院讲师,1933 年与杨振声合编《大公报·文艺副刊》。

25 日,王戊剑 600、西夏刀牌 100、薪金 163.8、宏利保险息 6.8、吴元俊书 10、叶慈书 30

总计:963.8

一月支出

2 日,香港船 4

3 日,上海船 60

6 日,车 1

7 日,衣物 118

8 日,书 2.7

9 日,书 5.5、玩具等 15.8、车票二等 54.5

10 日,搬行李等 4.3

11 日,餐费 2.5

12 日,赏茶房 2

13 日,补内子手化 171.5

17 日,雅文铜□ 20、鸟 2.6、《续集古遗文》7.7

18 日,墨合 10.2、布手套 3、车 3.4、缝工 2.2

21 日,邮费 3

23 日,《晨报》半年 7.2、保萃书 1、富晋书 21.5、文奎书 29、天丰煤 91

24 日,竟进讲义 31.4

25 日,车 1.2、邮费 1、捐李二 1

27 日,车费 1

28 日,书费 10.3、请杨杏佛 6

29 日,车费 1.5、饭食.4、牛奶 5

总计:703.4

二月收入

8 日,董彦堂还 20、《南海》、《番禺志》20、《聚德丛书》15

28 日,薪金 163.8

总计:218.8

二月支出

2 日,车 2、协和药 1

3 日,铜剑 10

5 日,琬学费 40、地图 1.6、纸刀 1

8 日,车 1.5、拓本 12、木座 1、官吊送沈宅.8、邮票 1

9 日,请客 9

11 日,车 1.2、饭食 1.2、赏冯思孙 1、李方禹印费 50

15 日,车 1.3

16 日,张宅花园 2、笔 1、汽车 4

18 日,车 1.3

21 日,加菜 2

26 日,车 1.5、戏 2、宣纸 3.3、印先君稿 20、付李方禹 50、沈宅礼 2、国文学会 1、铅字 3、果 1

总计:229.7

三月收入

8 日,陈氏丛书 15、薪金 163.8、来薰阁书 32

总计:210.3[210.8]

三月支出

3 日,李方禹印费 43

4 日,大泉铜器 300、捐款 1

5 日,车 1

8 日,加菜牛奶 6、邮票 1

12 日，车 1.4

13 日，鱼.6、书 10、修椅 1

18 日，花匠 1、车 1

19 日，车 1、戏 2、祁劲广礼 1.3

22 日，捐伤兵衣 10、邮费 1、牙膏铁夹等 1

23 日，宏利保险 189.8

24 日，台布 3、梁鼎芬信 4、水电 38.2、花匠 1.2

26 日，车 1.5、书柜 14、古光阁拓工 10、古物布合 3、颂斋竟匡 4

28 日，胶片 5.4

31 日，代媛储蓄 15

总计：672.4

四月收入

25 日，拓本书等 38、薪金 163.8、叶东卿拓本 60

总计：261.8

四月支出

1 日，伤兵捐 5、戏票 1.3、车 1、尊古铜器 220

16 日，熊掌会餐二人 6

17 日，请客 11、花匠等 5、车 1.4

24 日，车 1.4、子幹生日 2、大虾 1、草地 23、布 2.4、宣纸 10、储蓄 15

28 日，裴宅白礼 2、丁香花 2、钉书.4、洪宅请客 4

29 日，自行车带 3.1

总计：317

五月收入

25 日，薪金 163.8、补薪金 81、克氏瓿 80、售云纹钟 40

总计：364.8

20 日，存款 440

五月支出

1 日,花匠 1.4、地板油 3.4

4 日,车 1.2

10 日,游云冈 25.3、购什物 2

11 日,请国文系 10

12 日,花匠 1、宝书堂书 15.、《中国通史》二册 2、冰 6

14 日,车饭食 2、裤带手套 1.9、施辑五礼 1、汉钫拓本 7

15 日,刘子长喜联 1.8、裱全形拓本纸 8.8、洗衣服 1.2、蓝大
褂 3.4

19 日,散盘拓本 10、花匠 1

20 日,式古斋印床 4.5、祁劲广礼 3、邮票 1.4、车 1.5、邓石如屏
72、古光阁商手 10

23 日,煤 70、《聊自娱稿》48

24 日,金文书 23

25 日,水电 37.1、补抗日会 36、补储蓄 45、竟进 7.2、花匠 1

27 日,邮票 1

28 日,古光阁拓工 31、铸新照相 35、云松阁古物 17、墨因簃裱
工 54、大观古物 160、赏新旧馆下人 2、麦祺电报 2.6、车 2、艺
术社 5、园费 12、花匠等 3

总计:789.7

六月收入

5 日,张荫麟 10、文奎堂书 68.2、张荫麟 10、薪金 180、铸新
还 3.2

总计:271.4

10 日,存款 220

六月支出

4 日,车 1、捐同乡 3、周起凤礼 1、笔 1

6 日,敬记纸 50、电影 1.5、补父乙爵 140、补上月储蓄 15、电报工钱.4、代罗中国明器 1

9 日,《卜辞通纂》12、胶片 1.2

10 日,英古古物 7、车 2.6、《园艺学》.7、许宅请客 3.8、朱松子贺联 1.3、代拔超《文学史》4

14 日,《夷务始末》64.5、吴元俊礼 3.4、花匠 1

16 日,《大公报》13.6

22 日,张炜麟 50、电影 1.1、车 1

23 日,西菜 5、戏等 4.5

25 日,车 1.1

26 日,请客等 6、储蓄 9、代媛储 15、水电 11.7、抗日捐 7.2
总计:440.6

七月收入

22 日,存款 110

28 日,薪水 180

31 日,总计:290

七月支出

1 日,花匠 1、车架等 1、邮费 1

5 日,车 2

7 日,打牌 1、牙心 3、电影 2

12 日,邮票 1、花匠 1.6、缝工 1

13 日,铜鬲 40、冰忌棱 1.2、电报 1.5、杂用剪发.4

19 日,车 1.4

21 日,电影 1.2、打牌 1.3、觯底 20、友联 40、点心.6

22 日, 花匠 1

25 日, 张全恭报名 3

28 日, 印刷所 100、凌宅礼 3、储蓄费 9

29 日, 车 1.5、电影 2、打牌 2

总计: 243.7

八月收入

10 日, 浦江清来 28、薪金 180、进张报名 3、《辽痕》4、富晋书 24、《颂斋图》500

总计: 739

27 日, 媛存款 170

八月支出

1 日, 剪发等.6、代图书馆交子幹 40

9 日, 《瓶花斋集》5、牛奶 5、看戏 3、车 1.8

10 日, 《续编》稿纸 4、《书契续编》62、补八妹储蓄 15

17 日, 车 1.2、电影 2

19 日, 琨学费 20

23 日, 车 1.3、打牌 3

24 日, 加菜等 5、代三弟钞书 1.5

26 日, 车 1.8

27 日, 琬学费 80、观摩社 100、又捐 10、储蓄 9、又代媛 15、张炜麟 140、还张全恭 100、车 1.8、邮费 1、《真草千文》2.6

31 日, 《尚博碑》1、烧鸭 2.2、电影 2、车 2、还全恭 200、张子幹礼 20、付李方禹 30

总计: 888.6

九月收入

16 日, 《殷契续编》等 67.6、媛来生日 2

26 日,薪金 180、《书契前编》95

总计:344.6

九月支出

1 日,付友联书皮 4

2 日,汇四德堂 4、邮票 1、螃蟹.6

5 日,车 2

9 日,敬记纸 28、又粉连 4.8、又玉版 2.4、车 1.5、地板油 3.8、
《方志目》1

13 日,交刘维智 10

15 日,伦哲如押书 200、梁思庄礼 2、代媛储蓄 15

19 日,花匠 2、储蓄 15、定煤 50、《钱谱》30、邮票 1

23 日,云松阁爵 20、车 2.4

29 日,会文 32、三友 19、保萃 18、水电 34、储蓄 9

总计:514.5

十月收入

3 日,吴世昌还 20

23 日,明义士来 50、《三体石经》3、《陈氏丛书》10、《金文录》
三部 29、《颂斋吉金图》二 14、张荫麟 50、薪金 180

总计 356

十月支出

1 日,抄《东莞志》6.2、柯劭忞礼 3.8、酒席果 13

2 日,《吉金录》10、郝庆琛 5、

3 日,车 1.4、墨因簃 23

4 日,牛奶 5、花插 1、古光拓工 50、《中国通史》2、《颂斋》装订
书套 20

8 日,车 1.2、茶杯枳 5.3、手套 1.2

11 日,古玩柜 9、车 2

12 日,菊花.3、鞋 2.8

14 日,车 1.4、郝庆琛 5

11 日,请客 11、裤料 2

21 日,车 1.5、听戏 2、早饭 3.1、付铸新 35.5

24 日,打牌 3

25 日,《晋郭氏墓志》1

26 日,棉袍工料 3、友联印刷 40、来薰阁书 53

28 日,车 1.5、书等 2、汇张炜麟 26

30 日,车 1.8、电影 1、储蓄 9、又代媛 15

总计:380

十一月收入

25 日,珠还 120、薪金 180、王蒇鼎 100

总计:400

十一月支出

2 日,花匠 1、倒土 2

5 日,车 1.5、《汉晋印谱》4

10 日,捐附属小学 10、游明陵 4、又杂费 3.5

13 日,车 3、听戏 5

16 日,彩华印刷 150

21 日,车 1.2、戏票 2

25 日,大古铜器 50、救世军 2、水电 22.8、媛储蓄 15、储蓄 9、相片.5、观摩社 20、《兰亭稿》10、牛奶 5、车 1.4、

总计:327.4

十二月收入

4 日,《聚德堂丛书》35、学校还印费 150、《颂斋图》6

20 日, 中国书店 15、薪金 180、《殷虚文字》20

31 日, 储蓄 135

总计:541

十二月支出

2 日, 车等 2、玩具 2.9、日记 1.6

5 日, 车 2、小说 2.6

9 日, 加菜 3

11 日, 车 1、听戏 2.5、黄灾捐 5

12 日, 请客 8

15 日, 《宣德鼎彝谱》7.2

17 日, 车票 8、车.5、北大刊物 5.6

19 日, 茶会.6、邮费 14.5、琬等费用 50

20 日, 请学生 5.5

22 日, 书 11.1、顾廷龙礼 1.5、编刊社 5、储蓄 9、戏票 2、《安徽丛书》18

24 日, 倒土三月 6、车 1、戏 2、土布 6.1

26 日, 冰 4.8

28 日, 冰场 2、请客 5、玉鱼 20

30 日, 聚餐 2

31 日, 雅文爵 35、晚餐 6.7、储蓄 500

总计:759.7

一九三四年

一月

一月一日　星期一

早往虹光阁写屏联数伸。购陈镛山水册，十六开，价三十元；陈瑛联，八元。

十时许往唐立广家贺喜，云已往来今雨轩。复往来今雨轩，二时行结婚礼。

三时许往王铁广家。六时往淮扬春喜席。九时回唐宅看新房。十时往老馆。

一月二日　星期二

早往于思泊家，观秦权及杍林馆所藏拓本。

十二时赴史语所公宴。二时半往琉璃厂。四时半回寓。

一月三日　星期三

写《武英殿彝器图录》序。博晨光请午饭。陈明淑等来。

一月四日　星期四

作郭沫若《古代铭刻汇考》书评。溜冰。

一月五日　星期五

早授课。下午拟作《柯劭忞简竹居小传》，未成。

溜冰。岭大孔宪保代张荫麟汇款九十二元川一△来。

一月六日　　星期六

八时进城,访戴家祥、于思泊、唐兰。十二时《文学季刊》社在撷英聚餐。二时与郭绍虞至广安门宝应寺熊正刚追悼会。四时至老馆张宅。五时戴家祥与刘子植来,七时半同往听白玉霜评戏。

售四玉鱼与于思泊,价川十元。

一月七日　　星期日

九时往李方禹处取印本。还陈瑛对与虹光。

自拓虹光之伯觥敦。十二时往东兴楼吴宅寿宴。

至五洲书局,取《文字通诠》,四角;《偃师金石录》,丨元。

二时半回家。溜冰。祝廉先结婚,以董其昌书画册赠之。

一月八日　　星期一

早授课。

中国书店寄书来,留《瓦削文字谱》,川元;《桃花扇》,丨一元;《瘗崔铭补考》三种。李方禹来,借川十元去。

一月九日　　星期二

八时考文字学。张文理来,留饭。

梁世英送画来,购陶澍《印心石屋图册》,价六元,大便宜。顾崔度画。往图书馆借《陶文毅公全集》,有记及传。灯下录记一段。

一月十日　　星期三

评定学生试卷。午陈明淑与陆宗骐来,留宿。

一月十一日　　星期四

校《金石书录》。往顾宅开会。午戴家祥来谈,五时去。

一月十二日　　星期五

七时进城,观陆宗骐与陈明淑婚礼于中央饭店。三时回家。校《金石书录》。

一月十三日　星期六

早往学校。溜冰。请小学教员午饭。

三时进城，访刘子植，邀饮于淮扬春。返张宅宿。

一月十四日　星期日

早往友联、彩华、虹光阁。午往贺祝廉先结婚。

付文奎斋印费卅十元。在雅文取蘁女觯，价卅十元。在式古取妇酉彝，卜卅百元。

六时校印所请北平图书馆员于忠信堂。九时回寓。

一月十五日　星期一

早拓妇酉彝。午拓人带返与式古，嫌其价太贵也。阅试卷。

一月十六日　星期二

在雅文所购蘁女觯红锈甚厚，花纹为所掩，殊不美观。往求教于张铨，用绿化钾试煮，红绿锈尽去，成绿漆色。为之狂喜。

一月十七日　星期三

早复往煮铜器。下午写《印心石室说》。

一月十八日　星期四

编《学报》"学术界消息"。

一月十九日　星期五

上午写《印心石室说》毕，并为之跋。《图》作于嘉庆八年，《说》作于道光十六年，相距三十三年。其时陶成进士之次年，不当有如许之印心石屋，其疑顾款乃伪作。

写《金文续编》卷七一页。

一月二十日　星期六

写《金文编》二页，卷七完。七时张文理在马宅请范某晚饭。

一月二十一日　星期日

八时进城，交《印心石室图》与墨因簃裱。

十二时至商宅吊丧。三时至雅〈文〉购鼎一、瓺三、竟二,价二百元。

一月二十二日　星期一

在大观购二句兵、一爵,价丨百元。在虹光购一爵,字在腹,价δ十元。

早访马叔平先生。六时出城回家。七时顾颉刚请晚饭。

一月二十三日　星期二

往皮科洗铜器。汇张炜麟亠十元。交李方禹丨δ百元。洪煨莲请晚饭。

一月二十四日　星期三

煮铜器。一爵变成红色,殊失意。

一月二十五日　星期四

煮铜器。七时请洪、顾、马、李等晚饭。

一月二十六日　星期五

写《续编》卷十四四页。溜冰。马季明请晚饭。

一月二十七日　星期六

写卷十四四页。

一月二十八日　星期日

写卷十四四页。

一月二十九日　星期一

写卷十四二页。灯下校《续编》。收陈受颐来书款川百元。

一月三十日　星期二

写卷十四三页。

售富晋《秦汉金文录》ㄨδ十元;取《小檀乐室竟景》丨亖元;《汉印文字类纂》ㄨδ元;《汉印分韵》三集丨亖元;《李思训校勘记》δ△;《周汉遗宝》十元;《周礼正义》丨〇δ十元;《古竟研究》亠δ元。

售保萃《聚德堂丛书》，一元;《史窃》，一元;《赤溪杂志》，乂〇元。取《集古求真续编》，〇元。装订《匋文》丨一十册，丨一乂十元。

谭超英等来午饭。

一月三十一日　星期三

写卷十四四页。

寄日本京都东方文化研究所《颂斋吉金图》一部。寄屺望《长安获古编》。

子期寄照片来。

二月

二月一日　星期四

写《续编》卷十四三页，完。

二月二日　星期五

八时进城。在大观斋得三锐，内外有字，价一百二十元，连前二戈一爵，共川百亼元，廉极。黄伯川以四百元索让，不允。留彼修理。

在商务购《吴越春秋》一元，《寐叟题跋》二元。付式古铜人六元。

取直隶书局《商南阜砚史》，乂元;《金石家画传》，乂夂△;《秋盦遗稿》，亖乂△;《吉金志存》，丨亼〇元;《营陵碑》，川一元。共夂丨亖元。除《除[持]静斋书目》亠元，付二元，完。

与苏听戏。

二月三日　星期六

早逛琉璃厂。晚与苏等听戏。

付尊古斋用戈丨二百元、铜市〖人〗勹十元,旧欠十乂元。以小铎换得一鼎。

售大鬲与周季木,得丨乂百元,除找尊古三十元。

二月四日　　星期日

早访于思泊、唐立广。十二时与林玛利回家。

付会文《西清续鉴》乙编、《清朝书画谱》等川二十元,旧欠十元。收会文《明史窃》等８二十元。

二月五日　　星期一

早授课。文字学班三人、甲骨钟鼎文字五人。

二月六日　　星期二

写《续编》附录四页,完。午唐立广夫妇来,四时同至颉刚家。

二月七日　　星期三

早上课。付开明《颂斋吉金图》装订及套费川十元。

付《金石目录》分编川乂十元、《捃古录》拓片丨二十元、《香蝉[禅]精舍集》丨二十元、《汪龙庄遗书》川元,代订书乂△,共８乂十元。代售《颂斋吉金文字》川一８十元,《陈氏说文》二元,《文字学讲义》川元,共乂十元。

一时半林玛利回家。

二月八日　　星期四

阅《独立评论》。戴家祥来。

付来薰阁《金石书录目》二部、《钟祥金石考》共川８元。

六时在马季明住宅开国文系常会,并聚餐。

二月九日　　星期五

早授课。

前欠罗子期照相费乂８８十元;又《金文箸录表》三部,卝三元;又《殷虚书契》卝十元,共丨８川８百元。交商锡永廿元(孙海波手),尚欠夕川8十元。

二月十日　星期六

与内子同进城。在美华利购坐钟一,价九元。还墨因籹裱工川夕十元。

请内子及苏在大美午餐。二时回寓。

七时引得校印所开会。十时半刘子植在吾家宿。

二月十一日　星期日

九时与子植往颉刚家。赠子植《武英殿》一部。

十时半在洪宅开会。夜十时张荫麟与伦珠自广东来寓吾家。

赠刘晦之、东莞图书馆、明义士、邓尔雅、何伯龙、容元胎《武英殿彝器图录》各一部,寄元胎代售二部。

二月十二日　星期一

早授课。午与张荫麟往访陈寿[受]颐,定在北大教书。

在大古取一鼎,字在腹内,价二十元;破镜二,共十元。刘廷芳取镜一,价十五元。

在大观取爵一,价五十元。在老馆宿。

二月十三日　星期二

早往琉璃厂,购《王寿卿篆书碑》,丨三元;秦公敦拓本,8元;式古斋瓦瓿。

十二时回寓。张荫麟因清华强留,遂电陈寿[受]颐,辞北大席。

收林记汇款三十元,寄去《武英殿图录》六部,计二二十元。嘱三弟还他三元,作完。

寄三弟《武英殿》三部、罗子期一部。

二月十四日　星期三

早授课。孙海波来,托带《武英殿图》二部与商锡永、唐立广。

寄林记书庄《秦汉金文录》二部、《殷契卜辞》二部。

二月十五日　星期四

早作《技术观摩社廿三年之希望》。

校《缀遗斋款识》抄本。赵斐云九时半来宿。

二月十六日　星期五

早授课。斐云去,赠以《武英殿图》一部。校《缀遗斋》。贺麟来宿。

二月十七日　星期六

与张荫麟、贺麟九时同进城,逛厂甸。访傅孟真。六时半回寓。

二月十八日　星期日

阅《费边社史》。七时技社在吾家开会。

二月十九日　星期一

早授课。下午校《缀遗斋》稿。

二月二十日　星期二

校《缀遗斋》稿。

二月二十一日　星期三

早授课。

下午徐大姨来拜年,与同进城,逛厂甸。购沈振麟画扇,川元;古泉拓本,川元;胡义赞画,四元。在史语所宿。

二月二十二日　星期四

董作宾来谈。访于思泊。十二时回家。

二月二十三日　星期五

早授课。复郭沫若信。

二月二十四日　星期六

八时进城。访马叔平,彼往南京,留赠《武英殿图》一部。到古物陈列所、冯思〈宅〉、史语所。

三时半游厂甸。购杨翰书《溪桥话别图册》、吴大澂篆书墓志等，丨十二元；《古金录》，川元；杂书川元；思元主人字册，丨元。在老馆宿。

二月二十五日　　星期日

早在孙琚之帖贾处购《先茔记》、《穆氏表》、《太白酒楼记》、邓石如书《家人卦》、严铁桥书《琅琊台刻石》数种，价十一元。在宾古堂购《西楼苏帖》石印本，三元。付大古山房铜鼎丄8十元，刘廷芳铜镜丨8十元。又取四镜，川十元，以退还二印抵数。

十二时吴宓、贺麟请午饭于玉华台。

与张荫麟访陈援广、金岳霖①。四时半回家。

二月二十六日　　星期一

早授课。下午作《秦始皇刻石考》。

二月二十七日　　星期二

作《秦始皇刻石考》。晚赵紫宸请食饭。

二月二十八日　　星期三

早授课。作《秦始皇刻石考》。

三月

三月一日　　星期四

作《秦始皇刻石考》。复郭沫若信。

三月二日　　星期五

早授课。作《秦刻石考》。往清华，参观唐亮画展。

---

①金岳霖(1895—1984)，字龙荪，浙江诸暨人。1911 年入清华学堂，1920 年获哥伦比亚大学政治学博士学位。1925 年任清华大学哲学系教授、系主任。

三月三日　星期六

八时进城。在大观斋购二戈,价六十元。付德古斋石画一元。

慧珠请听戏,晚并请忠信晚餐。

三月四日　星期日

与内子往访林玛利、曹太。

十二时赵万里请同和居午饭。二时半与张荫麟回家。

三月五日　星期一

早授课。校《观摩社社讯》。

三月六日　星期二

校《观摩社社讯》。牙痛,往校医处医。写信。写屏联。

三月七日　星期三

早授课。校《观摩社社讯》弟一期。

陈受颐来小说款216元八角,多三角退还。郝庆琛来拓字。

三月八日　星期四

博晨光请午饭。史、顾①二美国人来吾家参观铜器。

晚请梅贻琦②、叶公超、闻一多③、赵紫宸、洪煨莲、顾颉刚、张荫麟晚饭,十一时一刻乃去。

三月九日　星期五

早授课。下午阅《说文古文》。友联陈某来,付四十元。

---

①史克门(Laurence Sickman,l906—1988),美国丹佛市人,哈佛大学毕业,1930—1935 年获哈佛燕京研究基金来华。顾洛阜(John M. Crawford, Jr., 1913—1988),美国爱尔兰移民,继承大笔遗产,投资生利,并涉足文物收藏界。

②梅贻琦(1889—1962),字月涵,江苏武进人。第一批庚款留美学生,毕业于伍斯特理工学院,归国后任教清华学校。1931 年任清华大学校长。

③闻一多(1899—1946),原名家骅,湖北浠水人。1912 年考入清华留美预备学校。留美归国后任教于北京艺专、青岛大学、清华大学等校。

三月十日　星期六

作李杲明《说文中古文疏证》序。

三月十一日　星期日　雨

八时与内子进城,至琉璃厂。在尊古取鼎一、爵一,价六十元。在宜古斋购拓片数种,价二元。

十二时张星烺请饮于忠信堂。四时半回家。七时半技术社开会。

三月十二日　星期一

三时半进城,访傅孟真。

六时郑友渔请饮于大陆春,商印刘师培遗书事。在老馆宿。

三月十三日　星期二

八时往访史克门、马衡不遇。见于思泊、唐立广。

十二时回寓。写张卓立、周星槎、瞿润缗信。

三月十四日　星期三

早授课。

三月十五日　星期四

作《秦刻石考》。六时国文学系在闻宅聚餐。

三月十六日　星期五

早授课。下午加《俑庐日札》标题,拟印行。

三月十七日　星期六

早进城,至福开森家、琉璃厂。午在张宅饭。与苏看电景。七时回家。

三月十八日　星期日

作《秦刻石考》。

三月十九日　星期一

早授课。下午游清华。吴雨僧留饭。九时归。苏来。

三月二十日　　星期二

早加《俑庐日札》标题。

下午进城,至宏利保险公司,及立广、锡永家,文奎堂书店。

七时史克门请玉华台晚饭。在校友会宿。

三月二十一日　　星期三

早授课。下午阅书,作《退斋印类》提要。原十卷,所见仅三卷,不全。

三月二十二日　　星期四

作《秦刻石考》。

郑师许来《卜辞》六元,交学校。又来《颂斋吉金图》一川元。徐炳昶来《颂斋图》六元。

洪煨莲请晚饭。

三月二十三日　　星期五

早授课。寄张拔超书,川三８元。作《秦刻石考》。

三月二十四日　　星期六

早八时进城。在大古购剑四,价川二十元。

在德古购拓片二元。杨智广请午饭于春华楼。

在虹光阁购廖织云女史《花卉册》,川十元;铜竟,川二十元。

至史语所及孟真家。

三月二十五日　　星期日

早与张荫麟、张次溪逛琉璃厂。一时至忠信堂,张荫麟请午餐,饮醉。

三月二十六日　　星期一

醉酒。十二时回家。

三月二十七日　　星期二

早往学校听演讲。郝庆琛停工一天。

三月二十八日　星期三

早往学校授课。

送出《武英殿图录》计：马叔平、商锡永、邓尔雅、刘子植、容元胎、赵斐云、东莞图书馆、傅孟真、刘晦之、叶慈、明义士，十一部。

三月二十九日　星期四

早与张荫麟往清华访陈寅恪。

下午唐立广、于思泊来。以上林鼎易马芳指画册。

为满宝箴书联三付。为胡文玉书谦卦屏。

伦珠吐血，盖因与荫麟常斗气。提议离婚也。

三月三十日　星期五

早授课。

下午一时送伦珠入医院。至协和，因下午不看内科，乃至首善医院。

至开明，取商锡永付孙海波款二百元。至来薰阁，取《持静斋》书板款壹百元，尚有书六十元未取，共洋壹百六十元。六时半回家。

三月三十一日　星期六

收拾行李。引得校印所还壹百元，尚欠丨百元。校务长茶会。

四月

四月一日　星期日

早为杨金甫刻"滴石之居"印，及沈从文印。复九妹、三弟及杨金甫信。

九时进城，由平汉路往洛阳。同行者：博晨光、刘兆蕙。

四月二日　星期一

晚十一时二十五分至郑州，即转陇海路往潼关。十二时二十四分开行。

四月三日　星期二

二时十分至潼关。寓城内中国旅行社。游潼关。

四月四日　星期三

七时三刻乘汽车往西安,车乃绥靖公署运货者。二时至西安,寓西北饭店。

往游图书馆、碑林、孔庙、小雁塔。遇雨。七时归。

四月五日　星期四

博晨光东归。与刘兆蕙游古玩肆,购铜片一包,价六十元。夜听戏。

四月六日　星期五

早在南院门德源长购钱范及破竟等,价四十二圆。

十二时乘洋车游雁塔寺。往临潼,至华清池,旅馆污秽不堪。乃入城,宿于西秦饭庄。

四月七日　星期六

早六时起,往华清池洗澡,水温度适宜,甚快。

九时往候车,至潼关。二时至。

四月八日　星期日

往洛阳。车六时五十五分开行,下午四时二十五分至。寓大金台旅馆。入城行遇雨。

四月九日　星期一

八时往游龙门。造象皆断首,完者不过数尊,视前游破坏更多。

遇雨,三时复雨雹扑面如针刺。四时入城,复大雪。急赴车站。四时四十五分开行。八时三刻至郑州,即转平汉路回平。

四月十日　　星期二

夜七时至平。乘汽车回家。

四月十一日　　星期三

早授课。下午校《种瓜亭笔记》。灯下剪贴礼乐器图。

四月十二日　　星期四

早收拾书案。清算旅费。作日记。

四月十三日　　星期五

早授课。一时半进城。

四月十四日　　星期六

早至虹光阁，取邝湛若字，求黄晦闻题。

至唐立广家，同至于思泊家，取马芳指画册所易之上林鼎。思泊邀饮于淮扬春。

二时至辅大国文系讲演"清人对于古铜器之研究"。至徐中舒处，赠以《武英殿》一部。七时回家。

四月十五日　　星期日

作《秦始皇刻石考》毕。

四月十六日　　星期一

早授课。与荫麟看屋。贴古器图。

四月十七日　　星期二

作《再谈我们应当怎样干》。

四月十八日　　星期三

早授课。顾起潜来。

晚国文学会开会。我讲"秦始皇刻石考"，吴世昌讲"园林之起源"。十时半乃去，到者十馀人。

四月十九日　　星期四

作《再谈我们应当怎样干》。

张荫麟迁居前锣锅胡同二号。六时国文系在郑宅开会。

四月二十日　　星期五

早授课。清理秦刻石拓本制版。校《金文续编》卷三。

四月二十一日　　星期六

九时与郑振铎等二十六人游大觉寺。六时回。阅《岐路灯》。

四月二十二日　　星期日

校《金文续编》卷四、五。

四月二十三日　　星期一

早授课。校《金文续编》卷六。阅《岐路灯》。

种树:鸭梨四、美国梨二、苹果二、黄寿丹二,共十六元,酒钱川毛。

四月二十四日　　星期二

校《金文续编》卷七。

写对联五付。寄伯父七十八寿联:子孙绳绳至人无己;吉祥止止仁者永年。

刻杨声印,仿汉,不恶。

四月二十五日　　星期三

早授课。克恩慈请午饭。杨金甫在座,谈至三时馀。

四月二十六日　　星期四

校《金文续编》卷八、九、十三卷。

四月二十七日　　星期五

早授课。午苏、钟等来。顾颉刚请食饭。校《续编》十、十一卷。

四月二十八日　　星期六

林玛利来,一时往游学校。

四月二十九日　　星期日

早与苏、钟等往清华。校《续编》十二、三卷。夜八时往洪宅开观摩社会议。

四月三十日　星期一

早授课。校《续编》卷十四。

五月

五月一日　星期二

早校《续编》卷十四。张东荪请午饭。季宝铭来求印件,以《诅楚文》与之。

五月二日　星期三

早授课。

帖贾孙琚之来,购《灵岩寺碑》,二元;《红崖刻石》,一元;《赵凡夫草篆》,二元;《阴符经》一元。共六元,付五元,欠一元。付《袁安》、《袁敞》、《泉男生》、《吴大澂母》四种,属其装潢。

校《泉屋清赏》,拟选印作《海外吉金录》。

五月三日　星期四

八时进城。在文奎堂取《颂斋吉金图录》二十五部款一百五十元;付《古铜器菁华》八十六元一角。收六十三元,少收九角。

至北平图书馆,选《泉屋清赏》。

至团城,看楚王鼎。至静心斋,访徐中舒。六时半回家。

五月四日　星期五

早授课。下午进城。至图书馆,取《泉屋清赏》,与铸新摄景。

与钟、苏看电影。在老馆宿。

五月五日　星期六

在敬记定纸四十刀,价每刀乂刂元。访于思泊、黄晦闻。黄为题邝露字。

在尊古购三铙,价四十元;殷虚牙刀,价八元。在虹光阁购小量,价四元。在隶古斋购三浯铭,价八元;邓石如篆书,价七元。

在会文取《多宝塔》、《阴符经》等三种,价川元。七时回家。

五月六日　星期日

收拾书案。曹太来。七时观摩社在吾家开会。颉刚与媛妹因游周家店①未回。

五月七日　星期一

早授课。午郑振铎请食饭。至顾颉刚家。校《金石韵府叙》。

五月八日　星期二

早校《金文续编》卷十四毕。一时于思泊、商锡永来。

以包慎伯字屏二条、《二百兰亭斋金石记》、《十钟山房印举》、《泉币汇考》及君嗣子壶铭二,与于易俘勺,乃寿州出土者也。

五月九日　星期三

早授课。下午校《续编》释文。

五月十日　星期四

校《续编》释文。

六时国文学系在吾家开会并聚餐。除国文系同人外,并邀司徒校务长、蔡一谔、刘廷芳、梅贻宝②四人夜餐。

五月十一日　星期五

早授课。午整理铸新送来《泉屋清赏》照片。

五月十二日　星期六

八时进城,校对《泉屋清赏》照片。

四时至张宅,适子幹三月廿九生日。苏强饮至半醉。

---

①周家店,今通称周口店。

②梅贻宝(1900—1997),梅贻琦弟。1922年毕业于清华学校,1928年获美国芝加哥大学博士学位。1931年受聘于燕京大学,历任注册课主任、教务处主任等。

五月十三日　星期日

午黄伯川请春华楼饭。四时半回家。

五月十四日　星期一

早授课。下午阅史家祐论文《渔洋诗的研究》。

刻"徽音"二字印,因石劣不佳。

五月十五日　星期二

作《学报》《善斋吉金录》、《辽陵石刻录》二书书评。

五月十六日　星期三

早授课。校《续编》。晚金岳霖请食饭。

五月十七日　星期四

早叶审之来,与同往看王怀庆①紫竹院,商设儿童寄养院。

五月十八日　星期五

早授课。午哈佛燕京社聚餐。校《续编》。

五月十九日　星期六

校《续编》。

五月二十日　星期日

八时进城,至琉璃厂。下午与荫麟及瑾女游铁道部展览会。
四时半回家。

五月二十一日　星期一

早授课。下午作《诅楚文考》。

五月二十二日　星期二

作《诅楚文考》。请张东荪、张荫麟午饭。

五月二十三日　星期三

早授课。作《续编》检字。国文学系开会,在临湖轩,由女同学招待。

---

①王怀庆(1875—1953),字懋宣,河北宁晋人。北洋直系老将。1920 年任京畿卫戍司令,
1924 年清室将私产紫竹院赠与之。

五月二十四日　　星期四

进城，至团城、史语所，取《续编》稿费丨百元、颐和园铜器照片丨〇三十元、《贞松堂补遗》丨丄元、《善斋吉金录》丨三十元。徐中舒赠《通雅》一部。游铁路部展览会。六时半回家。

五月二十五日　　星期五

早授课。孙海波来谈。

五月二十六日[①]　　星期六

写《我之回忆》未完。编《金文续编》检字。

辅仁大学国文系送演讲车马费二十元来。

五月二十七日　　星期日

作《金文续编》检字完。

五月二十八日　　星期一

早授课。下午校作《金文续编》检字毕，全书告成。

五月二十九日　　星期二

八时欲入城，遇雨未果。编《诅楚文及秦刻石著录表》。孙海波来谈。

五月三十日　　星期三

发见《袁安碑》箸录于宋郑樵《金石略》及《天下碑录》各书。

作《诅楚文考》。校务长开茶会，欢迎曾国藩之女崇德老人[②]，时年八十三。

五月三十一日　　星期四

作《诅楚文考》。

---

① 日记附有一《独立评论》订单收据，时间为 5 月 26 日，期限自 102 期至 151 期，实收大洋 1 元 6 角，定户名容希白，地址燕京大学，《独立评论》社址：北平后门慈慧殿北月牙胡同二号。

② 曾纪芬(1852—1942)，晚号崇德老人，湖南湘乡人。曾国藩季女，嫁聂缉椝。幼承家学，工书，善诗文。

六月

六月一日　星期五

整理《泉屋清赏》付印。授课。

六月二日　星期六

早作《诅楚文考》。张荫麟来,三时半同入城。

六月三日　星期日

游琉璃厂,六时回家。

在金薤阁购《峄山碑》等三种,旧拓《碧落碑》,共十四元。

六月四日　星期一

早授课。午在洪家食饭,并讨论社事。杨逢年①在坐。

六月五日　星期二

下午往马季明家开会。晚间在吾家开会,讨论办学校事。

六月六日　星期三

早授课。

六月七日　星期四

作《诅楚文考》。

六月八日　星期五

早授课。下午作《诅楚文考》。

六月九日　星期六

早往图书馆。下午技术观摩社在吾家聚会。

六月十日　星期日

写《左棻墓志考》。

---

①杨逢年(1891—?),福建龙溪人。保定陆军军官学校毕业,第四十九师第一旅少将旅长。

六月十一日　星期一

早授课。下午与张文理等往看王家花园。同入城,文理饮酒大醉。

六月十二日　星期二

早往看文理、慧珠。至图书馆看《白鹊帖》。

十一时回家。三时至学校,口试谭超英。

六月十三日　星期三

六时侯宗禹来取《金文箸录表》。我以经沈勤庐补校辞以少缓,彼不允,争辩颇烈。后吾电约黄振镛来,彼乃逃去。

至学校,阅请求哈佛燕京奖学金之学生。

下午与荫麟至燕大图书馆,在张宅饭。

六月十四日　星期四

至学校。张荫麟来。为杨澄宇题黄山谷册字。六时国文系聚餐,在祝家。

六月十五日　星期五

早考试文字学班。哈佛燕京〈社〉开会。下午一时半进城,至琉璃厂。

六月十六日　星期六

早访于思泊、唐立广。午至张宅饭。打天九,赢三十馀吊。

晚间往游中山公园。

六月十七日　星期日

早往制铜版。访杨振声,看电影,在杨宅饭。

访徐中舒不遇,晤董作宾。四时半回家。

六月十八日　星期一

早往学校。下午写信与三弟、刘晦之。

六月十九日　星期二

往紫竹院。晚闻宥来。

六月二十日　星期三

二时唐立广来。早写《颂斋吉金文字》封面。

晚请学生邵子风等饭,讨论金石学会事。

六月二十一日　星期四

早往学校。十一时与洪煨莲进城。访傅斯年。

六时坐洋车归,赴国文学系聚餐。

收史语所《古金录》十元、《昭陵碑录》十元、《金石分地汇编》廿四元,共四十四元。

六月二十二日　星期五

八时进城。与黄振镛至永盛当观铜器,选七器,约明日再至。

至张宅。晚观粤剧。

六月二十三日　星期六

早往访唐立广。至永盛当观铜器。至琉璃厂。七时回家。

六月二十四日　星期日

早往访吴雷川、洪煨莲。十时半进城,访伦珠、刘子植。

沈从文请会贤堂午饭。饭后同至司徒乔①画师家,讨论办《美术副刊》事。便道至郑颖孙家。七时回寓。

六月二十五日　星期一

九时往学校行毕业典礼。

三时黄振镛与永盛当伴携唐大中钵、周罐及周舟、日本竟来,又抄本薛《款识》,共洋壹百八十八元。八时观摩社在吾家开会。

六月二十六日　星期二

早往颉刚家。一时郑颖孙来,观吾所藏古乐器,五时半去。张荫麟来。

---

①司徒乔(1902—1958),广东开平人。1924年入燕京大学神学院。1926年在北京中央公园举办画展。1931年任教于岭南大学,1934年任《大公报》艺术周刊编辑。

六月二十七日　　星期三

作大中钵跋。张全恭、赵荣光来。

六月二十八日　　星期四

清理书案。唐立庵来还甲骨拓本。

六月二十九日　　星期五

编《简笔字典》。

商锡永、王铁广来。王购父己鼎，五十元。请张景观等午饭。

六月三十日　　星期六

剔大中钵。编《简笔字典》。

七月

七月一日　　星期日

作《海外吉金录》序。

七月二日　　星期一

寄屺望长信，论七妹及存款事。与李书春看海淀房子。校印所开董事会。

七月三日　　星期二

与李书春至吴家花园及岳宅。写寄屺望信。

七月四日　　星期三

写《简笔字典》。接宗人大块①电话，云来吾家。久候不至。

七月五日　　星期四　　热甚

至校印所结算。十二时容大块来。以《俑庐日札》付校印所排印。

---

①容大块（1901—1963），原名容建勋，广东新会人。早年加入春睡画院，为高剑父弟子，与黎雄才齐名。曾任教于上海美术专科学校等校。

七月六日　星期五

写《简笔字典》。大块进城。

七月七日　星期六

写《简笔字典》。容大块、林玛琍来。

七月八日　星期日

写《简笔字典》。林玛琍去。

七月九日　星期一　雨

八时与张荫麟、容大块游琉璃厂。

与大业定印刷《甲骨文编》合同,付定洋壹千元。六时回家。

七月十日　星期二

校印《俑庐日札》稿。

七月十一日　星期三

午蔡一谔请食饭,周诒春①、梅贻琦兄弟等同席。略醉。

七时至张荫麟家晚饭,陈铨②在座。

七月十二日　星期四

早校《俑庐日札》印稿。写《海外吉金图录目》。

七月十三日　星期五

早进城。至图书馆,借《白雀帖》,交铸新照相。晤于思泊。七时回家。

七月十四日　星期六

观大块画画。寄瞿子陵等信。校《俑庐日札》印稿。

---

①周诒春(1883—1958),字寄梅,安徽休宁人。1913—1918 年任清华学校校长。后历任国民政府实业部次长、农林部长、卫生部长等。

②陈铨(1903—1969),四川富顺人。1921 年入清华留美预备班。美国阿伯林大学硕士、德国克尔大学博士。先后任武汉大学、清华大学、南京大学等校教授。

七月十五日　星期日

校《俑庐日札》印稿。

七月十六日　星期一

校《金石文考》付印。改正序文。

七月十七日　星期二

校《金石书录目续编》。校《俑庐日札》完。

七月十八日　星期三

八时进城。至图书馆及故宫。张国淦请午饭。

晚请吴其昌于东兴楼,主七客六。

七月十九日　星期四

至大业商印件。二时与苏往听戏。

七月二十日　星期五

在云松阁取瓢、爵各一,价三十元。

十时接三弟车,自粤来北平。午饭于大鸿楼。七时回家。

七月二十一日　星期六

午刘廷芳请食饭。与三弟访各人。

七月二十二日　星期日

编《金石书目续编》。

七月二十三日　星期一

至学校。谢扶雅[1]来。洪煨莲请午饭。顾颉刚请晚饭。

七月二十四日　星期二

四时在马季明住宅开技术社会。复《大公报》信。

七月二十五日　星期三

校《金石书录目续编》。

---

[1]谢扶雅(1892—1991),浙江绍兴人。早年留学日本及美国芝加哥大学、哈佛大学。曾任岭南、中山、金陵、东吴大学及香港崇基学院、浸会学院等校教授。

七月二十六日　星期四

诚质怡①请晚饭。

七月二十七日　星期五

八时三弟搬家入城，寓南官坊口十九号乙容宅。至史语所。

徐中舒、董彦堂请午饭于会贤堂。

七月二十八日　星期六

张石公请午饭。

与张荫麟往同胡政之②商《大公报》史地副刊事。五时回寓。林玛利来。

七月二十九日　星期日

张荫麟与陈铨、梁方仲来。林玛林［利］去。

七月三十日　星期一

校《金石书录目续编》。

七月三十一日　星期二

校《礼乐器考》。

八月

八月一日　星期三

校《秦始皇刻石考》。顾培懋③来，与见颉刚、绍虞，并同进城。

---

①诚质怡(1898—1977)，北京人。早年入通州协和大学、南京金陵神学院。美国哥伦比亚大学哲学博士。先后受聘于燕京大学、广州协和神学院、金陵大学。

②胡霖(1889—1949)，字政之，四川成都人。留学日本，归国后投身新闻界。1922年与林白水合办《社会日报》，后自办国闻通讯社。1926年与吴鼎昌、张季鸾接办《大公报》，任总经理。

③顾培懋(1910—?)，号言是，浙江绍兴人。燕京大学文学硕士，考古学社社员。撰有《两宋词人小传》。

至三弟家、于思泊家。思泊请经济食堂晚饭。与议以𬭎锇三易彼之𢑀尊、菁覃,未成。九时回寓。

八月二日　星期四

校《秦始皇刻石考》。

八月三日　星期五

校《秦始皇刻石考》。晚校《金石书录》。

八月四日　星期六

校《秦始皇刻石考》。

八月五日　星期日

抄《刻石考》。午卓君庸在郑宅请食饭。

二时进城,访容大块、郑[顾]培懋、文奎堂。六时往观傅孟真婚礼①。

八月六日　星期一

早往琉璃厂。九时回家。

八月七日　星期二

预备往绥远。

八月八日　星期三

七时汽车来接。乘平绥路往绥远。

八月二十六日②　星期日

六时至清华园,回家。

八月二十七日　星期一

清理杂件,复各人信。

八月二十八日　星期二

校《朝鲜金石目》。整理照片。

————————

①傅斯年与原配丁氏在济南协议离婚后,8月5日与俞大绿在北平举行婚礼。
②八月九日至二十五日未记。

八月二十九日　　星期三

八时与媛妹、琬女同进城。游琉璃厂,在商务书馆购书数种。写送马宅挽联。

十二时请雷洁琼、刘兆蕙、林玛利、三弟等饭于正阳楼,食羊肉及螃蟹。

往隆福寺。晚商锡永等九〈人〉请余与三弟等饭于东兴楼。

八月三十日　　星期四

往琉璃厂。

八月三十一日　　星期五

九时往报子街聚贤堂,马宅开吊。十二时回寓。

九月

九月一日　　星期六

一时半与张荫麟同进城,至商务书馆购书。

六时金石学会在大美番菜馆开会。到者三十馀人,改名考古学社①。

九月二日　　星期日

早往访魏建功、唐立广。午张荫麟请饮于东兴楼。

到东安市场,与洪煨莲同回校。

九月三日　　星期一

学校开全体大会。复颉刚信。

九月四日　　星期二

学校开全体大会。

----

①考古学社源于颂斋之会,由容庚、商承祚、徐中舒、董作宾、容肇祖、顾廷龙、邵子风、王辰、周一良、张荫麟、郑师许、孙海波等12人发起。当天到会者35人,经票选推举容庚、徐中舒、刘节、唐兰、魏建功为考古学社执行委员。

九月五日　　星期三

八时进城,至许地山及三弟家。

饭后至史语所。五时至泰丰楼,公宴商锡永、戴家祥、吴其昌,送行。

九月六日　　星期四

早至琉璃厂。午回张宅,食螃蟹。

二时回家。七时半文学院开招待新生大会于临湖轩。

九月七日　　星期五

至洪宅,商《史地周刊》事。晚至荫麟家饭。郝庆琛四时来。

九月八日　　星期六

作《清史稿解禁议》。至学校。

九月九日　　星期日

整理《金文编》稿。排比《史地周刊》。

九月十日　　星期一

校《金文编》稿。排比《史地周刊》。晚至洪宅,商周刊事,夜深乃归。

九月十一日　　星期二

校《金文编》稿。寄《史地周刊》稿至《大公报》。

九月十二日　　星期三

校《金文编》稿。

九月十三日　　星期四

校《金文编》稿。作《甲骨文编序》。六时往郭绍虞家开会并聚餐。

三弟与三嫂及阿汾来。

九月十四日　　星期五

早上课。下午校《金文编》稿。

九月十五日　　星期六

校《金文编》稿。八时三弟等入城。

清理书桌。至张宅督工人剪电灯线。为李文郁书联。何格恩来,留饭。

九月十六日　星期日　早阴雨

张荫麟迁居清华,借三大椅及一柜与予。

阅《学报》稿。改正《秦始皇刻石考》。

九月十七日　星期一

早授课。

九月十八日　星期二

阅《学报》稿。

九月十九日　星期三

早授课。六时开《学报》编辑会,到者六人。

九月二十日　星期四

访张孟劬。至图书馆。

九月二十一日　星期五

早授课。《史地周刊》出版。六时郑振铎请赵福海晚饭,邀予陪。

九月二十二日　星期六

八时进城,访傅斯年、沈从文、杨金甫。

十二时《文艺副刊》在丰泽园聚餐。餐毕微雨。至老馆。郝庆琛早进城。

九月二十三日

至琉璃厂。在张宅午饭。四时回寓。

九月二十四日　星期一

上午授课。下午张荫麟与吴晗来,留饭。阅删本《精忠传》。

九月二十五日　星期二

上午师生大会。下午写信。郝庆琛下午来。

九月二十六日　星期三

早授课。下午看《中学历史》。吴世昌来。

九月二十七日　星期四

作《秦刻石考》。三弟夫妇来。

晚在马宅开会,讨论黎明亏空之款如何摊还。举余为会计,洪代理主席。

九月二十八日　星期五

早授课。写孙海波《甲骨文编》序,中有改去之一段:

余弱冠尝从邓尔疋四舅治古文字之学。田产岁入不足千金,弟妹之教养,人事之酬酢,官府之赋税,书籍之购置,咸取给焉。余母黎明即起,治家有法,勤而能俭,刚而能断,量入为出,因得不匮。

九月二十九日　星期六

〈作〉《秦刻石考》。六时开《史地周刊》聚餐会,并开观摩社筹款会,讨论各人摊派黎明欠债之数。

九月三十日　星期日

〈作〉《秦刻石考》。作《琅邪台刻石图》。

十月

十月一日　星期一

早授课。校《严州金石序》、《王懿荣遗集》。

作《秦刻石考》。七时半〈开〉国文学会。

十月二日　星期二

作《秦刻石考》。

十月三日　星期三

早授课。午于思泊来。作《鸟书考》。

十月四日　星期四

作《鸟书考》。

十月五日　星期五

早授课。午请傅孟真夫妇、罗莘田、董彦堂食饭。

三时〖回〗进城，访司徒乔。在三弟家饭。访陈受颐、魏建功。

十月六日　星期六

访于思泊。至琉璃厂。在张宅饭。

访陈老太、林玛利。四时回家。阅《史地周刊》稿。

十月七日　星期日

八时进城。点收通俗读物编刊社。

十二时至张宅午饭。逛琉璃厂。三时访伦慧珠。六时至史语所晚餐。九时回家。

十月八日　星期一

早授课。作《鸟书考》。请学生晚饭。

十月九日　星期二

校《学报》稿。

十月十日　星期三

八时进城。访郑侃戆、伦慧珠。十二时至三弟家饭。与三弟、八妹等游古物陈列所。

五时至张宅饭。九时往看电影。

十月十一日　星期四

十二时回家。阅《梦溪笔谈》，选出关于考古各段付钞。

国文系聚餐，在郑振铎家。在式古斋取梁台《西湖图》，价二十元。

十月十二日　星期五

早授课。下午阅《云麓漫钞》,选出关于考古各段。八妹招待茶会。

十月十三日　星期六

作《鸟书考》毕。一时张荫麟来。

十月十四日　星期日

清理宋人笔记之关于考古者付钞。四时至洪煨莲宅畅谈,九时归。

十月十五日　星期一　天气变寒

早郝庆琛进城。早授课。校《学报》稿。六时请学生食饭。

十月十六日　星期二

修正《鸟书考》稿。

下午柯燕舲来〈谈〉开明印《新元史》事。与同往郑振铎家。

十月十七日　星期三

早授课。午后不适。阅《现代文学史》。

张荫麟来,定第六期《史地周刊》。郝庆琛夜至。

十月十八日　星期四

往图书馆借书。校张东荪稿。

十月十九日　星期五

早授课。

一时半进城。至李质彬家,未遇。至琉璃厂,〈在〉尊古斋选竟六面,价百元。

至延古斋购观音象,价廿元;白玉龟,价 8 元。寓张宅。访张希鲁[①]。

---

①张希鲁(1900-1979),名连懋,云南昭通人。文物收藏家、考古学家,著有《西楼文选》等。

十月二十日　星期六

早访徐旭生,商编刊社事。至李质彬家,购铜镜一。四时与钟、苏回家。

十月二十一日,星期日

下午与内子、钟、苏等往清河。

十月二十二日　星期一

早授课。下午复颉刚等信。收文奎堂书账〢〣三十元,付取书〡〢〧十元。

付郝庆琛工钱,七日起,中停四天,至十月十日止,计一月洋〤〨十元,墨〨元。

十月二十三日　星期二

校《燕京学报》稿《宋人金石丛谈》。

十一时张希鲁来,留饭。二时同往参观学校。

十月二十四日　星期三

早授课。

十月二十五日　星期四

早作《始皇刻石考》。

下午于思泊来。定以拓本五十种、全形拓本八种、《周汉遗宝》易其菁荦。

赵斐云来。

十月二十六日　星期五

早授课。下午进城。在墨因簃购石鼓拓本三种。在金薤阁购邹县本《峄山碑》。

十月二十七日　星期六

作《始皇刻石考》。

十月二十八日　星期日

作《始皇刻石考》。十时三弟来。海波来，借二十元。

七时《史地周刊》社在洪宅聚餐。

十月二十九日　星期一

三弟进城。早授课。下午写九妹等信。

写卢瑞"观月山房"额、周印昆①墓志盖，及联三对。作《课程纲要》。

十月三十日　星期二

至学校，听浦起凤②演讲德国现状。

十月三十一日　星期三

早授课。下午清理书桌。七时国文学会在临湖轩开周作人坐谈会。

十一月

十一月一日　星期四

尽日整理书籍，甚疲。

十一月二日　星期五

早授课。一时一刻进城。

至琉璃厂。六时柯燕舲兄弟③招饮庆林春。十时回老馆宿。

十一月三日　星期六

早至琉璃厂，在大业取《甲骨文编》一部。

---

①周大烈(1862—1934)，字印昆，湖南湘潭人。曾就读日本东京政治大学，1917年任张家口税务署监督，后隐居北京香山，以咏诗书法自遣。许地山夫人周俟松之父。

②疑为浦薛凤之误。浦薛凤(1900—1997)，江苏常熟人。1914年入清华学校，留学美国哈佛大学。1933年赴德国柏林大学进修，时任清华大学政治系教授兼主任。

③指柯昌泗与柯昌济。柯昌济(1902—?)。字纯卿，柯劭忞次子。毕业于北京师范大学。

十时回家,在西长安街候车,而大陆汽车少停,吾未及上车即疾驶而去,可恨之至!坐电车及西直门汽车回家。

改《秦始皇刻石考》。

十一月四日　星期日

早进城。至团城,开伦敦中国艺术国际展览会[①]。

十一月五日　星期一

早授课。作《袁安碑考》。

十一月六日　星期二

作《袁安碑考》。

十一月七日　星期三

早授课。作《袁安碑考》。新闻学系请晚餐。

十一月八日　星期四

作《袁敞碑考》。

十一月九日　星期五

早授课。

一时一刻进城,游厂淀。在大观取玉猫一,价五元。在大古得虾蟆范,八元;小玉,二元。

十一月十日　星期六

早往后门,购得一瓷罐,赠三弟。十时在故宫开伦敦美展会。

午回三弟家饭。饭毕游后门。四时回寓。

十一月十一日　星期日

柯燕舲兄弟及周季木、元胎等来。荫麟来商《史地周刊》。

十一月十二日　星期一

胡文玉、孟仲循、罗文健来。晚写信。

---

①此为筹备会议。容庚等被教育部聘为专门委员,负责甄选文物送伦敦参加展览。

十一月十三日①　　**星期二**

十一月十四日　　**星期三**

早授课。整理书籍。

十一月十五日　　**星期四**

十一月十六日　　**星期五**

早授课。下午一时一刻进城,至琉璃厂。在老馆宿。

十一月十七日　　**星期六**

十时至故宫开会。在杨金甫家午饭。访于思泊、周季木。九时回家。

十一月十八日　　**星期日**

编"学术界消息"。

十一月十九日　　**星期一**

早授课。编"学术界消息"。

十一月二十日　　**星期二**

编《考古社刊》稿。校《金石文考》稿。

十一月二十一日　　**星期三**

早授课。编《考古社刊》稿。四时赴校务长茶会。

五时进城。陈公睦②世伯请晚餐,寓苏州胡同三十九号。在三弟家宿。

十一月二十二日　　**星期四**

十二时回家。于省吾来。荫麟来。校《鸟书考》稿。

---

①此日原缺,15 日同。

②陈庆和(1871—?),字公睦,广东番禺人。清代岭南名儒陈澧之孙,1906 年任山东高等学堂监督。

十一月二十三日　星期五

早授课。改定《诅楚文考释》。

十一月二十四日　星期六

编《考古社刊》稿。

十一月二十五日　星期日

编《秦泰山刻石考释》。

十一月二十六日　星期一

早授课。作《海外吉金录考释》。校稿。

十一月二十七日,星期二

编《考古社刊》稿。

十一月二十八日,星期三

编《考古社刊》。早授课。

十一月二十九日　星期四

写住友男谢赠《订正清[泉]屋清赏》信①。

写陶北溟、郑师许、郭鼎堂信。冯友兰被捕,拟营救电报。

十一月三十日　星期五

早授课。

一时一刻进城,至图书馆。访伦珠。在三弟家晚饭。访李棪②,与同至老馆。

十二月

十二月一日　星期六

至琉璃厂。访杨金甫,午饭。二时至故宫开会。

---

① 《泉屋清堂》为日本住友家族收藏清铜器图录,其订正本于1934年出版。
② 李棪(1907—1996),号棪斋,劲庵,广东顺德人。李文田孙。1929年入辅仁及北京大学。1952年起任教于英国伦敦大学和伯明翰大学,后曾任香港中文大学中文系教授兼主任。

四时至图书馆,约刘子植。六时回家,子植不来。

十二月二日　星期日

作《海外吉金录考释》。校《考古社刊》稿。

十二月三日　星期一

早授课。改《古石刻零拾考释》。

十二月四日　星期二

改正《古石刻零拾考释》。

十二月五日　星期三

早授课。修改《诅楚文考释》。

与顾起潜进城,购《定厂集》,一元半;《天根文集》,一元。在鸿春楼晚餐。九时回家。

十二月六日　星期四

编《诅楚文考释》。校务长开募捐会。

十二月七日　星期五

早授课。下午校《考古社刊》稿完。溜冰。写《古古[石]刻零拾》封面、目录。

十二月八日　星期六

八时进城。至古物陈列所、大业、启新。至张宅午饭。三时往琉璃厂。

六时往春华楼,尊古斋请食饭。在张宅宿。

十二月九日　星期日

早往富晋书店、琉璃厂。十二时至曹宅午饭。四时回家。七时往顾宅开会。

十二月十日　星期一

早授课。下午与李书春、洪太太往紫竹院。编《泉屋清赏》铜器。

十二月十一日　星期二

编《泉屋清赏》器说明。溜冰。庆琛起拓。

十二月十二日　星期三

早授课。海波来。溜冰。购大柜二、书箱三,价二十元。收拾书籍。

十二月十三日　星期四

收拾书籍。六时国文学系开会,并约吴雷川、吴文藻。

十二月十四日　星期五

早授课。庆琛进城。六时半振铎请晚餐。编《海外吉金》说明。

十二月十五日　星期六

王际可、高长庚来访。粘甲骨拓本。七时半赴师生游艺大会。

十二月十六日　星期日　雪

八时进城,至琉璃厂。约与常惠相见。至大观取镦一,大古取镜等四件。

十二时至东安市场大鸿楼,元胎请午餐。游市场,购《北平金石目》。

四时半回家。六时吴文藻请晚餐,沈昌在座。

十二月十七日　星期一

早往访曹敬盘①,商试验铜器事。授课。整理镜拓本。

四时半溜冰。晚作《海外吉金》提要。

十二月十八日　星期二

编《海外吉金》。

---

①曹敬盘,燕京大学化学系教授。

十二月十九日　　星期三

　　早授课。整理竟拓。

十二月二十日　　星期四

　　王世杰[1]部长来函,约赴济南、开封等地选铜器,并赴南京。

　　拟编《铜器展说明》。

十二月二十一日　　星期五

　　早授课。下午溜冰。复陶北溟信,代购《古玉图录》,二元。

十二月二十二日　　星期六

　　八时进城,与雷洁琼访陈援广。至许地山家看碑帖。至老馆宿。

十二月二十三日　　星期日

　　付大业书款六百元。至立广处谭赴南京事。

　　十二时张星烺请玉华台午餐。访立广与冯俨若。

　　四时回校。七时顾宅开《史地周刊》会。

十二月二十四日　　星期一

　　早授课。

十二月二十五日　　星期二

　　校《石刻零拾》稿。作《论文发表问题商榷》。

十二月二十六日　　星期三

　　早授课。

十二月二十七日　　星期四

　　作"铜器之起原"及"成分"二段。

十二月二十八日　　星期五

　　早授课。下午至图书馆查《图书集成》。

---

[1]王世杰(1891—1981),字雪艇,湖北崇阳人。北洋大学采矿冶金科肄业,后留学英国伦敦大学、法国巴黎大学。武汉大学首任校长。时任民国政府教育部长。

十二月二十九日　星期六

八时进城,访于思泊、唐立广。沈从文请玉华台午饭。

与立广访马叔平。与张荫麟访傅孟真。至老馆宿。

十二月三十日　星期日

早至琉璃厂。大业请新丰楼午饭。四时回寓。校《古石刻零拾》稿。

十二月三十一日　星期一

早至学校授课。

会文送书箱来,樟木,共十二个,价五十五元。连前大木箱二、黑木箱三,价二十元,共七十五元。除《西清古鉴》售得十五元,付六十元,作完。

1934 年收支一览表

一月份

2 日,支出:车 1、唐宅礼 4、地版[板]油 3.7、火炉档 3

6 日,收入:售玉鱼 20;支出:听戏 6

8 日,支出:熊仁卿礼 1

9 日,支出:《印心石屋画册》6

13 日,支出:《诗韵》.6、开明书套 20、车 1、宣纸 5

17 日,收入:售《簠斋印集》120、《金文表》6;支出:《泉布统志》5、邮票 1

21 日,支出:车 12、绿化钲 1

25 日,支出:《中国通史》2、加菜 3、杂用 1

28 日,支出:商宅礼 2

29 日,收入:薪金 180、小说 200、售保萃书 16.5、《秦汉金文录》五 48;支出:理发券 1.5、储蓄 9、水电 29、编刊社 5、付保萃书

16.5、付富晋书款 46

30 日,支出:书箱四个 26、修理长凳 1、

31 日,支出:《西清古鉴》44、邮票 1

总计:收入 444.5;支出 257.3

二月份

2 日,收入:大禹 140;支出:大观斋铜器 220、尊古斋铜器 220、
式古斋铜人 6、虹光陈镛册 30、《笏山记》20

3 日,收入:《持静书目》7、《明史窃》七部 49、《聚德堂》7;支
出:听戏 5、车 1.5、直隶书 9、会文书 42、商务书 3、学校总捐
12、牛奶 5

7 日,收入:开明来书款 40;支出:付开明书 54

8 日,支出:付来薰阁书 3.5、《史丹林》等书 1

10 日,支出:坐钟 9、墨因簃裱工 29、午餐 3

13 日,支出:王寿卿碑 1.8、瓦瓿 10、秦公敦拓本 5、天丰煤 97、
鞋 2.6、车 1、邮费 5

14 日,支出:赏张宅下人 2、赏冯思孙 1、车 1、大古山房铜器 80

17 日,收入:《武英殿图》12.6;支出:车 1、《美原神泉碑》3、小
铜器.4

19 日,收入:林记书庄 80;支出:琨学费 35、琬学费 69、邮票 1

21 日,支出:字画 9、车 1

24 日,支出:字画书 18

25 日,支出,帖 14

28 日,收入:《文字学讲义》二 4.8、薪金 180;支出:储蓄 9、编刊
社 5

总计:收入 520.4;支出 1044.8

三月份

2 日, 支出: 补装订《颂斋》5

3 日, 收入:《武英殿图》12.6; 支出: 德古石画 1、车.6

6 日, 支出: 袜等 1.5、《韩仁碑》1.5

7 日, 收入: 岭南小说 216.5; 支出: 刘妈贺礼 5

8 日, 支出: 请客菜 8.8

11 日, 支出: 车票 3、拓片 2

13 日, 支出: 毛毯 15.5、车.5

16 日, 收入:《武英殿》12.6; 支出: 电影车 1.5、郝庆琛拓工 10

20 日, 收入: 林记汇款 33; 支出: 车及宿费 3

22 日, 收入:《颂斋图》二 12.3

23 日, 收入: 薪金 180; 支出: 储蓄 9、水电 31.1、民俗社 5、
邮票 1

25 日, 支出: 车 1、拓本 2

30 日, 收入: 来薰阁书板 100、孙海波书款 200; 支出:《太白酒
楼记》3

31 日, 收入:《武英殿》三 38.4; 支出: 郝庆琛拓工 10、电灯池 1、
大古铜器 80

总计: 收入 805.4; 支出 202

四月份

8 日, 支出: 峄山碑拓.5、印花被面 1、《歧路灯》1.6

12 日, 收入:《武英殿》14、缂丝照片 1; 支出: 牛奶 5、邮票 1、
大布 1

18 日, 支出: 清河戏 1、锄土 6

20 日, 支出: 郝庆琛拓工 10、雅文藋女觯 80、《支那铜器菁华》
86.1、宏利保险 188.9

21 日, 支出: 游大觉寺 2

23 日, 支出: 种树 16.2

24 日, 支出: 付郝庆琛 14

29 日, 收入: 薪金 180、内子还保险 140; 支出: 陈垣礼 1.8、内子手加菜等 5、储蓄 9、民俗读物 5、卸纱窗 1

总计: 收入 335; 支出 436.1

五月份

2 日, 支出: 孙琚之碑帖 5、观摩社 1、车票 8

3 日, 收入《颂斋吉金图》149.1; 支出: 袜 1.1

5 日, 支出: 小量 4、三浯铭等 15、车 1.5、定敬记纸 50、早饭 1.1

6 日, 支出: 晚餐 4、木匠 5、杨伯起碑等 1.5、王铁广礼 2

11 日, 支出: 东记菜 8.8、《中国通史》卷三 1、送李二 2

12 日, 支出: 张子幹生日礼 1、车等 1.5

15 日, 支出: 老程工钱 1、赵太太捐 1

20 日, 支出: 义勇军捐 2、杨太太捐 2、季宝铭印费 40、草帽 2、碗 1、车 .5

24 日, 支出: 展览会购杂物 5

26 日, 收入: 薪金 180、辅大演讲 20、《金文续编》稿 200、颐和园照片 10.3; 支出: 园费 6、水电 27、通俗编刊社 5、储蓄 9

30 日, 支出: 牛奶 3

总计: 收入 559.4; 支出 218

六月份

2 日, 支出: 电影 1.5

3 日, 支出: 金薤阁碑 14、《簠斋臧器目》3、启新印刷 48、大观 100、敬记纸 100

4 日, 支出: 文理 10

8 日,支出:铸新照相 210

9 日,支出:捷生印格纸 3、加菜等 5

10 日,收入:孙海波书 50、《德庆州志》16、《史窃》二 14;支出:天丰煤 28、邮票 1、修绠堂 19、保萃斋书 10、石墨庵裱工 6、稽[稽]古堂信札 5、三友堂书 8、新布尺.7、竞进 7、企古斋.4、开明纸 5、冰激楞等 1.6

16 日,支出:书套 9、金薤阁拓片 1.5、德古阁拓片 4、两宜斋拓片.5、赏张宅下人 1、季宝铭印工 50、车 1.4、修表.2、《大公报》13.6

20 日,支出:装订《颂斋吉金》15

23 日,支出:看戏 4、车 1

25 日,收入:中国书店书 39、薪金 180、史语所书 44;支出:中国书店书 33.4、铜器(永盛)180、薛《钟鼎》抄本 8、加菜 5、储蓄 9、民俗读物 5、水电 11.2

29 日,收入:父己鼎 50;支出:加菜 2

30 日,总计:收入 393,补售铜镜 200;支出:941

上半年合计,收入:3257.7;支出:3099.2

一九三五年

一月

一月一日　星期二

　　十时至校务长住宅团拜。溜冰。留张全恭、张荫麟晚饭。

一月二日　星期三　雪

　　故宫博物院请东兴楼午餐。至唐宅谈,九时回寓。

一月三日　星期四

　　作《礼乐器考》。黄振镛来。

一月四日　星期五

　　早授课。下午作《为检校〈清史稿〉诸君进一解》。

一月五日　星期六

　　修改《为检校〈清史稿〉诸君进一解》。付佟朴画费十元。复九妹及叶慈信。

　　一时半进城,往全宅拜寿。沈从文招饮福生番菜馆。六时回寓。

　　八时马宅开观摩社会。

一月六日　星期日

　　九时为张与伦离婚事访慧珠。

　　至老馆午饭。逛书肆,购《青照堂丛书》零种二函、《虚受堂文集》、《畏庐文集》、《说文段注校三种》、《岳忠武王文集》、《刘知几之史学》、文文[？]《彝器图》等。

四时回家。记日记。

一月七日　星期一

早授课。四时半口试邵子风硕士论文。七时至九时考文字学。

一月八日　星期二

往学校。复阅试卷。溜冰。

一月九日　星期三

张太来，商荫麟离婚事。刘子植来。至校印所。

一月十日　星期四

至学校。张圭颖来，代表天津聚文山房定代印通俗读物事。

三时与荫麟进城。访唐立厂、三弟、傅孟真。至老馆宿。

一月十一日　星期五

往琉璃厂，并访伦慧珠。商铜器陈列事，至古物陈列所。

三时回家。写信。教育部汇款四百元来，作予与唐旅费。

一月十二日　星期六

收拾行李。五时进城，赴史语所晚会。

一月十三日　星期日

访立厂，同至车站定卧铺。至老馆。

一月十四日　星期一

早访徐中舒。六时五十分乘平浦车往南京。三弟、三弟妇及张荫麟同往。

一月十五日①　星期二

一月十六日　星期三

---

①是日缺。

八时至浦口,乘船至下关。寓中央饭店。访容大块、商锡永。

一月十七日　　星期四

十一时往谒教育部长王世杰。谒陵。王荣佳请晚餐。

一月十八日　　星期五

早至鸡鸣寺史语所。董彦堂留午饭。骆用弧请晚餐。

一月十九日　　星期六

早访洪玉绅,请午餐。杨振声回,讨论展览会事,补给旅费三百元。

一月二十日　　星期日

辰乘长途汽车往芜湖。十一时半至晚十时转船往安庆。

一月二十一日　　星期一

十一时至安庆。三时访图书馆长陈东原,参观寿州出土铜器。留晚餐。

一月二十二日　　星期二

午教育厅长杨廉请食饭。晚罗根泽请食饭。十时乘船回芜湖。

一月二十三日　　星期三

八时船至芜湖,转车至南京。元胎夫妇及荫麟则乘船直至上海。

三时半访杨金甫。金甫请晚饭。十一时乘车至沪。

一月二十四日　　星期四

七时至沪。访郑师许,与同游。访关伯益,商新郑铜器选出展览事,得十件。

访张豫荃。至中国书店购书数种。寓新亚酒店。

一月二十五日　　星期五

八时乘车往杭州,十二时半至。元胎等先一日至。寓环湖旅馆。游湖。

一月二十六日　星期六

游灵隐各地。顾颉刚太太①请晚饭。八时约翟瑞元来。

一月二十七日　星期日

游书肆。瑞元请午饭，饭罢同游街市。

一月二十八日　星期一

八时乘沪杭车至沪，一时许至。至南京路午饭，并购物。四时乘沪平车回平。

一月二十九日　星期二

夜八时至济南下车。寓津浦济南宾馆，正于此日开幕。

一月三十日　星期三

游书坊。访教育厅长何思源②、图书馆长王献唐。回宾馆饭。

二时再至图书馆。王献唐赠《武梁祠画像》全份，邀至青年会西餐。

八时乘津浦车回平。

一月三十一日　星期四

十时至平。与三弟等往东华楼午饭。十二时回家。收拾客厅，清理积件。

荫麟借百元。元胎借三百二十元，旧欠二十元。

二月

二月一日　星期五

早往学校。寄九妹及伯父信。清理积件。

①顾颉刚太太为殷履安。

②何思源（1896—1982），山东菏泽人。1915 年入北京大学，1923 年入德国柏林大学。1926年任中山大学教授兼图书馆馆长。1928 年任山东省政府委员兼教育厅长。

二月二日　星期六

八时进城。付大业印《石刻零拾》费丨二三百元,尚欠二十元。

付大古虾蟆范八元、镜三元、小造像二元。

付墨因籖《碧落碑》二元、《醉翁亭碑》二元、《汉石经》裱本二元、《石鼓三种》七元、《半亩园记》六元、《大遍觉碑》五△,裱工丨乂8十元。

购梅花迎春,坐洋车回家。

二月三日　星期日

写信。

二月四日　星期一

作《记居庸关过街塔》。

二月五日　星期二

早授课。访吴雷川、马季明、洪煨莲。

二月六日　星期三

早授课。至图书馆查书。溜冰。结史地社稿费。

二月七日　星期四

早授课。孙海波来。作《记居庸关过街塔》完。

二月八日　星期五

早至图书馆。授课。退还教育部旅费二百元。

二月九日　星期六

八时进城。至老馆张宅。下午与三弟游厂甸,购金石书数种。

二月十日　星期日

大风。下午游火神庙。购沈凤篆屏,价十三元。

在玉池山房购吴大澂篆书联、卓秉恬联,价十元。取手卷三,后退还。

二月十一日　星期一

十时与瑶回家。校《武梁祠刻石》。吴世昌来,发《史地周刊》稿费。

二月十二日　星期二

早授课。下午作《铜器之发见》。

二月十三日　星期三

早授课。十一时进城。在火神庙购何绍京草书屏四条,价十二元。

访于思泊。见鸟篆戈,甚佳,价千元。又鸠杖首一,尾有六国时刻字,约十字。九时回寓。

二月十四日　星期四

早授课。住友寄《泉屋清赏》九册来。张荫麟来。

二月十五日　星期五

早授课。十一时进城。游火神庙,购林琴南山水屏,三十元。九时回家。

二月十六日　星期六

作《海外吉金录说明》。赠住友《武英殿》、《颂斋》、《殷契》、《石刻》四种。

赠罗子期《石刻》。复书,大中磬索价千元。

二月十七日　星期日

作《海外吉金录》稿。十一时进城。

在大观取铜鼎,价｜三百元;爵五十五元。九时回家。

二月十八日　星期一

张荫麟来。整理《秦刻石考》稿。六时郭绍虞请食饭。八时国文学会开会。

二月十九日　星期二

早授课。寄屺望信及铜器。寄陶北溟、沈从文信。

整理《学报》稿。伯龙之叔何家梧自长安饭店打电话来。

二月二十日　　星期三

早授课。孟桂良来。写信与孟真。伦四太来。

二月二十一日　　星期四

早授课。下午四时往学校。听许兴凯[1]演讲。

六时《学报》开会，到者七人。马季明之弟隅卿[2]脑冲血死，未到。

二月二十二日　　星期五

早授课。晤中大旅行团何家瑚。

寄郑德坤、刘晦之等信。陈家骥来，商毕业论文。

二月二十三日　　星期六

作《海外吉金录说明》。

二月二十四日　　星期日

作《吉金录说明》。何家瑚、袁傅霖来，七时去。往洪煨莲家聚餐。

二月二十五日　　星期一

连士升来。写字。

二月二十六日　　星期二

早授课。张荫麟来。校《居庸关刻石》。

二月二十七日　　星期三

早授课。下午访谢冰心。校《秦始皇石刻考》[3]。

---

[1]许兴凯(1900—1952)，北京人，蒙古族。1926年毕业于北京师范大学。1934—1936年留学日本帝国大学史料研究所。抗战开始后任教于西北联大。

[2]马廉(1893—1935)，字隅卿，浙江鄞县人。藏书家、版本目录学家，曾执教于孔德学校、北京大学。

[3]原文如此，下作"刻石考"。

二月二十八日　星期四

早授课。下午于思泊来,顾廷龙来,蒋恩钿①来。

复信。校《金石书录》。校《始皇刻石考》。

三月

三月一日　星期五

早授课。下午一时进城,至史语所、三弟家。

访张铨忠于中央饭店,未遇。十一时至老馆。

三月二日　星期六

七时往访张铨忠,与返燕大,为全恭取衣物。回家饭。复同进城,七时请他至五芳斋便饭。

三月三日　星期日

早至琉璃厂。在尊古购一勺、一剑柄首。

二时往送张铨忠南归。访王铁厂。九时回寓。

王献唐寄琅邪台石刻拓本照片、《金石家考略》来。

三月四日　星期一

至学校。写信。修改《始皇刻石考》。阅《金石家考略》。

三月五日　星期二

寄《石刻零拾》与王献唐。早授课。复子期信。作《海外吉金录考释》。

三月六日　星期三

寄[早]授课。编《海外吉金录》。

三月七日　星期四

早授课。赠图书馆《石刻零拾》一部。编《海外吉金录》。

①蒋恩钿(1908—1975),江苏太仓人。1929 年入清华大学西洋文学系。

三月八日　星期五

早授课。一时进城。至北平图书馆及琉璃厂。

顾利雅①请森雅晚饭。九时回家。

三月九日　星期六

编《海外吉金录》。写字寄顾雍如。题《古竟景》封面。

三月十日　星期日

编《海外吉金录》。寄九妹信，闻他存款同和一千九百六十元，倒闭。

修改《秦始皇刻石考》。

三月十一日　星期一

至学校。送父已簋至哈燕社，价乂ƍ百元。复方伯常②信。

写《古竟景》序。寄《石刻零拾》与刘晦之。

三月十二日　星期二

早至学校授课。校《吉金录目》。

三月十三日　星期三

早授课。补《勾践报吴》稿一段。

三月十四日　星期四

早授课。作《通俗读物编刊社启事》。

三月十五日　星期五

早授课。阅孙海波稿。作《论江南铁路质疑》。

三月十六日　星期六

早进城。访白陈群，商哈佛燕京社遗失《经音偶钞》稿事。访

---

①顾利雅(Herrlee Glessner Creel, 1905—1994)，又作顾立雅、顾利亚、美国人，毕业于芝加哥大学。芝加哥大学东方语文系主任、美国东方学会会长、著名汉学家、孔子研究专家。

②方焕经，字伯常，安徽定远人，生卒年不详。富收藏，尤喜鉴赏青铜器。

方希白①。

十二时回家。苏、钟等来打牌。三弟来。

三月十七日　星期日

写《古竟景序》二本。打牌。

三月十八日　星期一

早方燕庚（希白）来。三弟等去。孙海波、顾廷龙、王振铎②来。

连士升送《精忠岳飞》来，付五十元稿费。

三月十九日　星期二

早进城，至史语所。徐中舒请便饭。至新馆看慧珠。

六时黄仲良请玉华台晚饭。九时回寓。

在墨因簃得刻本俞樾书《会稽》廿七字。

三月二十日　星期三

早授课。午张荫麟来。补《秦始皇刻石考》"俞樾《会稽》本"。

三月二十一日　星期四

早授课。写《古竟景》序四册。

三月二十二日　星期五

早授课。图书馆开会。

三月二十三日　星期六

修改《海外吉金录考释》。参观学校健康周。

三月二十四日　星期日

修改《海外吉金录考释》。

---

①方燕庚（1872—1835），字希白，安徽定远人。光绪十九年（1893）举人。1903 年毕业于京师大学堂仕学馆，后授内阁中书。方浚益之从孙。
②王振铎（1911—1992），字天木，河北保定人。1934—1936 年就读于燕京大学研究院历史所。博物馆学家，曾任中国历史博物馆研究员。

三月二十五日　星期一

早授课。修改《吉金录》稿。燕东园在赵宅聚餐。

三月二十六日　星期二

早授课。作《鸟书考补正》。

三月二十七日　星期三

早授课。校务长住宅茶会。

三月二十八日　星期四

早授课。张荫麟来。

三月二十九日　星期五

八时进城。至琉璃厂。十二时方希白在丰泽园请午饭。至新馆。

三月三十日　星期六

至琉璃厂。十二时与三弟同在忠信堂请客。

四时回家。六时与内子同往观陈铨婚礼。

三月三十一日　星期日

八时进城。访于思泊、唐立厂。同至中山公园来今雨轩,开考古学社聚餐会。

四时回家。

四月

四月一日　星期一

早得[到]学校。丁文渊①来。写提倡国货文,寄翁文灏②。

---

①丁文渊(1889—1957),字月波,江苏泰兴人。丁文江弟。毕业于同济医学院,法兰克福大学医学博士。曾任行政院参议、考试院参事。李庄同济大学校长。
②翁文灏(1889—1971),字咏霓,浙江鄞县人。比利时鲁汶大学地质学博士,与丁文江等人创办地质调查所,兼任北京大学、清华大学教授,1935年任行政院秘书长。

四月二日　星期二

校《海外吉金文录》。

四月三日　星期三

编《十钟解说》。

四月四日　星期四

早复通俗编刊社信件。编《十钟解说》。

四月五日　星期五

八时与内子、琬女等二十馀人游八大处、天太山。六时回。

四月六日　星期六

修改《吉金录说明》。编《十钟解说》。

四月七日　星期日

早编《石榔说明》。一时进城,至老馆。八时往看电影《新女性》。

四月八日　星期一

七时到许地山家,选购拓本五十馀元。二时回家。复信。

四月九日　星期二

早授课。整理《海外吉金说明》。

四月十日　星期三

早授课。往清华园访张荫麟。

四月十一日　星期四

早授课。清理《海外吉金图》。

四月十二日　星期五

早授课。送《海外吉金图》往引得。

一时进城,至敬记、大业等处。六时张荫麟请忠信堂饭。九时回家。

四月十三日　星期六

为张荫麟夫妇刻名印。发通俗社信件。

四月十四日　星期日

八时进城。游琉璃厂,至中华购书四十馀元,内《古泉丛话》、《泉币汇考》川一十元。

五时张荫麟与伦慧珠在忠信堂行结婚礼。六时回家。

购姜林母敦(《西清续鉴》箸录),价四十二元。

四月十五日　星期一

校《秦始皇刻石考》印稿。整理《吉金录》洋纸印本。

四月十六日　星期二

早授课。方希白来。复信。许地山送所购周大烈拓本来,共购六十元,九折。

四月十七日　星期三

早授课。一时进城。交《衡方碑》与墨因簃裱。

三时至新馆。伦宅请,张荫麟作陪。九时回家。

四月十八日　星期四

早授课。整理洋纸印本《吉金录》。访张荫麟。方希白来,未见。

四月十九日　星期五

早授课。整理洋纸印本《吉金录》,缺十八种。

四月二十日　星期六

八时进城。访方希白。至启新问印件。午在老馆饭。二时回寓。访闻宥。

四月二十一日　星期日

校《海外吉金录考释》。

四月二十二日　星期一

校《海外吉金录考释》。

四月二十三日　星期二

早授课。校《吉金图录考释》毕。校《秦始皇刻石考》。

四月二十四日　　星期三

早授课。下午孙海波、王振铎来。校《秦始皇刻石考》。

四月二十五日　　星期四

校《海外吉金录》毕。早授课。

四月二十六日　　星期五

早授课。访张荫麟。写《古竟影序》。

四月二十七日　　星期六

返校日,至学校参观。下午校《金石书录目》。

四月二十八日　　星期日

八时进城。六时回家。

四月二十九日　　星期一

补正《金石书录目》。复信。访张荫麟。督印《海外吉金录》。

四月三十日　　星期二

早授课。校《吉金书录目》。

五月

五月一日　　星期三

早授课。校《秦始皇刻石考》稿、《海外吉金录》稿。

五月二日　　星期四

早授课。黄子通请邵逸轩①、周怀民②画家午饭,邀余作陪。

---

①邵逸轩(1885—1954),名锡濂,浙江东阳人。工画,善花卉,国立北平艺术专科学校教授。
②周怀民(1907—1996),又名周仁,字顺根,江苏无锡人。1926年入北京中国画研究会,师
　事吴镜汀。1934年起任教于京华美术专科学校和北平艺术专科学校。

周一良、陈梦家①来。

校《海外吉金录》稿。

五月三日　星期五

早授课。校稿。

五月四日　星期六

进城,访孟真、中舒。

与三弟游太庙北平物产展览会,遇钟、苏等。同游公园,看牡丹。

晚同至哈尔飞戏园,观荀慧生《秦娘》剧。

五月五日　星期日

早至琉璃厂。二时回家。四时至姊妹楼,观陈梦家订婚礼②。

五月六日　星期一

校稿。

五月七日　星期二

早授课。校稿。七时在适楼开国文学会。

五月八日　星期三

早授课。校稿。八时开观摩会。颉刚等至。

五月九日　星期四

早授课。校稿。四时十分听胡适演讲"颜李哲学"。

五月十日　星期五

早授果。督引得订《吉金录》样本。

---

①陈梦家(1911—1966),浙江上虞人。1927 年入中央大学,新月派诗人,1931 年编成《梦家诗集》。1934 年入燕京大学研究院,师从容庚,专攻古文字学。
②陈梦家夫人赵萝蕤(1912—1998),燕京大学教授赵紫宸之女。毕业于燕大西洋文学系,1935 年入清华大学研究院。

五月十一日　星期六

八时进城。往和顺斋定书套。四时回家。

五月十二日　星期日

八时进城。至三弟家。午赴于思泊招饮。

访冯思。五时至太和殿,听六百人音乐大会。九时回家。

五月十三日　星期一

往学校编古器目。

五月十四日　星期二

早授课。张荫麟结婚弥月,往其家晚饭。

五月十五日　星期三

早授课。阅"学术界消息"。于思泊来,五时去。

五月十六日　星期四

早授课。下午四时半听胡适演讲"颜氏学派"。

五月十七日　星期五

早授课。请画家周怀民午饭,黄子通陪。

五月十八日　星期六

八时进城。赴博物馆筹备会。十二时至古物陈列所午餐。

至三弟家,八时与三弟同往欧美同学会,傅斯年欢迎伯希和晚餐。

五月十九日　星期日

与三弟游琉璃厂。购矢族一,价五元,上有四鸟纹。在宏远堂取稿本《续封泥考略》,价十五元。十二时回家。

《续封泥考略》与周明泰所作相同,此题翁大年考释,恐周又是窃取。翁作《考略》,见窃于吴、陈,此复见窃于周,何吴[翁]之不幸也。

七时《史地周刊》社在吾家晚餐。

五月二十日　星期一

早往学校。下午写字。

五月二十一日　星期二

早授课。编"学术界消息"。

五月二十二日　星期三

早授课。下午往学校,编古物目录。晚间补《鸟书》,补正"秦玺"一段。

五月二十三日　星期四

早授课。下午往学校,编古器目。四时听胡适演讲"李塨"。

五月二十四日　星期五

早授课。下午往学校,编古器目。

南京吴孝义购《海外吉金录》、《石刻零拾》、《俑庐日札》三种。

五月二十五日　星期六

往学校,编古器目。张荫麟来。

五月二十六日　星期日

作《生春红室金石述记跋》。

五月二十七日　星期一

编"学术界消息"。

五月二十八日　星期二

作"学术界消息"完。清理书桌。

五月二十九日　星期三

早授课。下午往学校,编古器目。张□□①来诊脉,因时患伤风。张荫麟请晚饭。

————————

①原空。

邓叔存①借《威灵吞(银器)》杂志一册。

五月三十日　星期四

早授课。下午清理《史地周刊》稿费。晚似发烧,服张君药。

五月三十一日　星期五

早授课。下午进城。收来熏阁一百元、文奎堂川百元、修绠堂川百元。

《海外吉金》售出数:文奎川十,洋纸川;修绠十,洋纸丨;来熏阁丨δ十;富晋δ;大同δ,洋纸丨;开明川;阴永增川;中国δ。

自售:沈维钧丨,丨三十元;陈德钜②,川十元;吴孝义,川十元;河南图书馆,川十元;元胎(洋);孙海波(洋);东莞图(洋);燕大图书馆(洋)。

六月

六月一日　星期六

赠《吉金录》人名:北平图书馆、燕大图书馆、历语所、东莞图书馆、于省吾、商锡永、黄伯川、刘晦之、住友、刘子植、瞿润缗、周一良、于式玉③、叶慈、邓尔定,共十五部。

早访戴蕃豫④、徐中舒。六时回家。

---

①邓以蛰(1892—1973),字叔存,安徽怀宁人。早年留美,入哥伦比亚大学,1923年回国任北京大学教授。1933—1934年出游西欧,归国后写成《西班牙游记》一书。

②陈德钜(1907—1971),又名陈铸,广东番禺人。早年就读中山大学,组织晨霞乐社。1928年旅居上海,组织俭德业馀粤乐社。

③于式玉(1904—1969),山东临淄人。先后就读于日本早稻田东洋音乐学校、奈良女子高等师范学校。李安宅夫人,近代边疆史学者。

④戴蕃豫(1910—1989),四川人。章太炎弟子。先后任教于四川大学、南开大学、中国佛学院和北京师范大学。

印书费：敬记纸，427；启新，515；大业，5；铸新，280；引得，书套，61；丝线，6.5；广告，62。

六月二日　星期日

早写信，寄书。

六月三日　星期一

校《金石书目》。下午招待德王[1]参观学校。

六月四日　星期二

早授课。下午德王来校参观。

六月五日　星期三

早授课。校《金石书目》。

六月六日　星期四

早授课。王[黄]子通训话。看吴世昌论文。孙海波、王振铎来。

明义士购洋纸《海外吉金》、《石刻零拾》等，汇款五十四元来。

六月七日　星期五

早授课。下午寄蟫隐庐《海外吉金》、《古石刻》、《俑庐日札》各二部。

口试陈家骥。汇三百六十八元与商务书馆，购《丛书集成》。

六月八日　星期六

八时进城。收富晋款。请苏、钟等至光陆看电影，并撷英晚餐。

六月九日　星期日

访于思泊。十二时回家。

六月十日　星期一

阅《古籀汇编》等书。陈家骥来求写字，留饭。

---

①德王（1902—1966），即德穆楚克栋鲁普亲王，字希贤。内蒙古王公。蒙古地方自治政府秘书长，实际主持政务。

六月十一日　星期二

早授课。与颉刚商通俗读物交商务出版。

六月十二日　星期三

至学校。白陈群为失稿事来最后通牒。阅通俗读物。张次溪来。

六月十三日　星期四

早写信寄王云五①，为通俗读物事，请求印行。寄去稿十册。午访刘廷芳。洪煨莲请食饭。王振铎、王育伊来求写字，留饭。

六月十四日　星期五

编《善斋吉金图录》稿。

六月十五日②　星期六

刘子植送所编《考古社刊》来。

六月十六日　星期日

下午张荫麟来。季宝铭送《海外吉金图录》照片来。

六月十七日　星期一

早至学校。下午口试吴世昌。

六月十八日　星期二

早至学校。张荫麟请午饭。编《考古社刊》。

六月十九日　星期三

阅试卷。

六月二十日　星期四

答杨树达③《读石刻零拾》，后登《考古社刊》。

---

①王云五(1888—1979)，名鸿桢，号岫庐，广东香山人。时任商务印书馆总经理。
②日记附有《大公报》订单一份，署明是日，内容："容宅台照：自二十四年六月十五号起，至二十五年六月十四号止，收清《大公报》一份(全年)，合洋拾叁元六毛，×月十五号单。"盖西苑派报处章。
③杨树达(1885—1956)，字遇夫，号积微，湖南长沙人。从叶德辉受业，曾留学日本。语言学家，曾任教于湖南第一师范、北京高师、清华大学、湖南大学等校。

六月二十一日　星期五

作《尚书中台字新解》,登《考古社刊》。六时国文学系欢送毕业同学于达园。

六月二十二日　星期六

编《考古社刊》。

六月二十三日　星期日

编《考古社刊》弟二期完。陈凤仪女士来。校《考古社刊》稿。

六月二十四日　星期一

早往学校参加毕业典礼。下午于海晏①来。补记日记。

六月二十五日　星期二

早八时往学校,编古器目。

下午二时与刘廷芳同进城,访陈博生,托其向白陈群调解。

六月二十六日　星期三

早往访徐中舒。下午往文奎堂结账。九时回家。

六月二十七日　星期四

早至学校。校《考古社刊》稿。范任②结婚,三时进城往贺。

访张国淦年伯。晚与伦哲伯、张次溪往听大鼓。十二时半回旧馆。

一时许闻炮声七八发,人皆惊起,余独高〈卧〉。命运已定,起亦何益。

六月二十八日　星期五

早起以为北平变华北国矣! 大街禁止行人通过。下午乃始知

---

① 于海晏(1902—1998),字安澜,河南滑县人。1924 年入中州大学文史系。河南大学教授,语言文字学家、美术史论家,擅书法。

② 范任(1906—1971),字希衡,安徽桐城人。早年入读北京大学,比利时鲁汶大学博士。时任北京中法大学教授兼中法文化出版交换委员会编译。

丰台便衣队捣乱,小鬼真可恨!

六月二十九日　星期六

早至京华书局及尊古斋。

十二时候车回,久候不至,乃知十二时车停开。至新馆钟处午饭。二时回家。

六月三十日　星期日

八时进城。访马叔平、唐立厂,未遇。见于思泊。

与文奎堂、修绠堂结算代售《海外吉金图录》账。文奎堂售洋纸三部,〢〼十元,中纸二十部,〢百𠄌元,共乄〢〣百元,付《汉书补注》〢三十元。修绠堂售洋纸一部,〢〡十元;中纸〢十部,〢𠄌百元,共〢〣乄百元。

七月

七月一日　星期一

寄《宝蕴楼》、《武英殿》二种与丁山,连邮共〢乄十元。收拾书籍。

七月二日　星期二

收拾书籍。

七月三日　星期三

内子生日,请谢冰心、雷洁琼、张荫麟、三弟、五妹等午饭。

热甚,不愿工作。《考古社刊》弟二期出版,预备寄出。

七月四日　星期四

早写信。清理书籍。

七月五日　星期五

清理书籍。

七月六日,星期六

清理书籍。

七月七日　星期日

早起拟《呈教育部补助通俗编刊社》呈文。顾廷龙、李书春等请午饭。

三时进城,为通俗社事访杨振声。伦四太生日,往晚饭。

七月八日　星期一

早往琉璃厂取铜器。在焦振青处购侯字铃二、牙尺一,价丨三百元。

十时回家。林马利来。收拾书房。

七月九日①　星期二

季宝铭来,取善斋照片去。

清理善斋吉金照片、拓片付印。寄叶慈《社刊》等及信。

七月十日　星期三

早往学校。下午与寇恩慈、博晨光进城,至林宅看古玩。

访徐中舒,取《金文续编》五部,赠中舒、三弟、吴元俊各一部。访傅孟真。

十时回三弟家宿。

七月十一日　星期四

访柯燕舲未遇。至琉璃厂,在商务购廉价书三元馀。至张宅午饭。

三时与李劲厂访谭篆青②。六时回家。

---

①日记附有一七月九日订单,为商务印书馆北平分馆单据,客户容希白,地址北平燕京大学,所订杂志为《出版周刊》,定期为104—181号,定价1元。

②谭祖任(1880—1943),字瑑青,广东南海人。曾任清邮传部员外郎、民国议员。其父谭宗浚为清同治甲戌科榜眼,官至云南按察史。谭氏父子办私宴享誉京城,称谭家菜。

七月十二日　星期五

清理书籍。

七月十三日　星期六

清理书桌。十二时请顾立雅、顾颉刚、洪煨莲、三弟等午饭。

七月十四日　星期日

清理《史地》及通俗稿,退还十馀种。

三弟及顾起潜各取《海外吉金录》二部代售。

为刘绰纯写"带云堂"额十馀次,不佳。

七月十五日　星期一

天气热甚,不能工作。孙海波来,携《宋代金文集释》二册托校。

七月十六日　星期二

九时往学校。写信与陈博生。

书铺人来者甚众,有送《济宁金石志》来者,索价三十元,甚廉。

七月十七日　星期三

早清理善斋拓本付印。一时进城,往焦振青处,取回车銮二、牙尺一。

七月十八日　星期四

十时回家。寄吴其家[昌]信,及单本三种。寄郭玉堂信。

较牙尺,与鬲钟尺、莽布尺同,长于建初尺一分馀。

七月十九日　星期五

阅《千唐志斋臧石目录》,中有李邕、李翘、李正卿三世墓志。拟作《李北海考》。

七月二十日　星期六

十二时与洪煨莲、顾颉刚在顾宅请客,多外国客人。

七月二十一日　星期日

校改《金石书录目》。

七月二十二日　　星期一

校改《金石书录目》。

七月二十三日　　星期二

校改《金石书录目》。

七月二十四日　　星期三

八时进城。方希白在法源寺开吊。至旧馆。三时与苏等看电影。

七月二十五日、七月二十六日　　星期四、五

八时至启新，观所印《善斋吉金录》。访商锡永于中央饭店。二时回家。校《金石书录目》。

李棪五时来，携俄人所印《和林金石》，李文田题字。兹录关于过街塔数则。

元葛逻禄廼贤《居庸关》诗："绝顶得幽胜，人烟稍连属。浮图压广路，台殿出层麓。"

《元史·顺帝纪》："至元五年，立伯颜南口过街塔二碑。"

《延庆州志》："居庸关属延庆西卫，距州城五十五里，过街塔横跨街中，大路经其下门洞，刻四大天王像，又刻古佛像，共计二千二百一十五尊，经咒番书，篆隶楷行各体石刻镌法，备极工整。"

明杨士奇《东里集》有《扈从巡边至宣府往还杂诗》六首，其二云："居庸关中四十里，回冈复岭度萦纡。道旁石刻无人识，尽是前朝蒙古书。"自注云："蒙字去声读。"

校改《金石书录目》毕。

七月二十七日　　星期六

复校《金石书录目》。十二时商锡永、于思泊来，五时去。

以《海外吉金录》一部、《字说》一部，易嗣子壶拓本二张于思泊。

七月二十八日　星期日

清理《善斋彝器》付印。

七月二十九日　星期一

荫麟夫妇来。十一时同进城。在墨因簃取《张寿碑》，价十二元。
晚在哈尔飞听韩世昌《刺虎》。

七月三十日　星期二

在富华阁购《乙瑛碑》裱本，十元。
在三弟家午饭。饭后访许地山未遇，借《武梁祠题签》一册。
三时马季明之女在欧美同学会结婚。六时回家。

七月三十一日　星期三

校《武梁祠石刻》。傅尚霖夫妇来。

八月

八月一日　星期四

校《武梁祠石刻》。

八月二日　星期五

校汉碑。
张荫麟请晚饭。一时进城，访许地山及三弟。七时至东兴楼。
在老馆宿。
寄《海外吉金录》二部与梅原末治①。

八月三日　星期六

终日雨不止。

---

①梅原末治(1893—1983)，日本考古学家。1929 年任东方文化学院京都研究所研究员，
　1939 年任京都大学文学部教授。

八月四日　星期日

九时往访陆和九,商借《武梁祠画象》事,约下星期六相见。访许地山,复借《武梁祠题字》拓本。购汉碑五种。

九时与慧珠等看电影。

八月五日　星期一

往琉璃厂,购《泉影》一部,价四元,甚廉。十一时大雨。

十二时至丰泽园,请陈博生等,为调停白陈群失书事。以四百五十元作了。

四时至青年会。因车改时间,六时乃归。

八月六日　星期二

早吴世昌来。往学校。梅原寄《白鹤吉金》来。

孙海波、王振铎来。写信。校汉碑。

八月七日　星期三

原欲于明日下午十一点四十分乘平汉车,与马季明往山西,阅报知太原大雨,遂改期下星期。阅汉碑。

八月八日　星期四

编《礼乐器考》鼎类。

八月九日　星期五

编鼎类。阅《秋蟪吟馆诗钞》。

八月十日　星期六

八时进城。拟明晚往太原。

麦湘雯来,与同进城。至琉璃厂。冯思生日,五时往贺。

八月十一日　星期日

至琉璃厂。晚六时郭春涛①太太请东兴楼晚餐。

---

①郭春涛(1898—1950),字名忠,湖南炎陵人。1919 年入北京大学法文系。国民政府实业部政务次长,川康绥靖公署秘书长。

十一时乘平汉车往石家庄。同行者:马鉴、周一良及田洪都夫妇。

八月十二日　星期一

八时至石家庄,寓正太饭店。十一时转车往太原。六时至太原,寓青年会。

八月十三日　星期二

游太原。

八月十四日　星期三

下午二时往晋祠,七时至,寓志勤小学。

八月十五日　星期四

八时往游天龙山,石佛残毁,仅馀二三躯。

道甚艰苦。五时回晋祠,即乘汽车返太原。七时至。

八月十六日　星期五

在太原休息。田洪都太太发热卧病。六时柯璜[1]请晋谷春晚餐。

八月十七日　星期六

七时四十五分往太谷。田洪都夫妇未去。十时至,寓铭贤学校梅贻宝校长家。

八月十八日　星期日

九时乘同蒲路车往祁县,十时至,寓中学校。校长袁广仁见所发掘之石佛头八十馀,皆北齐至唐时物。摄影十数幅。

八月十九日　星期一

八时坐骡车往子洪镇。有石佛数庵东向,前有河流,与龙门略相似。五时回至中学。

---

[1]柯璜(1876—1963),字定础,浙江黄岩人。肄业于京师大学堂译学馆。山西大学美术教授、山西博物馆馆长、山西图书馆馆长。

八月二十日　星期二

记量佛头。

六时至车跕,候车返太谷。车误五小时始至,至梅校长家已一时馀。

八月二十一日　星期三

阴雨竟日,不能出门。六时往乘正太车,至石家庄。

八月二十二日　星期四

早至石家庄,转平汉车回平。

六时至平。至老馆。琬女在馆,考入北京大学,师范大学考入未复试。

九时回家。

八月二十三日　星期五

复信。整理《武梁祠》。

八月二十四日　星期六

整理《武梁祠》。

八月二十五日　星期日

九时三弟来。十一时冯思夫妇及其子孙来。三时去。

八月二十六日　星期一

八时进城。访张国淦、傅斯年。在三弟家午餐。

访马叔平,借《武梁祠画象》。至敬记结账。访商锡永、唐立厂。

八月二十七日　星期二

至启新商印件。至琉璃厂。下午与苏看电影。

五时往访李素英。至李劲庵家晚餐。九时回家。

八月二十八日　星期三

整理《武梁祠画象》。方燕年及方麐来。

八月二十九日, 星期四

作《武梁祠画象考》。草《考古社通讯》。

八月三十日　星期五

作《武梁祠画象考》。

八月三十一日　星期六

八时进城。至琉璃厂, 托石妙斋访武梁祠拓。

三时与苏、钟看电影。六时张荫麟在东兴楼请晚饭。

访商锡永。购姚华画佛像, 十二页, 十二元。

九月

九月一日　星期日

早至琉璃厂。李桉在便宜坊请午饭。四时回家。

九月二日　星期一

大学会议。会文送《续四库全书》来。

九月三日　星期二

大学会议。孙伯福来。请张荫麟等午饭。

九月四日　星期三

打牌。五时苏、钟等进城。

九月五日　星期四

作《武梁祠考》。

九月六日　星期五

校长请国文系教员午饭。七时半文学院欢迎新生, 在男体育馆开会。

九月七日　星期六

荫麟来。引得在吾家开股东会。校《俑庐日札》。

九月八日　星期日

收拾书籍。整理全形拓本。

九月九日　星期一

校汉碑。

九月十日　星期二

八时进城。访张国淦、傅斯年。在三弟家午饭。

往协和医院验鼻，因连日伤风也，医生云鼻无病。傅博平在报子街同和堂续弦，往贺。在石妙斋购钱坫对，川二十元。

苏生日，往贺。

九月十一日　星期三

往琉璃厂。腹泻。往孙海波家午饭。访罗根泽、王振铎。六时回家。

九月十二日　星期四

往学校行开学礼。访马季明。

九月十三日　星期五

早授课。下午编《善斋彝器图》付印。

《海外吉金图录》结算，已售洋一千五百元。

九月十四日　星期六

作《武梁祠画象考》。下午五时子虎来电，云伯父病危。七时入城，与三弟商如有不讳，我送灰仪百元，他送五十元。电复子虎。

九月十五日　星期日

早往琉璃厂。购沈君神道二张，价二元，裱一元。十二时回家。校阅碑额。

九月十六日　星期一

早授课。孟真还《金文编》稿。整理《金文编》稿。

九月十七日　星期二

整理《金文编》稿。

九月十八日　星期三

早授课。开九一八纪念会。授[寄]司徒乔信。重整理《武梁祠考》稿。

九月十九日　星期四

至学校。八妹请陈明淑、史德华等午饭。四时国文系开教授会。

九月二十日　星期五

早授课。作《武梁祠画像考》。晚黄子通、郭绍虞请食饭。

九月二十一日　星期六

作《武梁祠画象考》。

下午九时接东莞来电,赴告伯父于是日未刻仙逝。寄灰仪等二百元,我送百元,三弟送五十元,馀杂用五十元。

九月二十二日　星期日

八时进城。电唁子虎。至三弟家,与访孟真。饭后访闻宥,已移家青岛。

至中央公园,参观湖北书画账[赈]灾会。购画三元,门券一元。四时回家。

九月二十三日　星期一

早授课。作《武梁祠考》。

九月二十四日　星期二

早进城。至施今墨处诊病。十二时回家。

阅大村西崖《中国美术史雕塑篇附图》。

九月二十五日　星期三

早授课。作《武梁祠考》毕。

九月二十六日　星期四

修改《武梁祠考》。清理书籍。校《石经提要》。晚八时国文系迎新大会。

九月二十七日　星期五

早授课。三时进城。七时半戴闻达①请北京饭店晚餐。

九月二十八日　星期六

十二时《燕京学报》开会,到者:洪煨莲、冯友兰、张星烺、刘廷芳四人。

早校《武梁祠画象考》。三时进城。访张国淦。八时看荀慧生戏。

九月二十九日　星期日

早往启新及三弟家。购《故宫书画集》,十一元二角。司徒乔为画相。

十二时考古学社开会。三时与苏等往黄节家看画。九时回寓。

九月三十日　星期一

早授课。下午校《金文编》。

十月

十月一日　星期二

八时进城。往顺德馆黄节家,购张穆马二幅,价一8十元。在文苑斋购《石鼓文正误》,川8元。

十二时回寓。校《张铁桥诗集》。

十月二日　星期三

早授课。校《金文编》重订稿。

---

①戴闻达(J.J.L.Duyvendak,1889—1954),荷兰汉学家。1912年来华在荷兰使馆工作,1918年回国后任莱登大学汉学研究所教授。

十月三日　星期四

送还《武梁祠画象》与陆和九。

往新馆。伦老太、钟坤、伦超明日回广东,送行。

四时至北平研究院,开通俗会。

十月四日　星期五

早授课。校《金文编》稿。

十月五日　星期六

校《金文编》稿。

十月六日　星期日

校《金文编》稿。

十月七日　星期一

早授课。伤风甚苦。

十月八日　星期二

早校《金文编》卷二。三时与八妹进城,为麦湘雯事访培华校长。

往文苑斋观《捃古录》原拓本,索价一千五百元。

往新馆陈太家晚饭。九时回寓。

十月九日　星期三

早授课。一时与张荫麟进城。至黄晦闻家阅字画,议价不成。

到琉璃厂购画。荫麟得张之万山水小幅,价三十元;钱宛女士画山水大幅,价二十元。

余前所购张穆画牛,以三十二元五角让归他。至新馆陈太家晚饭。回老馆宿。

十月十日　星期四

早至琉璃厂。至三弟家午饭。

在故宫购《故宫书画》三十册,《类[？]字》一册,价三十六元。参观北大图书馆开幕。六时回家。

十月十一日　星期五

早授课。五时在洪煨莲家开历史学会。灯下算《史地周刊》社账。

十月十二日　星期六

早清算《史地周刊》数目。十二时顾起潜请潘博山[1]，嘱余夫妇作陪。

三时与博山至余家。灯下校《续四库·金石书题[提]要》。

十月十三日　星期日

八时进城，与潘博山游琉璃厂。

六时请博山东兴楼晚餐，约谭琭青、徐中舒、李棪、顾廷龙等作陪。

十月十四日　星期一

早授课。下午整理《金文编》卷二。

十月十五日　星期二

整理《金文编》卷三。

十月十六日　星期三

早授课。

一时进城。至琉璃厂，在石妙斋见洪亮吉对，与予前所购钱坫对同，乃知受骗。六时半谭琭青、李棪请食饭。九时回家。

十月十七日　星期四

整理《金文编》。

十月十八日　星期五

早授课。十二时顾起潜请章式之[2]食饭，作陪。

----

[1] 潘承厚(1904—1943)，字博山，江苏吴县人。与其弟潘承弼均以藏书名世，在祖父潘祖同藏书基础上，极力搜购，达30万卷。

[2] 章钰(1865—1937)，字式之，苏州人。光绪十五年中举。曾任职外务部，兼任京师图书馆编修，藏书家、校勘学家。章钰去世后其家人将其藏书全部寄赠燕京大学。

借起潜《积古斋款识》。四时半往校务长住宅送行。

十月十九日　星期六

整理《金石书目》。下午二时进城,至史语所,与徐中舒看鲁省水灾筹账[赈]游艺会,购董其昌、陈继儒字卷三,价四十三元。

访张国淦、司徒乔。九时至老馆。

十月二十日　星期日

早往启新及琉璃厂。十二时至钟处食饭。

二时往北海游艺会,看唐拓《武梁祠画像》。六时回家。

十月二十一日　星期一

早授课。下午修改《武梁祠画像考》。

十月二十二日　星期二

作《闲闹》一文。季宝铭来。

十月二十三日　星期三

早授课。下午整理书房,写书箱号码。

晚七时招待国文学会,宣读《汉武梁祠画像考》。

十月二十四日　星期四

翻书。记日记。

十月二十五日　星期五

早授课。国文系教员在刘子植家聚餐。

十月二十六日　星期六

八妹请午饭。三时与张荫麟进城,逛琉璃厂。

购张之万山水轴一、黄牧甫屏四,价四十八元。回伦宅晚饭。

十月二十七日　星期日

早访孙海波、马叔平。十二时回寓。

十月二十八日　星期一

早授课。校许地山《大中磬跋》稿。

十月二十九日　星期二

作《大中磬流传考》。题张之万《山水》。

十月三十日　星期三

早授课。校《大中磬》稿。

十月三十一日　星期四

校《金文编》卷七。拟考古学社展览要目。

十一月

十一月一日　星期五

早授课。校《金文编》卷八。

十一月二日　星期六

早校《金文编》卷八完。

十二时半雷洁琼请午饭,同席:陈仲恕、顾颉刚。三时进城,访于思泊。

与于及刘节、柯燕舲等请马叔平等十人于承华园,讨论考古学社展览事。

十一月三日　星期日

九时往司徒乔家画象,留午饭。

二时往三弟家。三弟还百元,同往逛琉璃厂。六时回寓。

十一月四日　星期一

早授课。三时进城。至司徒乔家画相。

六时徐森玉、王以中、谢国桢①、刘盼遂②四人请泰丰楼。在老

①谢国桢(1901—1982),字刚主,河南安阳人。1926 年入清华大学国学研究院。后任职于国立北平图书馆,国立中央大学,云南大学教授。
②刘盼遂(1896—1966),名铭志,河南息县人。1925 年入清华大学国学研究院。后执教于北京女师及清华、燕京、辅仁大学。

馆宿。

十一月五日　星期二

九时至司徒乔家画相。十二时半往三弟家饭。三嫂自粤来。

与三弟同游隆福寺,购《美术丛书》十集,四元。

六时请张荫麟等在东来顺食羊肉,化九元。九时回家。

十一月六日　星期三

早授课。复各人来信。

十一月七日　星期四

校陈竞明《卅五年来之甲骨学》,付《考古社刊》印刷。

九时至学校,编古器目。编"社讯二",付印。

十一月八日　星期五

早授课。下午三时半往学校,讨论于海晏论文刷印事,议决不付印。

云南杨竹庵汇款八十元,购余所箸各书。余所售《颂斋吉金》、《武英殿彝器》、《海外吉金》、《秦汉金文》、《殷契卜辞》五种,值六十一元,代购《宝蕴楼彝器》,丨二三十元,《古文声系》,8元。

十一月九日　星期六

九时进城,访于思泊。十二时刘节在承华园请客。

二时与于思泊、孙海波逛琉璃厂,至海波家。六时回寓。

十一月十日　星期日

八时进城,逛琉璃厂。十二时柯燕舲招饮富庆楼,景耀月[①]在座。

二时至新馆,留平同学开会。七时至鸿春楼聚餐。九时回家。

---

①景耀月(1881—1944),字太招,山西芮城人。光绪举人,后留学日本。1911 年武昌起义后被举为议长,草拟临时大总统就职宣言。

十一月十一日　星期一

早授课。校许地山稿。

十一月十二日　星期二

写信。阅《小校阁金文》。为陈剑如刻名印。闻日人逮捕名单列余名,可笑。

十一月十三日　星期三

早授课。季宝铭来。发《考古学社通讯》。

五时李棪来,七时去。赠蒋潘《石刻零拾》。结史地社稿费。

十一月十四日　星期四

早至图书馆,借《西域考古图谱》,翻阅考古书籍。

十二时于思泊来。三时同往访刘子植。

十一月十五日　星期五

早授课。

十一月十六日　星期六

早与顾颉刚信。午后颉刚来谈禹贡事。

接孙海波信,嘱为王铁厂《续殷文存》作序。灯下作成。

十一月十七日　星期日

校《考古社刊》稿、《学报》稿。

二时东莞学会在吾家开会。来学生三人,留饭乃去。

十一月十八日　星期一

早授课。一时进城,访周修士未遇。

至李质彬处,得见一鸟篆戈拓本,五字云:"□之用戈。"用字作双鸟形,极佳。六时回家。

十一月十九日　星期二

早往学校编古器目。下午往阅卷。

校《考古社刊》稿。八时往学校开会,讨论时局问题。

十一月二十日　星期三

早授课。下午校稿、写信。

十一月二十一日　星期四

八时进城,访傅孟真。

十二时至三弟家午饭。同游文奎堂,购《廿七松堂集》,六元。

四时回家。灯下写《续殷文存》序。

十一月二十二日　星期五

早授课。下午写信。

十一月二十三日　星期六

校考古社稿。张荫麟来,七时去。为郝庆琛题散盘。

十一月二十四日　星期日

八时进城,访于思泊,取还前易去之殷[?]金尊。

至商务购书。六时回家。校考古社稿。

十一月二十五日　星期一

早授课。十一时张全恭来。校《武梁祠画象》。

罗子期来函,允以千元之书易余大中磬。

十一月二十六日　星期二

校贴武梁祠题字。七时叶公超请食饭。

十一月二十七日　星期三

早授课。下午王振铎来。罗子期寄书二包来。校《考古社刊》稿。

十一月二十八日　星期四

校《考古社刊》稿。写胡文玉、胡肇椿、傅孟真等信。校贴武梁祠题字。

十一月二十九日　星期五

早授课。写对屏。晚六时至黄子通住宅聚餐。

余讲龙蛇之分别，盖承上次董鲁安①讲龙即蛇之演讲而来也。

又收罗子期书四包，共十三种，定价〢〇〡又百元。余自留《前编》三部、《续编》一部、《汉晋书影》一部，馀悉归修绠堂。

十一月三十日　星期六　零度

捌时进城，访于思泊，开列他所藏吉金价目。

至修绠堂，收罗氏书价丨二百元，尚欠川百元。至徐中舒处，收《前编》价八十元。

访方吉甫，催问《缀遗斋》稿。取于思泊鳖伯簋盖，价一百元。

十二月

十二月一日　星期日

早与子幹往小市，购父乙盉拓本一张，价丨8元。

访陆和九、孙海波未遇。三弟生日，至其家午饭。

四时访沈兼士，并见士远。六时回家。

十二月二日　星期一

校考古社稿。

写信与罗子期。寄来书六包，共价〢〇〡又百元。前取拓本四部，共丨〢川百元。续取书乂十元。共丨〇川〇千元。负川十元，八折，实丨〺十元。扣《颂斋》全形拓本丨8十元、考古社费乂元，又还他代购纸价川元，作为两讫。

他尚存拓本一部，定价乂川十元，八扣。

十二月三日　星期二

编《武梁祠画象》,拟付印。校考古社稿。

十二月四日　星期三

早授课。作《记考古学社》一文,寄《东方杂志》社。

十二月五日　星期四

早作《新复仇议》,寄《大公报》。标点考古社稿。

十二月六日　星期五

早授课。付于省吾殷[？]金尊价二百元,尚欠二百元。

季宝铭来。访张荫麟。灯下校考古社稿。

十二月七日　星期六

校考古社稿。晚间颉刚来。

十二月八日　星期日

编《燕京学报》"学术界消息"。午《史地周刊》在洪思齐①住宅聚餐。

十二月九日　星期一

早学生开会,未上课。校考古稿。编"学术界消息"。

十二月十日　星期二

早往学校。校考古社社员名录。

十二月十一日　星期三

编考古稿。是日学生罢课,故不到校。学校汽车停开。

购有年号砖拓本横幅,价一元。

三时进城,至周修士家,购李孟初神祠碑、冯使君神道二幅,价三元。

五时至丰泽园,与子干、元胎、劲厂四人合请伦明,每人化

---

① 洪思齐(1906—1984),又名洪绂,福建人。法国里昂大学地理学博士,后又入巴黎大学外交系。先后在中山大学、清华大学、西南联大等校任教。

五元。

十二月十二日　　星期四

早往琉璃厂。在大观取小铙,价十元。

十二时回老馆,在伦宅食面。今日为伦明六十一生日。

三时回家,坐洋车,五时至。子幹还十四元。

十二月十三日　　星期五

清理信件。

十二月十四日　　星期六

清理信件。

十二月十五日　　星期日

清理书桌。

十二月十六日　　星期一

清理信件。

十二月十七日　　星期二

清理信件。

罗子期寄书来。自留《唐宋官印集存》、《话雨楼碑帖目》、《小学考目》三种,馀交修绠堂,定价四十元,折收川十元。

校自藏书目。

十二月十八日　　星期三

复信。跋马鸣寺根法师碑。校故宫本《岳麓寺》。

稽古堂送《双剑誃吉金》、《周金大系图录》二种来,价二十元。

十二月十九日　　星期四

编《善斋图录》。

十二月二十日　　星期五

编《善斋图录》。一时李术仁大夫请食饭。退文奎堂[?]《周金大系图录》①。

十二月二十一日　　星期六

写字。季宝铭来付洋二十元。

十二月二十二日　　星期日

编《善斋图录》。

十二月二十三日　　星期一

校《金文编》稿。

郝庆琛来，携张致和所藏父乙爵，以百一十元购之。又鸟杖首一，索价五十元，还十五元②。校《考古社刊》稿毕。

十二月二十四日　　星期二

编《善斋图录》。

十二月二十五日　　星期三

写怨愤卷。晚访洪业、马鉴。

十二月二十六日　　星期四

编《善斋图录》。

十二月二十七日　　星期五

八时乘洋车进城。访方愈如。至琉璃厂。

十二时半刘节等请东兴楼，为徐中舒饯行。

至修绠堂取五十元。六时至老馆，张子干请曹冕。

十二月二十八日　　星期六

早游琉璃厂。于思泊请午饭于祯源馆。

逛古玩肆，在大古取青盖镜。六时回东莞馆。

①十八日记"稽古堂送《周金大系图录》来"，此日称"退文奎堂"，当有一误。
②日记中附有一纸郝庆琛收据："拓侯字铃全形，共卅张，字共四十张，洋八元；拓黄十镬全形，七张，洋三元五毛；拓鬲全形，十五张洋七元五毛；拓骨尺，二件共廿张，洋弎元。共洋弎拾壹元。容先生台照，郝庆琛上，卅一日。"

八时乘学校汽车回家。学校汽车是日始通行。

十二月二十九日　　星期日

查阅李北海所写各碑。

十二月三十日　　星期一

大伤风。阅书消遣。

十二月三十一日　　星期二

拟作《王右军帖考》。阅《王右军年谱》等书。购《匋斋藏砖》，十八元。

一九三六年

一月

一月一日　星期三

编《善斋彝器考释》。

一月二日　星期四

八时进城，往方氏〈处〉取回《缀遗斋彝器考释》稿。

往施今墨处诊病，盖患伤风久未愈也。在老馆早饭。

二时逛厂甸，与于思泊同行。至思泊家，观吴王夫差剑，精极。唐立厂、刘诗孙来，同往食饭。八时回家。

一月三日　星期五

作《矖羌钟考释》。

一月四日　星期六

作《矖羌钟考释》。

一月五日　星期日

早往学校。十时刘诗孙、刘佩韦来，四时去。校《善斋图录箸录表》。

一月六日　星期一

作《邵钟考释》。

一月七日　星期二

作《邵钟考释》。陈伯奎来，取《武梁祠》一卷去印。三时访张荫麟。

一月八日　星期三

作《善斋考释》。

一月九日　星期四

十时张全恭、李棪来。写对联四、屏条一。作《善斋考释》。

一月十日　星期五

九时进城，至施今墨处诊病。十二时至张宅午饭。

二时与三弟游琉璃厂。晤于思泊。回老馆宿。

一月十一日　星期六

早游琉璃厂墨因簃。李借款三百元。

午饭后大风，不出门。孙海波来。为曹冕、李棪饯行。

一月十二日　星期日

早访孙海波，留饭。二时回家。写信。

一月十三日　星期一

早至学校。编《善斋图录》。

一月十四日　星期二

编《善斋图录》。午后张荫麟来借百元，八时去。

一月十五日　星期三

早往学校及图书馆借书。结《史地周刊》账。阅《复初斋外集》。

一月十六日　星期四

编《善斋图录》。

一月十七日　星期五

编《善斋吉金图》。四时三弟来。

一月十八日　星期六

午《史地周刊》聚餐于吾家,并邀吴文藻夫妇。

四时参观陈梦家结婚。吴世昌送通俗读物四种来,颇佳。

一月十九日　星期日

八时进城,与书店结账。访于希[思]泊。孙海波请晚饭。张荫麟得子。

一月二十日　星期一

至琉璃厂结算书账。四时回家。

一月二十一日　星期二

编《善斋图录》。

一月二十二日　星期三

编《善斋图录》。

一月二十三日　星期四

编《善斋图录》。稽古堂借二十五元去,邮汇十五元,大陆支票十元。

一月二十四日　星期五

编《善斋图录》。

一月二十五日　星期六

编《善斋图录》。

一月二十六日　星期日

编《善斋图录》。二时三弟夫妇及小玢来。

一月二十七日　星期一

编《善斋图录》。

一月二十八日　星期二

八时进城,至新馆张宅。与三弟同逛厂甸。

购《灵泉寺玄林禅师碑》、张之万联、汪洛年小幅等。

六时回张宅,与伦哲伯、张荫麟等打天九。

一月二十九日　星期三

十二时逛厂甸。购王懿荣瓦当屏。

在雅文购瓴一、斛一,价二百元。六时回张宅。

一月三十日　星期四

早访孙海波,同游厂甸。购汪师韩隶书册。六时与洪煨莲同回家。

一月三十一日　星期五

早往学校。剪发。记购书物账,厂甸共化乂乂川十元。

二月

二月一日　星期六

早进城。访于思泊,同至祯禄[源]馆午饭。

逛厂甸,在墨因簃取邢侗字条,价川8十元。

五时孙海波、谢国桢、刘盼遂请撷英晚餐。

二月二日　星期日

十二时回家。写信。寄[记]账。

二月三日　星期一

学校开课。编《善斋考释》。

二月四日　星期二

编《善斋考释》。

二月五日　星期三

早授课。季宝铭来。编《右军墨影说明》。

二月六日　星期四

编《右军墨景说明》。十二时于思泊来,三时去。

二月七日　星期五

早授课。改"甲骨钟鼎文字"为"简笔字"课程。一时进城,至厂甸。

二月八日　星期六

早往厂甸。二时购《热河图》,十五元;阿桂像二,乂十元。

晚间往庆乐戏院听新艳秋[1]唱《玉京道人》。

二月九日　星期日

早往琉璃厂。至中央看电影《桃花扇》。二时回家。

陈梦家、唐立厂等来。立厂晚饭后七时去。

二月十日　星期一

早往学校授课。王振铎来。三时同进城,看武梁祠拓本。

六时归。顾廷龙、李书春来,九时去。

二月十一日　星期二

写信。清理积件。校《金石书目》稿。

二月十二日　星期三

早授课。校《续四库书目》法帖类。

二月十三日　星期四

编《善斋考释》。

二月十四日　星期五

早授课。吴文藻请午饭。张全恭来,留宿。

二月十五日　星期六

早编《善斋考释》。季宝铭来。张荫麟儿子满月,往贺。

钟、苏等来。王文美、赵曾玖[2]来。

---

[1]新艳秋(1910—2008),原名王玉华,京剧表演艺术家,旦角。程派传人。

[2]赵曾玖(? —1976),安徽人。毕业于培华女中,1932年考入燕京大学国文系,后与瞿同祖结婚。

二月十六日　星期日

阅《朱子集》，校改《秦始皇刻石考》一段。大观斋夥计来。写信。

二月十七日　星期一

早上课。校《善斋》稿。

二月十八日　星期二

校《金石书录目》稿。校《东方文化全概况》。

二月十九日　星期三

早往学校。因学生开会未上课。

四时欢送马季明，在校务长住宅茶会①。七时半洪煨莲开晚餐。

二月二十日　星期四

早《大公报》杨敬慈云来，故召集史地社同人聚餐。十二时来，顷刻即去。

校《金石书录目》稿。

二月二十一日　星期五

早授课。校《善斋》稿。

二月二十二日　星期六

十时考文字学班。十一时进城，至研究院。张玮请午饭。

至三弟家，同游琉璃厂。王富晋请晚饭。回老馆宿。

二月二十三日　星期日

大雪。在张宅。午至琉璃厂。三时看电影。六时回家。

二月二十四日　星期一

早张荫麟来，与同至学校借书。

---

①继 1935 年秋许地山受聘为香港大学教授兼文学院长后，马鉴亦于 1936 年春受聘为该校教授兼中文系主任。

二月二十五日　星期二

下午刻张铨、刘仁政二印。张［陈？］梦家来。

谭超英请晚饭。写信。校《金石书录目》。

二月二十六日　星期三

作《善斋考释》。郑国让来。

二月二十七日　星期四

作《善斋考释》。

二月二十八日　星期五

看学生卷。张松林送书箱来，先付丨乂十元。六时国文系在余家聚餐。

二月二十九日　星期六

八时进城。访傅斯年、于省吾。于请食饭于经济食堂。

至琉璃〈厂〉商务、中华购书。购陈善山水屏，价四十元。六时回家。收拾书籍。

三月

三月一日　星期日

早收拾书籍。

三月二日　星期一

早授课。

三月三日　星期二

早往图书馆查书。三时往学校。四时《燕京学报》开编辑会，到者仅三人。

三月四日　星期三

早授课。

三月五日 **星期四**

三月六日　星期五

早授课。

三月七日　星期六

作《善斋考释》。

三月八日　星期日

作《善斋考释》毕。

三月九日　星期一

早授课。陈梦家来。

三月十日　星期二

八时进城,游琉璃厂。

十二时至老馆。与钟、苏至庆乐听戏;往鸿春楼饭,九时同回家。

三月十一日　星期三

早授课。伦珠、张荫麟来。与张往学校借书。七时国文学系开会。

三月十二日　星期四

记日记。写信。

三月十三日　星期五

早授课。下午编《善斋图释》。

三月十四日　星期六

编《善斋图释》。十二时张荫麟请食饭。四时回。六时开《学报》编辑会。

三月十五日　星期日

八时进城。至后门,还宾古堂十元。

---

①是日未记。

访于思泊。十二时至厚德福聚餐,讨论《史地周刊》事,遇张季鸾[1]。

二时游琉璃厂。六时回家。

三月十六日　　星期一

早授课。至图书馆。

三月十七日　　星期二

与费尔朴[2]八时进城,游琉璃厂。

十二时至老馆。与苏往新馆,至中央看电影。六时回家。

三月十八日　　星期三

早至学校。学生开三一八纪念会,停课。下午编《善斋图释》。

三月十九日　　星期四

改《善斋图录》稿。

三月二十日　　星期五

早授课。下午孙海波、罗根泽、陈梦家来。

三月二十一日　　星期六

作《善斋吉金考释》。清理印本。刘节来。阅《学报》稿。

三月二十二日　　星期日

八时进城。至琉璃厂在□□[3]斋购溥偁[4]《松鹰图》,价十元。

十二时故宫博物院在东兴楼请午餐。访于思泊。六时回家。

---

[1]张季鸾(1888—1941),名炽章,陕西榆林人。曾任上海《民立报》记者,《民信日报》、《中华新报》总编辑。1926 年与吴鼎昌、胡政之接办天津《大公报》,任总编辑。

[2]费尔朴(1899—?),美国人。加州大学东方学院哲学博士。曾任华西协合大学文学院教授。

[3]原空。

[4]溥偁(1901—1966),姓爱新觉罗,字毅斋,号松邻,满族,清宗室。松风画会成员,京津画派重要人物,工花鸟、松竹。

三月二十三日　星期一

早授课。作《流寇与共匪》。访张荫麟。

三月二十四日　星期二

清理《善斋吉金》印本。

三月二十五日　星期三

早授课。下午季宝铭来。供宏利保险费一百八十六元一△四分。

三月二十六日　星期四

校《善斋考释》。吴世昌来。

三月二十七日　星期五

早授课。复叶遐厂信。六时在陆家①国文系聚餐。

九时至洪家开历史系会,十一时归。

三月二十八日　星期六

八时进城,至琉璃厂。

十一时至北平研究院午餐。三时半至三弟家。六时回家。

三月二十九日　星期日

修改《善斋图录》。李镜池②、刘厚滋、陈梦家来。

寄罗子期信。取《贞松堂吉金图》五部,丨二刂δ百元。请寄《殷虚续编》,亠乂十元;《廿家仕女画存》,亠乂元;与《续殷文存》,丨二十元;上林鼎丨三百元相抵,两讫。退还《贞松堂拓本》一部与他。

三月三十日　星期一

早授课。观论画书。

---

①陆侃如(1903—1978),原名侃,号衍庐,江苏太仓人。毕业于北京大学中文系、清华大学国学研究院。1935 年获法国巴黎大学文学博士学位,时任燕京大学国文系教授兼主任。
②李镜池(1902—1975),字圣东,广东开平人。毕业于广州协和神学院、燕京大学研究院。岭南大学、华南师范学院教授。著有《周易探源》等。

三月三十一日　星期二

校《善斋》稿。

四月

四月一日　星期三

学生于昨日开郭清追悼会①，舆棺游行。燕大被捕五人，一男四女。罢课三天。

阅论画书。作《善斋图录序》。

四月二日　星期四

校《善斋彝器图》稿毕，付印。

四月三日　星期五

早九时进城。访陈汉第，商借书画影印，允以三十馀幅见假。访于思泊，假得恽南田山水册。在贞古斋取奚铁生山水，价乂8十元。在虹光阁取陶鼎、《雅宜山斋图》，价8十元。

四月四日　星期六

早访冯谆②，仿郎世宁画甚佳。与同至古物陈列所观郎画。

下午八时与苏往听戏。

四月五日　星期日

与苏等至张园及广东新旧义园，祭袁督师。

四时回家。作"考古社通讯四"付印。

四月六日　星期一

早授课。阅画册《神州国光集》。

---

① 郭清（1919—1936），山西灵石人。河北省立高级中学学生，1935年底参加学运，次年2月13日返校后被捕，死于狱中。北平学联于3月31日召开追悼会，后抬棺游行。

② 冯谆，字谆夫，号谆湖，江苏无锡人，生卒年不详。擅绘事，工花鸟，有《冯谆湖仿郎世宁图画》存世。

四月七日　星期二

校《善斋彝器图》稿。

四月八日　星期三

早授课。

三时进城。雨。至琉璃厂贞古斋,取周笠花鸟册,学南田甚似。付奚铁生山水乂Ƌ十元。至新馆。钟生日,送四元酒席。

四月九日,星期四

阅《中国名画》,并校其抄目。访顾颉刚。陈梦家来。

四月十日　星期五

早授课。下午校《善斋》印稿。

四月十一日　星期六

八时进城。访陈仲叔未遇。至明珍,照陈仲叔所藏书画。下午编《书画记》。

四月十二日　星期日

十时访杨某,看古铜器。十一时至中山公园。

十二时考古学会开会,到者二十一。与于思泊至琉璃厂。四时回寓。

四月十三日　星期一

早授课。下午往学校,编古物目。

四月十四日　星期二

阅书画书。下午八时赴欢迎校务长会。

四月十五日　星期三

阅《学报》稿及校稿。

四月十六日　星期四

校稿。

四月十七日　　星期五

校礼器碑。校稿。

四月十八日　　星期六

早访于思泊未遇。访孙海波,同往访胡石青①,邀至同和居午餐。餐毕访李棪、谭祖任。六时回家。校礼器碑。校稿。

四月十九日　　星期日

细辨于思泊所藏恽南田山水册,乃赝鼎。校稿。陈梦家来。

寄四舅《海外吉金录》等书。寄罗原觉、苏少伟等信。

四月二十日　　星期一

早授课。十时进城。张子幹生日,送四元。

二时至琉璃厂。四时与孙海波访萧谦中②。

四月二十一日　　星期二

九时回家。阅刘兴唐〈稿〉,退还与冯芝生。

四月二十二日　　星期三

早授课。作《王右军墨景叙录》。

四月二十三日　　星期四

校《善斋》稿。

四月二十四日　　星期五

早授课。作《二王墨景叙录》。

四月二十五日　　星期六

作《二王墨景叙录》。

---

①胡汝麟(1881—1942),字石青,河南通许人。京师大学堂肄业,历任河南高等学堂教务长,吴淞中国公学、华北大学校长。1934 年任河南通志馆编纂,纂修《河南通志》。

②萧逊(1883—1944),字谦中,安徽怀宁人。1920 年与周肇祥等人发起成立中国画学研究会。曾任教于北京美术专科学校。

四月二十六日　　星期日

八时进城。访福开森、马叔平、于思泊,饭于东安市场。

访元胎、陈援厂,皆未遇。五时至中央公园。于思泊在来今雨轩请晚餐。

在老馆宿。梅原末治来中国,电约明日下午二时往吾家。

四月二十七日　　星期一

收拾书房。七时回家。梅原末治往天津,未来。吴廷镠来。王振铎来。

四月二十八日　　星期二

八时进城,至琉璃厂。十二时请梅原末治于撷英番菜馆。

七时黄伯川请晚饭。九时回家。

四月二十九日　　星期三

早授课。下午王振铎、胡石青来。

四月三十日　　星期四

校稿。作《二王墨景叙录》毕。六时黄子通请晚饭。

五月

五月一日　　星期五

早授课。王振铎为购《书道全集》,价三十六元。校《善斋》稿毕。

五月二日　　星期六

八时入城,拟往吊王铁厂,先访于思泊,乃知昨日已开吊。在三弟家午饭。访章式之未遇。至琉璃厂。五时至老馆。

五月三日　　星期日

早至商务,购蔡嘉画牛一。至悦古斋相较,乃知悦古仿作,然不细辨不知也。

十二时国文系同人请黄子通，饯行。四时回寓。

五月四日　　星期一

早授课。蔡一谔请晚饭，为黄子通饯行。

五月五日　　星期二

校《善斋图录》。

五月六日　　星期三

早授课。

五月七日　　星期四

编《考古社刊》。赵承信①请晚饭，为黄子通饯行。

五月八日　　星期五

早授课。下午一时进城。施辑五请听李盛藻戏。

五月九日　　星期六

九时至北平图书馆，与谢国桢、王振铎往访张伯英②，观王羲之书帖，蒙以假印。往三弟家午饭。饭后至琉璃厂。

五时东莞同学会在新陆春聚餐。九时回家。

五月十日　　星期日

编《考古社刊》。

五月十一日　　星期一

早授课。编《考古社刊》。

五月十二日　　星期二

编《考古社刊》。于思泊来。

———————

①赵承信(1907—1959)，广东新会人。毕业于燕京大学社会系、美国芝加哥大学社会学系，密执安大学博士。1933 年归国到燕京大学社会学系任教。
②张伯英(1871—1949)，字少溥，斋名小来禽馆，江苏铜山人。光绪进士，曾任段祺瑞北洋政府副秘书长。1926 年引退，鬻字治印，以书画金石为生。

五月十三日　　星期三

　　早授课。编《考古社刊》。

五月十四日　　星期四

　　校录《宋代金石书目》。

五月十五日　　星期五

　　至学校授课。校录《宋代金石书目》。

五月十六日　　星期六

　　校录《宋代金石佚书目》。

五月十七日　　星期日

　　早访叶公超。

五月十八日　　星期一

　　早授课。至图书馆查书。

五月十九日　　星期二

　　《善斋彝器图》出版。校《燕京学报》。

五月二十日　　星期三

　　早授课。校《燕京学报》。浦江清夫妇请晚饭。赠以《古石刻零拾》一部。

五月二十一日　　星期四

　　作《武梁祠画象考》。

五月二十二日　　星期五

　　早授课。午一时在洪宅商史学系研究生事,并聚餐。三时进城。

五月二十三日　　星期六

　　早至琉璃厂。购唐飞白书一册,夊元;《怀米山房吉金图》,三十元。

　　十二时回家。

五月二十四日　星期日

禹贡学会开会。于思泊、唐兰、李棪来。

五月二十五日　星期一

早授课。

五月二十六日　星期二

作《武梁祠考》。

五月二十七日　星期三

早授课。校《二王墨影》稿。晚访洪煨莲。

五月二十八日　星期四

标点李棪《华山碑考》。

五月二十九日　星期五

早授课。作《奚冈传》。谈龙会在董鲁安家开会。

五月三十日　星期六

九时开学生会。十时开教员会。作《武梁祠考》。

五月三十一日　星期日

作《武梁祠考》。

六月

六月一日　星期一

十一时进城。访李劲厂。游琉璃厂。七时至张宅。九时看电影。

六月二日　星期二

早八时往故宫博物院阅铜器。赠徐森玉《善斋图录》一部。

十二时徐森玉请同和居午饭。至三弟家。八时听李盛藻戏。

六月三日　星期三

九时回家。阅谢国彦①论文。接仲生叔信。邓屺望寄今释书《金刚经》来。

六月四日　星期四

往学校。阅谢国彦、曾□□②论文。四时蔡镏生③太太追悼会。陈梦家来。

六月五日　星期五

早授课。下午谢国彦、张全恭来。

黄般若寄张穆《八骏图》卷来,价港币百五十元。交张全恭百六十元大洋,属代汇去。

校《墨林今话》,魏锡曾批语于书眉。收拾书房。

六月六日　星期六

七时郭玉堂来。三弟来。九时往校接黄宾虹④。至顾宅午餐。

孙海波来,谈至五时去。

六月七日　星期日

校《考古社刊》稿。四时访洪煨莲。

六月八日　星期一

早授课。标点《鼂钟之年代》,并校《社刊》稿。陈伯奎来。

六月九日　星期二

编《考古社刊》。清理书桌。录先君《倚兰图》诗于仲生叔

---

①谢国彦,字午生,河南安阳人。燕京大学国文系研究生,考古学社社员。

②原空,疑即曾宪楷。曾宪楷(1908—1985),湖南湘乡人,曾国荃五世孙女。燕京大学硕士,曾任中国人民大学教授、清史研究所所长。

③蔡镏生(1902—1983),福建泉州人。美国芝加哥大学物理化学博士,燕京大学化学系教授,中国光化学研究先驱。

④黄宾虹(1865—1955),名懋质,字朴存,安徽歙县人。1907年后居上海,1937年迁居北平,任故宫古物鉴定委员,兼任国画研究院导师、北平艺专教授。

画上。

六月十日　星期三

早授课。叶恭绰寄《考古》稿来，即为标点。陈梦家论文口试。

六月十一日　星期四

编《考古社刊》毕。写信与屺望、般若。

六月十二日　星期五

早授课。六时国文学会在陆侃如家开会。

六月十三日　星期六

八时进城。公共汽车因学生请愿停开。适陈意进城，遂乘其汽〈车〉同去，西直、阜成两门均闭，由西便门入。

一时至琉璃厂。在竹实斋购陶鼎画一幅，价三十元。

六月十四日　星期日

早至墨因簃。看电影。四时回家。

六月十五日　星期一

热甚。作《书画提要》。曾宪楷女生口试。

六月十六日　星期二

热甚。作《书画提要》。六时李棪来，借五百元，以《华山碑》作抵。

六月十七日　星期三

八时进城。付各家账项。在邃雅购《宝古堂博古图录》，价百三十元。

九时至适之家。访傅孟真。

六月十八日　星期四

九时至故宫博物院。十二时至露香园午餐。四时回家。陈梦家来。

六月十九日　星期五

付书账。至学校。六时欢送李镜池，在陆侃如家。

六月二十日　星期六

校《考古社刊》稿。

六月二十一日　星期日

清理拓本,以备国文系陈列。邓懿①、周一良来。写字。

十二时雷洁琼请午饭。崔载扬来,五时去。

六月二十二日　星期一

早至学校。清付各账。清理国文系展览各书。五时赴欢送毕业生会。

六月二十三日　星期二

早校考古稿。写字赠铭贤学校。八时校务长祝寿聚餐,到者百馀人。

六月二十四日　星期三

司校[徒]校务长生日,往学〈校〉参观。作《书画鉴提要》。

六月二十五日　星期四

九时进城。在邃雅斋购《二十七松堂集》,乾隆刻本,有诗集四卷,价二十元。

苏请午饭。罗太回粤,晚请其在大美晚餐并听戏。

六月二十六日　星期五

早考试。校《二十七松堂集》。四时谢家[国]彦论文口试,通过。

六月二十七日　星期六

八时进城。访傅孟真及元胎。十二时冯芝生请同和居午餐。

至琉璃厂。六时至老馆。借伦哲如《二十七松堂集》。

六月二十八日　星期日

早往琉璃厂。候黄宾虹不至。十一时至元胎家聚餐。六时回

①邓懿,毕业于南开中学,1932年入燕京大学国文系,1938年与周一良结婚。

家。瑶病痢。

六月二十九日　　星期一

早到学校。郭绍虞请午饭。阅试卷。

六月三十日　　星期二

阅试卷。翻阅简笔字。董鲁安请晚饭。

七月

七月一日　　星期三

阅试卷。为赵曾玖画扇。

七月二日　　星期四

一时与媛妹等游古物陈列所。九时回家。录《伏庐书画》。

七月三日　　星期五

瑶、瑾二儿痢疾，多日未愈，送往协和诊治，医云住院为佳。协和无地方，乃送往妇婴医院。余并医鼻，云须住院，定七日往。六时回家。

七月四日　　星期六

早寄云南杨竹庵书。访杨荫浏①。校考古稿。

七月五日　　星期日

十一时进城。叶公超请春华楼午餐。黄宾虹、寿石工②、杨啸谷③、吴其昌兄弟同席。饭后往妇婴医院看二孩。四时与李桉游厂肆。六时回家。

---

①杨荫浏（1899—1984），字亮卿，江苏无锡人。早年入读圣约翰大学，曾任圣公会联合圣歌委员会总干事。1936—1937年任哈佛燕京学社音乐研究员，讲授中国音乐史。
②寿石工（1885—1950），名玺，字务熹，别署石公，浙江绍兴人。工诗词、书法、篆刻。1917年与陈师曾创立北京美术专门学校。
③杨啸谷（1885—1969），四川大邑人。毕业于四川武备学堂。曾任北京国立艺专、华西大学教授，四川省文史馆馆员。

七月六日　星期一

访吴其昌。麦侃曾来。四时开哈佛燕京奖学金会。

七月七日　星期二

入协和医院医鼻。据云三时办入院手续,乃往访于思泊、唐立厂。

七月八日　星期三

九时施割治手术,约半小时乃毕。鼻中满塞布条,不能呼吸,甚难受。

七月九日　星期四

十时将布条取去,始略舒服。

七月十日　星期五

阅简笔字及《新生活》。

七月十一日　星期六

十一时出院。共割鼻手术费一百二十五元,住院四日,十六元,药费二角。共一百四十一元二△。十二时乘车回家。

七月十二日　星期日

复信。写《简笔字典》两页。

七月十三日　星期一

写《简笔字典》三页。五时进城。马叔平先生招饮东兴楼。

七月十四日　星期二

八时往访于思泊。十时至协和医院检查鼻。十一时至冯思家。十二时回家。

七月十五日　星期三

作《伏庐书画录》。五时李劲广来。

七月十六日　星期四

作《伏庐书画录》稿完。李劲广借百元去。

七月十七日　星期五

编《颂斋书画录》。

七月十八日　星期六

至图书馆校《伏庐书画录》。

七月十九日　星期日

编《颂斋书画录》。

七月二十日　星期一

编《颂斋书画录》。

七月二十一日　星期二

编《颂斋书画录》。

七月二十二日　星期三

内子生日。三弟、张荫麟来。

七月二十三日　星期四

编《颂斋书画录》。

七月二十四日　星期五

写四屏及对联十付。十二时四太生日,张荫麟请午饭。

七月二十五日　星期六

编《颂斋书画录》完。至图书馆校对。郑侃燨来。

七月二十六日　星期日

张荫麟来,与郑侃燨谈编小学教科书事。收拾书桌。

七月二十七日　星期一

八时进城。访陈仲恕未遇,询知其往北海公园,乃往访之。至史语所。晤裴子元,商定颂斋吉金价四千元。访章式之。至三弟家午饭。饭后往访靳咨宣。至琉璃厂。

六时回张宅。八时访孙海波、杨金甫。

七月二十八日　星期二

六时半至张园访李棪。十时至协和医院。十二时回家。写《简体字》二页。

七月二十九日　星期三

写《简体字典》五页。

七月三十日　星期四

写《简体字典》二页。阅研究院试卷十八本。

七月三十一日　星期五

写《简体字典》二页。校《颂斋书画录》,寄章式之。

八月

八月一日　星期六

写《简体字》。晚十时李棪来,以铜剑二易其《史晨碑》,还余百元。写屏联多件。

八月二日　星期日

写《简体字》毕。九时李棪回去。

八月三日　星期一

写《康熙字典》部首简字。写信。

八月四日　星期二

早至学校。一时顾起潜偕杭州图书馆员陈某来。

三时进城。访章式之、张伯英。至老馆。请苏大美晚餐。九时看电影。

八月五日　星期三

早至琉璃厂。在通古斋取彝器范三十一块,价百元。

十二时回家。至顾宅午饭,闻宥在座。作《武梁祠画象考》。

八月六日　星期四

作《武梁祠考》。

八月七日　星期五

作《武梁祠考》。晚八时博晨光请食饭。

八月八日　星期六

八时进城。访陶希圣①。至老馆。热甚。三时至琉璃厂。

七时与三弟在春华楼请客。回老馆宿。

八月九日　星期日

热甚，不能工作。七时回家。董鲁安、沈国华②来。

八月十日　星期一

早写信，寄书至学校。下午作《武梁祠考》。

八月十一日　星期二

作《武梁祠考》。

八月十二日　星期三

作《武梁祠考》。

八月十三日　星期四

作《武梁祠考》。

八月十四日　星期五

作《武梁祠考》。寄董彦堂《续篇[编]》，七十三元。

寄上海博物馆《海外吉金》，ⅠⅠ一十元;《古镜影》，十六元。

八月十五日　星期六

作《武梁祠考》。作《简琴石印谱》序。

①陶希圣(1899—1988)，湖北黄冈人。1922 年毕业于北京大学法科，1931 年任北大教授。1939 年任汪伪中央常务委员兼宣传部长，后与高宗武逃赴香港。

②沈国华(1907—1975)，后改名沈心芜，河北南和人。1925 年加入中共，1932 年毕业于燕京大学。1935 年后在燕京大学、北京大学、保定师专等校任教。1951 年任教于西北师范学院。著有《在旅途中》、《心朔集》、《秋雨之夜》。

八月十六日　星期日

八时进城。访张伯英,取回《颂斋》及《伏庐书画录》稿。至老馆午饭。

二时往琉璃厂。五时看电影。交傅孟真《善斋》与史语所,十五元四△。

八月十七日　星期一

八时至琉璃厂。晤商锡永。十二时孙海波请大美午餐。至海波家。二时回家。

八月十八日　星期二

阴雨。校改《颂斋》及《伏庐书画录》。复傅孟真信。

八月十九日　星期三

作《简体字典》序。访顾颉刚。阅杨若渔《石鼓文研究》。

八月二十日　星期四

作《武梁祠考》。将所藏颂斋铜器三十二件售与中央博物馆,共乂千元,先收一千一百三十六元三△四分。

八月二十一日　星期五

作《武梁祠考》。

八月二十二日　星期六

八时携颂斋藏器三十二件至雅文斋,嘱代寄南京博物馆。在雅文购一瓿、一鬲,价六百元。

至老馆。十二时禹贡学会在同和居开会。

八月二十三日　星期日

早至琉璃厂。十二时回老馆午饭。饭后往李棪家。

六时至东兴楼,于思泊、唐兰招饮。九时回家。

八月二十四日　星期一

作《武梁祠》稿。

八月二十五日　星期二

商锡永、于思泊、魏建功、孙海波、顾起潜、唐立厂及三弟来吾家,作竟日之聚。

八月二十六日　星期三

写信。编《武梁祠》。

八月二十七日　星期四

编《武梁祠》。

八月二十八日　星期五

早编《武梁祠》。一时进城。送还父乙献与雅文。六时至三弟家晚饭。

八月二十九日　星期六

早往隆福寺书铺。访陈公睦。至老馆午饭。

下午往琉璃厂,购潘淑画一幅,有六舟题,价二十四元。

四时至孙海波家,请大美晚饭。九时回家。

八月三十日　星期日

作第六次社讯,付印。写信。四时陶良五来。同进城,寓西四羊肉胡同十五号。

八月三十一日　星期一

九时回家。作《武梁祠考》。

九月

九月一日　星期二

发考古大会信。十二时刘盼遂请大美午餐。至孙海波家。

九月二日　星期三

早至琉璃厂。十时至李棪家。五时至撷英,刘文兴请晚餐。九时回寓。

九月三日　星期四

九时开学校大会。

九月四日　星期五

作《武梁祠考》。晚八时开文学院迎新大会。

九月五日　星期六

大雨。作《武梁祠考》。

三时进城，开考古会，到者十人。在西单市场半亩园。

九月六日　星期日

作《武梁祠考》完。

九月七日　星期一

至图书馆，校《武梁祠考》。晚八时开教职员会，流会。

墨因簃送瓦当来，未购。八百七十馀张，价一百二十元。

九月八日　星期二

作《武梁祠考》。

九月九日　星期三

至图书馆，再校《武梁祠》。

九月十日　星期四

作《武梁祠考》毕。

九月十一日　星期五

早授课。下午开国文系会。六时至陆侃如宅聚餐。

九月十二日　星期六

八时进城，至琉璃厂。在张宅午饭。参观北平研究院。访张伯英。

九月十三日　星期日

改《颂斋书画录》。

九月十四日　星期一

早授课。下午改《武梁祠考》。

九月十五日　星期二

改《武梁祠考》付印。

张荫麟来,取《四部丛刊》七十八本,价二十元。又以《朱子全集》易他书四种。

九月十六日　星期三

早授课。改《武梁祠》稿。

九月十七日　星期四

早授课。至图书馆。李劲庵来午饭。携《张迁碑》来。

九月十八日　星期五

九一八纪念会,将礼堂用绿纸遮蔽,中悬地图,变色者东三省、北五省及福建。气象悲惨,令人感泣。十时仍上课。

国文学系开会。

九月十九日　星期六

改《武梁祠》稿。

九月二十日　星期日

三弟及张荫麟来午饭。

九月二十一日　星期一

早授课。

十一时进城。与三弟及李劲厂请顾颉刚之父,及陈公睦、伦哲如、洪书行等。

饭后游琉璃厂。在贞古斋购程庭鹭山水条,价二十五元。

与李劲厂访罗复厂。至老馆晚饭。

九月二十二日　星期二

早游琉璃厂。请苏等食烧鸭。二时回家。校《武梁祠》印稿。

九月二十三日　星期三

早授课。校《武梁祠》印稿。至学校,借《篛庵画麈》。

九月二十四日　星期四

校《金文编》。

九月二十五日　星期五

早授课。校《金文编》。季宝铭来,付印费五十元。冯谆为临张穆《马》卷。

九月二十六日　星期六

八时进城。至罗复厂家,留饭,吾与李劲厂、孙海波三人。

三时至琉璃厂。在墨因簃取明拓《绎山碑》。还贞古斋程庭鹭山水廿五元,又付王鹤舟山水屏二十元,言明连裱价五十元。

至老馆。张子幹借五十元。

九月二十七日　星期日

早往琉璃厂。在墨因簃购《三希堂法帖》,价一百一十元;西夏碑,四元。

十二时至玉华台,唐立厂请午饭,为其子弥月。饭后往五洲书局,购《扇面集》第三、第四,补足余前购第一、第二。

四时回寓。校昨在墨因簃所购《峄山碑》,视匋斋藏本为胜,较罗叔言所藏试砚斋本为次。

九月二十八日　星期一

早授课。校《武梁祠》印稿。

九月二十九日　星期二

校《金文编》。

九月三十日　星期三

早授课。校《金文编》。校《武梁祠》印稿。

十月

十月一日　星期四

校《金文编》。

十月二日　星期五

早授课。一时进城,访罗敷厂。六时《燕京学报》社请客于东兴楼。

于思泊借四百元,为购刘氏师旅鼎①用。

十月三日　星期六

八时往访孙海波、钱孟材及元胎。十二时史地社在正阳楼聚餐。

游琉璃厂。在虹光取文徵明字卷,价四十元。

回老馆。张子幹还四十元,尚欠十元。苏借十元,钟借十元。垫张子幹印书款四十元。

十月四日　星期日

六时至西车站,与顾颉刚等及燕京、清华同学四十人游涿州。六时回家。

十月五日　星期一

早授课。校《武梁祠》印稿。校《娱园书画记》。

十月六日　星期二

早往学校编古物。四时往图书馆。

四时半教职员会,招待学生。阅《甫田集》。稽古借十元。

十月七日　星期三

早往张荫麟家取《宣言》。上课。

----

①师旅鼎,刘晦之藏器,后改称师旂鼎。

顾颉刚请滕固①、蒋复璁②午饭,邀作陪。校《武梁祠》印稿。

陈梦家还《大系图录》丨一十元、《殷契佚存》九元、于《新证》川8元。

十月八日　　星期四

校《武梁祠》稿。编"社讯七"付印。

十月九日　　星期五

早授课。一时进城。五时孙伯恒、黄伯川请春华楼饭。

十月十日　　星期六

至琉璃厂。与冯谆至古物陈列所,见钱主任,钱往南苑阅兵,未晤。

在张宅午饭。三弟请食螃蟹。九时回家。

十月十一日　　星期日

发"考古社讯七"。寄刘晦之等信。

十月十二日　　星期一

早授课。校《武梁祠》稿。四时半《时局宣言》会议。清理文件。

十月十三日　　星期二

校《金文编》。校《箓竹堂碑目》、《武梁祠》稿。

十月十四日　　星期三

早授课。校写文徵明诗卷。七时国文学会在吾家开会,讲《武梁祠画像》。

十月十五日　　星期四

校《金文编》。李棪来。六时在顾颉刚家聚餐。

---

① 滕固(1901—1941),字若渠,江苏宝山人。早年毕业于上海美术专科学校,德国柏林大学美术史博士。著有《中国美术小史》等。

② 蒋复璁(1898—1990),号慰堂,浙江海宁人。1923 年毕业于北京大学哲学系,著名图书馆学家。1965 年任台北故宫博物院院长。

十月十六日　星期五

早授课。下午李一非来，为《宣言》签名事。与同进城。

访罗敷厂，取回张穆《马》卷。九时回家，并带回《三希堂法帖》。

十月十七日　星期六

编《金文编》。一时进城。以《武梁祠》样本交荣记装钉。

候李棪未晤。九时回家。

十月十八日　星期日

编《金文编》。

刘晦之信来，即复。购曾大保盘、叔⿱父彝、侃勺二，共四器。

十月十九日　星期一

早授课。校《颂斋书画录》稿。

十月二十日　星期二

校《颂斋书画录》稿。四时司徒校务长请茶会。

五时进城。傅忠谟、孙多焌、龚维疆请春华楼。九时回家。

十月二十一日　星期三

早授课。下午刘晦之寄师旅鼎来，佳甚。结史地社账。

十月二十二日　星期四

为古物室开幂［幕］事往学校。

十月二十三日　星期五

早授课。

下午一时进城。与伦哲如、李棪等登陶然亭，盖今日重九也。听大鼓。

十月二十四日　星期六

《武梁祠》装钉成。与冯谆访钱孟材。四时半赴东莞学会晚餐。

十月二十五日　星期日

早访马叔平，送《武梁祠》一部。回张宅午饭。二时回家。

十月二十六日　星期一

早授课。往学校，为陈列室开幕事。

十月二十七日　星期二

往学校。阅《燕京学报》稿。

十月二十八日　星期三

早授课。下午陈列室开幕。

请陶北溟兄弟、顾起潜、陈梦家夫妇、于思泊、瞿润缗晚饭。

十月二十九日　星期四

阅《燕京学报》稿，付印。季宝铭来。

十月三十日　星期五

早授课。编《金文编》。

十月三十一日　星期六

早编《金文编》。一时进城，参观清真寺。

至文奎堂，用[收]《武梁祠》书款二百元。

五时于思泊新屋往贺。八时往听李盛藻戏。

十一月

十一月一日　星期日

早郭绍虞同往访伦明。至琉璃厂。二时回家。

十一月二日　星期一

早授课。下午校《金文编》。

十一月三日　星期二

写《金文编》卷十三页。

十一月四日　星期三

早授课。校《金文编》稿。

裴子元汇颂斋古物款八百六十三元六△六分来,合前共收二千元。尚欠二千元。

十一月五日　星期四

校阅《学报》稿。四时教职员会开会。七时郭绍虞家开会。

十一月六日　星期五

早上课。三时往清华大学国文学会演讲。

刘晦之寄曾大保盆、侃勺二、叔夷父尊四器来。叔夷父尊后仿,退还。

十一月七日　星期六

校阅《学报》稿。

汇刘晦之铜器价二百元。还于思泊四百玖拾元。

十一月八日　星期日

校阅《学报》稿。张荫麟、吴雷川来。

赠《武梁祠画象》:马叔平三部、沈兼士、元胎、于思泊、陈仲恕、吴雷川、唐立厂、东莞图书馆、燕大图书馆、任晓麓①、博晨光、陆和九、周修士、梅原末治、叶慈、杨若渔。

十一月九日　星期一

早授课。校阅稿。

十一月十日　星期二

校阅《学报》及《考古》稿。

十一月十一日　星期三

早授课。校阅稿。

---

①任晓麓(1907—1981),名熹,山东济南人。早年入中国大学国学系,师从丁佛言、陆和九等。毕业后在济南任中学教师、小学校长。

十一月十二日　星期四

校阅稿。

十一月十三日　星期五

早授课。五时开国文会于杨荫浏住宅,并聚餐。

十一月十四日　星期六

校阅稿。一时与八妹等进城。逛琉璃厂。至张宅晚饭。

十一月十五日　星期日

大雪。十二时逛琉璃厂。访三弟于[未]遇。四时回家。

十一月十六日　星期一

早学生开会,停课。四时开教职员会。标点《考古》稿。

十一月十七日　星期二

标点《考古》稿。校稿。国文学系开会,讨论捐薪事。余捐十元。

十一月十八日　星期三

早校稿。一时与葛维汉①进城,逛琉璃厂。购元至正簠一,价十五元。

与于思泊至其家,观楚王龂璋戈,金字十八。访周季木。十一时至三弟家宿。

十一月十九日　星期四

九时往访王铁厂之母,未见。十时回家。《颂斋书画录》出版。

十一月二十日　星期五

校《学报》等稿。

十一月二十一日　星期六

早校稿。下午考古实习班至黄寺、黑寺。至三弟家晚饭。七

①葛维汉(David Crockett Graham,1884—1962),美国人。1911 年以浸礼会牧师身份来华,其间返美入芝加哥大学史密斯索尼学院,师从柯尔学习考古学。

时访周季木。

十一月二十二日　星期日

早与三弟访徐森玉未遇。访陈援广。

至张效彬①家午饭。至琉璃厂。九时回家。

十一月二十三日　星期一

早授课。开教职员会。校稿。

十一月二十四日　星期二

铭珍送史颂毁来,价一千五百元。

李劲广来,赠余《郙阁颂》,借五百元。

十一月二十五日　星期三

学生罢课。十二时于思泊来。平冈武夫②来,代送梅原末治之《古镜图》。

十一月二十六日　星期四

早至学校开教职员会。学生罢课。观《学报》及《考古》稿。写信。

十一月二十七日　星期五

早授课。

十一月二十八日　星期六

早进城,访于思泊。一时领学生游故宫。九时回家。

十一月二十九日　星期日

校阅书。

十一月三十日　星期一

早授课。下午开教职员会。晚东大地聚餐于吾家,一席。

---

①张效彬(1882—1968),名玮,号敔园,河南固始人。早年留学英国剑桥大学,曾任驻俄罗斯伊尔库兹克、彼得堡总领事,十月革命后回国。富收藏,擅书法。

②平冈武夫(1910—1995),日本中国学权威,日本学士院会员、京都大学教授。著有《唐代的行政地理》、《唐代研究指南》等。

十二月

十二月一日　星期二

校阅稿。

十二月二日　星期三

早授课。校《伏庐书画录》稿。

寄中国书店《二王墨景》四、《颂斋书画》二、《武梁祠画象》二。

十二月三日　星期四

作《中日有提携之必要和可能吗?》一文,寄《东方杂志》社。

访张荫麟。书店来扰半日。《离垢集》觅得,改正华氏生年。

十二月四日　星期五

早授课。阅《考古》稿。

十二月五日　星期六

早进城,至铭珍斋。史颂簋减收五百元,遂以壹千元得之。思泊过信黄伯川之说,以为宋仿。遂携至于宅质证。彼亦以为真。

至三弟家午饭。一时与调查班游故宫。林玛利请墨蝶林晚餐。

十二月六日　星期日

早游琉璃厂。十二时史地社在丰泽园午餐。四时回家。

十二月七日　星期一

早授课。写《金文编》弟十三页。

十二月八日　星期二

写《金文编》弟十五页。沈有鼎[1]来。

---

[1]沈有鼎(1908—1989),江苏吴县人。毕业于清华大学哲学系、美国哈佛大学。1934年后任清华大学、西南联合大学、北京大学教授,中国科学院哲学研究所研究员。

十二月九日　星期三

早授课。下午写《金文编》弟十完。

十二月十日　星期四

校《金文编》,补入宋代所出之金文。

十二月十一日　星期五

校《金文编》,补入宋金文未见之字。

十二月十二日　星期六

校《金文编》。一时与调查班至故宫参观。

十二月十三日　星期日

至琉璃厂馀古斋,购恽南田《竹石》,三十元;陈伯陶山水扇面,四元。

访谭瑑青。孙海波请大美午餐。至海波家。

四时与李劲广回家。校《考古》稿。

十二月十四日　星期一

早授课。下午张荫麟来。五时开教职员会。写信。校《考古》稿。

十二月十五日　星期二

写《金文编》卷十一。

十二月十六日　星期三

早授课。写《金文编》卷十一。

十二月十七日　星期四

写《金文编》卷十一毕。

十二月十八日　星期五

早授课。校《金文编》稿,补入新器。

十二月十九日　星期六

校《金文编》稿及《燕京学报》稿。

十二月二十日　　星期日

早访陈仲恕,赠以《伏庐书画录》十册、《颂斋书画录》一册。

以伹勺二易于思泊玉璏一。三弟明日生日,往午饭。九时回家。

十二月二十一日　　星期一

早授课。校《博古图录》,确知泊如斋乃翻刻宝古堂本。

校《学报》及《考古》稿。

十二月二十二日　　星期二

校《金文编》卷八。

十二月二十三日　　星期三

早授课。编考古社员录。

十二月二十四日　　星期四

写《金文编》卷八七纸。

十二月二十五日　　星期五

早至司徒家茶会。写《金文编》卷八四纸。

十二月二十六日　　星期六

早校《金文编》。下午与考古班参观古物陈列所。至老馆宿。

十二月二十七日　　星期日

早至琉璃厂。午李安宅请东兴楼餐。四时回家。

十二月二十八日,星期一

早授课。午会文送《四部丛刊》来,缺二百八十五册,价二百八十元。除抵与洋纸本《丛刊》外,补洋一百五十元。

查点《丛刊》。瞿润缗来。

十二月二十九日　　星期二

早写信。校稿。

十二月三十日　星期三

八时进城,访杨金甫、傅孟真。四时回家。

十二月三十一日　星期四

校《学报》"消息"。二时罗君美来,留宿。

一九三七年

一月

一月一日　星期五

九时与罗君美往学校团拜。十时半进城,请春华楼午餐。

逛厂甸,购《眼福编》一部。六时至于思泊家晚餐,值彼生日也。九时回家。

一月二日　星期六

作《武梁祠》、《书画鉴》书评。校《学报》"消息"毕。写信。

一月三日　星期日

早编《考古》"名录"、"社务纪要"。

一时进城,逛琉璃厂。在振雅斋取徐釚画山水一轴,价二十元。

六时往玉华台,唐立厂、刘文兴请罗君美,作陪。

一月四日　星期一

早授课。下午校《考古》稿。

一月五日　星期二

写《金文编》卷八四页。

一月六日　星期三

早授课。北平研究院请午饭。三时回家。写《金文编》二页。

一月七日　星期四

写《金文编》卷八四页。谈龙会在吾家聚餐。

一月八日　星期五

早授课。写《金文编》二页,卷八完。

一月九日　星期六

早校《金文编》卷六稿。十一时进城。

在贞古购萧云从山水一轴,价七十五元。

在铭珍购谢兰生山水册,十二页,价五十元。取潘凤山水轴,价三十元。

九时回家。

一月十日　星期日

写信。校《金文编》。

一月十一日　星期一

早授课。校《金文编》。作《萧云从画提要》。

一月十二日　星期二

写《金文编》卷六五纸。校《考古》印稿。

一月十三日　星期三

早校稿。十时考试文字学。写《金文编》卷六三页。

一月十四日　星期四

写《金文编》卷六八页。

一月十五日　星期五

早至图书馆借书。写《金文编》卷六四页。

一月十六日　星期六

八时进城。访福开森,赠以《武梁祠画象》。

访钱孟材,赠以《颂斋书画录》、《二王墨影》。陈梦家在叶公超家请食饭。

三时至老馆,与苏等往平安看电影,至中原公司食大饱。

九时回老馆。与张荫麟打天九,至二时半乃寝。

一月十七日　星期日

早在伦宅打天九。二时回家。写《金文编》一页,卷六毕。阅学生试卷。

一月十八日　星期一

写《金文编》卷七二页。郭绍虞来。十二时至张荫麟家午饭。

四时回家。阅学生试卷。校《考古》稿。

一月十九日　星期二

早雪。写信。至学校。校《考古》稿毕。写《金文编》卷七三页。

一月二十日　星期三

写《金文编》一页,卷七。一时进城,至英古斋看画。

中央博物院汇洋壹千元来。还史地社二百元,还八妹二百元,还于思泊三百元。

与于思泊以师旂小鼎易八百元及戊王剑、林纾《独秀斋图》、骨条十二根、小铜锈、小玉圈、一刀契、刀癸埙。九时回家。

一月二十一日　星期四

写《金文编》卷七三页。张荫麟、八妹及瞿润缗来。

一月二十二日　星期五

写《金文编》卷七二页。一时于思泊来,取师旂鼎去。

三时同进城,至李质彬处看铜器。访罗敷厂。六时回家。

一月二十三日　星期六

写《金文编》卷七三页。晚七时陈援厂、谭瑑青请食饭。十时还老馆。

一月二十四日　星期日

早与李棪访陈公睦。

至琉璃厂铭珍斋,付陆道书山水册、潘凤山水轴价八十元。

二时回寓。为八妹校《碑刻箸录表》。

一月二十五日　星期一

早为八妹校《碑刻箸录表》。阅试卷。写《金文编》卷七两页。

一月二十六日　星期二

写《金文编》卷七五页。

一月二十七日　星期三

写《金文编》卷七五页。

一月二十八日　星期四

写《金文编》卷七六叶,完。

一月二十九日　星期五

至图书馆借书。写《金文编》卷七眉篆。

一月三十日　星期六

写《金文编》卷四二页。下午李棪与其表妹来。

一月三十一日　星期日

写《金文编》卷四二页。复刘晦之信。

二月

二月一日　星期一

九时进城,至琉璃厂。张次溪生女弥月,往贺。

二月二日　星期二

早往学校。孙伯福来,留饭。瞿润缗来。灯下写《金文编》卷四二纸。

文奎取《吉金文字》三部,于省吾一部,陈梦家一部,邃雅斋一部。

二月三日　星期三

早授课。写《金文编》卷四四页。

二月四日　星期四

写《金文编》卷四三页。王振铎来。

二月五日　星期五

早授课。写《金文编》卷四一页。

王振铎、赵羡渔、张次溪来。谈龙会在董鲁安家开会。

二月六日　星期六

写《金文编》卷四五页,完。一时考古班参观营造学社。

访三弟。访周季木未遇。四时回家。

二月七日　星期日

写《金文编》卷四眉篆、卷三一页。校阅《金文编》底稿。

二月八日　星期一

早授课。写《金文编》三页。引得校印所在田洪都住宅晚餐。

二月九日　星期二

写《金文编》卷三五页。请学生晚饭。

二月十日　星期三

早授课。写《金文编》卷三二页。复刘晦之信。

二月十一日　星期四

三弟夫妇来。写《金文编》卷三四页。校《金文编》稿。

二月十二日　星期五

早授课。下午写《金文编》四页。史语所汇工作费三百元来。

二月十三日　星期六

八时进城,至琉璃厂、老馆拜年。

二时复与三弟等逛琉璃厂。与三弟讨论弟妇事。

二月十四日　　星期日

　　早至三弟家,夫妇二人离婚,顾颉刚作知见,我亦署家长名。惟三弟尚依依不舍,其妇未定何日南归也。二时回家。

二月十五日　　星期一

　　早授课。写《金文编》卷三三页。

二月十六日　　星期二

　　早进城,逛琉璃厂。

　　购钱谷册页一页、书屏、山水四册,十六元。张幄《海棠》,十一元。

　　六时至三弟家。故宫请东兴楼晚餐。九时回家。

二月十七日　　星期三

　　早授课。下午二时齐树平来。邓屺望寄《东莞画人传》来。

二月十八日　　星期四

　　写《金文编》卷三七页。

二月十九日　　星期五

　　早授课。一时进城,至协和医院医鼻。逛琉璃厂。

二月二十日　　星期六

　　早访林玛利、谭瑑青、孙海波。

　　孙海波请大美午餐。与同赴敬记购纸。在老馆宿。

二月二十一日　　星期日

　　早逛琉璃厂。十二时史地社在春华楼聚餐。

　　在虹光阁购董其昌书《闲窗论画》一册、《赤壁赋》卷及沈栻临董书《朱泗墓志铭》,价一百元。六时回家。

二月二十二日　　星期一

　　早授课。钟来。于思泊来。

二月二十三日　　星期二

　　早齐树平来。清理书桌。复信。史语所再寄工作费三百元来。

二月二十四日　星期三

早授课。下午写《金文编》卷三五页。

二月二十五日　星期四

九时进城。购杨敬慈喜礼。

至谭瑑青处，取熊景星手卷，价三十元。逛琉璃厂。六时回家。

二月二十六日　星期五

早授课。写《金文编》卷三两页，完。

七时国文学会开欢迎清华国文系会。刘晦之寄为甫人盨及方形铜器来。

二月二十七日　星期六

汇刘晦之铜器价洋二百元。

邓屺望汇琬女明伦堂津贴六十元来，合大洋四十元。写《金文编》卷一三页。

二月二十八日　星期日

写《金文编》卷一五页。吴世昌来，还散盘拓本。

三月

三月一日　星期一

早授课。下午写《金文编》卷一两页。

唐立厂来购《吉金文存》一部，付百元。七时燕东园聚餐。

三月二日　星期二

早写信。至学校听成舍我[1]演讲。下午写《金文编》卷一两

---

[1]成舍我(1898—1991)，原名希箕，湖南湘乡人。著名报人。1924、1925年在北京创办《世界晚报》、《世界日报》。又主编上海《民国日报》等。

页,卷一完。

三月三日　　星期三

早授课。

下午于思泊来,谈商购善斋彝器事。于取方形铜器去,价一百五十元。

三月四日　　星期四

写《金文编》卷五四页。寄刘晦之信。

三月五日　　星期五

早授课。写《金文编》卷五二页。五时在郭绍虞家开谈龙会。

三月六日　　星期六

季宝铭来。清理颂斋吉金拓本付印。

校《金石》书序。写《金文编》卷五一页。

三月七日　　星期日

写《金文编》卷五七页。

三月八日　　星期一

早授课。下午一时进时[城],与于商善斋器事。六时回家。

写《金文编》卷五一页。

三月九日　　星期二

写《金文编》卷五五页。

三月十日　　星期三

早授课。下午写《金文编》卷五四页。

三月十一　　星期四

写《金文编》卷五六页。

三月十二日　　星期五

写《金文编》卷五五页。

三月十三日　星期六

写《金文编》卷五两页,完。晚文学院开游艺会。

三月十四日　星期日

八时进城。许毅请撷英午餐。访罗复庵。晚请伦明等听大鼓。

三月十五日　星期一

在墨因簃购得居梅生及子燧,女庆、文画扇面七,价十五元五角。访林玛利。十二时回家。写《金文编》卷十二二页。

三月十六日　星期二

写《金文编》卷十二三页。燕大驻美托事诺尔思参观哈燕学社。

三月十七日　星期三

早授课。写《金文编》卷十二两页。历史学系四时开会。

三月十八日　星期四

写《金文编》卷十二三页。

李术仁大夫七十寿辰,八时四十分全校教职员往祝。

三月十九日　星期五

早授课。写《金文编》卷十二三页。

三月二十日　星期六

写《金文编》卷十二六页。二时往刘子植处开会。

三月二十一日　星期日

早写信。赵曾玖请午饭。

三时进城。周一良、邓懿在正昌饭店订婚,请晚餐。九时回家。

三月二十二日　星期一

早授课。写《金文编》卷十二三页。

三月二十三日　星期二

写《金文编》卷十二六页。大雪。复刘晦之信。

三月二十四日　星期三

早授课。下午傅孟真来。写《金文编》卷十二三页。

三月二十五日　星期四

写《金文编》一页，卷十二完。校卷十三。

三月二十六日　星期五

早授课。雷洁琼、邓懿及苏来。写《金文编》卷十三两页。

三月二十七日　星期六

八时进城。与三弟及张荫麟访傅孟真于胡宅。

十二时叶公超请福生食堂西餐。三时访于思泊，同至琉璃厂。在祯缘馆晚饭。

三月二十八日　星期日

至琉璃厂。为杨竹庵购石，交齐白石①刻印。谭瑑青年伯请午饭。六时回家。

三月二十九日　星期一

写《金文编》卷十三两页。邓懿来。

三月三十日　星期二

写《金文编》卷十三四页。师生大会，陈之迈②演讲。

于思泊来商购刘氏铜器事。

三月三十一日　星期三

早授课。三时教育部视察至校晤谈。写对二。晚《燕京学报》

①齐白石（1864—1957），字渭青，湖南湘潭人。早年曾为木工，后以卖画为生，57岁后定居北京。擅画花鸟、虫鱼、山水、人物。书工篆隶，篆刻自成一家，善写诗文。

②陈之迈（1908—1978），广东番禺人。毕业于清华大学、美国哥伦比亚大学。先后任教于清华、北大、南开及中央政治学校。曾参与创办《独立评论》和《新经济》半月刊。

在吾家开会。

四月

四月一日　星期四

三弟来。九时同进城,访于思泊,定明日往沪商刘氏铜器事。写《金文编》卷十三一页。郭竽来。

四月二日　星期五

早授课。下午一时进城。六时乘平沪车至沪。

四月三日①　星期六

四月四日　星期日

八时至沪,住新亚饭店。往访刘晦之,知齐树平已先到,购铜器事无结果。

访简琴斋②。胡肇椿请午饭。参观上海博物馆。

四月五日　星期一

四月六日　星期二

四月七日　星期三

早访刘晦之,观所藏画影片。七时简又文③请晚饭。十一时乘平沪车至南京。

---

①是日及五、六日缺。

②简经纶(1888—1950),字琴石,号琴斋,广东番禺人。任职于上海侨务机构及南洋兄弟烟草公司。工诗文、书法、篆刻。

③简又文(1896—1978),字永真,号驭繁,广东新会人。1924 年任燕京大学宗教学院副教授。曾任冯玉祥军中政治部主任、广东省文献会主任委员。太平天国史专家。

四月八日　星期四

七时至南京。至中央研究院。徐中舒请午饭。

一时参观教育部第二次美术展览。晚住大华饭店。

四月九日　星期五

访陈德钜。二时复观美展。是日票价五角,平日二角,故至者甚少。场中遇马叔平先生及杨今甫。

四月十日　星期六

早往访吴元俊于孝陵卫实业部农林试验所,一时请午饭。

三时访张文理不遇,回寓。五时张文理来,同游明孝陵。七时请福昌晚餐。

四月十一日　星期日

早雨。十时访张文理。一时参观美展。七时马叔平先生请撷英晚餐。

四月十二日　星期一

早至中央研究院,十二时请安特生①,邀我作陪。

三时至美展参观换画。六时半美展人员请晚餐。

四月十三日　星期二

六时起乘公共汽车至下关,乘平沪车回平,七时四十五分开行。

四月十四日　星期三

二时至东车站。四时回家。

此行费用共一百四十元,利息六十元。与于思泊分担,各百元。

---

①安特生(Johan Gunnar Andersson,1874—1960),瑞典地质学家、考古学家,瑞典地质调查所所长。1914年来华后,发现仰韶文化,并开始发掘周口店北京人遗址。

四月十五日　星期四

七时于思泊来。写复信。至学校。

四月十六日　星期五

写信。五时进城。听李盛藻《四进士》戏。

四月十七日　星期六

早至琉璃厂。付虹光阁孙岳颁手卷、陈邦彦字册、端石砚共川二十元。在贞古斋购王世贞行书卷,价六十元。七时与伦明及苏往听大鼓。

四月十八日　星期日

早至琉璃厂。十一时至来今雨轩,考古聚餐,到者十七人。四时回家。

四月十九日　星期一

早授课。陈梦家来。清理杂务。

四月二十日　星期二

早往访张荫麟。顾颉刚请午饭,有日本人四人。饭后同往张尔田家。

四月二十一日　星期三

早授课。下午校阅《燕京学报》及《考古》稿付印。

四月二十二日　星期四

写《金文编》卷十三四页。

四月二十三日　星期五

早授课。写《金文编》卷十三两页及眉篆,卷十三完。

四月二十四日　星期六

校阅《金文编》卷二稿。返校节,至学校参观。

下午三时至清华,参观书画展览。五时赴清华校长茶会。

四月二十五日　星期日

写《金文编》六页,卷二。

四月二十六日　星期一

早授课。阅《学报》、《考古》稿付印。

四月二十七日　星期二

写《金文编》六页,卷二。

四月二十八日　星期三

早授课。写《金文编》两页,卷二。晚引得校印所在田宅开会。

四月二十九日　星期四

写《金文编》一页。于思泊来。八时半往听音乐。

四月三十日　星期五

早授课。下午写信。

五月

五月一日　星期六

校《金文编》稿。季宝铭来。

一时进城。访唐立厂、于思泊,以无字卣易于之侃勺。五时往中山公园。孙海波请来今雨轩晚餐。周怀民、顾颉刚在座。九时回老馆。

五月二日　星期日

早往琉璃厂。访周怀民。十二时史地社在玉华台聚餐。

与内子等往真光看电影。六时回家。

五月三日　星期一

早授课。校《金文编》卷二。

五月四日　星期二

早郑侃嬂来。往学校,听陈博生演讲中日之关系。

下午三时张荫麟来。写《金文编》卷二二页。

五月五日　星期三

写《金文编》卷二六页。

五月六日　星期四

郑侃嬂来,同访洪煨莲。写《金文编》卷二四页。

五月七日　星期五

早授课。写《金文编》卷二稿二页。

五月八日　星期六

八时进城,至同仁医院看牙,因牙床有肿,不能拔。至琉璃厂。访于思泊。四时回家。写《金文编》卷二眉篆,完。

五月九日　星期日

校《金文编》稿。

十一时进城。李棪在谭宅请午饭。饭后至恒丽购衣料,三十六元。

三时至张宅,子幹生日。九时回家。

五月十日　星期一

早授课。下午于思泊来,商购刘晦之铜器事。寄刘信。

五月十一日　星期二

汇刘氏铜器款一万元,于出九千元,余出一千元。校阅《考古》稿。写信。

五月十二日　星期三

早授课。阅朱存理《铁网珊瑚》抄本,甚佳,疑是原稿本,《四库书目》考为赵氏作,恐非。校阅《考古》稿。

五月十三日　星期四

八时进城。拔去大牙一。十一时回家。

五月十四日　星期五

早授课。写《金文编》卷九三页。

五月十五日　星期六

早进城。访于思泊,同至公园午饭。至琉璃厂。六时李书春请东兴楼。九时回家。

五月十六日　星期日

写《金文编》卷九六页。

五月十七日　星期一

早授课。于思泊来。写《金文编》卷九一页。

五月十八日　星期二

写《金文编》卷九六页。

五月十九日　星期三

早授课。写《金文编》卷九眉篆。校《金文编》卷十四。

校朱存理《铁网珊瑚》。

五月二十日　星期四

写《金文编》卷十四六页。

五月二十一日　星期五

早授课。

六时刘盼遂四十生日、刘子植赴加拿大,国文系同人庆祝和饯行,在吾家。

五月二十二日　星期六

八时进城。往文奎堂看翁树培《古泉汇考》。访袁同礼。在三弟家午饭,同往逛琉璃厂。六时回家。

五月二十三日　星期日

写《金文编》卷十四六页。陈梦家夫妇来。

五月二十四日　星期一

早授课。写《金文编》卷十四两页。

五月二十五日　星期二

写《金文编》卷十四四页。校《考古》稿。

五月二十六日　星期三

早授课。十一时进城。五时回家。校《考古》稿。

五月二十七日　星期四

写《金文编》卷十四四页。国文学会在董鲁安〈家〉开会。

五月二十八日　星期五

早授课。以五百五十元质得翁树培《古泉汇考》。写《金文编》卷十四两页。

五月二十九日　星期六

早阅翁树培《古泉汇考》。一时进城,至琉璃厂。至老馆。九时回家。

五月三十日　星期日

早访洪太太,为裘子坤说项。刘子植请午饭,方甦广在座。校《考古》稿。

五月三十一日　星期一

早授课。写《金文编》卷十四四页。

六月

六月一日　星期二

九时进城。访于思泊。十二时袁同礼请东兴楼午饭。

与何遂同至燕京,赠以《武梁祠画像考》及《考古》。

六月二日　星期三

早授课。校阅《考古》稿。阅翁树培《古泉汇考》。

六月三日　星期四

写《金文编》卷十四三页。

六月四日　星期五

早授课。七时马衡先生请东兴楼晚饭。

六月五日　星期六

早至琉璃厂,在韵古购秦祖永山水,价三十元。十二时至刘盼遂家,谈龙会。

六月六日　星期日

八时进城,访杨金甫。十二时至谭宅,史地社聚餐。逛琉璃厂。六时回家。

六月七日　星期一

早授课。阅《考古》稿。

六月八日　星期二

校阅"学术界消息"。李棪来借四百元。

六月九日　星期三

早授课。理发。校《考古》稿。刘盼遂生日,请食晚饭。

六月十日　星期四

写《金文编》卷十四三页,正编完。

六月十一日　星期五

早授课。叶理绥[1]来,校务长住宅开茶会欢迎。

六月十二日　星期六

八时进城,访于思泊。余所得刘家二十件铜器以五千元让与

---

①叶理绥(Serge Elisseeff, 1889—1975),法国籍俄国人,汉学家。早年入德国柏林洪堡大学学习日语和汉语。1934年经伯希和推荐,赴美国出任哈佛燕京学社首任社长。

他,取其所藏吴渔山《湖山春晓》图。十二时请沈兼士等于春华楼。

七时校长请叶理绥于北海公园董事会。十时回家。

六月十三日　　星期日

编辑《考古》。

六月十四日①　　星期一

六月十五日　　星期二

叶理绥约晤谈,十一时进城。与[在]叶公超家午饭。二时与颉刚回家。

六月十六日　　星期三

早考试文字学班。顾颉刚请午饭。赵叔雍②至吾家参观。

于思泊来。余所得刘家铜器以五千元售之。七时同进城,请苏听李桂云戏。

六月十七日　　星期四

早逛琉璃厂。午国文系在谭瑑青家聚餐。往庆乐听戏。九时回家。

六月十八日　　星期五

清理书籍。

六月十九日　　星期六

阅试卷。

六月二十日　　星期日

校《考古》稿。

---

①十四日缺。
②赵尊岳(1898—1965),字叔雍,江苏武进人。历任《申报》秘书、行政院驻北平政务整理委员会参议。况周颐弟子,辑有《明词汇刊》等。

六月二十一日　　星期一

　　早至学校。下午三时至学校,演电影。三弟来。

六月二十二日　　星期二

　　早与三弟至学校,参加毕业典礼。三时为三弟题《秦公簋》。

六月二十三日　　星期三

　　早至学校。二时至学校,哈燕社开会,给予研究生奖金。

六月二十四日　　星期四

　　校《金文编》稿。九时汇通公司通知刘晦之铜器七箱已运到。进城提取。

　　与于思泊分铜器,我分得九十二件。住思泊家。

六月二十五日　　星期五

　　十时回家。清理铜器。将史地社事交洪煨莲管理。

六月二十六日　　星期六

　　八时进城。至上海银行付运费壹百八十元七角三分。至琉璃厂。

　　至张宅食饭。至平汉路局问车期。四时回家。校《考古》稿。

六月二十七日　　星期日

　　九时进城。访元胎、于思泊。五时起校《考古》稿。

　　二时往听李桂云戏。张次溪借二十元。九时回寓。

六月二十八日　　星期一

　　收拾铜器。引得借二千元。访张荫麟。

六月二十九日　　星期二

　　早编《金文编》附录。

　　三时进城。在式古斋购得𫠆父鼎,价二百二十元。

　　六时于思泊、孙海波、唐立厂请春华楼晚饭。至于思泊家。在三弟家宿。

六月三十日　星期三

至宾古堂,购《圣教序》,价五元。

至前门取铜器。至于思泊家,购于思泊铜器一千五百元。

法大使请午餐。访孙海波。六时罗敷厂请晚餐。九时回家。

七月

七月一日　星期四

至学校。访洪煨莲。清理所得铜器。携款四百三十四元南归。

七月二日　星期五

八时进城。办杂事。

下午十时乘京汉车至开封。八妹及陈梦家同行。大雨。车中遇徐庆丰①。

七月三日　星期六

下午四时四十九分至郑州。

七时转陇海车至开封。十时至开封,许彦鲁来接车。寓华安旅社。

七月四日　星期日

至博物馆,访馆长王幼侨②,并参观古物。参观古物研究会。

七月五日　星期一

八时商锡永自南京来。

---

①徐庆丰后来与容庚长女容琬结婚。

②王幼侨(1888—1951),河南安阳人。北京工业专门学校毕业。曾任河南省教育厅厅长、河南通志馆纂修、河南博物馆馆长,兼河南大学教授。

七月六日　星期二

参观古物,其辉县出土者为定名数事。

博物馆下午六时开欢迎会于华洋饭店,并聚餐。

一时游龙亭、铁塔、禹王台各名胜。

七月七日　星期三

九时至博物馆开谈话会。下午写对联十馀对。

七月八日　星期四

早八时至博物馆,写对四对。

博物馆为购车票至汉口。十时廿五分开行,十二时□①至郑州。

四时四十九分转平汉车往汉口。车中遇伦哲如及其四太。

七月九日　星期五

八时至武昌,即转粤汉车至粤。十时一刻开行。在车中热甚。

七月十日　星期六

在车中。

七月十一日　星期日

七时至广州。寓徐庆丰家。访黄般若、仲生叔。

七月十二日　星期一

八时十五分乘广九车回家。访邓屺望、卢瑞等。娟大来。

七月十三日　星期二

八时至篁村访七妹。下午六时回家。见子虎。

七月十四日　星期三

下午往宝聚晤陈璠等。访屺望。

七月十五日　星期四

卢瑞、陈璠来。写字。

———————

①原空。

七月十六日　星期五

卢瑞来。写字。晚访刘绰纯。

七月十七日　星期六

下午往三角洲泅水。

七月十八日　星期日

早往篁村七妹处。下午往三角洲泅水。

七月十九日　星期一

阅画。李文田题陈乔森《望月图》扇面云：

　　珠江残夜一轮升，万柄荷花水似冰。可似香衾孤负日，半钩蟾魄傍舻棱。逸山主政写《望月图》，属缀小诗，时将为京国之行，率意题此，并请青田先生雅正。弟李文田。[1]

七月二十日[2]　星期二

九时与八、九二妹往广州，访四舅。

八月

八月五日　星期四

与李棪至西来初地，购：英德石，川十元；日本镜，川元；瓦鼎，二元；手卷合川元；《天工开物》，川元。

八月六日[3]　星期五

八时十五分乘广九车回莞。寓省十日，共化小洋五十三元，大洋十六元。

---

[1]岭南才子陈乔森为容鹤龄写《望月阁》扇面，李文田为题诗并记。容鹤龄，号青田，容庚祖父，同治二年癸亥(1863)恩科进士。
[2]七月二十一日至八月四日缺。
[3]八月七日至十月十九日缺。

又九妹代付小洋:娟大十元、琪大十元、玑大十元、基仔一元、孟嫂五元、蝉姊二元、三太二元、爱平一元、袁登道《山水》手卷五十元、卢佳一元、四姑五元、三娘五元、布乂乂元、杂用乂川元。共｜一｜亖百元。

又:三婆五元、宝珠五元。

十月

十月二十日　星期三

往香港打听北上船期。

十月二十一日　星期四

午搭车往广州访凌霄。

十月二十二日　星期五

午搭车返莞。

十月二十三日　星期六

至卢瑞家,写字、刻印。

十月二十四日　星期日

购得小帆表兄书画十馀种,价三百六十元。晚屺望表兄饯行。

十月二十五日　星期一

七时行车趷,搭樟木头车往香港。因警报误延二小时,一时至港,八妹同行。

名利栈未代定船位,乃自至南泰恒,颇费唇舌,乃定得二房舱位,每人香币四十六元、防疫打针费二元。

寓奕荫街二十五号三楼邓尔叿四舅家。许地山来。

十月二十六日　星期二

早与飞表妹往购衣物。二十时许地山请饮茶于陆羽茶室。

十月二十七日　星期三

九时至名利栈取行李,往搭海口船往天津。船十二时半开行。

十月二十八日　星期四

晨八时至汕头。午后三时开行。

十月二十九日　星期五

晚七时至福州闽江口。

十月三十日　星期六

早六时进泊闽江口,三面皆山,风景颇胜。

十月三十一日　星期日

今夏暑假回里,重九以大水避居邓屺望表兄家,与诸中表相笑乐。馥如为言游山击球诸胜事,间低唱泪湿青衫之歌,以喜以悲,不知日月之云迈,未半月,余匆遽北归,爰录《墨子》染丝篇以当言赠别矣,馥如珍重自爱。廿六年十一月△识。

十一月

十一月一日　星期一

上午六时开往青岛。

十一月四日　星期四

八时至青岛靠岸。与八妹游览砲台、海滨公园及公园水族馆,风景甚佳。往博物馆访齐树平,邀请午饭。一时回船,二时开行,往烟台。来难民二百馀人,船面挤拥不堪。

十一月五日　星期五

十时至烟台。下午二时开行,未上岸。

十一月六日　星期六

早略有风浪。二时至大沽口,验疫至三时半。水浅不能开行,停船卸货。

十一月七日　　星期日

六时开行,因水浅再停。

十一月八日　　星期一

八日七时至塘沽。二时乘火车至天津,寓裕中饭店。

十一月九日　　星期二

七时往乘火车往平。车误时,至十时乃到,二时抵平。海松芬及内子来接至校。访洪煨莲等。

十一月十日　　星期三

早访郭绍虞、吴雷川。至学校。腹泻六七次。

十一月十一日　　星期四

清理书房。

十一月十二日　　星期五

八时进城。访孙海波,以新郑铜器、《魏三字石经》印本见贻。至老馆张子幹家。午游琉璃厂,在虹光阁购蒋南沙《墨兰》,价二十元,交贞古斋重装。

十一月十三日　　星期六

早访于思泊。章宅请福生食堂午餐。二时返校。

十一月十四日　　星期日

编《颂斋书画续录》。

十一月十五日　　星期一

编《书画录》。四时至学校,晤顾敦鍒。《学报》开编辑会。

十一月十六日　　星期二

编《书画录》。齐思和①来。

---

①齐思和(1907—1980),字致中,山东宁津人。燕京大学毕业,美国哈佛大学博士。回国后历任北平师大教授,燕京大学教授、历史系主任、文学院院长。

十一月十七日　星期三

编《书画录》。一时于思泊来，还其牧师父敦、父己鼎，又爵二。四时至校开会，讨论书画展览事。清理铜器。

十一月十八日　星期四

清理铜器。琬女进城，往南方①。十一时陆侃如等请午餐。

十一月十九日　星期五

琬女由平往津。阅《学报》稿。

十一月二十日　星期六

洗剔铜器。编《书画录》。

十一月二十一日　星期日

洗剔铜器。季宝铭来，取铜器十八件去照相。

十一月二十二日　星期一

洗剔铜器。编《书画录》。

十一月二十三日　星期二

洗剔铜器。编《书画录》。

十一月二十四日　星期三

洗剔铜器。

十一月二十五日　星期四

洗剔铜器。

十一月二十六日　星期五

携铜器进城照相。访于思泊。在五洲购《工艺图鉴》数种。晚与苏听大鼓。访冯思、陈公睦。

十一月二十七日　星期六

早往协和诊病，以咳嗽故。下午游琉璃厂。五时半携铜器归家。

---

① 1937 年 11 月，北京、清华、南开三大学在湖南合组长沙临时大学，容琬盖前往报到入学。三校于次年初再迁云南，称西南联合大学。

十一月二十八日　星期日

洗剔铜器。于思泊来,以父丁彝、父戊盘、甽父觯及一小鼎易余九爵去。

十一月二十九日　星期一

编《金文编》附录。

十一月三十日　星期二

编《金文编》附录。

十二月

十二月一日　星期三

洗剔铜器。

十二月二日　星期四

编《颂斋吉金续录》。

十二月三日　星期五

编《吉金续录》。铸新人来,携铜器十五件去照相。

十二月四日　星期六

编《颂斋吉金续录》。徐庆丰来。

十二月五日　星期日

九时进城,与海松芬及八妹逛琉璃厂。二时访刘文兴未遇。访于思泊。

十二月六日　星期一

九时至琉璃厂。十二时回家,携回铸新铜器十四件。

李安宅来。编《吉金续录》。赠李《颂斋吉金录》一部。

十二月七日　星期二

编《吉金续录》。

十二月八日　星期三

编《吉金续录》。

十二月九日　星期四

编《吉金续录》。

十二月十日　星期五

焦振青来取铜器七件去。

十二月十一日　星期六

季宝铭来。编铜器说明。

十二月十二日　星期日

八时进城。至于思泊家,以伯盉及七爵、《书契渊源》四集易其孟辛父鬲,又以斗父己觯易其皋伯卣、员鼎。

至铸新照铜器。十二时至谭篆青家午饭。四时回家。

十二月十三日　星期一

早至学校。于思泊命祁智来,取伯盉、斗父己觯及七爵去。

郝庆琛来拓彝器。

十二月十四日　星期二

收拾书架。

十二月十五日　星期三

清理书籍。编《吉金续录》。国文学会七时在吾家开会。

十二月十六日　星期四

编《吉金续录》。

十二月十七日　星期五

编《吉金续录》。校《学报》稿。

十二月十八日　星期六

编《吉金续录》。一时进城。至虹光取张敔画,三十二元。

至焦振青处,取回提梁卣,尚存一彝三鼎。六时往谭瑑青家聚餐。

十二月十九日　星期日

十时回家。剔锺伯石沱,粘《吉金续录》。

十二月二十日　星期一

编《吉金续录》说明。郝庆琛拓彝器毕,共八天,付以八元。

十二月二十一日　星期二

编《金文编》附录。焦振青使人来取午字父方甌去。

十二月二十二日　星期三

编《金文编》附录。阅《殷契粹编》。

十二月二十三日　星期四

校《三字石经》。

十二月二十四日　星期五

八时进城。付蒋南沙、张雪鸿画二张价五十元,购贲弘觚,四十元。

四时回家。沈国华攻击陆侃如。

十二月二十五日　星期六

校《三字石经》。郭绍虞为沈、陆事约同见梅贻宝。

十二月二十六日　星期日

作《三字石经集录》提要。请陆太太①来,劝其劝侃如辞职。

十二月二十七日　星期一

校《三字石经》。侃如辞职,由太太代课。

十二月二十八日　星期二

校《三字石经》。

十二月二十九日　星期三

读《殷契萃编》。

①陆太太,即冯沅君(1900—1974),河南唐河人。冯友兰妹。毕业于北京女子高等师范学校文科专修班。先后任教于金陵女子、复旦、中山、武汉、山东大学。

十二月三十日　　星期四

作《殷契萃编》提要。

十二月三十一日　　星期五

编《金文编》附录。灯下写信。

一九三八年

一月

一月一日　星期六

九时半往学校团拜。徐庆丰、海松芬、杨明照①及八妹来午饭。

三时进城。至琉璃厂，付贞古斋王澎仿米《蜀素帖》册，价二十五元。

六时至谭瑑青家聚餐。至老馆张宅宿。

一月二日　星期日

八时访于思泊，以四爵易其一母尊。

访唐立厂，同至于家，约于君至春阳楼午饭。访罗敷厂。至琉璃厂。

三时至哈尔飞听杂戏。阿苏及其子先在座。戏毕同往西湖食堂晚餐。

访孙海波。

一月三日　星期一

至琉璃厂。请黄伯川至祯源馆午饭。

---

① 杨明照（1909—2003），字韬甫，四川大足人。早年入读重庆大学、四川大学，1936 年秋入燕京大学研究院。文献学家，四川大学终身教授。

五时至于思泊家,以三爵易其伯䣄父鼎。六时故宫博物院请东兴楼晚餐。

一月四日　星期二

八时回家。十二时于思泊来取七爵去。杨明照、陈哲、沈心芜①来。访陆太太冯沅君。

写信与三嫂,愿助霖侄孙学费每学期小洋五十元;如战事中了,愿出千二百元修家祠。

一月五日　星期三

编《金文编》附录。

一月六日　星期四

九时访梅贻宝,谈国文系事。编《金文编》附录。

四时梅贻宝招集国文系同人谈系中事。

沈心芜太太、冯沅君、陈哲来交还文件。沈攻击陆侃如事作一结束。结果沈、陆二人皆离校。

一月七日　星期五

编《金文编》附录。四时国文系同人在吾家开会,讨论系中事。

一月八日　星期六

编《金文编》附录。参观书画展览会。

一月九日　星期日

十时访邓之诚②,假得沈复《山水》轴。沈乃作《浮生六记》者也。

编《金文编》附录。

一月十日　星期一

早在陆侃如家购得书架三。将《四部丛刊》清理。

----

①沈心芜即沈国华。
②邓之诚(1887—1960),字文如,江苏江宁人。1921 年任教于北京大学史学系,1930 年任燕京大学历史系教授并兼任北平师范大学、辅仁大学教授。

七时燕东园在吾家聚餐。校伦明《辛亥以来藏书纪事诗》。

一月十一日　星期二

清理《四部丛刊》。下午看画册。

一月十二日　星期三

编《故宫书画录》人名索引。

一月十三日　星期四

编《故宫书画录》人名索引。

一月十四日　星期五

编《金文编》附录。至图书馆查书。

陈銮敬《芝轩图》乃为蒋攸铦作。用电解法去铜锈，成绩甚佳。

一月十五日　星期六

八时进城。访于思泊。至琉璃厂。六时往谭宅聚餐。十时在老馆宿。

一月十六日　星期日

早往新馆。付陈行贤七十元。至琉璃厂，清虹光画数张。回老馆午饭。

二时至湖社画会，在中央公园。五时半回家。

一月十七日　星期一

阅书画。寄牟益《捣衣图》卷，请仲叔［恕］重摹。编《金文编》附录。

一月十八日　星期二

编《金文编》附录。至图书馆查书。

一月十九日　星期三

编《金文编》附录。往图书馆阅拟购之书。

一月二十日　星期四

编《金文编》附录。三时半在洪宅开会。

一月二十一日　星期五

八时进城。与曹敬盘、韦尔逊①逛琉璃厂，得觥于雅文斋，价百五十元；得陈乔森压镜册页二张，价十元。五时半回寓。

一月二十二日　星期六

编《金文编》附录。吴其玉②请午饭。季宝铭来，付印费百元。

一月二十三日　星期日

虹光送唐岱《秋山图》大幅来，价一百一十元。

编《金文编》附录。晚六时半国文系同人饯行陆侃如于吾家。

一月二十四日　星期一

写对联八付。校《金文编》附录。

一月二十五日　星期二

校《金文编》附录。晚赴消寒大会。光卣用电去锈，成绩甚佳。

一月二十六日　星期三

校《金文编》附录。李书春来，借去四百元。

一月二十七日　星期四

八时进城。还虹光刘原起画。以潘凤画易宝铭堂之王谔画，再补以十元。

以郳妘鬲交雅文代售，以备抵觥百五十元之价。郳妘鬲乃去年九月在雅文以百五十元购得者。

王铁广之书籍、拓本尽售与富晋书社，价千七百元，而底下人费用乃至千二百元。北平下人之可恶如是。

---

①韦尔逊(Stanley Wilson)，美国人，燕京大学化学系教授、理学院院长。
②吴其玉(1904—？)，福建闽清人。毕业于燕京大学法学院政治学系及研究院。1930 年入美国普林斯顿大学研究院，获博士学位。回国后任燕京大学教授、法学院院长。

一月二十八日　星期五

检阅书画。董鲁安与王西徵①来。编《金文编》附录。

一月二十九日　星期六

剪《续殷文存》补《金文编》附录之不足,是日毕工。

十二时半赴梅贻宝午餐。餐后开国文系会议。

五时进城,赴谭宅聚餐会。九时半回张宅宿。

一月三十日　星期日

八时往琉璃厂。富晋以二千九百元购得王铁广书籍、书画、金石拓本,而吉金拓本一项索价七千元,真可恶。只以不看了之。十二时回家。

一月三十一日　星期一

补《三代吉金文存》于《金文编》上。发烧,身体略有不适。

二月

二月一日　星期二

补《三代吉金文存》于《金文编》上。

二月二日　星期三

补《金文编》。

二月三日　星期四

挖补《金文编》错字。

二月四日　星期五

八时进城,逛厂甸。五时至谭宅,参观书画展览会并聚餐。回

①王西徵(1901—1988),又名希曾,号鲁忱,山东高密人。1921年入南京高等师范,吴梅弟子。曾任北京艺专校长,又任北京、辅仁、燕京大学教授,主讲词曲。

老馆张宅宿。

二月五日　星期六

十一时与内子同游琉璃厂。购书籍、字画数事。五时半回家。

二月六日　星期日

校《金文编》正编错字。

二月七日　星期一

早授课。下午编《金文编》附录。

二月八日　星期二

写《金文编》附录四页。郭绍虞来。寄陈梦家信。

二月九日　星期三

早授课。下午写《金文编》附录三页。学生来催《文学年报》稿。

二月十日　星期四

作《记翁树培〈古泉汇考〉及〈古泉汇〉》一文与《文学年报》。

二月十一日　星期五

早上课。一时进城,逛琉璃厂,在英古取张小蓬《百安图卷》。

以父戊卣及一彝易于思泊恽南田画及鱼从鼎、鱼从尊、鱼从盘。

二月十二日　星期六

早逛琉璃厂,会海松芬、洪煨莲诸人,午在春华楼饭。

五时半至谭宅聚餐。拟以五十元购其刘石庵手卷。

二月十三日　星期日

早到虹光阁阅书画,拟购沈士充手卷。十二时回家。编补《书画续录》。

二月十四日　星期一

早授课。下午头不适,阅书画。

二月十五日　星期二

萧康民来,取戈彝二、鱼从盉一去。戈彝价二百五十,鱼从盉价二百。他留小鼎一在我处。编书画家生卒年。

二月十六日　星期三

早授课。写《金文编》附录四页(八～十一)。

二月十七日　星期四

写附录四页(十二～十五)。

二月十八日　星期五

早授课。下午编《故宫书画集目》。

二月十九日　星期六

八时进城。访冯思。至宏利保险公司商退保事,意欲将终身保险改作十年。

至琉璃厂。在式古购得一尊,价三百五十元,除𤔔父鼎已付一百元,再补与二百五十元作了。五时半回家。

二月二十日　星期日

写《金文编》二页半。唐立厂、福开森、于思泊来。

发见与于所换之恽南田画乃伪作。从虹光取回之南田画亦伪作,而字均甚似。

二月二十一日　星期一

早授课。写《金文编》附录二页半(至廿一页)。

二月二十二日　星期二

写《金文编》两页(廿二、廿三)。

宋荔秋[①]来,同访洪煨莲。写对五对。晚八时历史学会开会。

---

①宋荔秋,河北冀县人,生卒年待考。在琉璃厂经营宋荔秋书店,售法帖与古书。

二月二十三日　星期三

早授课。写《金文编》二页（廿四、廿五）。

二月二十四日　星期四

写《金文编》附录廿六至卅五十页。

萧康民来，还鱼从盉，取去郑羌伯匜，价百元。寄屺望信。

二月二十五日　星期五

早授课。写《金文编》附录卅六至卅八三页。

二月二十六日　星期六

八时往城访于思泊，退还恽画，换取兽形匕及爵四，又以中龢爵换取二爵。

至宏利保险公司，将终身保单改为十年保单。至福开森家午餐。

二时至琉璃厂，付虹光阁董其昌书王维律诗卷价三十五元，又《疑年录汇编》三元。退式古斋尊，收回款二百五十元，彼尚欠余一百元。

六时至谭宅聚餐。十时至老馆宿。

二月二十七日　星期日

八时至琉璃厂。还虹光徐枋及费丹旭二画。十二时赴张效彬午餐。五时回家。

二月二十八日　星期一

早授课。写《金文编》附录三九至四三五页。

竹实斋取去唐岱画一张装裱，工价十元。退通古爵一。

三月

三月一日　星期二

写《金文编》附录上四四至五十共七页。

三月二日　星期三

早授课。写附录五一至五四共四页。吴雷川来。

三月三日　星期四

写《金文编》五五至六十共六页，附录上完。访吴雷川。

六时《燕京学报》社在吾家聚餐。

三月四日　星期五

早授课。宋荔秋来，拟留其《经训堂帖》残本及《黄庭经》。

阅《小校经阁金文》。国文学会在刘盼遂家下午七时开会。

三月五日　星期六

八时进城，访张效彬。拟编其所藏为《镜菡榭书画录》。孙海波、于省吾、黄宾虹均至。十二时同往后门午餐。

至琉璃厂，焦振青为售钟，五十元；铜铲，二十元；觚，一百元；且辛卣，三十元。付铜器修理费二十五元；贵弘觚四十元。在老馆宿。

三月六日　星期日

早至琉璃厂。九时访徐石雪[①]。二时访孙海波，同访黄宾虹。五时半回家。

三月七日　星期一

早授课。校补《金文编》增订本。

三月八日　星期二

校改《金文编》。校三弟《焦竑及其思想》一文《燕京学报》排印本。

三月九日　星期三

早授课。写《金文编》附录下一二两页。

---

①徐石雪(1881—1957)，名宗浩，字养吾，江苏武进人。中国画学研究会评议、副会长。东方绘画协会顾问、古物陈列所顾问、中国书法研究社副主席。

七时半在洪宅开历史座谈会。文奎堂取《三代金文》去,价百八十元。

三月十日　星期四

写附录下十三页(三至十五)。

三月十一日　星期五

早授课。接三嫂及七妹信。接古学馆〈信〉推选为金石研究〈员?〉,写信辞之。

写附录下十六至二十共五页。

三月十二日　星期六

八时进城。收还式古一百元,付虹光《五马图》五十五元。

五时半约孙海波同赴谭宅餐会。

三月十三日　星期日

早赴琉璃厂。在铭珍取卢象昇、龚鼎孳字轴,钱维城画轴共三件。

与黄宾虹、孙海波同参观张大千①所藏画。

至琉璃厂,告铭珍夥伴以前次所购史颂敦乃伪作,请其退款,不然所取三画将扣留也。四时回家。

三月十四日　星期一

早授课。文奎堂代购《画论丛刊》,价四元八角。

购宝铭堂《书史会要》,价六元。

焦振青来,取去鸟字鼎、方鼎、窭叔敦、永宫鬲、觚底五件,退回中伯鼎、郮比父豆二件。校《考槃馀事》。

三月十五日　星期二

写附录下廿一至廿七共七页。十时半往学校赴师生大会。

---

①张大千(1899—1983),名爱,斋名大风堂,四川内江人。1935年任中央大学艺术科教授。七七事变后困居北平,应故宫文物陈列所之聘,任国画研究班导师。

萧寿田①来,购其父乙鼎,价二百元。售与遽册觚,价二十元,即交与款百八十元,两了。尚存彼处两戈、敦,又取去一觚。

三月十六日　星期三

早授课。写附录下廿八至卅三共六页。

三月十七日　星期四

写附录下十弎页(卅四至四四)。

三月十八日　星期五

早授课。写附录下四五至五十共六页。

三月十九日　星期六

写附录下五一至五八共八页。十一时半至董宅聚餐。

季宝铭来。付父乙鼎与铸新照相。

三月二十日　星期日

八时进城访张大千。将马扶羲轴交还贞古斋。

焦振青为售去娞鬲母钟,五十元;永宫鬲,四十元。

四时回家。写附录下五十九一页。

三月二十一日　星期一

早授课。写附录下六十至六十五六页,附录完。

三月二十二日　星期二

清理书桌。宋荔秋来。阅《学报》稿。修理《经训堂帖》。

三月二十三日　星期三

早授课。为刘梦九②书屏、罗复堪书小幅。

三月二十四日　星期四

改八妹《郑固碑跋》。吴晓铃③来,为书吴玉崑墓碑。

---

①萧寿田,琉璃厂古光阁拓工,周希丁弟子。

②刘洪龄(1868—1958),字梦九,一字鸣九,大连营城子人。以善书名。

③吴晓铃(1914—1995),辽宁绥中人,早年入燕京大学。北京大学教授、中国社科院文学研究所研究员。古典小说、戏曲研究家,博物学家。吴玉崑之子。

三月二十五日　　星期五

早授课。寄三弟信。

三月二十六日　　星期六

八时进城。访罗复广。在虹光购蓝瑛画,五十五元。

五时访孙海波,约宾虹同赴谭氏聚餐。十时在孙海波家宿。

三月二十七日　　星期日

十时回家。微雨。阅画册。

三月二十八日　　星期一

早授课。一时一刻进城。访邓叔存,五时三刻回家。

三月二十九日　　星期二

黄花冈记念。校正《金文编》。

九时与同学骑自行车游黑龙潭、温泉。三时回家。

三月三十日　　星期三

早授课。计算《金文编》字数。

三月三十一日　　星期四

计算《金文编》字数。

四月

四月一日　　星期五

早授课。编《金文编》检字卷一。

四月二日　　星期六

早编检字卷二。一时进城,至琉璃厂。六时至张宅,请苏听白玉霜戏。

在虹光阁购得翁小海《花卉虫鱼》一册,十二页,价三十五元。在通古斋取回邕子甗破片,价五十元。付虹光阁蓝瑛《山水》五十五元。

四月三日　星期日

早至琉璃厂。十二时至谭宅聚餐。四时回家。

四月四日　星期一

早授课。取出铜器，以备明日演讲。

付宝铭堂《山左金石志》川二十元、《画史会要》八元。

四月五日　星期二

竹实斋送唐岱画来，说定连裱六十元。编《金文编》检字卷三。

到哈佛燕京社演讲"古铜器之时代及其真伪"。

四月六日　星期三

早授课。编检字卷四。

四月七日　星期四

编检字卷五。用冰壶阁本《芥舟学画编》校《画论丛刊》本，错字尚小［少］。

四月八日　星期五

早授课。校《芥舟学画编》毕。

四月九日　星期六

八时进城。至琉璃厂，将文徵明、顾昉一卷一轴装潢。

十二时孙海波在新陆春请午餐。五时三刻回家。

购顾昉画轴，价连裱共五十五元。

四月十日　星期日

编检字卷六至卷十。

四月十一日　星期一

早授课。下午至图书馆。访洪煨莲。

四月十二日　星期二

编检字十四卷毕。

四月十三日　星期三

早授课。校检字。七时陆志韦请晚餐,饮酒约斤半。

四月十四日　星期四

校《金文编》检字毕。酒后略有不适。四时至学校开会,讨论国文教学事。

四月十五日　星期五

早授课。

铭珍以戴进山水及朱之蕃砾竹来易卢象昇及龚鼎孳二字轴去。

四时至国文系开会。阅法帖。

四月十六日　星期六

十时黄宾虹、孙海波、周怀民来。五时乃去。

四月十七日　星期日

八时进城。访于思泊,与同访沈兼士未遇。留《金文编》而去。同至琉璃厂。

十二时在谭宅聚餐。三时在萧康民处取楚王镫二。五时三刻归家。

购章谷《山水》册八页,六十元;王文治字册,二十元;张榉《花鸟》册,三十元。

四月十八日　星期一

早授课。下午观画册《中国名画集》、《艺苑真赏集》。

四月十九日　星期二

陈列铜器。四时演讲铜器。

四月二十日　星期三

早授课。

四月二十一日　星期四

八时进城,访陈公穆。十时至宏利保险公司商退保事。

至东安市场午饭。四时回家。

四月二十二日　星期五

早授课。五时半国文系在吾家开会并聚餐。

四月二十三日　星期六

七时半进城,在沈兼士处取回《金文编》。

裘开明请午餐于鹿鸣春。二时半至琉璃厂。六时至谭宅聚餐。十时回老馆宿。

四月二十四日　星期日

十时与孙海波访吴镜汀①。在阿钟处午饭。

二时访陈仲恕。六时请吴镜汀、黄宾虹、周怀民、孙海波在西黔阳晚餐。在孙宅宿。

四月二十五日　星期一

早至琉璃厂。孙海波以顾瑛画与于思泊开玩笑。在孙宅午饭。

至琉璃厂。访汪吉麟②、张大千均未遇。五时半回家。是日起放春假一星期。

四月二十六日　星期二

于省吾为校正《金文编》,故更正原稿,采用其一部分。

周[萧]康民来,以楚王镫字乃伪刻还之。

四月二十七日　星期三

早十一时与内子游玉泉山。三时归。

①吴镜汀(1904—1972),名熙曾,浙江绍兴人。1918 年入北京大学附属中国画研究所。国立艺专讲师、中国画学研究会评议、京华美术学院教授。
②汪吉麟(1871—1960),字蔼士,江苏丹阳人。著名画家,一生爱梅、植梅、咏梅、画梅。

四月二十八日　星期四

十时与学校同人游芦沟桥。乘汽车者及骑自行车者各半,共约百二十人。

校《金文编》。

四月二十九日　星期五

校《金文编》。

四月三十日　星期六

早八时进城。在张宅午饭。至孙海波家。访古物陈列所所长钱桐。

在老馆宿,为臭虫所扰。

五月

五月一日　星期日

早往琉璃厂。还贞古金冬心字卷五十二元、金冬心字册十二元裱工;谢兰生山水册十二元;王文治字册二十元。

共计十一月以来购彝器、字画九百五十七元,售铜器等七百五十五元。

十二时往谭宅聚餐。四时回家。

五月二日　星期一

早授课。阅《金文辞大系》。往刘豁轩[1]家聚餐。

五月三日　星期二

校《颂斋吉金续录》。

---

[1]刘豁轩(？—1976),名明泉,河北蓟县人。毕业于南开大学新闻系,天津《益世报》主编。1936年任教于燕京大学新闻系,时任系主任。

五月四日　星期三

早授课。孙海波来,同往刘盼遂家午饭。

焦振青来,取去单己觚,价川８百;父庚觚,价川十。

阅《金文辞大系》。

五月五日　星期四

校改《金文编》稿。阅《金辞大系》。

五月六日　星期五

早授课。校改《金文编》稿。七时半国文学会在郭绍虞住宅开会。

五月七日　星期六

校改《金文编》稿。

五月八日　星期日

校改《金文编》稿。

五月九日　星期一

早授课。一时进城。至宏利保险公司退保。每年供保险费一百九十六元,已供六年。此次退保得回六百七十元。至尊古斋,问铜器出土事。

六时至孙海波家。黄宾虹请西湖食堂晚餐。在孙宅宿。

付章采《四皓图》价五十元与竹实斋。

五月十日　星期二

早至琉璃厂。在虹光取徐枋《松鳞书屋》卷。

访张效彬,取王石谷《秋涉图卷》。留午饭。三时回家。

五月十一日　星期三

早授课。季宝铭来。写对两付。校《圣教序》。

五月十二日　星期四

校补《金文编》。

五月十三日　　星期五

　　早授课。校补《金文编》。

五月十四日　　星期六

　　校改《金文编》。

五月十五日　　星期日

　　八时乘洋车进城。访张效彬。十二时在谭宅聚餐。四时回家。

五月十六日　　星期一

　　早授课。写对并题罗复堪草书卷。

五月十七日　　星期二

　　校补《金文编》。

五月十八日　　星期三

　　早授课。三时至学校,参加体育纪念日。

五月十九日　　星期四

　　校改《颂斋吉金续录》稿。

五月二十日　　星期五

　　早授课。校改《颂斋吉金续录》稿。

五月二十一日　　星期六

　　早雨。九时进城,至铭珍斋商赎史颂敦事。在老馆午饭。

　　黄百川赠剑印本六纸。在虹光阁取"尚均"石印一,价二十五元。

　　五时访孙海波。六时至谭宅聚餐。

五月二十二日　　星期日

　　六时起拟作《鸟书三考》。往琉璃厂通古斋,假得子□①戈鸟篆。

　　访于思泊。在佛照楼邓太家午饭。二时回家。作《鸟书三考》。

---

①原文如此。

五月二十三日　星期一

早授课。一时通古斋晁估来,售去象鼻作飨彝、己觚、觯、鸟彝、戈觯,共五件,价七百五十元。

五时国文学会开欢送同学会。

五月二十四日　星期二

作《鸟书三考》完。

五月二十五日　星期三

早授课。改《学报》"书评"。

五月二十六日　星期四

改《学报》"书评"。

五月二十七日　星期五

早雨。授课。十二时在刘盼遂家聚餐。校《金文编》稿。

五月二十八日　星期六

八时进城。在通古取款七百五十元。

付虹光章声画三十元、翁小海画川8十元。

付邃雅《当湖画人传》丨亠元;文华堂书账丨夂川十元。

至华昌制铜版。在贞古取鲍楷画册川十元、武虚谷字册8元。

在萧秀[寿]田处购簠,价川三百元。

二时访孙海波、黄宾虹。黄为作画一帧,并题八大山人册。请孙、黄及周怀民晚餐,化川8元。在老馆宿。

五月二十九日　星期日

七时半回家。校《颂斋续录》稿。

五月三十日　星期一

早授课。

付萧秀[寿]田、孙叔广簠价川三百元。付宋荔秋法帖账二十元。保萃斋六元。

增补《颂斋续录》稿。

五月三十一日　星期二

阅《小校经阁金文》,补《金文编》。

六月

六月一日　星期三

早授课。付书画、书籍账一百五十馀元,季宝铭三十五元。

六月二日　星期四

校《吉金续录》稿。四时半历史学会在洪宅开欢送会。

六月三日　星期五

早授课。徐丰来。阅《陕西金石志》。

六月四日　星期六

八时进城。在虹光见《白岳图》,程功作。二时访伦七太。

六时往谭宅聚餐。付罗敷广王建章画册、杨龙友画册、小万柳堂画册三种,价三十元。付墨因簃米芾书《张镃疏文》及裱工等二十七元七角。付铸新照相费二十一元五角。在老馆宿。

六月五日　星期日

早至琉璃厂。取贞古文五峰《江村渔隐图》卷,题云"江村渔隐图"在首,"隆庆四年夏日文伯仁写"在末,长一丈九尺,前有陆存斋题签。画甚草率,与平日工细者不同,时年六十九矣。似为伪,惟《穰梨馆书画录》不录,索价三百元,未敢留。

十二时请伦七太、八太、阿苏、阿超四人午餐,化六元六角。二时回家。

六月六日　星期一

早授课。校补《金文编》。

六月七日　星期二　午后大雨

九时与海松芬及八妹进城购古物。三时回家。

六月八日　星期三

早授课。校《金文编》稿。

六月九日　星期四

阅《图书集成》鼎部。为罗敷广题散盘。

六月十日　星期五

早授课。校稿。七时郭绍虞请晚餐。

六月十一日　星期六

作《礼乐器考》。七时在八妹处公饯李安宅、梅贻宝夫妇及裘开明、高君哲。

六月十二日　星期日

八时进城。至老馆,闻苏于星期四割子宫瘤。

十二时在谭宅聚餐。餐毕与同人逛天桥。至五洲书局取《真赏集》二册、《黄山图》一册。七时回家。

六月十三日　星期一

编《乐礼[礼乐]器考》。齐思和请晚饭。

六月十四日　星期二

编《礼乐器考》。

六月十五日　星期三

八时考试文字学。编《礼乐器考》。

六月十六日　星期四

编《礼乐器考》。访吴文藻。阅试卷。

六月十七日　星期五

编《礼乐器考》。晚七时请学生。张星烺来。

六月十八日　星期六

编《礼乐器考》。清理照片。

六月十九日　星期日

八时进城,访于思泊。在其古玩铺购铜鉟一,价百四十元。归哈燕社。

至琉璃厂。三时访孙海波。六时谭宅聚餐。九时回老馆宿。

六月二十日　星期一

六时半回家。十时参观附小毕业典礼。

三时半往玉泉山欢送文学院毕业同学。六时归。补《彝器考》图。

六月二十一日　星期二

清检《彝器考》图。九时往学校参加毕业典礼。

六月二十二日　星期三

清检《彝器考》图。

六月二十三日　星期四

补《彝器考》图。萧寿田来,携作母尊去,定价二百元。

六月二十四日　星期五

补《彝器考》图。下午六时王西徵来谈。

六月二十五日　星期六

补《彝器》图,欲携往制铜版。至十一时半乃寝。

六月二十六日　星期日

校《弇州山人画跋》。读《吴大澂年谱》。

六月二十七日　星期一

编《彝器考》。

下午三时至学校,开燕哈奖金会。国文系得杨明照、王世襄[1]、王锡昌[2]三人。

七时半林[？]在校长住宅请晚饭。叶慈介绍其学生韩思复[3]。

六月二十八日　星期二

八时出城,至华昌制《彝器考》铜版。

九时至东车站,送钟回粤不遇。复至新馆,乃知其于八时行矣。至老馆。

在贞古斋购得傅青主小楷金面一,至佳,价Ⅲ8十元。四时回家。

六月二十九日　星期三

编《彝器考》"仿造"一章。收拾客厅。

六月三十日　星期四

编《彝器考》"仿造"一章。

请英人韩思复午饭,司徒校务长、洪煨莲等作陪。

七月

七月一日　星期五

编《彝器考》"仿造"一章。虹光阁杜君来取八大《山水》册去,托代售恽《花卉》,价Ⅰ8百。以两木合及洋五元易其"尚均"印。

七月二日　星期六

八时进城。至琉璃厂。至同兴堂李宅开吊。

---

[1]王世襄(1914—2009),号畅安,北京人。1938 年毕业于燕京大学国文系,后入研究院,1941 年获硕士学位,论文为《中国画论研究·先秦至宋》。以收藏著称于世。

[2]王锡昌(1912—1980),又名熙昶,山东无棣人。1931 年入燕京大学国文系,1938 年入研究院。任教燕大附中、齐鲁大学、曲阜师院等校。

[3]韩思复(S.H.Hansford),英国汉学家、考古学家。著有《中国玉雕》等。

访孙海波、黄宾虹。黄为题《白岳图》。六时至谭宅聚餐。

至老馆宿。苏已出医院,送他十元。

七月三日　星期日

伦八太回广东。九时回家。作"销毁"一章。

七月四日　星期一

作"销毁"一章完。文奎堂交来《颂斋吉金续录》预约款三百元。

虹光阁杜某来,欲以沈士充卷易吾八大山人册,不允。

交余文桢《聊斋册》,托其代售八十元;赵之谦联,刂乂十元。

七月五日　星期二

作"去锈"一章。

七月六日　星期三

作"模拓"一章。六时引得校印所聚餐。每百元分利息二十元。我股本二百元,两年合得利息八十元。

七月七日　星期四

作"模拓"一章完。季宝铭派徒弟来,借去三十元。

七月八日　星期五

作"价值"一章。

七月九日　星期六

作"价值"一章完。

《颂斋吉金续录》出版,定价二十二元。赠:燕大图书馆、东图书馆、邓尔疋、叶慈、梅原末治、黄伯川、于思泊、哈佛、沈兼士、唐立厂、孙海波。

七月十日　星期日

八时进城。访于思泊、沈兼士。在谭宅聚餐。至琉璃厂。访孙海波,留宿。

七月十一日　星期一

八时与孙海波访唐立厂、陈半丁①、于思泊。

二时往访侯原[芸]圻。打牌,输一元四角。在孙宅宿。

七月十二日　星期二

八时回家。董鲁安来。访孙[张]东苏。

复七妹信。寄梅原、四舅、东莞图书馆《续录》。

七月十三日　星期三

作"时代"一章。

七月十四日　星期四

作"时代"一章。

七月十五日　星期五

作"时代"一章。发见郭沫若《两周金文大系》有甚误者。如录卣及有伯、雝父诸器,当入之厉王,而彼入之穆王。

七月十六日　星期六

九时进城,至琉璃厂。购礬纸。还尊古照片。

三时往老馆。五时访林玛林[利]、孙海波。六时往谭宅聚餐。

七月十七日　星期日

七时至琉璃厂。在韵古购得钱叔美小幅,价百二十元,已付支票。携往虹光,杜华亭②办[辨]其伪,当即退还。

十时回家。在车上遇小野腾年,云至燕京访我,即同回家。赠以《颂斋书画录》、《鸟书三考》。午饭毕乃去。

七月十九日　星期二

作"时代"一章。

---

①陈半丁(1876—1970),原名陈年,浙江山阴人。20岁赴上海拜吴昌硕为师。40岁居北京,曾任教于北平艺术专科学校。有《陈半丁画册》传世。

②杜华亭(1887—?),名英魁,河北武邑人。虹光阁经理,即前文"杜君"、"杜某"。

七月二十日　星期三

作"时代"一章。

七月二十一日　星期四

作"时代"一章。寄三弟及陈梦家《吉金续录》，复梦家信。

七月二十二日　星期五

作"时代"一章。

七月二十三日　星期六

阅《金文辞大系》。

三时进城，参观萧正谊①婚礼。在经济小食堂晚餐。回老馆宿。

七月二十四日　星期日

七时至华昌。逛琉璃厂，十时半访林玛琍。十二时至谭宅聚餐。

三时至孙海波家，与立广等打牌。

晚间孙氏夫妇及其老妈皆水泻，盖所食之饭菜皆不洁也。

七月二十五日　星期一

早与周怀民、孙海波逛琉璃厂，饭于祯缘馆。在虹光取程正揆《江山卧游图》卷。三时回家。

七月二十六日　星期二

整理铜器图。

七月二十七日　星期三

邃雅送《弇州四部稿》、《画学简明》、《芥舟学画编》来。

文奎取《书画鉴》三种十部，《吉金续录》连前共八十部。

阅《四部稿》。题申鼎拓本。

---

①萧正谊，台湾省人。司徒雷登日文秘书、燕京大学秘书长。1946年返台。

七月二十八日　　星期四

整理铜器图。

七月二十九日　　星期五

王西徵来。付预定煤价八十元。整理铜器图。

七月三十日　　星期六

阅《西清古鉴》。三时进城,访孙海波,往谭宅聚餐。

七月三十一日　　星期日

早起至琉璃厂。在竹实斋取《百老图》。

十二时请苏大美午餐。至后门宾古堂。访唐立厂,在唐宅宿。

八月

八月一日　　星期一

十时回家。阅《西清古鉴》。

八月二日　　星期二

阅《西清古鉴》毕。八时教职员开会。

八月三日　　星期三

阅《西清续鉴》。

八月四日　　星期四

接商务及孟真信,云为印《金文编》。阅《故宫月刊》,校《吉金图》。

八月五日　　星期五

阅《故宫月刊》,校《吉金图》。

八月六日　　星期六

阅《宁寿鉴古》

八月七日　　星期日

八时进城,至琉璃厂。访孙海波、黄宾虹。十二时至谭宅聚餐。

四时与海波、立厂等游公园,请他等在长美轩晚餐。九时归访周怀民。在孙宅宿。

八月八日　星期一

早七时半回家。校《金文编》。

八月九日　星期二

校《金文编》。

八月十日　星期三

校《金文编》。

八月十一日　星期四

校《金文编》。

八月十二日　星期五

早往学校。阅画卷。

八月十三日　星期六

七时半进城,内子同去。访孙海波、周怀民。逛琉璃厂古玩肆。请彼等于祯源馆午饭。

孙海波请听富连成戏。八时复请周等及邱石冥①在西黔阳晚饭。回老馆宿。

八月十四日　星期日

八时半回家。校《金文编》。

八月十五日　星期一

校《金文编》。刘厚滋兄弟来。

八月十六日　星期二

校《金文编》。为八妹校《经藉[籍]拟目》。

───────────

①邱石冥(1898—1970),原名树滋,贵州石阡人。1924 年毕业于北京美专师范系。创办北京京华美专,自任校长,又任北京大学艺术学院讲师、北京艺专教授等。

八月十七日　星期三

校定《金文编》。

八月十八日　星期四

校定《金文编》。

八月十九日　星期五

校定《金文编》。保古斋送《三阙拓本》卷来,以十六元购之。

八月二十日　星期六

九时半进城。约唐立厂在于思泊家讨论《金文编》。十二时请他等在经济食堂午餐。复归讨论至六时毕。

至张宅与苏等往华北戏院听评戏。十二时回张宅宿。

八月二十一日　星期日

六时起即游琉璃厂。在萧寿田处取剌鼎,口有鸟纹一道,通耳高五寸七分,腹高四寸六分,深二寸九分,口径五寸二分,花纹略浏,索价六百元。因此器可为穆王时之标准器,故欲得之,还价三百五十元。

十二时顾廷龙等招饮玉华台。二时半回家。

八月二十二日　星期一

修改《金文编》卷十四。

八月二十三日　星期二

修改《金文编》卷十三。至赵宅看字画,并为定价。

八月二十四日　星期三

伤风,不能工作。

八月二十五日　星期四

伤风仍未愈。修改《金文编》卷十一未毕。

孙海波、周怀民来,作竟日之谈。赠洪煨莲、黄宾虹《吉金续录》。

八月二十六日　星期五

编改《金文编》卷十一、卷十二。

八月二十七日　星期六

七时半进城。在墨因簃购居廉《花卉》册,四页,价十元。

访孙海波。六时至谭宅聚餐。

携《金文编》稿卷十一至卷十四交富华阁装裱,以备付印。

八月二十八日　星期日

七时至琉璃厂。访萧寿田,刺鼎让价至五百五十元。十一时
回家。

八月二十九日　星期一

修补《金文编》。

八月三十日　星期二

修补《金文编》。

八月三一日　星期三

修补《金文编》。

九月

九月一日　星期四

阴雨。十时开大学会议。在女院午餐。修补《金文编》。

九月二日　星期五

修补《金文编》。东方文化委员会明日请午饭,以病却之。

九月三日　星期六

修补《金文编》,正编尚馀卷五、六未毕。

九月四日　星期日

早进城,至琉璃厂。裱《金文编》。十二时至谭宅聚餐。二时

半回家。

九月五日　星期一

修补《金文编》附录。

九月六日　星期二

修补《金文编》附录。晚七时燕大文学院在临湖轩开迎新大会。

九月七日　星期三

《金文编》修补完。

在林培志①女士处取张栋、朱昂之、秦祖永三人画册各一。

收拾书案。平冈武夫星期日请同和居午餐，不赴，作信复之。

九月八日　星期四

伤风，不能工作。

九月九日　星期五

写《金文编》序二页。

九月十日　星期六

七时半进城，访陈仲叔[恕]。

九时半至文奎堂，阅《兰亭八十种》，佳甚。尽录其题跋，即午饭亦未食也，四时乃毕。还价千六百五十元，有允意。六时至谭宅聚餐。九时至老馆宿。

九月十一日　星期日

早至琉璃厂。

属文奎堂送《兰亭叙》至琉璃厂，同往请罗复广审定。复广极言其佳。

十二时回家。

①林培志(1907—?)，浙江镇海人。1928年入燕京大学，1932年升研究院。

九月十二日　星期一

早授课。将《兰亭》款一千六百五十元交文奎堂。

四时至国文系开会。晚凌景埏①夫妇来。校《绘事备考》抄本卷一、二。

九月十三日　星期二

早访洪煨莲。至学校及图书馆。

还林培志朱昂之书画册、张栋山水册价壹百元,退还秦祖永山水册。

王西徵来。

九月十四日　星期三

早授课。于思泊来。售以父己觚,价二百七十五元。

九月十五日　星期四

朱玲来,留饭。同至学校。校《兰亭叙》。

九月十六日　星期五

早授课。校《兰亭叙》。

九月十七日　星期六

早写《金文编》序。一时进城,至琉璃厂。四时至老馆。

在虹光取陈懿典字卷。

九月十八日　星期日

早往访叶公超、孙海波、黄宾虹。谭宅聚餐。三时回家。

九月十九日　星期一

早授课。为八妹改《经籍要目答问》序。

何定生来,留晚饭。七时半国文学会开会。

---

①凌景埏(1904—1959),又名敬言,江苏吴县人。1928年毕业于东吴大学,1929年入燕京大学研究院,攻读词曲之学,获硕士学位后回东吴大学任教。1938年任燕京大学讲师。

九月二十日　星期二

为八妹改《经籍要目答问》序。伤风,未工作。

九月二十一日　星期三

早授课。校检字。

九月二十二日　星期四

校检字。

九月二十三日　星期五

早授课。校检字。

萧寿田来取刺鼎去。终不能舍割,电其再送来,以五百金购之。

九月二十四日　星期六

写检字。十时游颐和园。

九月二十五日　星期日

写检字。

九月二十六日　星期一

早授课。下午四时半国文学系开会。写检字。

九月二十七日　星期二

写检字。下午图书馆开购书会。晚国文学会开会,在郭绍虞住宅。

九月二十八日　星期三

早授课。

下午图书馆、哈佛燕京社、历史学会开会。一日而三开会,可知其忙也。

九月二十九日　星期四

写检字四页。叶公超来。

九月三十日　星期五

写检字二页。早授课。

十月

十月一日　星期六

七时半进城。至老馆食蟹。至琉璃厂。至新馆访徐。

十月二日　星期日

早至琉璃厂,取傅山等扇面。访孙海波。十二时至谭宅聚餐。三时回家。

十月三日　星期一

早授课。杨毅和来。

十月四日　星期二

写检字。

十月五日　星期三

早授课。写《金文编》检字毕,全书告成。文奎堂送书账一百九十二元来。

十月六日　星期四

阅《故宫月刊》,整理《彝器考》。校检字。

十月七日　星期五

早授课。阅《故宫月刊》。

十月八日　星期六

阅《攀古楼彝器款识》。

十月九日　星期日

七时半进城。在笔彩购王石谷金笺册一,价二十元,甚廉,差人皆以为伪也。

在虹光购文从简、文震亨金笺横幅二,价一百元。宋濂画索价八百元,属其送来借观。

二时送福开森夫人丧。四时回家。陈哲偕画家启元①来。

十月十日　星期一

早访陈哲，与启元同来吾家午饭。于海晏来，并留午饭。

十月十一日　星期二

早至图书馆。虹光送画来。以赵之谦对易陈懿典字卷，以徐釚单条易庄有恭字轴。付陈揆卷百二十元。

十月十二日　星期三

早授课。阅《容台集》，录一段于《张镒疏文》上。寄周一良、夏瞿禅②信。

十月十三日　星期四

收拾客厅。作《彝器考》"起原"一章。题秦量，寄黄仲琴③。

十月十四日　星期五

早授课。邓广铭④来。接商务信，云《金文编》印毕原稿可以还我。

五时国文系在吾家开会，七时聚餐。

十月十五日　星期六

校《金文编》一过，改十数误字。

十月十六日　星期日

七时半进城，购商务《兰亭》等书及画具。

带《金文编》与孙伯恒，彼不敢负责，属余自寄。

---

①疑为启元白，下同。启功（1912—2005），字元白，满族。受业于陈垣，受聘于辅仁中学。1935年起任教于辅仁大学美术系，兼任故宫博物院专门委员。

②夏承焘（1900—1986），字瞿禅，晚改瞿髯，室名天风阁，浙江温州人。毕业于温州师范学校，1930年任教于之江大学，之后曾任浙江大学教授。

③黄仲琴（1884—1942），名嵩年，广东海阳人。毕业于江苏法政学堂。曾任教于厦门大学、中山大学、岭南大学等校。

④邓广铭（1907—1998），字恭三，山东德州人。1936年北京大学史学系毕业，留校任文科研究所和史学系助教。1943—1946年任复旦大学史地系教授。

十二时至谭宅聚餐。三时回家。校《桐园卧游录》。

十月十七日　星期一

早授课。校《画旨》。

十月十八日　星期二

画牛三纸,临张宏本。请学生晚饭。

十月十九日　星期三

早授课。画牛一纸。

十月二十日　星期四

画牛三纸。

十月二十一日　星期五

早授课。晚请陆志韦等晚饭。寄张履贤[1]《匋文杳录》。

十月二十二日　星期六

七时半进城,访孙海波,同访周怀民未遇。访汪吉麟,谈甚快。与孙游琉璃厂。五时复访周,邀往西来顺食羊肉。

回老馆宿。往听刘宝全大鼓。

十月二十三日　星期日

至琉璃厂。访沈兼士、于省吾。郑林庄[2]请福全馆午饭。

二时半访陈仲恕。五时至东安市场五洲书局,购书数种。六时回家。

十月二十四日　星期一

早授课。临张宏《牛》册一纸。

十月二十五日　星期二

临张宏《牛》册十二页完。

十月二十六日　星期三

早授课。梁令娴①来。临沈石田册一。校《兰亭》。

十月二十七日　星期四

临石田册二。访梁令娴。四时半图书馆开会。

十月二十八日　星期五

早授课。晚七时国文学会在董宅开会。

十月二十九日　星期六

校《瞆瞆斋书画录[记]》。

十时半周怀民夫妇、孙海波夫妇、汪吉麟及其孙来,五时乃去。

十月三十日　星期日

七时半进城,至琉璃厂。访汪吉麟,观画梅。

十二时赴谭氏餐会。二时至护国寺,购得黄子高隶书对一,价一元五角。

十月三十一日　星期一

早授课。作《彝器考》"发见"章。

十一月

十一月一日　星期二

七时半入城。至北平图书馆阅外国印本彝器书,欲以补《彝器考》之图,无所得。十时回家。四时国文系开会。

保古堂[斋]送顾兰芳《秘笈清玩》十集来,共十四册:甲集《字录》五卷、乙集《画录》六卷、丙集《砚录》三卷、丁集《墨录》三卷、戊集《笔录》三卷、己集《石录》三卷、庚集《茶琴录》三卷、辛集《花树

---

①梁思顺(1893—1966),字令娴,广东新会人。梁启超长女。毕业于日本女子师范学校,曾师事麦孟华。有《艺蘅馆词选》五卷存世。

录》四卷、壬集《书室录》二卷、癸集《题句录》三卷。顾字亭立,武水人。前有康熙乙未自序,字仿恽南田。索价百六十元,余还以五十元。

十一月二日　星期三

早授课。下午校《兰亭》。

录钟刻汪容甫藏《兰亭》吴让之、钟毓麟二跋于印本上。

李毓文来,取铜器五件去。付刺鼎价五百元,售戈尊价抵补四百元。

十一月三日　星期四

作《彝器考》"发见"章。

十一月四日　星期五

早授课。季宝铭来付纸一刀。

萧寿田来,取去婴觯,丨百;且己觯,丨百;𠂤簋,丨丨百。

作"发见"章。宋荔秋来,付书价十八元。

十一月五日　星期六

作"发见"章。

十一月六日　星期日

作《彝器考》"发见"章。葛启扬[1]来。

灯下校录顾兰芳《秘笈清玩》,录子目得十五纸。顾氏康熙末人,手稿未刊,极欲得之,万一不得,犹可留此目也。至十一时灭灯乃寝。

十一月七日　星期一

早授课。以七十元购《秘笈清玩》录稿本。

校《雪堂墨品》、《砚林拾遗》、《后观石录》三种。七时赴本园聚餐。

---

①葛启扬(1908—1976),江苏江都人。1937 年毕业于燕京大学。1947 年获美国密西根州立大学博士学位。农业经济学家、苏北农学院教授。

十一月八日　星期二

作"发见"章。

十一月九日　星期三

早授课。下午学生来索书。请学生晚饭。

十一月十日　星期四

作"发见"章。作《蒋兆和画展之感想》。

晚洪煨莲请食饭,德人艾克①在座。

三时访顾羡季于国文系。四时半听师生大会音乐会。王静如②来午饭。

十一月十一日　星期五

早授课。晚,刘盼遂家开国文学会。

十一月十二日　星期六

作"发见"一章毕。

十一月十三日　星期日

八时进城,至琉璃厂。访邵伯絅③。十二时至谭宅聚餐。

罗复庵将一清人集册来,有王时敏、吴渔山、恽南田诸幅,索价千二百元。

四时回家。八时艾克来谈。

十一月十四日　星期一

早授课。书店来索书联六七对。

---

①古斯塔夫·艾克(1896—1971),德国人,美术史家、汉学家。曾任教于厦门大学、清华大学,兼任辅仁大学西洋文学史教授。

②王静如(1903—1990),河北深泽人。1929 年毕业于清华大学研究院,后赴欧洲留学。北平研究院史学研究所研究员、中法大学兼燕京大学语言学教授。

③邵章(1872—1953),字伯炯、伯絅,浙江仁和人。光绪二十八年(1902)进士,授翰林院编修。曾任北京法政专门学校校长。富收藏,精研碑帖,工书法。

十一月十五日　星期二

临吴渔山、恽南田山水二页。

十一月十六日　星期三

早授课,下午作"辨伪"一章。

十一月十七日　星期四

早博闻簃送还铜器四件,尚留一鼎。又送来《缀遗斋款识考释》原稿,索价千六百元,大约八百元可得。然此八百元亦不易筹也。十二时郭绍虞请午饭。

十一月十八日　星期五

早授课。三时进城,访于思泊。请苏等食饭、听戏。

十一月十九日　星期六

往琉璃厂。在虹光取徐素画册。中德学会请午饭。艾克请往其家中观画。六时还家。

十一月二十日　星期日

作"办[辨]伪"章。

十一月二十一日　星期一

早授课。杨敏如[1]等来谈,留晚饭。

十一月二十二日　星期二

作"办[辨]伪"章。

十一月二十三日　星期三

早授课。荣华堂取去《神庙留中奏稿》,价十四元。四时半研究院开会。

十一月二十四日　星期四

写泰山刻石六屏。作"办[辨]伪"章。

---

[1]杨敏如(1916—2017),安徽泗县人。杨宪益之妹。1934年入燕京大学中文系,后任教于北京师范大学。

十一月二十五日　星期五

早授课。下午作"办[辨]伪"章。四时半往董宅开会、聚餐。

十一月二十六日　星期六

九时进城,访叶叔衡①,商购书事。至隆福寺、琉璃厂。在老馆宿。

十一月二十七日　星期日

早作[逛]琉璃厂。十一时访孙海波。十二时至谭宅聚餐。二时回家。

作"办[辨]伪"章。

十一月二十八日　星期一

早授课。阅《遵生八笺》。作"办[辨]伪"章。

十一月二十九日　星期二

作"办[辨]伪"章。

十一月三十日　星期三

早授课。

叶叔衡汇款九十七元二△一分来,为购金石书十一种,寄比国某教授。

校《湘管斋寓赏续编》。

十二月

十二月一日　星期四

作"辨伪"章。四时至司徒住宅开会,继至邓文如住宅开会。

十二月二日　星期五

早授课。四时至郭宅开会。

①叶景莘(1881—1986),字叔衡,浙江杭县人。早年留学日本、英国,曾任财政部司长。1934年任军事委员会第三厅预算处中将处长。

十二月三日　星期六

今日阅《簠斋尺牍》。

十二月四日　星期日

阅《簠斋尺牍》十七册毕。

十二月五日　星期一

早授课。作"办［辨］伪"章。

十二月六日　星期二

作"办［辨］伪"章。文奎堂携画来,无佳者。

十二月七日　星期三

早授课。作"办［辨］伪"章。四时至张孟劬家开历史学会。

十二月八日　星期四

作"办［辨］伪"章。

十二月九日　星期五

早授课。作"办［辨］伪"章毕。四时国文学系在吾家开会。阅《兰亭序》。

十二月十日　星期六

九时与九［八］妹及海教师进城,往琉璃厂。在祯缘馆午饭。

晚与苏听刘宝全大鼓。

十二月十一日　星期日

九时往访孙海波、黄宾虹。十二时往谭宅聚餐。四时回家。

十二月十二日,星期一

早授课。作"收藏"章。

十二月十三日,星期二

作"收藏"章。

十二月十四日,星期三

早授课。作"收藏"章。

十二月十五日　星期四

作"收藏"章。三时至学校。五时至郭宅,公宴吴雷川。十月廿六日(旧历)为其六十九寿辰。

十二月十六日　星期五

早授课。作"收藏"章。

十二月十七日　星期六

作"收藏"章。

十二月十八日　星期日

作"收藏"章。

十二月十九日　星期一

早授课。作"收藏"章。

十二月二十日　星期二

作"收藏"章。

十二月二十一日　星期三

早授课。校《湘管斋寓赏续编》第三卷。八时至洪宅开会。

十二月二十二日　星期四

作"收藏"章毕。

十二月二十三日　星期五

早授课。作"箸录"章。

十二月二十四日　星期六

九时进城。访陈援广、沈兼士、于思泊。至东安市场购书数种。

十二月二十五日　星期日

游琉璃厂。十二时至谭宅聚餐。四时回家。

十二月二十六日　星期一

作"箸录"章。早授课。售书数种与文奎堂,得洋廿元。

十二月二十七日　　星期二

作"箸录"章。晚七时国文学会在凌宅开会。

十二月二十八日　　星期三

早授课。作"箸录"章。

十二月二十九日　　星期四

作"箸录"章。

十二月三十日　　星期五

早授课。作"箸录"章。

十二月三十一日①　　星期六

九时进城。至张宅,与苏及仲锐等至西来顺食牛肉。二时至琉璃厂。六时回家。以五十金押张氏康[?]字卷。灯下校抄本《墨君题语》毕。

---

①此日记于三十日处,自注:"此乃三十一日误记于此。"

一九三九年

一月

一月一日① **星期**

作《殷周彝器通考》"箸录"章。九时半至校长住宅团拜新年。

一月二日 星期一

作"箸录"章。凌敬言、郑因百夫妇来。

一月三日 星期二

作"著录"章。阅试卷。伤风甚苦。

一月四日 星期三

早授课。作"著录"章。

一月五日 星期四

作"著录"章。访凌敬言、郑因百。阅试卷。

一月六日 星期五

早授课。作"著录"章。

一月七日 星期六

九时进城。往季宝铭家,未见。访孙海波,留宿。

---

① 一九三九至一九四一年日记合记于一册,是日起首处自注:"中华民国廿八年一月一日,星期,容庚记。"

一月八日　星期

九时往访季宝铭，取回《颂斋吉金续录》底片，存铸新。

访徐宗浩。十二时至谭家聚餐。

与海波等逛厂甸，至罗复广家晚饭。八时访周仁。十二时回孙家宿。

一月九日　星期一

九时回家。谢刚主为购《攀古楼彝器拓本》八册，四百馀种，价九十元。以顾所作《攀古楼藏器目》校之，缺一百二十馀种，未收者亦有八十馀种。

一月十日　星期二

作"箸录"章毕。至图书馆。顾廷龙来借潘氏《款识》去。

一月十一日　星期三

早考试。接七妹家书，知乡居全毁。校《石鼓砚斋所藏书画录》第一册。

一月十二日　星期四

早起作《颂斋忆语》。作"时代"章。四时往张尔田住宅开会。

一月十三日　星期五

阅《殷契粹编》、《卜辞通纂》。

一月十四日　星期六

作"时代"章。书联三。

一月十五日　星期

作"时代"章。

一月十六日　星期一

阅试卷。为郭绍虞书字四页。

一月十七日　星期二

作"时代"章。下午九时四十五分钱玄同病中风卒。

一月十八日　星期三

作"时代"章。八妹请晚饭。

一月十九日　星期四

作"时代"章。清理书籍。

一月二十日　星期五

作"时代"章。《兰亭集刻》成《神龙》、《修城》、《虞临》三种，摩挲弥日。元曹永跋《褉帖》云："拥黄金万镒则益愚，怀白璧百双则致罪，不若藏此帖以示子孙，便可医俗。"其言深有合于予心。

一月廿一日　星期六

作"时代"章。

一月廿二日　星期

八时进城，逛琉璃厂。十二时往谭宅聚餐。二时访黄宾虹。四时回家。

一月廿三日　星期一

作"时代"章。吴雷川来。

一月廿四日　星期二

往图书馆，借《书菀》廿一册，翻阅一过，录集帖中之兰亭序目。阅商务书馆《名人书画集》。

《书菀》中有《二王真迹见存考》译本，其藤原楚水之《始皇之刻石与秦金文字》中有暗袭余之《秦始皇刻石考》者。

一月廿五日　星期三

作"时代"章。晚赴消寒大会。

一月廿六日　星期四

作"时代"章。访吴雷川。

一月廿七日　星期五

阅画册。校《碑目》稿。李炎龄夫妇来。

一月廿八日　星期六

八时进城。与孙海波同访周怀民,游琉璃厂。

宿海波家。售*篦得百七十元,付剑价十七元。

一月廿九日　星期

访唐立厂不遇。至谢刚主家。在张宅宿。

一月卅日　星期一

八时半访汪吉麟。十时回家。作汪小传。

一月卅一日　星期二

早写信,寄元胎及黄仲琴。寄《兰亭》三种九册,一与仲琴,一与四舅,一与元胎。阅画册。灯下作"时代"章。

二月

二月一日　星期三

访吴雷川、郭绍虞、李炎玲。

写《汪霭士小传》,赠汪并寄凌抚元①,属在《新北京报》发表。灯下校《石鼓砚斋所藏书画录》第三册。

二月二日　星期四

作"时代"章。校《养疴读画录》。

二月三日　星期五

作"时代"章。

二月四日　星期六

刘盼遂来。林培志请午饭。作"时代"章。

---

①凌抚元,《新北京报》社长。该报沦陷前名《新北平报》。

二月五日　星期

　　八时进城。访汪霭士。至琉璃厂。在虹光阁见钱穀画《楞伽山院销暑图》,题云:隆庆己巳六月廿六日,同韦窗[?]、馀山、玉遮避暑于楞迦山院,作此纪兴,钱穀。墨笔甚佳。归来戏临一幅未毕。

　　购杨继震《钱谱》一册,价六元。

二月六日　星期一

　　早授甲骨钟鼎文及文字学两课。下午临钱叔宝画毕①。燕东园聚餐。

二月七日　星期二

　　复临钱叔宝《楞伽山院避暑图》一纸,寄元胎。

二月八日　星期三

　　早授课。下午阅画册。

二月九日　星期四

　　校《石鼓砚斋书画录》第四册。虹光阁送画来。

二月十日　星期五

　　早授课。阅画册。付会文书账Ⅱㄨ十元;收会文书账十元。收文奎堂书账丨彡川百元;付文奎堂书账丨亠十元。

二月十一日　星期六

　　早阅《三希堂法帖》。下午顾廷龙来。为八妹校《碑刻目》。凌敬言请晚饭。

二月十二日　星期

　　九时进城。付各家欠账。在富华阁写对联四付。六时回家。在大观斋取一觯,价三十元。携归审视,足内有♀字

---

①容庚临《楞伽山院避暑图》,见于香港崇源抱趣艺术品拍卖有限公司2008年春季艺术品拍卖会,署:"中华民国廿八年二月戏临钱叔宝楞伽山院避暑图,容庚。"

二月十三日　星期一

早授课。下午至图书馆。晚作"时代"章。还文奎堂《三希堂帖》。

二月十四日　星期二

早作"时代"章。下午至图书馆开会。

灯下校《画论丛刊》中《蒋氏游艺秘录》数种。

二月十五日　星期三

早授课。下午校录项药师《历代名家书画题跋》目录,原书钞本错字太多。

二月十六日　星期四　大雪

收拾客厅。作"时代"章。六时《燕京学报》开会并聚餐。

二月十七日　星期五

早授课。作"时代"章毕。陈哲来,为临钱叔宝《楞伽山院避暑图》。

二月十八日　星期六

作下编"鼎"。顾廷龙来。

二月十九日　星期　己卯元旦

作"鼎"章。阅《中国名画集》。赵承信夫妇来。

二月二十日　星期一

早授课。下午吴其玉太太来。作"鼎"章。

二月廿一日　星期二

八时进城。访徐宗浩。在玉池山房取黄道周手卷,绢本,有虫蚀,价百元,归录其文。购陈伯陶联,价一元五△。

二月廿二日　星期三

早授课。访赵太太。作"鼎"章。

二月廿三日　星期四

八时进城。在玉池山房购唐人写经卷,价廿元。

在谭宅聚餐。余以《黄牧甫印谱》易得金和《来云阁诗》。四时还家。复三弟信。

二月廿四日　星期五

早授课。下午孟桂良来。四时半国文系在凌敬言家开会并聚餐。

二月廿五日　星期六

九时与洪煨莲等同进城。

二月廿六日　星期

八时半往孔德钱玄同追悼会。

十一时至东安市场,在五洲取丛刊本《资治通鉴》。十二时回家。作"鼎"章。

二月廿七日　星期一

早授课。作"鼎"章。

二月廿八日　星期二

作"鼎"章毕。晚请女同学等便饭。

三月

三月一日　星期三

早授课。下午作《八十三种兰亭记》。

三月二日　星期四

作《兰亭记》。

三月三日　星期五

早授课。陈哲与启元伯来。收拾铜器。七时半国文系在吾家开会。演讲铜器。

三月四日　星期六

十时与洪煨莲等进城,逛厂甸。购徐釚画松一轴,价五十元。

三月五日　　星期

　　九时进城,至厂甸。十二时在谭宅聚餐。

　　二时往访启元伯于细管胡同十六号。五时同往访溥雪斋[①]于无量大人胡同。六时半回家。

三月六日　　星期一

　　早授课。下午访吴其玉、萧正谊。

三月七日　　星期二

　　写信与九妹、黄仲琴、叶遐庵。

　　四时国文学会开会。访吴雷川、凌敬言。陆志韦来。校《石刻目》印稿。

三月八日　　星期三

　　早授课。作《兰亭考》。

三月九日　　星期四

　　作《兰亭考》。

三月十日　　星期五

　　早授课。作《兰亭考》。

三月十一日　　星期六

　　九时进城。至五洲书店。访于思泊、唐立厂、启元伯。在张宅宿。

三月十二日　　星期

　　至琉璃厂。十时在谭宅聚餐。二时回家。校《湘管斋寓赏续编》卷一。

三月十三日　　星期一

　　早授课。阅吴高增《兰亭志》。

---

①溥雪斋(1893—1966),本名溥伒,满族。道光皇帝曾孙,惇亲王奕誴孙,贝勒载瀛子。1925年组织松冈画会,1930年任辅仁大学美术专科教授兼主任。

三月十四日　星期二

作《兰亭考》。校《石鼓文正误》。

三月十五日　星期三

早授课。作《兰亭考》。顾廷龙来。

三月十六日　星期四

作《兰亭考》。

三月十七日　星期五

早授课。四时半至刘盼遂家开国文学系讨论会并聚餐。

三月十八日　星期六

郭绍虞来。作《兰亭考》。

三月十九日　星期

八时进城。以三百元在虹光押得任熊画一百二十页，即前所欲购而未得者。取文徵明《赤壁赋》卷。在韵古斋购得一建昭元年铜勺，细辨疑是伪作。

访冯思。七时回家。

三月二十日　星期一

早授课。校《郁冈斋帖》、《墨池堂帖》。

顾起潜来。访林培志。以《赤壁赋》校《故宫周刊》印本，可信为真。

三月二十一日　星期二

作《兰亭考》。录任熊画册目。

三月二十二日　星期三

作《兰亭考》。早授课。

三月二十三日　星期四

作《兰亭考》。

三月二十四日　星期五

作《兰亭考》。早授课。

三月二十五日　星期六

早进城,至琉璃厂。三时访唐立厂。六时返家。

三月二十六日　星期

八时进城,至琉璃厂。访徐养吾。十二时至谭宅聚餐。二时还家。

三月二十七日　星期一

早授课。校《停云馆帖》。

三月二十八日　星期二

作《兰亭考》。叶叔衡汇购书费三百四十馀元来。

三月二十九日　星期三

早授课。初拟作《兰亭小记》:第一章记原起,第二章记书籍,第三章记藏家,第四章记八十一刻兰亭,登之《燕京学报》,而别〈写〉小文与《文学年报》。细思作此费时太多,不如将第四章作来交《文学年报》,而继续作《彝器通考》之为愈,即此一章已费时一月矣。

三月三十日　星期四

至图书馆查书,考得黄吟川为黄掌纶,快甚。

三月三十一日　星期五

早授课。三时辅大饶煜琳来。五时进城,至于思泊家,与合请唐立厂于鹿鸣春。回张宅宿。

四月

四月一日　星期六

早至琉璃厂。十二时储皖峰[1]、王静如请庆林春午餐。二时回

---

[1]储皖峰(1896—1942),字逸安,安徽潜山人。清华研究院毕业。1929年任上海中国公学教授。1933年任北平大学教授,1937年任辅仁大学教授。

家。钤《颂斋藏印》六份,每份四十印。

四月二日　星期

校《八十一刻兰亭记》付印。

四月三日　星期一

早授课。阅《程青溪遗稿》。作《兰亭集刻》序。校《湘管斋寓赏续编》卷二钞本。

四月四日　星期二

题程正揆《江山卧游图》跋。至图书馆阅书。国文学会四时半开会。

四月五日　星期三

早授课。校《养疴读画录》。七时半历史学会开会,在洪煨莲住宅。

四月六日　星期四

早校《养疴读画录》毕。

四月七日　星期五

早授课。作《彝器通考》下"方鼎"。

四月八日　星期六

作《彝器通考》"鬲"。

四月九日　星期

早作《通考》"鬲"。十时往参加大礼拜。十二时野餐。一时进城,与[至]琉璃厂。六时沈兼士在森隆请晚餐。九时半至老馆。

四月十日　星期一

七时回家。早授课。校《绍兴古器评》,乃修绠堂送来,翁同和藏,乾隆三十八年浙江巡抚三宝送呈四库馆钞本,校正汲古阁本多字,然钞本亦有错字甚多。

四月十一日　星期二

校《石刻目》。校八妹《史晨碑集释》。七时东大地在吾家聚餐。

四月十二日　星期三

早授课。校《青溪遗稿》。启功来。五时国文系开会。

四月十三日　星期四

校《青溪遗稿》。编《三希堂续帖目》。

四月十四日　星期五

早授课。访胡经甫。校《八十一刻兰亭记》。

四月十五日　星期六

至图书馆查吴飞翰传未得。作《彝器通考》"甑"。

四月十六日　星期

作《彝器通考》"甑"完。十二时游颐和园。

四月十七日　星期一

校《八十一刻兰亭记》。阅《归石轩画谈》。

四月十八日　星期二

八时进城,至琉璃厂。二时至辅大代唐立庵甲骨钟鼎文字课二小时。谒陈援庵校长。至老馆,请苏等听喜彩莲戏。

四月十九日　星期三

早至琉璃厂。十一时回家。郑因伯来。整理铜版图。九妹将家藏王石谷画寄来,快甚。

四月二十日　星期四

早至图书馆。校《墨池编》。编《筠清馆法帖目》、《渤海藏真目》。

四月廿一日　星期五

作"簋"章。

四月廿二日　星期六

清理照片制铜版。购苏六朋画,五元。

四月廿三日　星期日

八时进城。至琉璃厂。十二时至谭宅聚餐。

付罗家书价一百〇九元四角八分,由振雅斋转交商复九。至东安市场。四时回家。灯下作"簋"一章。

四月廿四日　　星期一

早授课。校褚德彝①《中国之青铜器》。阅《吹网录》。

四月廿五日　　星期二

早进城。访于思泊、余季豫。二时至辅大授课。四时回家。吴其玉来。

四月廿六日　　星期三

早授课。阅《仪礼》、《周礼》。郭竽来,留饭。七时至郭绍虞家开会。

四月廿七日　　星期四

早至图书馆。下午商华送《兰亭》封面三种来。清理《兰亭》印本,付装订。

四月廿八日　　星期五

早授课。作"簋"章。

四月廿九日　　星期六

作"簋"章。郭绍虞请晚饭。

四月三十日　　星期

作"簋"章。

五月

五月一日　　星期一

早授课。文奎堂送《三希堂法帖》来,以予旧以一百一十元所

---

①褚德彝(1871—1942),原名德义,字松窗,号礼堂,浙江馀杭人。篆刻家、考古家。著有《金石学续录》、《竹人录续》、《松窗遗印》等。

购之《三希堂》相易，并补洋十五元。作"簋"章。顾起潜来。

五月二日　星期二

八时进城，至琉璃厂。在焦振青处取土埙二。二时至辅仁授课。四时回家。

五月三日　星期三

早授课。陈援庵、凌敬言来。作"簋"章。

五月四日　星期四

阅《书菀》。至图书馆。黄爱丽女医七十生日，往祝。题"比尼慧成为始平公造像"。《兰亭十种》印齐。

五月五日　星期五

早授课。四时半国文系在郑骞家开会并聚餐。福开森寄《吉金目》来。

五月六日　星期六

整理书籍。凌敬言请晚饭。

五月七日　星期

八时进城。在贞古购章谷画二幅，价四十五元。十二时齐思和请玉华台午餐。访冯思。四时回家。

五月八日　星期一

早授课。整理《褒冲斋帖》。

五月九日　星期二

八时进城，至琉璃厂。二时至辅大授课。四时回家。瑾女十岁生日。

五月十日　星期三

早授课。校《彝器图》。批煤（炸子）十二吨，每吨二十元；元煤一万斤，价六十元。付定洋二百元。

五月十一日　星期四

穷日之力作"簋"章,得四千馀字。

五月十二日　星期五

早授课。作"簋"章毕。

五月十三日　星期六

作"簠"章、"盨"章毕。郭绍虞来。

五月十四日　星期

作"錞"章。

五月十五日　星期一

早授课。下午观全校运动会。阅林培志论文。

五月十六日　星期二

八时进城,至琉璃厂。一时访刘佩韦。二时至辅大上课。

五月十七日　星期三

早授课。刘盼遂、沈国华、顾培懋来。沈借《安阳发掘报告》一、二两册。六时至洪宅开《学报》会并聚餐。

五月十八日　星期四

作"敦"章。

五月十九日　星期五

早授课。阅论文。

五月二十日　星期六

八时进城,至同仁医院配眼镜。十时至张宅。一时至琉璃厂。七时虹光阁请春华楼晚餐。请苏在华北戏院听戏。

五月廿一日　星期

访周怀民、汪慎生①、孙海波、黄宾虹。十二时至谭宅聚餐。二

①汪溶(1896—1972),字慎生,安徽歙县人。私立京华美术专科学校、辅仁大学美术系教授。

时回家。

五月廿二日　星期一

早授课。阅高景成[1]翻译高本汉《中国铜器之新研究》。

五月廿三日　星期二

十时进城，至同仁取眼镜。访刘佩韦。二时至辅大上课。四时回家。写信。

五月廿四日　星期三

早授课。于海晏、李濂来。四时半国文学会聚餐。

五月廿五日　星期四

八时进城，至同仁改眼镜。十二时回家。

四时访邓之诚。王锡昌来。是月加薪二成五，即是月准备票与中央票平均相差为二成五也。

五月廿六日　星期五

早授课。四时国文学会开会。八时观乡村师范表演会。

五月廿七日　星期六

学校返校日。汪吉麟、周怀民夫妇、孙海波夫妇、邱石冥、蒋兆和[2]、张效彬均来吾家早餐，游学校，五时乃归。七时赴学校音乐会。

五月廿八日　星期

作"豆"章。阅高本汉《中国铜器之新研究》。七时吴其玉请食饭。

五月廿九日　星期一

早授课。阅葛启扬毕业论文。国文学会开会。

---

[1]高景成（1916—2009），北京人。语言文字学家，1941年毕业于燕京大学国文系古文字专业。著有《中国的汉字》《常用字字源字典》。

[2]蒋兆和（1904—1986），湖北麻城人。自学西洋画，曾任教于中央大学、上海美术专科学校。1937年赴平，任京华美术学院教授、北平艺术专科学校教师。

五月三十日　星期二

十时进城取眼镜。访启功。至辅大授课。四时回家。

五月三十一日　星期三

早授课。下午至学校，口试林培志。

六月

六月一日　星期四

作"爵"章。

六月二日　星期五

早授课。学校欲撤换刘盼遂，与郭绍虞往见周学章及司徒校长。六时欢送毕业同学。

六月三日　星期六

刘盼遂、董鲁安来，与同访郭绍虞。阅《吴窓斋尺牍》毕。

六月四日　星期日

八时进城，至琉璃厂。十二时至谭家聚餐。二时回家。

六月五日　星期一

早授课。下午作《历代吉金目书评》。

六月六日　星期二

早作《历代名画目书评》。一时进城，至辅大授课。四时至商务印书馆，购《金文编》二十五部，价九十七元五角，以六折计算。每部定价六元五角。六时回家。

六月七日　星期三

早授课。晚六时招待学生晚餐。

六月八日　星期四

阅唐兰《天壤阁甲骨文存》。口试杨明照。作《广韵校勘记书评》。

六月九日　星期五

早授课。王西徵来。阅任熊画册。

六月十日　星期六

早访吴雷川。十时口试葛启扬。下午微有不适。

六月十一日　星期

作《金文编提要》等篇。

六月十二日　星期一

微有发烧,至校医处医治。

六月十三日　星期二

热犹未全退。二时至辅大上课,并口试毕业生。五时回家。

六月十四日　星期三

卧病。

六月十五日　星期四

卧病。

六月十六日　星期五

卧病。

六月十七日　星期六

文字学八时考试不能去。下午发烧至苦。

六月十八日　星期日

病至苦。

六月十九日　星期一

病略退。阅试卷。

六月廿日　星期二

学校行毕业典礼不能去。病略愈。

六月廿一日　星期三

五月节。付各家账,甚忙。

六月廿二日　星期四

八时进城。因九妹寄来画二幅,海关要收税十四元,往请核减,彼允考虑。往王凤舞大夫〈处〉治手疾。十二时回家。

六月廿三日　星期五

作"爵"、"角"二章。

六月廿四日　星期六

作"斝"章。

六月廿五日　星期

作"盉"章。

六月廿六日　星期一

作"盉"章毕。

六月廿七日　星期二

八时进城。访白坚。十二时至张宅午饭。二时李剑华娶媳往贺。四时回家。

六月廿八日　星期三

八时往学校开哈燕奖学金审查会。作"尊"章。

六月廿九日　星期四

作"尊"章毕。

六月三十日　星期五

作"觚"章毕。六时引得校印所开会。

九妹寄张穆《马》卷及屺望、八大山人《猫》,海关初要收税十四元,至此免税收到。

七月

七月一日　星期六

九时往访李剑华、梁令娴。寄九妹信。

吾家修理,搬赵紫宸住宅暂住,乃先往打扫。

七月二日　星期

八时白坚夫妇来。十时进城,访黄宾虹,至谭宅聚餐。

三时至琉璃厂。五时回家。

七月三日　星期一

早至学校。收拾书籍,以备迁居。

七时请李剑华夫妇及为顾起潜夫妇饯行,郭绍虞、凌敬言夫妇作陪。

七月四日　星期二

欲迁居,阴雨未果。修正《商周彝器通考》稿。

七月五日　星期三

迁居三十六号。

七月六日　星期四

迁居。

七月七日　星期五

迁居毕。梁启雄①及梁令娴来,与同见郭绍虞。访吴雷川。

七月八日　星期六

收拾书籍。

七月九日　星期

作"觯"章。

七月十日　星期一

作"觯"章毕。九妹寄袁登道《山水》卷及仲生叔扇面三十张来。

七月十一日　星期二

八时进城。访陈垣、沈兼士、于思泊。在于宅午饭。饭后同逛

①梁启雄(1900—1965),字述任,广东新会人。梁启超胞弟,古典文学家。曾任职于清华学校、东北大学、营造学社、北平图书馆及辅仁、燕京大学。

琉璃厂。五时回家。得高其佩铜印一,价六元。

七月十二日　　星期三

作"方彝"章毕。

七月十三日　　星期四

作"卣"章。九妹寄来扇面一百,接邮局通知收税三十五元,决意退回。

七月十四日　　星期五

作"卣"章。

七月十五日　　星期六

作"卣"章毕。作"觥"章。

七月十六日　　星期日

八时进城。访沈兼士。逛琉璃厂。十二时至谭宅聚餐。五时回家。

七月十七日　　星期一

作"觥"章毕。

七月十八日　　星期二

作"鸟兽尊"章毕。

七月十九日　　星期三

作"壶"章。

七月二十日　　星期四

作"壶"章。

七月廿一日　　星期五

进城访朱鼎荣[1]。至韫玉斋,购爵一,平底,仅见其一于《泉屋清赏》,以六十元得之。

---

[1]朱鼎荣(1904—1981),字铸禹,堂号小潜采,江苏淮安人。1928年毕业于南开大学。擅美术史论、古书画文物鉴定。

七月廿二日　星期六

朱鼎荣来作长谈。

七月廿三日　星期日

作"壶"章毕。

《金石家书画录》印有邓石如书朱文公《四斋铭》,前有吴昌硕题字。其邓书五幅与予所藏全同,彼本浑厚,予本姿媚,有疑彼为真而予为伪者。乃尽取予所藏邓书印本校之,乃知予本笔末多锐之真,而彼本笔末多圆之伪,且此屏本为横幅,分裁得五幅,故吴让之跋云"仲陶属补其一"。彼本五幅皆有乌丝栏,如为横幅,所改不当有之,如为屏条,不当为五幅,此铁证无可辨者。且予本引首一印,彼本无之,是亦藏拙之一端。吴昌硕跋云:"完白山人作篆,雄奇郁勃,铺毫之诀,流露行间,是作犹见跌宕,笔意在琅琊石刻泰山廿九字之间,后起者惟吾家让翁,虽外得虚神,而内逼骨髓,吁! 一技之长未易言也。玉徵仁兄以为何如? 癸亥夏吴昌硕年八十,时客沪上。"离娄失明,亦见彼本之神似矣。

七月廿四日　星期一

十二时国文系教员在吾家饯行刘盼遂、顾言是[?]。阅试卷。

七月廿五日　星期二

八时进城,访朱鼎荣,留饭。彼假吾之《皇甫君碑》一月,以供其父亦奇临仿。

左手不能高举,不能后屈。二时至协和诊视,彼言骨节无病,想是筋肉发硬之故,多运动可愈。五时回家。

七月廿六日　星期三

阅试卷。

七月廿七日　星期四

阅试卷毕。为朱亦奇题临本《灵飞经》。为某君书"忍此终古"四字。

七月廿八日　星期五

作"罍"章。赵承信请全家晚饭。

七月廿九日　星期六

作"鉼"、"镡"、"厄"章。

七月三十日　星期

八时进城。十二时至谭宅聚餐。至吴镜芙家取葡萄酒。四时回家。

七月三十一日　星期一

作"禁"章。

八月

八月一日　星期二

作"勺"章。

八月二日　星期三

阅书。晚演讲"青铜器出土对于古礼器与古文字之关系"。

八月三日　星期四

作"盘"章。

八月四日　星期五

阅《官场现形记》。梅原末治寄赠《绍兴古镜聚英》，报以《兰亭集刻》。

八月五日　星期六

作"盘"章毕。

八月六日　星期

作"匜"章。

八月七日　星期一

　　阅礼书。作"匜"章毕。

八月八日　星期二

　　校"卣"与"觥"。作"鉴"、"盂"章。

八月九日,星期三

　　作"盆"、"甄"章。

八月十日　星期四

　　闻李棪坐顺天船自上海来,八时进城,至张宅访之,尚未至,不知何故。五时回家。

八月十一日　星期五

　　作"瓿"章。陆志韦请晚饭。

八月十二日　星期六

　　作"皿"章。

八月十三日　星期

　　作"罐、铞、区、镳、斛"章,第三章用器毕。

八月十四日　星期一

　　作"钲"、"铃"章。晚八时李棪来。

八月十五日　星期二

　　十二时与李棪进城,至张园,看其所藏书。

　　晚请李棪等于西安食堂晚饭。七时回家。

八月十六日　星期三

　　九时进城,访周怀民。十二时至谭宅午饭。二时回家。

八月十七日　星期四

　　访刘盼遂。至学校。

　　一时乘大汽车至张园,为李棪运书,先为刘盼遂运行李至其新居。八时回家。

八月十八日　星期五

收拾书籍。观《徧行堂集》。

八月十九日　星期六

收拾书籍。观《书画书目解题》。

八月二十日　星期

收拾书籍。下午李棪来。

八月廿一日　星期一

八时进城,访罗敷厂,留午饭。饭毕与李棪逛琉璃厂。五时回家。观今无《光宣台集》。

八月廿二日　星期二

收拾仲生叔所画花卉扇面百廿三页,并为编目及排列次序。

八月廿三日　星期三

临宋比玉《江亭秋暮》卷。

八月廿四日　星期四

临宋比玉《江亭秋暮》卷完。编所藏书画。

八月廿五日　星期五

作"钟"章。

八月廿六日　星期六

作"钟"章。

八月廿七日　星期

八时进城。至谭宅聚餐。五时回家。

八月廿八日　星期一

临宋比玉《江亭秋暮》卷。

八月廿九日　星期二

校《故宫月刊》铜器。

八月卅日，星期三

校《故宫月刊》铜器。

八月卅一日　星期四

至学校开会。校《故宫月刊》铜器，共补二十图。董璠、吴雷川来。夜腹痛，泻二次。

九月

九月一日　星期五

早刻"雷川印信"印。至校医处医腹疾。访董璠。李棪来。

九月二日　星期六

作"钟"章。

九月三日　星期日

八时进城。访罗复庵、孙海波、周怀民、李棪，并来午饭。一时往琉璃厂。六时回家。

九月四日　星期一

收拾住宅。下午搬家。

九月五日　星期二

搬家。七时半文学院开招待新生大会。

九月六日　星期三

搬家。李棪售书籍一批与燕大图书馆，得洋四千元。

九月七日　星期四

收拾书籍。

九月八日　星期五

收拾书籍。

二时至颐和园阅铜器，其佳者录下。排云殿：鼎，一字；白簋，三字;父癸罍,二字;丙父己方鼎,三字;三兽足壶、夔纹壶、守鼎,一字。乐寿堂:㔾簋,一字;夔纹盆、〔㔾簋,一字〕;凤纹壶、夔纹壶、兽耳罍、雷纹豆(失盖)、三牺鼎。

广和楼后殿:弋鼎,一字;亚䖵父丙鼎,三字;叔簋,三字;正簋,一字;家戈父庚卣,四字,失盖;鸟兽纹壶。

库内:小圆壶;芮太子伯壶盖,十四字,失器;子高京尊,三字;鸟兽纹扁壶。

九月九日　星期六

收拾书籍。

九月十日　星期

早八时进城。游琉璃厂。十二时至谭宅聚餐。复与李桢游琉璃厂。六时回家。

九月十一日　星期一

早授课。见田洪都,乃知李桢之书顾子刚[1]与燕大争买。下午李桢来,与同进城,至邃雅斋,请侯堮与李桢在祯缘[源]馆便饭。在谭宅宿。

九月十二日　星期二

与李桢同往访顾子刚。十时回家。鉴光阁画估来。

九月十三日　星期三

早授课。下午仿宋比玉《江亭秋暮》卷与画估。

九月十四日　星期四

画《江亭秋暮》卷完。购方士庶《端阳景》,二百五十元;邓承修对,十元;康有为信,三元。

---

[1]顾子刚(1899—1984),上海人。1919年毕业于圣约翰大学史学系。曾任南开学校英文教员。1924年任职于清华图书馆,曾暂代主任。后任职于北平图书馆。

九月十五日　　星期五

早授课。十二时与李桢同进城,请顾子刚在同和居午餐,调停购书事。

九月十六日　　星期六

八时进城,与李桢同至北海蟜青室,访顾子刚。十时回家。

九月十七日　　星期

十二时至谭宅聚餐。二时逛琉璃厂,在传古斋购方以智小幅,价十二圆。六时回家。

九月十八日　　星期一

早授课。十二时与李桢进城,至同和居,请田洪都、顾子刚便饭。下午仿[访]于省吾、梁治耀①。六时回家。

九月十九日　　星期二

为黄伯川题剑拓六幅。铭珍斋取颂敦去。

九月二十日　　星期三

早授课。收拾书纸。

九月廿一日　　星期四

收拾书纸。

九月廿二日　　星期五

早授课。收拾书纸。

九月廿三日　　星期六

编《书画书籍书目》。

九月廿四日　　星期日

八时进城。至琉璃厂。十二时至谭宅聚餐。

---

①梁治耀,浙江杭县人,生于北京。梁实秋三弟,法学家。

九月廿五日　星期一

早授课。付各家书籍、字画账。叶家璋来。

九月廿六日　星期二

写扇面八持。购程庭鹭《鸳湖花隐图》,价六十五元;李修易画,三十五元;章谷画两张,四十五元。

九月廿七日　星期三

早授课。写扇。购王鉴《山水》,四百一十元。

清理铜器稿。林培志、赵承信来。

九月廿八日　星期四

至学校。伪颂敦以五百元售去。下午牙剧痛。

九月廿九日　星期五

早授课。下午至图书馆,并至郭宅开国文系会,并聚餐,

九月三十日　星期六

八时进城,至王洁泉处补牙,未补好。十二时回家。校鼎类及瓿、鬲类。

十月

十月一日　星期

校改《彝器考》。郑骞夫妇来。寄温丹铭①、中国书店信。

十月二日　星期一

早授课。陆志韦来谈画。校《彝器考》。

---

①温廷敬(1869—1954),字丹铭,广东大埔人。早年与丘逢甲等创办岭东同文学堂,兼任《岭东日报》笔政。1930年被聘为广东通志馆总纂、中山大学文史研究所导师。

十月三日　星期二

早临蔡嘉画牛,拟寄陈梦家。校《彝器考》。晚请周学章、陆志韦、赵承信、吴其玉夫妇便饭。

十月四日　星期三

早授课。校《彝器考》。

十月五日　星期四

八时往王洁泉处补牙。访于思泊不遇。至琉璃厂。四时回家。

十月六日　星期五

早授课。作《彝器考》"铎"章。

十月七日　星期六

访洪煨莲。至颐和园商照彝器事。十二时郭绍虞请午饭。六时八妹请食螃蟹。校《唐昭陵陪葬名氏考》。

十月八日　星期

作"乐器"章,下编毕。

十月九日　星期一

早授课。鉴光阁估来,购樊圻《山水》卷,价七百元。校"鼎"章。

十月十日　星期二

阅画。校"簠"章。

十月十一日　星期三

早授课。校"簠"章。

十月十二日　星期四

八时至颐和园拓照铜器,所长不在,为保管股所阻。

十月十三日　星期五

早授课。鉴光阁送杜琼《江南春色》轴来。欲摹一张,先钩其稿。

十月十四日　星期六

临《江南春色》轴。

十月十五日　星期

临《江南春色》轴,上午乃毕。校"簠"、"簋"章。

十月十六日　星期一

早授课。校《彝器考》稿。录画册(《文震亨集》、《十二明人雅集册》)。

十月十七日　星期二　骤冷

校《彝器考》稿。写对六付。鉴光阁送画来。陆志韦来谈。复顾子刚信。

十月十八日　星期三

早授课。阅画册。

十月十九日　星期四

鉴光阁送画来。展览铜器。四时半学生来茶会。

十月二十日　星期五

早授课。刻"容庚秘匧"印。校《谢兰生集》。

十月廿一日　星期六

再临杜琼《江南春色》轴。

十月廿二日　星期

八时进城。至鉴光阁观画。十二时至谭宅聚餐。二时回家。临《江南春色》轴完。

十月廿三日　星期一

早授课。鉴光阁送沈周《涤斋图》来,绝佳,索价四千元,录其题跋。陆志韦来看画。赵承信夫妇来。付王武《罂粟花》轴一百五十元。

十月廿四日　星期二

至颐和园拓照铜器廿三件。致复庵信,请题剌鼎。

十月廿五　星期三

早授课。下午临沈石田《涤斋》卷。

十月廿六　星期四

临沈石田《涤斋》卷。晚《燕京学报》社在吾家开会并聚餐。

十月廿七　星期五

早授课。临周鼏《山水》一页与陆志韦。

十月廿八　星期六

临周公调《山水》一页。记程功《白岳图》卷。

十月廿九日　星期日

校《彝器考》。于思泊来,以《殷契卜辞》搨本易其《大涤子画册》。

十月三十日　星期一

早授课。二时进城,至于思泊家,取《大涤子册》,并借其王时敏、陆治、恽寿平三画归。

十月三十一日　星期二

临王孟端《枯木竹石》赠于思泊。临方大猷《山水》卷。

十一月

十一月一日　星期三

早授课。写对联贺顾敦鍒结婚。编《归石轩画谈目》。

十一月二日　星期四

校《金石萃编》李文田校记。

十一月三日　星期五

早授课。编《归石轩画谈目》毕。

十一月四日　星期六

临宋旭《秋山飞瀑》。周学章请午饭。

四时顾敦鍒结婚,在宁德楼,往观礼。七时半在第二食堂请喜席。

十一月五日　星期

　　临《秋山飞瀑》毕。四时半校长茶会。

十一月六日　星期一

　　早授课。阅画册。陆志韦来谈。

　　赠故宫博物院《兰亭集刻》。代三弟交陈雪华太太一百四十元、罗莘田太太一百三十元、唐兰太太八十元,共川8百元。

十一月七日　星期二

　　作"花纹"章。

十一月八日　星期三

　　早授课。作"花纹"章。

十一月九日　星期四

　　临倪元璐《九段锦》卷。校八妹《石刻目》。

　　六时访顾敦鍒。七时陆志韦请晚饭。

十一月十日　星期五

　　早授课。作"花纹"章。四时半国文系在吾家开会并聚餐。

十一月十一日　星期六

　　早往学校,在图书馆借《宋元明〈清〉名画大观》一函,印刷至精。校李文田《金石萃编》校记过录本。写信与九妹。

十一月十二日　星期

　　收拾书籍。

十一月十三日　星期一

　　早授课。大伤风。来薰阁取《金文编》一部去。七时在燕东园聚餐。

十一月十四日　星期二

　　腹水泻十馀次,甚惫。校《俑庐日札》。虹光阁来赎任熊画册去。

十一月十五日　星期三

早授课。校《俑庐日札》毕。

十一月十六日　星期四

作"花纹"章。校日本印《宋元明〈清〉名画大观目》上册。

十一月十七日　星期五

早授课。下午至颐和园校铜器。购陈岷《山水》册八页,价一百〇五元。

十一月十八日　星期六

九时进城。访于思泊未遇。访朱鬲侪、罗复厂。在复厂处午饭。在贞古斋取文徵明卷及仲叔扇册归。

十一月十九日

临文徵明卷。汪霭士来,至赵承信家午饭。黄二南[①]等来。

十一月二十日　星期一

早授课。国文系开会。临文徵明卷毕。校《名画大观目》下册毕。

十一月廿一日　星期二　大雪

校李文田校《金石萃编》。

黄二南以舌画铁树属题:

　　客有告余有二南先生者,以舌画,以为奇。余曰:吾辈舌耕,乃奇舌画乎? 闻之汉阴丈人,"有机械者必有机事,有机事者必有机心"。驾牛为车今也代以飞机,刳木为舟今也代以轮船,人类智巧安知所极,然不均逾甚,富思并贫,强思并弱。驱百万士卒于疆场三年,不解此汉阴丈人所以抱瓮而羞为桔橰也。一日见二南先生于郭绍虞先生坐,以舌画示诸生,恂恂儒素,其汉阴丈人之俦欤? 出画属题,爰书所感。

---

①黄二南(1884—1972),原名辅周,河北大兴人。曾就读于山东高等学堂,后赴日入上野美术学校,参加春柳社。善舌头画,曾在北京、天津等地办展。

十一月廿二日　星期三　大雪　晴

早授课。作"花纹"章。

十一月廿三日　星期四

补书蒋和《写竹简明法》序。校罗士琳《无专鼎铭考》。补"时代"章。

十一月廿四日　星期五

早授课。汪霭士来。孟铭武、张述祖①来。写屏联。请叶家璋、杨敏如等五人晚饭。

十一月廿五日　星期六

补"时代"章。校李文田《金石萃编》校记。以《江南春色》画寄元胎。

十一月廿六日　星期

八时进城。访于思泊、沈兼士。十二时王静如请庆林春午饭。至琉璃厂,在通古斋购两车铃,价六十元。六时回家。

十一月廿七日　星期一

早授课。凌叔华来。作"花纹"章。

十一月廿八日　星期二

作"花纹"章。临《华山碑》一过。贞古斋以恽南田《花卉》册来,还以八百元。

十一月廿九日　星期三

早授课。以《华山碑》交田洪都。李桢还余美金二百二十二元。

十一月三十日　星期四

王静如来,请午饭,并邀王西徵及郑骞、凌敬言两夫妇作陪。阅八妹"学术界消息"。访吴雷川、凌叔华。

---

①张述祖(1913—2009),山西保德人。1938年毕业于北平师范大学教育系,后入中央大学研究院教育心理学部,获硕士学位。教育心理学家。

十二月

十二月一日　星期五

早授课。国文系开会。顾敦鍒夫妇来看画。

十二月二日　星期六

临王麓台画。

十二月三日　星期日

临王麓台画毕。十时进城,访周怀民、黄宾虹。十二时邀怀民至谭宅聚餐。与怀民逛琉璃厂。六时回家。

十二月四日　星期一

早授课。以八百元购贞古斋之恽南田《花卉》册八页。郑骞请晚饭。

十二月五日　星期二

校改"学术界消息"登《学报》。校录李氏各碑跋。

十二月六日　星期三

早授课。校录碑跋。七时在周学章家公贺吴雷川生日。

十二月七日　星期四

校录李氏碑跋。

十二月八日　星期五

早授课。校录碑跋。七时公宴高厚德[①],来华四十周年纪念。

十二月九日　星期六

九时进城,访周怀民。怀民为作画,仿黄鹤山樵。蒋兆和为画照。在孙海波家晚饭。在周家宿。

---

①高厚德(Howard S. Galt, 1872—1948),美国人。1899年来华任教,后回美国入哈佛大学获教育学博士学位。时任燕京大学教育系教授兼主任。

十二月十日　星期

访于思泊。二时回家。校录李氏碑毕。为《学报》〈写〉"学术界消息"。

十二月十一日　星期一

早授课。录文徵明《寒原宿莽图》卷。

十二月十二日　星期二

周仁、汪吉麟、蒋兆和、孙海波来,剧谈尽日。蒋并为内子画相。

十二月十三日　星期三

早授课。校孙海波《河南吉金图志剩稿》。

十二月十四日　星期四

校《石渠宝笈续编》。张东荪请午饭。

七时国文系图书室开幕,由余预备茶点。

十二月十五日　星期五

早授课。伤风。董璠来。校《爽籁馆欣赏目》。

十二月十六日　星期六

九时进城。访于思泊、张子斡。逛琉璃厂。晚六时黄宾虹请致美斋晚饭。在周怀民家宿。

十二月十七日　星期

与周怀民逛琉璃厂。至丰盛胡同二十号甲柯燕舲[舲]家午饭。六时回家。

十二月十八日　星期一

早授课。校《魏三字石经集录》,发见君奭一石大可疑。

十二月十九日　星期二

临高简《双涧书屋图》。

十二月二十日　星期三

早授课。晚间约同学十六人食饭。

十二月廿一日　星期四

陆志韦以九百元购文衡山画卷,审为伪作。十时与同进城退还贞古斋。下午至邓叔存家观画。

十二月廿二日　星期五

早授课。四时访凌叔华、董鲁庵。灯下录程正揆画册题语。

十二月廿三日　星期六

临《双涧书屋图》毕,以贻八妹。四时半赴李荣芳[1]结婚二十年纪念会。洪煨莲夫妇来。

十二月廿四日　星期日

画家汪吉麟、周仁、邱稺、蒋兆和等来。蒋为吴雷川、张东荪画象,甚似。汪、邱为彝器图补花卉四种。

十二月廿五日　星期一

圣诞节放假。校阅《梅花喜神谱》石印本。董其昌仿李成长卷,以三百元购得。

十二月廿六日　星期二

跋董卷。至学校取款,交琬女汇郑天挺[2]家壹百五十元。至陆志韦家谈画。寄三弟信。

十二月廿七日　星期三

早授课。摹王原祁画稿。校《石渠宝笈续编》。

十二月廿八日　星期四

临王原祁画轴。

十二月廿九日　星期五

早授课。临王原祁画轴毕。董璠请晚餐并开会。

─────────────

①李荣芳(1887—1965),早年留学英国、美国,获神学博士学位。1917 年加盟汇文大学神科,随后任教于燕京大学宗教学院。

②郑天挺(1899—1981),字毅生,福建长乐人。毕业于北京大学国文系及北大研究所国学门。任教于北京大学、浙江大学。抗战时任西南联合大学教授兼总务长。

十二月三十日　星期六

补王原祁画轴。陆志韦来。一时进城。访孙海波。在华昌制版。定煤未得。

请阿苏、邓太二人在新新听戏。回老馆宿。

十二月卅一日　星期日

八时至琉璃厂。访汪霭士，与汪同至谭家聚餐。便道访黄宾虹。二时回家。洪煨莲来。观《董华亭书画录》。

一九四〇年

一月

一月一日① 星期一

九时半至校长住宅,新年团拜。

为洪煨莲临伊秉绶《山水》。写对一、屏条二。

一月二日 星期二

十时蒋兆和来,为内子画相。

写对二,一寄三弟;小幅一。校《石渠宝笈续编》。

一月三日 星期三

早授课。校《石渠宝笈》。

一月四日 星期四

临《山水小景》寄傅孟真。至颐和园商印铜器事。临倪瓒《竹石》、恽寿平《烟村》小幅。梁上椿②来。

一月五日 星期五

早授课。校《石渠宝笈》金石书序。

---

① 日记原题"廿九年元旦"。

② 梁上椿(1888—?),号文齐,山西崞县人。早年留学日本。曾任山西大同矿务局局长。藏有大量战国汉唐铜镜,编著《岩窟吉金图录》和《岩窟藏镜》。

一月六日　星期六

编"花纹"章。

一月七日　星期

编"花纹"章。黎秀伟来谈。

一月八日　星期一

收拾书室。排比花纹制版。鸟居龙藏[①]、萧正谊等在吾家聚餐。

一月九日　星期二

排比花纹制版。购宋旭绢本《山水》，价五十五元。阅《攀古小庐杂著》。

一月十日　星期三

早至学校，考试文字学。董其昌临李成《寒林》卷，以三百元说妥，因略有填墨处减收，二百六十五元。排比花纹。伤风，早睡。

一月十一日　星期四

排比花纹。十一时汪霭士来，三时去。六时访洪煨莲。六时半至董璠家晚餐。

一月十二日　星期五

排比花纹。

一月十三日　星期六

排比花纹。

一月十四日　星期

修补《彝器考》。

一月十五日　星期一

阅试卷。

---

①鸟居龙藏(1870—1953)，日本民族学家、人类学家、考古学家。1939 年来中国，任燕京大学客座研究教授，直至 1951 年。

一月十六日　星期二

阅试卷。吴雷川来。至陆宅。晤王静如,留午饭。

一月十七日　星期三

阅试卷。

一月十八日　星期四

阅试卷。至图书馆。与陆志韦同访洪煨莲,未遇。

一月十九日　星期五

试卷阅毕,送去,如释重负。志韦来。

一月二十日　星期六

严群①来。写信与九妹、蒋兆和、陈梦家。清理彝器图制版。

一月廿一日　星期

清理彝器图制版。

一月廿二日　星期一

八时进城。至华昌制锌版。逛琉璃厂。至富晋书社阅拓本。六时回家。

一月廿三日　星期二

作《彝器考》。五时与陆志韦访洪煨莲。七时卢惠卿②请晚饭。

一月廿四日　星期三

作《彝器考》。

一月廿五日　星期四

作《彝器考》。

---

①严群(1907—1985),又名以群,福建侯官人。1929 年入燕京大学哲学系。1934 年获哈佛燕京学社奖学金,赴美国哥伦比亚大学研究院深造。1939 年任教于燕京大学。

②卢惠卿(1898—1984),又名卢殿相,广东东莞人。1930 年入燕京大学,获美国卫斯理大学硕士学位。1939 年受燕大聘为女生部主任兼体育主任。

一月廿六日　星期五

作《彝器考》。九时半哈佛燕京顾问委员会开会。四时半往访梁令娴、卢惠卿,卢留饭。十时归。

一月廿七日　星期六

作《彝器考》"铭文"。

一月廿八日　星期

蒋兆和、周仁来,作尽日谈,借八大《山水》册去。

一月廿九日　星期一

作《彝器考》"铭文"。

一月卅日　星期二

增补"辨伪"章。

一月卅一日　星期三

作"铭文"章。

二月

二月一日　星期四

作"铭文"章。为陆志韦题画签。

二月二日　星期五

作"铭文"章。

二月三日　星期六

八时进城。在庆云堂购成万松山房缩本《兰亭》,价十六元;何子贞联,二十元。访梁羲乔,见其所藏古镜。六时还寓。

二月四日　星期

校补"酒器"。

二月五日　星期一

九时上课。贴花纹。复李棪信。

二月六日　星期二

作《颐和园藏器之馀考释》。

二月七日　星期三

早授课。下午清理花纹。陈涵来，不相识，求帮助，赠以五元。晚访陆志韦，值彼生日。

二月八日　星期四　旧历元旦

清理花纹及彝器。

二月九日　星期五

早授课。下午作"铭文"章。

二月十日　星期六

九时进城。访周怀民、罗敷庵、张子幹。在周宅宿。

二月十一日　星期

早逛琉璃厂。访邱石冥。十二时至谭宅聚餐。与怀民复逛琉璃厂。六时回家。

二月十二日　星期一

早授课。补"时代"章。

二月十三日　星期二

八时进城，逛琉璃厂。十二时至周怀民家食饭。在虹光阁购高简小幅一张，在振雅斋购李育《花鸟》一张。六时回家。

二月十四日　星期三

早授课。三时至颐和园商印彝器事，彼不愿用颐和园名，恐有纠纷，故改用《西清彝器拾遗》。

二月十五日　星期四

作"铭文"章。为杨明照晋级事见郭绍虞、周学章。

二月十六日　星期五

早授课。作"铭文"章。

二月十七日　星期六

作"铭文"章。访洪煨莲、林启武①。

二月十八日　星期

九时哈燕社乘汽车进城,逛琉璃厂。余购得鱼父乙卣,价一百元;陶镕《山水》,二十五元。五时回家。

二月十九日　星期一

早授课。二时进城,访周怀民,同逛厂甸。六时回家。在玉池山房取刘贯道画。

二月二十日　星期二

写信,题剌鼎拓本寄三弟。三时哈燕开会。陆志韦来。

二月廿一日　星期三

早授课。二时游厂甸,得《筠清馆金文》原刻,乃梁于渭旧藏也。六时回家。

二月廿二日　星期四　旧历元宵

十时进城,访林太太。十一时至周怀民家,一时同逛厂甸。刘贯道画,说定价三百元。六时回家。

二月廿三日　星期五

早授课。作"铭文"章。

二月廿四日　星期六

校《西清彝器拾遗》印稿。校《图绘宝鉴》卷一、二。作《刘贯道传》。吴雷川来。

---

①林启武(1907—2011),广东惠阳人,生于泰国。毕业于燕京大学社会学系及研究院。1938 年获哥伦比亚大学体育硕士学位,回国后任教于燕京大学。

二月廿五日　星期

作"铭文"章。

二月廿六日　星期一

早授课。作"铭文"章。玉池山房送李世倬临唐寅《山水》册来，录其文。

二月廿七日　星期二

作"铭文"章。请数女生晚饭。

二月廿八日　星期三

早授课。作"铭文"章。

二月廿九日　星期四

作"铭文"章。六时《学报》开会并聚餐。

三月

三月一日　星期五

早授课。发见刘贯道之画乃后添款。访洪煨莲、卢惠卿、陆志韦。

三月二日　星期六

作"铭文"章完。发见虹光阁送来之元僧亮画乃伪印章，原款"虚白"疑关思字也。清理铭文制版。

三月三日　星期

八时进城，逛琉璃厂。交华昌制版。至庆云堂观《集帖》。六时回家。

三月四日　星期一

早授课。作"花纹"章。

三月五日　星期二

作"花纹"章。晚六时请李剑华、董璠、顾敦鍒夫妇、卢惠卿母女、梁思庄①女士便饭。

三月六日　星期三

早授课。录文嘉《山水》册。

三月七日　星期四

作"花纹"章。

三月八日　星期五

早授课。作"花纹"章。《西清彝器拾遗》印成。

三月九日　星期六

作《广东藏古器记》。

三月十日　星期

八时进城，发现前所购鱼父乙卣是伪刻。十二时至谭宅聚餐。四时回家。

三月十一日　星期一

早授课。寄三弟、林伲孙、梅原末治、叶慈信。

赠《西清彝器拾遗》与：三弟、陈梦家、梅原末治、叶慈、于思泊、燕大图书馆、沈兼士、罗子期、孙海波。访凌叔华、洪煨莲。阅画册。

以林纾《山水》四屏易虹光阁孙克弘《花卉》卷。

三月十二日　星期二

早至图书馆，修改《广东藏器记》。阅画。

三月十三日　星期三

早授课。作"花纹"章。请凌叔华及其女晚饭。

三月十四日　星期四

作"花纹"章。购玉池山房李世倬《山水》册，价一百五十元；齐侯罍，二十元；《王者香小象》卷，十五元。售张问陶、钱楷字二条，价七

①梁思庄(1908—1986)，广东新会人。梁启超次女。图书馆学家，毕业于哥伦比亚大学。1936年任职于燕京大学图书馆。后曾任北京大学图书馆副馆长。

十元。

三月十五日　星期五

早授课。作"花纹"章。

三月十六日　星期六

九时进城。访梁上椿、苏体仁^①，观其所藏铜器。访周怀民。六时回家。

三月十七日　星期

校补《广东藏器记》。

三月十八日　星期一

早授课。文奎批发《西清彝器拾遗》五十部，价二百二十五元。访凌叔华、洪煨莲。七时燕东园在凌宅聚餐。

三月十九日　星期二

写屏联竟日。题董其昌手卷。

三月二十日　星期三

早授课。作"花纹"章。看画册。

三月廿一日　星期四

作"花纹"章。下午至学校，国文系开会。

三月廿二日　星期五

早授课。伤风。看画册。

三月廿三日　星期六

作"花纹"章完。全书草稿告成，约得二十万字，惟待今后修正付印耳。

三月廿四日　星期

八时进城，游琉璃厂。侯墲在中央公园请午饭。四时回家。

---

①苏体仁(1888—1979)，字象乾，山西朔州人。日本东京高等工业学校毕业。1938年任伪中华民国临时政府山西省省长。

以钉本《寰宇贞石图》换庆云堂裱本,补洋十五元。

三月廿五日　星期一

早授课。修改"价值"章。

三月廿六日　星期二

写仲生叔《花卉》扇册目及跋。修改"价值"章完。录徐甡《山水》册题诗。购二孟斋钱杜《宫女图》立轴,价三十二元。

三月廿七日　星期三

早授课。下午历史学会开会。

三月廿八日　星期四

请王静如、顾随、侯堮午饭。三时半往国文系商课程。哈佛燕京社茶会。七时国文学系开会,在郑骞家。

三月廿九日　星期五

早授课。寄《金文编》与罗子期。临项圣谟《山水》册三页。为《醉经阁分书汇刻》编目。

三月三十日　星期六

临项圣谟《山水》册三页。一时进城,至中央公园参观画展。至故宫购《故宫月刊》,价八十一元二角八分。访于思泊。在老馆宿。

三月三十一日　星期日

八时至周怀民画展,为照料。四时回家。

四月

四月一日　星期一

早授课。临项孔彰《山水》册二页。

四月二日　星期二

临项《山水》册四页,共十二页毕。校《詹东园玄览编》。

四月三日　星期三

早授课。修改"销毁"章。七时至凌敬言家,同往参观篮球〈赛〉。

四月四日　星期四

修改"起源"章。二时至学校,晤王静如。国文系开会。定"殷虚卜辞"课程纲要云:殷虚卜辞乃吾国见存最古之文字,其所记商王名号及名物、制度,均属重要。此课程在指导学生认识此种文字,以为研资[究]之资,并注意于文字变迁之经过。

"彝器铭文"课程纲要云:彝器铭文在商代尚属简略,至周代有长至五百言者,所记名物、制度,视殷虚卜辞尤为详尽。此课程在指导学生认识及研究,与"殷虚卜辞"略同。

校《东图玄览》毕。

四月五日　星期五

填学校调查表:讲授六小时,预备十二小时,阅卷一小时,《学报》编辑五小时,接谈学生六小时。每周共三十小时,研究工作三十小时。学生人数:甲骨文十一人,文字学十四人。

授课。四时教职员运动会开幕。七时半广东同乡会开会。

四月六日　星期六

校《帖目》、《三希堂法帖》、《瓯香馆法帖》等。

四月七日　星期日

七时许国文学会游宝藏寺。归来翻自行车,伤足。

四月八日　星期一

请假,不授课。阅画。郭、董、郑诸教员皆来问。

付文嘉《山水》册四百二十元,尚欠八十元。付徐甡《山水》册八十元。

四月九日　星期二

足略愈。约顾利亚、博晨光、陆志韦、王静如午饭。阅画册。

田洪都来。

四月十日　星期三

早授课。校高本汉《铜器上之殷周时代》。阅鸟居龙藏下花园考古讲稿①。

四月十一日　星期四

临《停云馆帖》本之倪瓒书。校《铜器上之殷周时代》。阅国文系课程纲要。

四月十二日　星期五

早授课。阅国文系课程纲要。校《铜器上之殷周时代》。

四月十三日　星期六

校《铜器上之殷周时代》。校三弟《王守仁之门人王绾》。

四月十四日　星期

校《铜器上之殷周时代》。齐思和夫妇、吴其玉夫妇等来。

四月十五日　星期一

写梁上椿、钟凤年②信。放春假一星期。校《铜器上之殷周时代》。

四月十六日　星期二

临戴思望《小景》。阅画册。吴雷川来。

四月十七日　星期三

作《兰亭小记》。

四月十八日　星期四

作《兰亭小记》。录董其昌《山水》册。

---

①鸟居龙藏下花园考古讲稿,指《下花园之北魏石窟》,1939 年 12 月 28 日讲于燕京大学。后发表于 1940 年第 27 期《燕京学报》。

②钟凤年(1888—1987),字云父,安徽桐城人。《水经注》和春秋战国地理专家。任职于北平研究院史学研究所、中国科学院考古研究所。

四月十九日　星期五

作《兰亭小记》。

四月二十日　星期六

八时进城,至张宅午饭。逛琉璃厂,查《集帖》中《兰亭序》。在老馆宿。

四月廿一日　星期日

早至琉璃厂,查《兰亭序》。访徐石雪。在张宅午饭。到福寿堂,谭瑑青嫁女,道喜。

在东安市场购齐学裘《见闻随笔》,《味水轩日记》、《曹全碑》等数种。六时回家。

四月廿二日　星期一

早授课。临王鉴《山水》。

四月廿三日　星期二

临王鉴《山水》。

四月廿四日　星期三

早授课。临王鉴《山水》毕,殊不惬意。

四月廿五日　星期四

作《兰亭小记》。

四月廿六日　星期五

早授课。作《兰亭小记》。

四月廿七日　星期六

作《燕大图书馆购藏顺德李氏藏书记》。顾敦鍒、胡继瑗[1]来谈。

四月廿八日　星期日

作《李氏藏书记》。

---

[1]胡继瑗(1897—1971),浙江富阳人。经济学家。美国乔治华盛顿大学经济学硕士。1926年回国,先后任教于清华、之江、燕京、南开大学等校。

四月廿九日　星期一

早授课。校陈梦家《商王名号考》稿。编《海山仙馆藏真三刻》目。

四月三十日　星期二

作《兰亭五记》。

五月

五月一日　星期三

早授课。作《兰亭五记》。

五月二日　星期四

作《兰亭五记》。

五月三日　星期五

早授课。购恽南田《山水》册，价一百八十元，八页。人皆以为伪，余独以为真。寄仲生扇面二十持，尔定舅《西清彝器拾遗》，黄仲琴《二王墨影》。

四时半国文系在凌敬言住宅开会，并聚餐。

五月四日　星期六

画李坡《风竹》及冯起震《竹》册十二页，倪云林《竹》一页。

五月五日　星期日

八时进城，访周怀民、孙海波、黄宾虹。十二时至谭宅聚餐。四时回家。

五月六日　星期一

早授课。陈太太来。阅《彝器中之殷周时代》。画竹两纸：一赵孟頫，一柯九思。

五月七日　星期二

校八妹"学术界消息"。

五月八日　星期三

　　早授课。校改八妹"学术界消息"。

五月九日　星期四

　　校改"学术界消息"。至图书馆,查陆西星传记。

五月十日　星期五

　　早授课。校改"学术界消息"。请甲骨文字班学生晚餐。

五月十一日　星期六

　　学校开运动会,往观。下午画画未成。

五月十二日　星期日

　　校改"学术界消息"。

五月十三日　星期一

　　早授课。下午访陈凌叔华。为沛霖侄孙交五十元与北平陈太太。

五月十四日　星期二

　　寄陈梦家《三体石经》等书。修改"发见"章。

五月十五日　星期三

　　早授课。修改"类别"章。

五月十六日　星期四

　　修改"类别"章。国文系开会。

五月十七日　星期五

　　早授课。下午图书馆开会。

五月十八日　星期六

　　临蔡嘉画牛一小幅。

五月十九日　星期日

　　八时进城,游故宫。四时回家。

五月二十日　星期一

　　早授课。校《兰亭五记》。

五月二十一日　星期二

校《兰亭五记》毕。

五月廿二日　星期三

早授课。作"学术界消息"毕。

五月廿三日　星期四

校"分类"章。

五月廿四日　星期五

早授课。下午图书馆开会。

五月廿五日　星期六

学校返校节。周怀民、孙海波、侯少君[1]、蒋兆和来,陪游学校。

五月廿六日　星期日

八时进城。访福开森、张子幹。下午游琉璃厂。七时回家。侯少君所作《访问记》附下,是他未见我以前写的,不无少误,登于今日《实报》。

附剪报:学人访问记——容希白

小　尹

豪爽敦友喜辩好学俭仆,致力金石文字书画诸学。

你绝不会生疏燕京大学的哈佛研究社吧? 所以你应该知道那里的一位著名金石文字学家容庚先生的。他是个没有什么资格的大学者,他不曾受过完美的大学教育,但他现在是任着大学的教授。他不曾出过国,但在他所研究的金石图录中是包括了中国流传国外的古器的考证。

先生字希白,号容斋,是广东东莞人。以篆刻篆书闻名海内的

---

①侯少君,艺术评论家,北平《实报》记者,生平待考。

邓尔雅是他的舅父,当然希白先生的一部分学问,少不得要从那里得来的。

先生十五而孤,弟肇新早亡,肇祖专治哲学,曾任北大、辅大、中山大学教授。

先生早年是很不事边幅的,放浪形骸,颇有些堕落气概,可是后来又自新起来。这期间中,他也受过不少打击呢。

民国十一年夏,来京,考入北大国学研究院,也时向罗振玉、王国维二先生问学。为沈兼士(古字学家)、马衡(考古家)之得意生徒。

后来把数年来心血集印成册,定名《金文编》,出书后,中外学者均叹赞不置,于是名为之噪矣。

继入哈佛研究社为研究员,直到现在。

他是个性情豪爽的人,十足的表现出广东民性的进取特点。无论研究那一种学术,都抱着极恳挚的态度,得而后已,是一丝也不放松的。对朋友也极诚恳,不稍隐其善恶。性且喜辩,无论到那里都喜欢抬着嗓子辩论;这许是他成功于考订的惟一特性吧?

故宫组织专门委员研究会时,先生任金石部委员,得见热河行宫及盛京行宫里一切铜器,详加订证,成《宝蕴楼彝器图录》、《武英殿彝器图录》两书。这在他生平著作中,要是最精心的。

罗振玉氏曾有订证海外铜器的志愿而未达,容先生继其志,在二十三年出版《容斋吉金图录》。民十七年,在中央研究院出版《秦汉金文录》。

自民十以后,河南古物出土颇多,有居沪安徽收藏家刘善斋者,先生与商承祚等往访,归著《善斋彝器录》及《续录》。

他也研究石器,著有《武梁祠画像录》,及《古石刻零拾》。研究文字,著有《殷契卜辞》。

最近又改研书画了。曾出版《二王墨影》(书)、《颂斋书画录》

和《伏庐书画录》三书。

他生平著作不下三十馀种,文中所叙,仅一部分耳。拿他的治学精神来想像,也绝不是和旁人可以道里计的。

虽然他有了这大的声誉,但他仍是粗衣淡食,外表仍是俭朴之至。这算是所谓"锦心无华冠"了。

五月廿七日　　星期一

早授课。晚请同学十七人便饭。

五月廿八日　　星期二

校《通考》稿。

五月廿九日　　星期三

早授课。校《通考》稿。阅《庄子翼》。

五月三十日　　星期四

至图书馆。校《通考》稿。一时于思泊来,六时去。七时半研究院开欢送会。

五月三十一日　　星期五

早授课。以《故宫》校《通考》稿。校《学报》"消息"。从《庄子翼》中辑出陆西星《南华副墨》。

六月

六月一日　　星期六

早寄福开森、九妹、黄仲琴信。十一时进城,访汪吉麟、罗复堪、周怀民。六时往孙海波家晚饭。十一时至张宅宿。

六月二日　　星期日

早雨。十二时至谭宅聚餐。三时至琉璃厂。七时回家。

六月三日　星期一

早授课。四时历史学会开会。校故宫铜器。

六月四日　星期二

早访鸟居龙藏。校故宫铜器。六时国文学会聚餐。

六月五日　星期三

早授课。校从《庄子翼》中辑出之陆西星《南华副墨》。

六月六日　星期四

校《通考》稿。

六月七日　星期五

早授课。六时国文学会欢送毕业聚餐。

六月八日　星期六

校《通考》稿。鸟居龙藏请晚餐。

六月九日　星期日

校《通考》稿。

六月十日　星期一　端午节

十时考文字学班。燕东园小孩运动会并聚餐。

六月十一日　星期二

自编箸作年表。自民国九年以来得著作三十八种。阅试卷。

六月十二日　星期三

阅试卷。学校开欢送会,四时半在校长住宅。

六月十三日　星期四

阅试卷。

六月十四日　星期五

写画扇三把。清理《彝器图》,制铜版。

六月十五日　星期六

阅试卷毕。下午二时至辅仁考试国文系毕业生。七时回家。

六月十六日　星期

伤风,休息。

六月十七日　星期一

学生来求写字。七时请鸟居龙藏夫妇及其二女晚饭。

六月十八日　星期二

学校行毕业典礼。二时乘车进城。冯思太太七十寿,并金婚。在张宅宿。

六月十九日　星期三

早至琉璃厂。十二时回家。校《彝器通考》。

六月廿日　星期四

校《彝器通考》。

六月廿一日　星期五

校《彝器通考》。

六月廿二日　星期六

校"辨伪"章。

六月廿三日　星期日

校"办[辨]伪"章。

六月廿四日　星期一

校"办[辨]伪"章。

六月廿五日　星期二

校"办[辨]伪"章。

六月廿六日　星期三

校"办[辨]伪"章。

六月廿七日　星期四

校"办[辨]伪"章。

六月廿八日　星期五

早至学〈校〉，开燕哈奖金审查会。购王云《西宫秋雨》轴，价一百七十元。

六月廿九日　星期六

校"收藏"章。

六月三十日　星期日

八时进城。访张效彬，看藏画。

十一时至顾羡季家午饭，四时散。至东安市场，购得《辽陵石刻录》及碟、杯等物。七时回家。

七月

七月一日　星期一

写信与武者小路实笃①及德富苏峰②，写毕未付邮。

七时在洪煨莲家饯行博晨光夫妇回国。

七月二日，星期二

至图书馆，修正"藏家"章。

七月三日　星期三

至图书馆，修正"藏家"章。

七月四日　星期四

修正"收藏"章。与王静如、陆志韦同至长顺和午饭。

---

①武者小路实笃(1885—1976)，日本小说家、剧作家、画家。1918 年在宫崎县山区建设"新村"，创办《新村》杂志，宣扬乌托邦思想和人类之爱。
②德富苏峰(1863—1957)，日本作家、记者、历史学家和评论家，继福泽谕吉之后日本重要思想家，鼓吹极具侵略性的皇室中心主义。

七月五日　星期五

修正"收藏"章。李袭休之子投考燕大,与同进城报名。

七月六日　星期六

修正"收藏"章。

七月七日　星期日

修正"收藏"章。内子请广东同乡数人晚饭。

七月八日　星期壹

校《筠清馆金文》。至图书馆。

七月九日　星期二

校《筠清馆金文》,杨铎、许瀚、吴云蒸、吴式芬四人校本过录于自藏本上。

七月十日　星期三

校"收藏"章。

七月十一日　星期四

校《筠清馆金文》。

七月十二日　星期五

校"收藏"章。

七月十三日　星期六

校"收藏"章。蒋兆和来。校《筠清馆金文》。七时半卢惠卿请食饭。

七月十四日　星期日

八时进城,游琉璃厂。十二时至谭宅午餐。四时回家。校《筠清馆金文》。

七月十五日　星期一

校《筠清馆金文》毕。二时至国文系,商阅新生试卷事宜。

七月十六日　星期二

阅试卷。二时进城,至协和医院医足病。七时与冯小甫回家。

七月十七日　星期三

阅试卷。顾敦鍒请晚饭。

七月十八日　星期四

阅试卷。二时至协和,见 X 光照片,乃知翻车时足骨断折,须休养四月,至王凤舞骨科求医,彼以为无甚要紧,不知足之曾折也。八时回家。

七月十九日　星期五

阅试卷。修改"藏家"章。留顾培懋晚饭。

七月二十日　星期六

修改"藏家"章。

七月廿一日　星期日

修改"收藏"章。四时半鸟居龙藏请吃茶。

七月廿二日　星期一

修改"收藏"章。挽罗叔言联:探殷虚之瑰奇,精鉴远过刘原父;睠楚国而憔悴,孤忠高似屈灵均。

七月廿三日　星期二

修改"著录"章。写罗叔言挽联。

七月廿四日　星期三

修改"著录"章。九时琬女自昆明回。

附剪报:谈京市"裱画"业

近来画展又像雨后春笋,一天天多起来了,许多熟识的人,也都把他们精心的作品找了出来,在水榭或者是春明馆举行画展了,由于画展,笔者连想到了裱画的事,"画展"是和"裱画"不无关系的,昨天翻翻旧书籍,竟发现了聊裱画的事,现在谈这个也很"时髦",就拉杂地给凑在一起,献给读者们的眼前了:

　　首先要谈及的，就是市上为甚么要有裱画铺的设备呢？盖因中国的画幅、书幅，其质地多属于绢、绫、纸三种。这三种质极薄弱，为了美观，为了便于悬挂，为了便于收藏……，是须要经过一度装裱之后才可以的。因之市上裱画铺比比皆是。

　　裱画铺的工友因地理上而分有北京帮、苏州帮、扬州帮等。京帮，多裱新的字画，他们的装潢朴实古雅，尤其是所用的丝（棉）带，都是特制，为苏、扬两帮所不及。扬州帮，则是装裱旧画著名，任你的字画怎样碎破污烂，经他们技巧手工修补之后，便成一幅完好的字画，真有天衣无缝的手段，尤善于装裱画心。苏州帮的工作，也很讲究，以漂亮工细见长，画件异常挺直，因此有些人拿画心给扬州帮裱好，再交苏帮装镶，对于绫绢色素的渲染及配搭，也是苏帮所擅长。

谈京市"裱画"业（下）

　　一幅字画，装裱完成，是要经过许多手续的。他们先把画件，用薄浆糊匀，背后托纸，晾干，才贴上壁板，三四天后，俟干透撕下，刷浆（他们的浆糊，是用白粉和明矾来制，那样平时才不致腐化生水，在黄霉天气时，也没有青铜色斑点，从棉纸的夹层中发现出来）。镶配应镶的各种纸绫绢锦，再上壁板，等他干透撕下来，用白蜡在背面推磨平滑，然后加以修边，装杆（或板），包锦，结带，贴签等工作，才算完工。所以一张画，除了他本身画的美之外，还要加上一种装饰美，才能够把画的本身美点烘托出来，这是指裱新画而言，若是那些碎破污烂的旧画，则化两三个月的修补工夫，也说不定，只看他的画碎破污烂的程度深浅而定了。发霉的，要去霉渍，纸张黑的，又要漂白，破碎的地方，有画的固要逐一的填补，空白的地方，也要找色素质地相同的纸绢补上，画上的颜色，又不要有一些损落，手续是异常麻烦。因此装裱新画的价格，是容易估值，但是重裱一张旧画,就要看货议价,两三百元裱一张旧画,是很平常的了。

画的样式很多,如中堂、立轴、屏条、手卷、横披、册页、扇面等等。就是一张中堂,他的裱法,也有许多,有纸裱绫边,有半绫裱,有全绫裱,有三色绫裱,有挖空绢(绫)裱等等的不同。而画轴也有瓷、象牙、明角、红木、冲红木等的分别。至画幅的长短阔窄,虽没有什么严格规定,但也要和画心相称,才能够美观。纸、绫、绢等的色泽,是由装裱店随时因着各画的镶配来染,没有一定。

裱画店的工具,比较重要的有两件,就是板壁和画台。壁板要齐整直立,不要近潮湿气,否则画件上墙上不容易干,反而有变色的可虑。画台,又叫做案板,这种板,是用普通木料特制而成,先用油灰涂抹凹隙,再用麻包封固压平,更用桐油灌饱,使他沉实平整光滑,上髹推光漆,最后则髹银硃,经过了几层精密工作而构成,才能够平坦光亮,切合实用。

七月廿五日　　星期四

　　修改"铭文"章。

七月廿六日　　星期五

　　修改"铭文"章。王静如来,留午饭。

七月廿七日　　星期六

　　修改"铭文"章。

七月廿八日　　星期日

　　修改"时代"章。

七月廿九日　　星期一

　　修改"时代"章。

七月三十日　　星期二

　　修改"时代"章。

七月三十一日　星期三

修改"时代"章。

八月

八月一日　星期四

修改"时代"章。

八月二日　星期五

刘佩韦来,作竟日之谈。

八月三日　星期六

校改《兰亭五记》印稿。

八月四日　星期日

校改"花纹"章。国文系公宴杨明照夫妇,在杨家,共三席。

八月五日　星期壹

早写与校长信。校"类别"章。

八月六日　星期二

校"类别"章。七时请赵紫宸、陆志韦、王西徵夫妇及胡经甫晚餐。

八月七日　星期三

校"类别"章。下午二时半国文系开会。七时胡经甫请晚餐。

八月八日　星期四

校"类别"章。

八月九日　星期五

校"类别"章。

八月十日　星期六

校"类别"章毕,以上上编《通论》毕。内子因腹疾入女校医院。

八月十一日　星期日

校《兰亭五记》稿。校"花纹"章。

八月十二日　星期一

编参考书目。

八月十三日　星期二

校"花纹"章。

八月十四日　星期三

编参考书目。临文衡山《松石》小幅。

八月十五日　星期四

画《柏石》小幅。内子出院。

八月十六日　星期五

伤风不适。下午再临文衡山小幅。

八月十七日　星期六

修正下编"鼎"章。晒铜版。购黎二樵《山水》,价五十元。

八月十八日　星期

修正"鼎"章。

八月十九日　星期一

修正"方鼎"章。郭竿来。

八月二十日　星期二

修正"鬲"章。

八月廿一日　星期三

修正"甗"章。寄罗子期、邓𡴍望、顾起潜信。

八月廿二日　星期四

修正"簋"章。

八月廿三日　星期五

修正"簋"章。

八月廿四日　　星期六

修正"簠"章。

八月廿五日　　星期日

修正"簠"、"盨"章。于思泊来。

八月廿六日　　星期一

连日伤风、咳嗽。八时入城看病,访萧龙友①未遇。就诊于施今墨,诊金二元六角。在张宅午饭,四时回家。

八月廿七日　　星期二

修正"食器"章。

八月廿八日　　星期三

修正"食器"章。《燕京学报》在吾家开会。

八月廿七九　　星期四

修正"食器"章毕。

八月三十日　　星期五

修正"酒器"章。

八月三十一日　　星期六

修正"角"、"斝"章。晚引得校印所聚餐。

九月

九月一日　　星期日

修正"盉"章。

九月二日　　星期一

八时进城,至协和医院诊病。特别号须至星期五方能挂号,乃

①萧龙友(1870—1960),名方骏,别号息翁,四川三台人。著名中医,1934 年与孔伯华创办北平国医学院。

请徐丰诊病。

访于思泊，留午饭。孙海波及周怀民至吾家，适相左。三时至怀民家。海波请晚餐。在怀民家宿。

九月三日　星期二

十时半回家。写信。

九月四日　星期三

修正"尊"章。赵紫宸请晚饭。

九月五日　星期四

修正"瓠"、"觯"章。

九月六日　星期五

修正"方彝"章。董璠请午饭。刘佩韦来。

九月七日　星期六

修正"卣"章。

九月八日　星期日

梁羲乔、张宗骞、叶家璋来。

九月九日　星期一

早授课。文字学班三十□人，说文班十□①人。修正"卣"章。

九月十日　星期二

修正"觥"章。

九月十一日　星期三

早授课。修正"酒器"章。

九月十二日　星期四

修正"酒器"章。

---

①两处均为原空。

九月十三日　　星期五

修正"酒器"章。访凌叔华、卢惠卿。

九月十四日　　星期六

修正"酒器"章毕。

九月十五日　　星期日

修正"盘"、"匜"章。

九月十六日　　星期一

旧历中秋。早授课。修正"水器"章。

九月十七日　　星期二

修正"水器"、"杂器"章毕。凌叔华来。

九月十八日　　星期三

早授课。修正"乐器"章。

九月十九日　　星期四

修正"乐器"章。

九月二十日　　星期五

早授课。五时访卢惠卿、严群。六时半至凌叔华家晚饭。

九月廿一日　　星期六

校"乐器"章毕。

九月廿二日　　星期日

再校"起原"、"发见"两章。

九月廿三日　　星期一

早授课。校《通考》稿。

九月廿四日　　星期二

校《通考》稿。

九月廿五日　　星期三

早授课。校《通考》稿。

九月廿六日　星期四

校《通考》稿。下午国文系开会。

九月廿七日　星期五

早授课。校《通考》稿。

九月廿八日　星期六

校《通考》稿。

九月廿九日　星期日

校《通考》稿。八妹请兴仁堂晚饭。

九月三十日　星期一

早授课。校《通考》稿。梁启雄及饶引之①、高景成来。

十月

十月一日　星期二

校《通考》稿。访郑骞、杨明照、饶引之。

十月二日　星期三

早授课。编《通考》目录。

十月三日　星期四

编《通考》目录。

十月四日　星期五

校《通考》稿。早授课。

十月五日　星期六

校《通考》稿,编附图目。

---

① 饶引之,《自由西报》总经理。

十月六日　星期

校《通考》稿。

十月七日　星期一

早授课。下午至引得检点铜版。

十月八日　星期二

校《通考》稿。下午至引得检点铜版。

十月九日　星期三

早授课。郑因百夫妇来,同往访凌敬言。

十月十日　星期四

寄陈梦家、刘坦璧、侄孙信。下午至引得检点铜版。

十月十一日　星期五

早授课。栾植新来,谈印《彝器考》事。校《通考》稿。

十月十二日　星期六

校《通考》稿。

十月十三日　星期日

校《通考》稿。以嘉靖三十三年刻本《金石古文》校《学古斋金石丛书》本,错字甚多,且有缺半页者,然亦有以拓本校正者。

十月十四日　星期一　晚大风

早授课。晚七时国文学会在吾家开会,讲题为“治学之难”。到者约四十人。

十月十五日　星期二

王世襄购《南画大成》,借阅竟日。

十月十六日　星期三

早授课。伤风不能工作。阅画。

十月十七日　星期四

阅《南画大成》。校《竹谱》,详录缺字。

十月十八日　星期五

早授课。校引用书目。

十月十九日　星期六

八时进城。访刘文兴,交涉三弟家具事。访周怀民,在张宅宿。

十月二十日　星期日

早至琉璃厂。十二时至谭宅聚餐。四时回家。

十月廿一日　星期一

早授课。校《通考》引用书目。

十月廿二日　星期二

校《宋元明金石书录》。

十月廿三日　星期三　大风

早授课。周太太请晚饭。

十月廿四日　星期四

大伤风。读画。升火炉。

十月廿五日　星期五

早授课。下午四时往郭绍虞住宅开会并聚餐。

十月廿六日　星期六

校《通考》稿。下午启功、陈哲来,留晚饭。

翁独健、严群来。访吴雷川。

十月廿七日　星期日

访翁独健。下午校《通考》稿。

十月廿八日　星期一

早授课。校补《宋元明金石书录》。

十月廿九日　星期二

校补《金石书录》。

十月三十日　星期三

早授课。四时半历史研究会开会。胡继瑗请晚饭。

十月卅一日　星期四

校补《金石书录》。

十一月

十一月一日　星期五

早授课。四时在校长住宅开庆祝吴雷川七十生日筹备会。

十一月二日　星期六

校《通考》稿。校补《金石书录》。

十一月三日　星期日

八时进城,至于思泊家。十二时至谭宅聚餐,鱼翅席,每人科洋柒元。四时回家,遇雨。

十一月四日　星期一

早授课。校《通考》稿。燕东园聚餐,赵承信、顾敦鍒、刘兆蕙,在吾家。

十一月五日　星期二

伤风,阅画。

十一月六日　星期三

早授课。校《通考》稿。七时在郑因百家开国文学会。

十一月七日　星期四

校《通考》稿,排至第三章。四时开国文系会。

十一月八日　星期五

早授课。阅石首王耤钞本《艺苑丛钞》,录其书跋。

十一月九日　星期六

校《通考》稿。

十一月十日　星期日

严群来。凌叔华请午饭,饭后访李剑华、林启武。

十一月十一日　星期一

早授课。校《通考》稿。

十一月十二日　星期二

校《通考》稿。阅王愫《朴园诗稿》。愫生康熙三十九年,卒乾隆三十二年,年六十八。

十一月十三日　星期三

早授课。董鲁安请午饭。四时一刻历史学会在张孟劬住宅开演讲会。

十一月十四日　星期四

校《通考》稿。下午至图书馆。四时一刻听张东荪演讲"冯友兰新理学之批评"。六时请文字学班学生晚饭。

十一月十五日　星期五

早授课。阅《明清画家印鉴》。六时请文字学班学生晚饭。

十一月十六日　星期六

校《通考》稿。

十一月十七日　星期日

校《通考》稿。

十一月十八日　星期一

早授课。阅《明清画家印鉴》。六时请文字学班学生晚饭。

十一月十九日　星期二

校《通考》稿。二时进城,至协和医院照股骨。四时回家。

十一月二十日　星期三

早授课。四时半至邓之诚家开历史研究会。校《宋代金石书录》稿。

十一月廿一日　星期四

校《通考》稿。

十一月廿二日　星期五

早授课。下午校《通考》稿。

十一月廿三日　星期六

国文学系十二时在吾家聚餐。徐丰来,言吾股骨照 X 光无甚进步。校《通考》稿。七时顾敦鍒请晚饭。

十一月廿四日　星期日

八时进城。十二时至谭宅聚餐,全是燕大同人,每人科份金七元。五时半回家。

十一月廿五日　星期一

早授课。七时至郭宅,庆祝吴雷川七十寿辰大会。七时半至饶引之家晚餐。

十一月廿六日　星期二

早校《通考》稿。下午至图书馆及大礼堂,吴雷川寿辰大会。

十一月廿七日　星期三

早授课。校《通考》稿。

十一月廿八日　星期四

校《通考》稿。

十一月廿九日　星期五

早授课。校《通考》稿。北平城闭。

十一月三十日　星期六

校《通考》稿。

十二月

十二月一日　星期日

校《通考》稿。

十二月二日　星期一

早授课。校《通考》稿。

十二月三日　星期二

校《通考》稿。

十二月四日　星期三

早授课。下午史前博物馆开会,往参观。

十二月五日　星期四

校《通考》稿。

十二月六日　星期五

早授课。下午至图书馆。

十二月七日　星期六

阅陈懿典《吏隐斋集》。校《持静斋书目》。

十二月八日　星期日

校《通考》稿。

十二月九日　星期一

早授课。下午校《通考》稿。

十二月十日　星期二

校《通考》稿。

十二月十一日　星期三

早授课。下午阅郭沫若《石鼓文研究》。

十二月十二日　星期四

校《通考》稿。瞿润缗来。四时至国文系开会。六时请说文班学生晚饭。

十二月十三日　星期五

早授课。校《通考》稿。

十二月十四日　星期六

校《通考》稿。

十二月十五日　星期日

校《通考》稿。

十二月十六日　星期一

早授课。考[校]《通考》稿。

十二月十七日　星期二

校《通考》稿。

十二月十八日　星期三

早授课。校《通考》稿。

十二月十九日　星期四

作《爽籁馆欣赏》初、二辑书评。

十二月二十日　星期五

作《爽籁馆》书评。早授课。

十二月廿一日　星期六

校《通考》稿。

十二月廿二日　星期日

访凌叔华。作《明清画家印鉴》书评。晚听《米赛亚》曲。

十二月廿三日　星期一

早授课。作《印鉴》书评。

十二月廿四日　星期二

鸟居龙藏来。阅《味水轩日记》。

十二月廿五日　星期三

耶稣圣诞,放假。校《通考》稿。

并世诸金石家,戏为评骘:

目光锐利,能见其大,吾不如郭沫若。

非非玄想,左右逢源,吾不如唐兰。

咬文嚼字,细针密缕,吾不如于省吾。

甲骨篆籀,无体不工,吾不如商承祚。

操笔疾书,文不加点,吾不如吴其昌。

若锲而不舍,所得独多,则彼五人似皆不如我也。

至林家通、李荣芳家,观招待学生情形。

十二月廿六日　星期四

编"学术界消息"。十二时白序之等招待国文系聚餐。餐后至体育馆观运动会。

十二月廿七日　星期五

早授课。校《通考》稿。

十二月廿八日　星期六

校《通考》稿。

十二月廿九日　星期日

编"学术界消息"。

十二月三十日　星期一

早授课。编"学术界消息"。

十二月三十一日　星期二

编"学术界消息"。

一九四一年

一月

一月一日①　星期三

九时至校长住宅团拜。访李剑华、陈凌叔华。校《通考》稿。

一月二日　星期四

校《通考》稿。三时访鸟居龙藏。

一月三日　星期五

访董璠、凌敬言、郭绍虞,谈国文系事。现在国文系教员散漫无组织,兼任教员太多。我意课程尽先由专任教员画定范围分担,必无人担任时方请兼任教员。董、凌皆赞成,郭不以为然,盖兼任教员多由他聘请,未免护短。

鸟居来。校《通考》稿。复梅原末治信。

一月四日　星期六

校《通考》稿。

一月五日　星期日

校《通考》稿。

———————

①是日题"三十年元旦"。

一月六日　　星期一

早授课。山本文华堂寄书来,计价〤〥十元。《帝室博物馆鉴赏录》,〡〥十元;《欧美藏支那古镜》,〣〥元;《龚半千画法册》,〥元;《研田居士山水册》,〦〥元;《白鹤吉金集》,〣〥元;《芥舟学画编》,〡〥元。

七时在陆志韦家聚餐。

一月七日　　星期二

郭绍虞来。校《通考》稿。

一月八日　　星期三

早授课。校《通考》稿。

一月九日　　星期四

校《通考》稿。下午四时国文系开会。

一月十日　　星期五

早授课。下午四时半图书馆开会。

一月十一日　　星期六

早至学校。校《通考》稿。

一月十二日　　星期日

校《通考》稿。

一月十三日　　星期一

学校考试,不上课。张子幹之子仲麦结婚,送礼十元,因关城不能去贺。校《通考》稿。

一月十四日　　星期二

校《通考》稿。

一月十五日　　星期三

八时至学校。十时文字学班考试。校《通考》稿。

一月十六日　星期四

校《通考》稿。

一月十七日　星期五

北平城闭于十一月廿九日,至此日始开。

十二时至曲凌药室医鼻疾,药每服十五元。至张子幹家宿。

一月十八日　星期六

九时回家。校《通考》稿。

一月十九日　星期日

校《通考》稿。

一月二十日　星期一

阅试卷。购王涛画册,四十元。

一月廿一日　星期二

阅试卷。

一月廿二日　星期三

校《通考》稿。阅试卷。

一月廿三日　星期四

校《通考》稿。阅试卷。

一月廿四日　星期五

校《通考》稿。

一月廿五日　星期六

校《通考》稿。八妹在吾家为海松芬饯行。

一月廿六日　星期日

校《通考》稿。

一月廿七日　星期一

旧历元旦。校《通考》稿。

一月廿八日　星期二

校《通考》稿。四时至郭绍虞住宅打牌。

一月廿九日　星期三

校《通考》稿。

一月卅日　星期四

八时进城。至于思泊家,以明义士、马叔平所赠甲骨拓本一千二三百纸、方若《山水》轴,易得许伯彪错金字戈及虘父盘。十二时携以回家。

一月卅一日　星期五

校《通考》稿。

二月

二月一日　星期六

八时进城。至于思泊家,以拓本与之。

十二时逛厂甸,遇周怀民。购胡玉昆金扇一,价四十元。在怀民家宿。

二月二日　星期日

九时逛厂甸。十一时至谭家聚餐。二时半至怀民家,与德国人罗越[1]相见。孙海波亦来。宿怀民家。

二月三日　星期一

九时与海波同回家。曾毅公[2]来,饭后去。二时至饶宅打牌,

---

[1]罗越(Max Loehr,1903—1988),德国汉学家、艺术史学者。1936年获慕尼黑大学博士学位。1940年来华,任教于中德学院、清华大学。

[2]曾毅公(1903—1991),北京人,满族。金石学家、甲骨文专家。任职于齐鲁大学,明义士助手。1941年回到北平,1947年任职于北平图书馆。

输四元。

鼻疾,至曲凌药室医治,服药后觉燥热,停服一日。一时去再诊,换药,晚再服其药。

二月四日　星期二

校《通考》稿。

二月五日　星期三

校《通考》稿。

二月六日　星期四

校《通考》稿。

二月七日　星期五

十一时进城,逛厂甸。购吴荣光横披,二十五元;胡义赞《山水》轴,四十元。

二月八日　星期六

九时至孙海波家,同访梁上椿。至冯思家拜年。四时回家。

二月九日　星期日

校《通考》稿。

二月十日　星期一

早授课。校《通考》稿。

二月十一日　星期二

校《通考》稿。

二月十二日　星期三

早授课。校《通考》稿。

二月十三日　星期四

校《通考》稿。

二月十四日　星期五

早授课。校《通考》稿。往见洪煨莲。

二月十五日　星期六

校《通考》稿。

二月十六日　星期日

八时进城,访于思泊。十二时至谭宅聚餐。至琉璃厂。五时回家。至曲凌处,因服所换鼻药无甚功效,再换一种药试服。

二月十七日　星期一

早授课。下午校《通考》稿。

二月十八日　星期二

校稿。五时国文系在凌宅开会并聚餐。

二月十九日　星期三

早授课。至牙医陈恒德处补牙。校稿。四时赴欧阳湘[①]夫人追悼会。

二月二十日　星期四

校稿。三时国文系开会。七时国文学会开会。

二月廿一日　星期五

早授课。校稿。

二月廿二日　星期六

校稿。赵承信请午饭。至引得算《彝器通考》专号账[②]。

二月廿三日　星期日

早进城,为三弟取书籍、行李,至晚乃毕。

二月廿四日　星期一

早授课。四时张东苏儿、媳在临湖轩行结婚礼。

---

①欧阳湘(1896—1988),字楚三,安徽天长人。美国俄亥俄州立大学教育学博士,回国后在北平师范大学、燕京大学和辅仁大学教育系任教。
②容庚著《商周彝器通考》作为《燕京学报》专号之十七,1941 年 3 月由哈佛燕京学社出版。

二月廿五日　星期二

编《通考》目录。

二月廿六日　星期三

早授课。编《通考》目录。

二月廿七日　星期四

编目录毕。稿已完成,惟欠一序耳。

二月廿八日　星期五

早授课。校《通考》稿。六时董璠请晚饭。

三月

三月一日　星期六

为三弟搬书籍至校印所。九时进城,访于思泊,留饭。二时访周怀民。四时回家。

三月二日　星期日

校稿。

三月三日　星期一

早授课。校稿。七时在梁启雄家聚餐。

三月四日　星期二

校稿毕。临邵弥画册。

三月五日　星期三

早授课。临王鉴《山水》一幅。

三月六日　星期四

临王鉴《山水》一幅。六时《学报》编辑会在吾家开会并聚餐。

三月七日　星期五

早授课。凌叔华来。为叔华题谢兰生《山水》册。

三月八日　星期六

早访凌叔华，借得其所画《小中见大》册。

三月九日　星期日

临黄子久画一幅。访凌叔华。

三月十日　星期一

早授课。下午往语文会开会。燕东园聚餐。

三月十一日　星期二

临梅道人画一幅。

三月十二日　星期三

早授课。下午往国文系开会。

三月十三日　星期四

临倪瓒画二幅。与王和之父至图书馆观《华山碑》。

三月十四日　星期五

早授课。下午历史学会开会。阅画册。

三月十五日　星期六

临高简册页一纸。

三月十六日　星期日

八时进城。访周怀民，同至谭宅聚餐。四时回家。

三月十七日　星期一

早授课。摹《乔松华岳》图稿。

三月十八日　星期二

临《乔松华岳》轴。国文学会晚在适楼开会。

三月十九日　星期三

早授课。临《乔松华岳》轴毕。

三月二十日　星期四

临董其昌《山居》图。

三月廿一日　　星期五

早授课。下午访王西徵、陆志韦。西徵来。

三月廿二日　　星期六

临文柏仁《山水》卷。

三月廿三日　　星期日

临文柏仁《山水》卷毕。

三月廿四日　　星期一

早授课。下午临罗两峰《得石图》。

三月廿五日　　星期二

临《得石图》毕。《商周彝器通考》装订成,校图一过,定价七十元。

三月廿六日　　星期三

早授课。下午临王石谷《山居图》。

三月廿七日　　星期四

临《山居图》。顾敦鍒夫妇来。《实报》登予之传记,大约是侯少君所作,剪贴于右。

附剪报:人物志·容希白(一)

大凡一位学者或伟人,他的历史一定是有些人想像不来的,不是狂放,便是堕落,一定不平常,但他所以能够成功,更不是普通人所学得来的,我们可以看看容希白先生的历史便知道。

容先生现在是燕京大学的教授,是哈佛研究社的社员,他是以金石文字学闻名于海内的。说起他的学历,一点不惊人,因为他连大学的课程都不曾读完,他没有出过国,但他的著录里把流传海外的古器,搜集无遗。

先生名庚,字希白,号容斋,广东东莞人,有个诗书之家,以篆刻篆书闻名海内的邓尔雅是他的舅父,当然先生的一部分学问,少不得要从那里得一些来。

先生十五而孤，弟肇新早亡，肇祖专治哲学，曾任北大、辅大、中山大学教授。在这种环境里，是他险些儿没有错了路子的机会，他早年是放浪形骸不事边幅，偶而也画几笔画，过着浪漫生活；但后来突然觉悟，知道自己是一定需要学问的，于又励图自新。——这期间是因为他受过不少打击。

民国十一年时到北京，以自修的学力考入北大国学研究院，同时也常向罗振玉、王国维两先生问学，是沈兼士、马衡的得意生徒。

这时是他热心考古学的时期，像中疯魔那样的刻苦的研究着，结果把数年中研究所得，集为《金文编》一书，搜罗杂众，分类详释，刊行之后，学术界为之一惊，对该书叹赞不置，于是先生之名遂噪于京华。

后来又入哈佛研究社为社员，直至现在。他是个性情豪爽的人，十足的表现着广东民族的进取特性。无论研究那一种学术，总抱着恳切的热诚，得而后已，是一丝也不放松的。对朋友主张正义，以诚恳忠直的态度出入于朋友的左右，友有过则直谏不稍讳。

三月廿八日　星期五

早授课。为内子补人物景。顾敦鍒太太来。

人物志·容希白（二）

还有一种特别的性情便是好辩，无论走到那里，遇到与他主张不符或使他疑问的地方，便要追根问底的直着嗓子辩驳一番。当然，这是他成功于考古学术的唯一特性了。

故宫组织专门委员会时，先生任金石部委员，得见热河行宫里的一切铜器，详加订证，结果著成《宝蕴楼彝器图录》、《武英殿彝器图录》两书,这在他生平著作里算最精心的。

先是罗振玉氏曾有订证海外铜器的志愿而未达,希白先生乃继其志,在民国二十三年时出版《容斋吉金图录》;民国十七年在中央研究院出版《秦汉金文录》两书。这时他的声誉便已臻巩固地位了。

民国十年以后,一般考古学都从事于河南殷墟故址的发掘,在文献上颇多上好珍料,当时搜集最多的,便是安徽的刘善斋氏,他是住在上海的有名的收藏家,希白先生慕其名,便与商承祚一同往访,得见珍品特多,归著《善斋彝器录》及《续录》。

他对于石器也有深刻的研究,著有《武梁词[祠]画像录》及《古石刻零拾》。最近又有一部关于历代石器图案的草稿完成了,都三十万言,但还不曾付梓。

关于研究文字的,他著有《殷契卜辞》。

最近似乎又很注意著书画,收藏了不少古人笔迹,关于这些,出版的有《二王墨影》(书)、《颂斋书画录》和《伏庐书画录》三书。

他生平著作不下三十馀种,正起草的还有六七种,这里不再录名。总之他的治学精神,是不难由他的历史来想像出的,同时他的朴素的生活,也正如他的一生,外表是平淡的,但蕴藏着不少活力,不少伟大的魂魄。

(少君)

三月廿九日　　星期六

八时进城,访于思泊、周怀民,并约侯少君午饭于祯缘[源]馆。为怀民在东莞新馆觅住房。在怀民家宿。拟敬谢曲凌医鼻疾广告,登《实报》。

三月三十日　　星期日

早与怀民至新馆。十二时至谭宅聚餐。四时回家。

三月三十一日　星期一

早授课。下午写字。四时半语文学会在翁独健家开会。

四月

四月一日　星期二

早临董玄宰《山水》。二时进城,至周怀民家。逛琉璃厂。六时至谭宅饯行,赠谭瑑青以冯敏昌对。在老馆宿。

四月二日　星期三

六时半回家。九时授课。四时半图书馆开购书会。阅画。

四月三日　星期四

临董玄宰《山水》毕。访凌叔华。国文系开会。

四月四日　星期五

早授课。下午临赵大年《荷乡清夏》卷。

四月五日　星期六

临《荷乡清夏》卷。

四月六日　星期日

分装《故宫书画集》。

四月七日　星期一

早授课。分装《故宫书画集》。

四月八日　星期二

作《商周彝器通考》广告。访饶引之。王西徵、陆志韦来。

四月九日　星期三

早授课。分装《书画集》。

四月十日　星期四

写《荷乡清夏》卷完。

四月十一日　星期五

早授课。分装《书画集》。

四月十二日　星期六

八时进城,访陈恒德大夫,补牙。访于思泊,请新月午餐,一汤二菜,每人需四元。访曲凌,取药。四时回家。

四月十三日　星期日

八时进城,访陈垣、沈兼士、张玮,沈未遇。十二时偕周怀民至谭宅聚餐。四时回家。装《书画集》毕。

四月十四日　星期一

早授课。下午临杨晋《山水》轴。

四月十五日　星期二

临杨晋《山水》轴毕,以赠高贻粉[1]。

四月十六日　星期三

早授课。二时警察等来检查户口。

四月十七日　星期四

临吴历《高亭暮秋》轴。请周学章、翁独健、高名凯[2]三夫妇晚餐。翁独健取临王翚《山居图》去。

四月十八日　星期五

早授课。七时国文系在凌宅聚餐。二时于思泊购翁方纲对去,价百元。

四月十九日　星期六

八时进城,逛琉璃厂。二时至周怀民家,五时同逛宣内小市,购《宋遗民录》及《竹谱详录》,价一元,前仅购《竹谱》一种,已费二

①高贻粉,燕京大学国文研究生。曾任清华大学图书馆中文编目室组长。
②高名凯(1911—1965),福建平潭人。毕业于燕京大学哲学系及研究院,1936年入法国巴黎大学攻读语言学,1941年回燕京大学,1945年任国文系教授兼主任。

元五角。七时怀民请庆林春晚餐。

四月二十日　星期日

访沈兼士、于思泊、陈垣、余季豫。在王静如家午餐。二时回家。

四月廿一日　星期一

〈今〉起放春假一星期。临恽南田仿云林画。

四月廿二日　星期二

临元人画。临钱谷《雪景》。

四月廿三日　星期三

临钱谷《雪景》毕。子期寄《三代吉金文存》来，已一月始收到。子期存款七十五元。

四月廿四日　星期四

书联十五对。

四月廿五日　星期五

临笪重光《云山》卷。凌叔华来，取临文伯仁小卷、罗两峰《得碑图》去。晚访洪煨莲。

四月廿六日　星期六

临文徵明小横幅赠高君纯。一时琬女与沈兼士之女泰来。

四月廿七日　星期日

沈泰借陆遵书、汪恭两《山水》册去。阅王世襄、高景成毕业论文。刘妈辞工去，在吾家已十三年矣。

四月廿八日　星期一

早授课。访凌叔华、胡继瑗。阅高景成论文。

四月廿九日　星期二

临宋濂题元人《山水》轴。

四月三十日　星期三

早授课。临元人《山水》轴。

五月

五月一日　星期四

临元人《山水》轴毕。阅论文。张瑄来。

五月二日　星期五

早授课。再临文徵明小横幅。

五月三日　星期六

临董缩临《山水》册一页。

五月四日　星期日

临吴镇《竹》册十页。

五月五日　星期一

早授课。阅书画。

五月六日　星期二

临《竹》二幅。再摹宋题元人《山水》轴。

五月七日　星期三

早授课。摹元人《山水》。

五月八日　星期四

摹元人《山水》毕。

五月九日　星期五

早授课。

五月十日　星期六

早进城,访张宅。三时至张效彬家看画。陈垣为题吴历《湖山春晓图》。

五月十一日　星期日

逛琉璃厂。十二时至谭宅聚餐。二时回家。寄子期、起潜信。

五月十二日　星期一

早授课。下午作《颂斋读书记》。

五月十三日　星期二

作《颂斋读书记》。

五月十四日　星期三

早授课。作《读书记》。

五月十五日　星期四

作《读书记》。

五月十六日　星期五

早授课。作《读书记》。

五月十七日　星期六

七时半赴学校运动会。

五月十八日　星期日

八时进城,逛琉璃厂。十二时至王静如家聚餐。三时回家。在虹光阁购徐渭字卷一,价一百〇五元。

五月十九日　星期一

早授课。作《读书记》。

五月二十日　星期二

作《读书记》。国文系开会。

五月二十一日　星期三

早授课。作《读书记》。

五月二十二日　星期四

作《读书记》。

五月二十三日　星期五

早授课。作《读书记》。

五月廿四日　星期六

作《读书记》。学校返校日。孙海波夫妇来。

五月廿五日　星期日

八时入城，逛琉璃厂。十二时至谭宅聚餐。二时回家。

五月廿六日　星期一

早授课。改"学术界消息"。

五月廿七日　星期二

临王石谷《山水》。

五月廿八日　星期三

早授课。作《颂斋读书记》。晚赴体育会。

五月廿九日　星期四

作《颂斋读书记》毕。

五月卅日　星期五

早授课。校"学术界消息"。晚赴音乐会。

五月三十一日　星期六

校"学术界消息"毕。

六月

六月一日　星期日

画竹。

六月二日　星期一

早授课。阅刘佩韦《评梅原末治近著三种》。

六月三日　星期二

早至学校。六时欢送国文系毕业同学。阅《云林集》及书画。

六月四日　星期三

早授课。阅《云林集》。以文衡山《小景》寄麦凌霄。

六月五日　星期四

画竹。

六月六日　星期五

早授课。校稿。

六月七日　星期六

画竹五段,临冯起震。

六月八日　星期日

八时进城,访朱鼎荣、周怀民。十二时至谭宅聚餐。访冯思。六时回家。

六月九日　星期一

早至图书馆查书。付吴历《山水》轴五百元。

六月十日　星期二

校倪瓒画。仿任月山《双鸟》轴。

六月十一日　星期三

临王鉴画轴。图书馆、研究院开会。国文系学生共请教员。

六月十二日　星期四

临王鉴画轴。历史学会欢送会。

六月十三日　星期五

临王鉴画毕。校"学术界消息"。

六月十四日　星期六

早至图书馆阅书。三时考试文字学班。为赵紫宸写钟铭。

六月十五日　星期日

阅试卷。

六月十六日　　星期一

集录吴渔山画跋。

六月十七日　　星期二

阅试卷。临王鉴《积雪图》。

六月十八日　　星期三

临王鉴《积雪图》。王世襄口试。阅试卷。

六月十九日　　星期四

临王鉴《积雪图》毕。阅试卷。

六月二十日　　星期五

阅试卷。

六月廿一日　　星期六

阅试卷。董璠请午饭。李钧来看画。萧树柏、刘绍秀订婚。

六月廿二日　　星期日

八时进城。访汪吉麟、周怀民。十二时至谭宅聚餐。二时至曲凌处际鼻病。三时至中央公园看中国画会。四时回家。

六月廿三日　　星期一

阅试卷毕。参观附属学校毕业典礼,珊毕业初小,瓘毕业高小,瑶毕业初中。下午画《竹石》四幅。

六月廿四日　　星期二

学校行毕业典礼。下午临王石谷《虚亭嘉树》小幅。

六月廿五日　　星期三

临《虚亭嘉树》毕。四时参观林迈可[1]、李效黎[2]婚礼。校《吴历画表》。

---

[1]林迈可(Michael Lindsay),英国人。1937年受聘为燕京大学经济系教授。太平洋战争后进入中共晋察冀根据地,任技术顾问。

[2]李效黎(1916—),原名月英,山西离石人。1937年入燕京大学。

六月廿六日　星期四

临王石谷《水竹》轴。李钧来。

六月廿七日　星期五

临王石谷《水竹》轴。内子生日，请赵承信、凌敬言夫妇午饭，招待小孩午茶。

元胎来信，代购交通银行（希白名义）节约储蓄券（1063、1144）千元二张，（525）五百元一张，（804）一百元一张，共二千六百元。另存大洋二百二十三元四角。

六月廿八日　星期六

临唐寅《小景》。

六月廿九日　星期日

临萧晨《山水》册。

六月三十日　星期一

临萧晨《山水》册。

七月

七月一日　星期二

临萧晨《山水》册。

七月二日　星期三

再临唐寅《小景》，寄徐公植内兄，并联三，付甲骨文小幅一。

七月三日　星期四

临萧晨《山水》册。李钧来，借李流芳《山水》卷去。

七月四日　星期五

临萧晨《山水》册。

七月五日　星期六

临萧晨《山水》册毕，共十二开。

七月六日　星期日

八时进城。访韩补青[1]、于思泊，于留午饭。与同逛琉璃厂，携查士标《山水》镜匣回家。陆志韦结婚二十周年纪念，与[于]司徒校务长住宅举行。

七月七日　星期一

九时至哈燕社开奖金会。阅王觉斯扇面画册，与宝迂阁本大同小异，疑伪作。

七月八日　星期二

阅王觉斯画扇一，三临唐寅《山水》小幅。

七月九日　星期三

临李流芳《山水》卷。

七月十日　星期四

临唐岱仿顾正谊《山水》轴。

七月十一日　星期五

刘佩韦与罗子期、奉高[2]叔侄来，留饭。三时同进城，并谒罗叔言之妻丁氏。在刘宅晚饭。至老馆宿。

七月十二日　星期六

八时访周怀民。至陈恒德处治牙。访于思泊，留饭。至曲凌处治鼻疾。访顾羡季。请罗子期叔侄、刘佩韦、于思泊玉华台晚饭，化二十一元。在于宅宿。

---

①韩梯云，字补青，陕西保安人。曾任《大公报》主笔、直隶教育司社会教育科科长。
②罗继祖（1913—2002），字奉高，改字甘孺，浙江上虞人。罗振玉之孙。精通《辽史》，曾任旅顺市教育局科员、沈阳博物馆研究员、吉林大学教授。

七月十三日　星期日

与于访福开森，留饭。一时回家。胡继瑗来。

七月十四日　星期一

临唐岱仿顾正谊轴。下午至学校看试卷。

七月十五日　星期二

至学校阅试卷。填居留证。

七月十六日　星期三

临顾正谊《山水》毕。

七月十七日　星期四

至学校阅试卷。凌叔华来。

七月十八日　星期五

临泰山刻石六屏。

七月十九日　星期六

临萧晨《山水》册一页。蒋兆和、王石之夫妇来，与李荫棠合请长顺和午饭。

七月二十日　星期日

八时进城，访陈垣、傅芸子[①]、贺颍。参观二溥扇展，每扇百元至二百元，贵极。十二时至谭宅聚餐。三时回家。

七月廿一日　星期一

八时进城，访福开森。同至古物陈列所，拟编纂其所藏铜器。二时回家。

七月廿二日　星期二

八时进城，至古物陈列所，商编纂铜器事。十二时回家。四时参观曹敬盘之子结婚礼。访董璠。

---

①傅芸子(1902—1948)，原名宝坤，字韫之，北京人，满族。与梅兰芳、余叔岩、齐如山发起成立"北平国剧学会"。主编《北京画报》、《国剧画报》等。

七月廿三日　星期三

自编年谱。

七月廿四日　星期四

七时进城,访傅芸子、启功。傅请东来顺午餐。三时医牙。五时回家。

七月廿五日　星期五

自编年谱。

七月廿六日　星期六

八时进城医牙。十二时归。自编年谱。

七月廿七日　星期日

自编年谱。

七月廿八日　星期一

自编年谱。

七月廿九日　星期二

自编年谱,草稿完。王伊同[①]南归,请午饭,并请李钧、汪玉岑[②]陪。阅某天日记。

七月三十日　星期三

阅陈夔龙《梦蕉亭杂记》。

七月三十一日　星期四

热甚。阅《陈介祺印集》。

[①]王伊同(1914—2016),字斯大,江苏江阴人。1937年毕业于燕京大学历史系,1944年获美国哈佛大学博士学位。执教于芝加哥、哈佛、哥伦比亚大学等校。

[②]汪玉岑(1916—?),毕业于燕京大学。

八月

八月一日　星期五

临吴历《湖山春晓》轴。

八月二日　星期六

临《湖山春晓》轴。

八月三日　星期日

写竹。

八月四日　星期一

仿曹云西《山水》,赠王宪钿①。

八月五日　星期二

八时进城。仿[访]陈垣未遇。访于省吾。至陈恒德处医牙。至曲凌处医鼻。三时回家。

八月六日　星期三

仿顾凝远《山水》小幅。

八月七日　星期四

仿顾凝远《山水》与王汉章。进城医牙。

八月八日　星期五

早至学校及医院。四时参观王宝兴婚礼。

八月九日　星期六

仿夏圭《山水》小幅。

八月十日　星期日

仿夏圭《山水》与徐庆丰。

---

①王宪钿(1915—2004),山东福山人。1939年毕业于清华大学心理系,同年入燕京大学研究院心理系。1941年毕业后在燕京大学心理系作者。张遵骝之妻。

八月十一日　星期一

八时进城医牙。访于思泊、福开森。四时回家。

八月十二日　星期二

仿宋克《竹》卷。

八月十三日　星期三

仿宋克《竹》卷。天酷热。

八月十四日　星期四

天阴酷热。鼻疾甚苦。

八月十五日　星期五

八时进城。访陈垣、启功。与启功同游琉璃厂,同饭于中原公司。二时往协和医鼻。四时半回家。

八月十六日　星期六

七时进城。访周怀民。九时至协和医鼻。十一时回家。校《吴渔山集》。

八月十七日　星期日

八时进城。游厂肆。十二时至谭宅聚餐,餐后至屠朴家。五时回家。

八月十八日　星期一

早为屠朴书扇面,启功刻印。十时屠、启二君来,二时饭毕去。收拾书画。晚饶引之请食饭。

八月十九日　星期二

早阴雨。至协和医鼻疾,扎十针。十二时回家。访胡嗣瑗①、郭绍虞。阅《平翰自讼》毕。

①胡嗣瑗(1869—1949),字晴初,贵州贵阳人。光绪二十九年(1903)进士。历任翰林院编修、天津北洋法政学堂总办,直隶总督陈夔龙幕僚。

八月二十日　星期三

临蔡嘉《山水》轴。

八月二十一日　星期四

临罗两峰《观梅图》轴。

八月廿二日　星期五

临沈石田《墨花》卷。

八月廿三日　星期六

七时进城。至协和医院扎针。十一时归。续临蔡嘉《山水》轴。

八月廿四日　星期日

八时进城。访陈垣，取回吴历《山水》轴。罗敦曧请午饭。饭后与启功逛琉璃厂，借国华堂吴历《山水》册归。

八月廿五日　星期一

临蔡嘉《山水》轴毕。

八月廿六日　星期二

至协和扎针。阅李玄伯《中国古代社会新研》。

八月廿七日　星期三

临吴历《山水》册一叶。校福开森铜器。

八月廿八日　星期四

临吴历《山水》册二页。胡嗣瑗、李钧来。

八月廿九日　星期五

临吴历《山水》一页。启功来，留饭，五时半去，借去《董庵书画谱》一函。

八月三十日　星期六

早至协和扎针。临陆柬之《文赋》。

八月三十一日　星期日

早至琉璃厂。十二时至谭宅聚餐。三时回家。

九月

九月一日　星期一

早至学校。临《文赋》。

九月二日　星期二

至协和扎变态反应针六十种,每日十种,六日而毕。二时回家。

九月三日　星期三

阅《古代社会新研》。为周澍临《史晨碑》。

九月四日　星期四

描补刘世儒《梅花》卷。临《文赋》。

九月五日　星期五

早至学校。阅书。临唐六如《梅花》二幅。

九月六日　星期六

早阅书。下午三时往学校开教职员大会。

九月七日　星期日

八时进城,逛琉璃厂。十二时至谭宅聚餐。

九月八日　星期一

九时上课。

九月九日　星期二

八时进城,至琉璃厂,购篆书碑,为文字形体变迁史班参考。四时回家。

九月十日　星期三

早授课。下午清理碑帖。伤风、咳嗽已两月矣,晚间气喘不能出,甚苦。

九月十一日　星期四

清理碑帖。梁启雄来。

九月十二日　星期五

早授课。头微痛,取施今墨去年所开药方,购三剂服之,晚间略愈。为胡继瑗题董邦达画。

九月十三日　星期六

为郭绍虞画梅花扇面。

九月十四日　星期日

临沈石田《山水》卷。

九月十五日　星期一

早授课。

九月十六日　星期二

临沈石田《山水》卷。

九月十七日　星期三

早授课。校《飞白录》。

九月十八日　星期四

阅《古史办[辨]序》。四时国文系开会。

九月十九日　星期五

早授课。阅《古史办[辨]》。

九月二十日　星期六

八时进城,送润笔四十元与汪吉麟。游琉璃厂。五时至协和访徐庆丰足疾。六时回家。在贞古斋购张燕昌飞白书"贮古精舍"额。

九月二十一日　星期日

整理武英殿彝器照片。

九月二十二日　星期一

早授课。录《大观帖》目录,购全形鼎三十种,价三十元。

九月二十三日　星期二

下午国文系开会。试写飞白字。

九月廿四日　星期三

早授课。晚国文学会开会。

九月廿五日　星期四

早至图书馆。晚研究院开会。

九月廿六日　星期五

早授课。下午写联四对。

九月廿七日　星期六

早粘八妹所钩篆志盖。

九月廿八日　星期日

八时进城,访汪吉麟。至施今墨家诊病。十二时至谭宅聚餐。至老馆。四时回家。

九月廿九日　星期一

早起及寝时各习八段锦一次,意每日如是,未知能有恒否。早授课。

九月三十日　星期二

临《文赋》。

十月

十月一日　星期三

早授课。晚《燕京学报》在吾家开聚餐会。

十月二日　星期四

阅《飞白录》。访凌叔华。

十月三日　星期五

早授课。张太太五十生日,二时进城往贺。

十月四日　星期六

早访福开森、于思泊。饭后与于游东安市场。至辅大参加语文学会,演讲"飞白"。五时回家。

十月五日　星期日　中秋节

临恽南田《竹石小景》二叶。

十月六日　星期一

早授课。临《竹石小景》三叶。晚燕东园开赏月会。

十月七日　星期二

汇款百〇九元四角至日本兴文社,购《南画大成》十五册。高名凯来。

十月八日　星期三

早授课。临《竹石小景》二叶。

十月九日　星期四

临《竹石小景》三叶完。

十月十日　星期五

临王撰《山水》轴。

十月十一日　星期六

校《玉烟堂帖》。临《文赋》一纸。寄张次溪书件。

十月十二日　星期日

八时乘洋车进城,逛厂肆。十二时至谭宅聚餐。四时回家。

十月十三日　星期一

早授课。作《飞白考》。

十月十四日　星期二

作《飞白考》。

十月十五日　　星期三

　　早授课。阅《学报》稿。

十月十六日　　星期四

　　临王武《水仙》轴、归昌世《竹》卷。陆志韦借四十元。

十月十七日　　星期五

　　早授课。下午往史前博物馆开会。

十月十八日　　星期六

　　临沈周《山水》轴。七时郑林庄请食饭。

十月十九日　　星期日

　　阅《艺风堂金石文字》，觅篆书材料。

十月二十日　　星期一

　　早授课。下午王静如夫妇来。阅《学报》稿。

十月廿一日　　星期二

　　题弘仁小幅。作《飞白考》。

十月廿二日　　星期三

　　早授课。作《飞白考》。

十月廿三日　　星期四

　　作《飞白考》。

十月廿四日　　星期五

　　早授课。下午到图书馆。四时半历史研究会在洪宅开会。

十月廿五日　　星期六

　　作《飞白考》。珊女十岁生日，请小朋友茶会。

十月廿六日　　星期日

　　八时进城，逛琉璃厂。于思泊在西来顺请午饭。饭毕回家。灯下习飞白书。

十月廿七日　星期一

　　早授课。作《飞白考》。题李钧画。

十月廿八日　星期二

　　作《飞白考》。四时司徒校长请茶会。

十月廿九日　星期三

　　早授课。访胡继瑗。

十月三十日　星期四

　　临王时敏《山水》。语文学会开会。七时请郑林庄、林启武、赵承信、梁令娴等晚饭。

十月三十一日，星期五

　　早授课。下午国文学会开会。临王时敏《山水》。

十一月

十一月一日　星期六

　　临王时敏《山水》轴毕。题画为博晨光六十寿；画梅花为蔡可权①六十寿。

十一月二日　星期日

　　八时进城，访谢兴尧②、启功。十二时孙海波请午饭。

十一月三日　星期一

　　早授课。下午访凌叔华，将往四川，以小画见贻。阅《南画大成》。

---

①蔡可权（1881—1953），号公湛，江西新建人。工诗文，善书法。精于古玉鉴定，著有《辨玉小识》。
②谢兴尧（1906—2006），四川射洪人。1931年毕业于北京大学历史系。先后任职于北平女子第一中学、北京大学、河南大学等校。精于清史，尤擅太平天国史。

十一月四日　星期二

作《飞白考》。访陆志韦。高名凯来。写元胎、邵茗生[1]信。

十一月五日　星期三

早授课。下午临汤贻汾临徐渭《寿藤》册三叶。

十一月六日　星期四

临《寿藤》册。

十一月七日　星期五

早授课。下午四时图书馆开会。

十一月八日　星期六

临《寿藤》册毕。

十一月九日　星期日

与朱宝昌[2]、严群及内子进城,至于思泊家。下午逛琉璃厂。七时回家。

十一月十日　星期一

早授课。下午四时至王静如家开语文学会。

引得校印所前认股二百元,此时退还一千元作了。

十一月十一日　星期二

临钱谷《赤壁图》横卷。

十一月十二日　星期三

早授课。为严群临董其昌小幅。六时至王静如家开会,并国文系聚餐。

十一月十三日　星期四

临董其昌《山水》册六页。

---

①邵茗生(1905—1966),本名锐,以字行,浙江仁和人。邵章之子。
②朱宝昌(1909—1991),字进之,江苏泰兴。1937年毕业于燕京大学研究院。次年任教于燕大及中国大学。1942年任上海无锡国专教授。

十一月十四日　　星期五

早授课。顾敦鍒夫妇来。录画题跋。

十一月十五日　　星期六

临董《山水》册题字。仿文嘉《山水》轴。

十一月十六日　　星期日

临文嘉《半偈庵图》轴。

十一月十七日　　星期一

早授课。阅《故宫书画集》。

十一月十八日　　星期二

临文徵明小横幅。

十一月十九日　　星期三

早授课。阅画册。始升壁炉。

十一月二十日　　星期四

阅《壮陶阁书画录》。晚八时至博晨光家开会。

十一月廿一日　　星期五

早授课。下午斐[裴]文中①来。至郭绍虞家,留饭。

十一月廿二日　　星期六

临飞白书。

十一月廿三日　　星期日

八时进城,访邵锐。至金薤阁观篆书碑。至谭宅聚餐。四时回家。

十一月廿四日　　星期一

早授课。下午作《飞白考》。

十一月廿五日　　星期二

作《飞白考》毕。

---

①裴文中(1904—1982),河北丰南人。北京大学地质系毕业,法国巴黎大学博士。1937年回国后任职于实业部地质调查所,并在北大、燕大及北师大讲授史前考古学。

十一月廿六日　　星期三

早授课。展览飞白书。七时半国文学会在吾家开会。

十一月廿七日　　星期四

临唐寅《山水》轴。

十一月廿八日　　星期五

早授课。四时半历史研究会在邓之诚家开会。晚严群来谈。

十一月廿九日　　星期六

临唐寅《山水》。

十一月三十日①　　**星期日**

临唐寅《山水》轴。饶引之夫妇来。

---

①1941 年日记至此结束。1942 年缺。据《颂斋自订年谱》，"（1941 年）12 月 8 日，日美宣
战，日本宪兵接收燕京大学"。容庚"1942 年（壬午）4 月 21 日由（伪）北京大学聘为教授，
讲授甲骨文、金石学、文字学概要、说文四门课"。

一九四三年

一月

一月一日[①]　**星期五**

写《卜辞研究讲义》四页。下午孙海波、孙作云[②]来。

一月二日　**星期六**

写《卜辞讲义》四页。下午赴张玮茶会。阅画，姜实节《山水》卷、鲁治《花卉》卷甚佳。

一月三日　**星期日**

校甲骨文。阅画。罗惇曧来，同赴谭宅聚餐。

一月四日　**星期一**

早至北大上课，无学生，少坐乃归。顺道游琉璃厂。以崇祯刻本顾凝远《画引》校补《艺[画]苑秘笈》本缺页。写信与七妹。

一月五日　**星期二**

写信与屺望。阅《石鼓斋印鼎》、《石林》二书。下午至北大授课。编《金石学讲义》。

---

①是日题"三十二年元旦"。1943 年至 1946 年 2 月 26 日日记同记于一册。
②孙作云(1912—1978)，号雨庵，辽宁复县人。毕业于清华大学国文系及研究院，师从闻一多。1941 年受聘于伪北京大学文学院，任讲师。

一月六日　星期三

　　早至北大授课。四时至孙海波家食火锅，十时乃归。

一月七日　星期四

　　阅《来禽馆集》。写《金石学讲义》。下午至北大授课。梁启雄借金石书数种去。

一月八日　星期五

　　写《卜辞讲义》六页。

一月九日　星期六

　　写《卜辞讲义》二页。编讲义。

一月十日　星期日　大风

　　编《甲骨讲义》。十二时至庆林春聚餐。至通古斋谈，乃知前所购之觯乃伪造。近日作伪之技绝佳，无怪冯公度①辈大上其当也。六时邱穉请晚餐，十时乃归。

一月十一日　星期一

　　早为杨宗翰②书扇，笔头冰冻，天气极寒。至北大授课。

一月十二日　星期二

　　编《帖目》。下午至北大授课。

一月十三日　星期三

　　编《帖目》。至北大授课。下午逛土地庙，至骡马市购布百馀元。结算上年支出：家用七千八百一十二元四角，购置书籍、字画四千七百三十九元八角。

―――――――――

① 冯公度（1867—1948），名恕，浙江慈溪人。清末进士，曾任海军部参事、海军部军枢司司长、海军协统等职。民国后以实业和文物收藏著称。

② 杨宗翰（1901—1992），字伯屏，江苏镇江人。早年毕业于清华学校，留学哈佛攻读经济思想史。1924 年毕业回国，曾教燕京大学、辅仁大学、中国大学等校教授。时任中德学会中方会长。

一月十四日　星期四

游琉璃厂。校《帖目》。

一月十五日　星期五

校《帖目》。于省吾来，以王武花卉轴、《甲骨文编》、《卜辞七集》易其光作父戊卣，乃吾家旧物也。

一月十六日　星期六

校《帖目》。

一月十七日　星期日

校《帖目》。郭绍虞来，十二时至谭宅聚餐。

一月十八日　星期一

校《帖目》。至北大授课。

一月十九日　星期二

编《帖目》。下午至北大授课。

一月二十日　星期三

早至北大授课。编《帖目》。

一月二十一日　星期四

编《帖目》。下午至北大授课。访王静如，借《支那文化史迹》二函。访梁上椿。

一月二十二日　星期五

编《甲骨文讲义》。

一月二十三日　星期六

入冬以来，至今辰始大雪。编《卜辞讲义》。

一月廿四日　星期日

辰复大雪，至晚未止。编《甲骨讲义》。始食火锅。购小米乙包，价二百四十元。

一月廿五日　星期一

雪仍未止。编《甲骨讲义》。不复至学校监考。

一月廿六日　星期二

编《甲骨讲义》。下午至学校。雪止天晴。

一月廿七日　星期三

上午至学校,支薪四百七十元,年终加薪八百元,差强人意,然付小米一包已二百四十元矣。下午至琉璃厂还账。午高名凯来,留饭。

一月廿八日　星期四

冷甚。温度十三度,下冰点十九度①。编《金石学讲义》。至琉璃厂还账。下午至学校,取面乙袋,乘自行车而归。

一月廿九日　星期五

校《墨池编》。校《钦定重刻淳化阁帖》。

一月三十日　星期六

校《阁帖》。至琉璃厂还书账。复三弟、李贤、邓屺望信。

一月三十一日　星期日

阅试卷。十二时至谭宅聚餐。至老馆。以五十二元购得顾凝远《画引》,乃崇祯刊本《画苑秘笈》本,有缺页,且缺《蟋蟀在堂草》一卷。

二月

二月一日　星期一

阅试卷毕。

---

①此为华氏温标,冰点为32度。

二月二日　星期二

编《金石学讲义》。

二月三日　星期三

九时微雪。至北大取米、面。至土地庙购花五盆,点缀新年,化四元五角。打牌,赢四元。琨儿归自天津。

二月四日　星期四　除夕

收拾书室。

二月五日　星期五　癸未元旦

早瑞雪。至同馆各家拜年。三时至钱稻孙[1]、周作人、张伯桢家拜年,钱未见。写《金石学》"彝器"章毕。

二月六日　星期六

阅《图书集成·戎政典》,写"兵器"章。

二月七日　星期日

游琉璃厂。小野腾年、孙海波等来拜年。打牌,输五元。

二月八日　星期一

至张宗骞、王静如、小野腾年、梁上椿、孙海波、许世瑛[2]诸家拜年。郑骞、曾毅公、高名凯、杜让来。阅程瑶田《考古[工]创物小记》。

二月九日　星期二

逛琉璃厂。

二月十日　星期三

至郑骞、沈启无[3]、冯思、于思泊、洪业各家拜年。五时于思

---

①钱稻孙(1887—1966),浙江吴兴人。毕业于意大利国立大学。1910年回国,任北京大学教授、国立北京图书馆馆长。曾任伪北京大学秘书长、校长。

②许世瑛(1910—1972),字诗英,浙江绍兴人。许寿裳长子。清华大学研究院毕业,任教于镇江中学、燕京大学和辅仁大学。抗战胜利后随父赴台。

③沈启无(1902—1969),江苏淮阴人。1928年毕业于燕京大学国文系,与周作人过从甚密。曾任伪北京女子师范中文系教授和伪北大国文系主任。

泊来。

二月十一日　星期四

游琉璃厂。灯下校《帖目》。

二月十二日　星期五

校《帖目》。

二月十三日　星期六

访黄宾虹。游琉璃厂。校《帖目》。

二月十四日　星期日

访罗敷庵。十二时至春华楼聚餐。黄宾虹来观画。校《帖目》。

二月十五日　星期一

十时至张效彬家,三时乃归。访方雨楼[1]、陈保之。

二月十六日　星期二

请张效彬、于省吾、刘盼遂、孙海波、启功午餐。三时游琉璃厂。

二月十七日　星期三

编《帖目》。三时周怀民夫妇来。与周怀民、邱石冥游厂甸。

二月十八日　星期四

早访邱穉、王雪涛[2]、汪吉麟、胡继瑗。下午游厂甸,购乾隆再摹《淳化阁帖》等书数种。

二月十九日　星期五

早生克昭[3]、汪吉麟来,汪留午饭。三时游厂甸,购书数种。以

---

[1]方若(1869—1955),号雨楼,浙江定海人。富收藏,尤好古泉。画工石溪,古朴浑厚。曾任知府、永定河委员等职。

[2]王雪涛(1903—1982),原名庭钧,字晓封,河北成安人。1922年入北平艺术专科学校,齐白石弟子。1978年任北京画院院长。

[3]生克昭(1893—1975),字介明,山东滕县人。曾往京津等地请名家校阅审稿,历时十馀年刻印《续滕县志》五卷。

《南画大成》二册赠汪。

二月二十日　星期六

至琉璃厂还帖。理发。下午张星烺次女结婚,往贺。访福开森,游厂甸。

二月廿一日　星期日

访罗惇曧,游厂甸。写《卜辞讲义》二页。

二月廿二日　星期一

写《卜辞讲义》六页。

二月廿三日　星期二

写《卜辞讲义》四页。下午访赵承信。校《帖目》。

二月廿四日　星期三

早至北大授课,学生只一人,遂辍讲。阅《昭和法帖大系》。

二月廿五日　星期四

编《帖目》。

二月廿六日　星期五

编《帖目》。逛书摊。

二月廿七日　星期六

与李棪游海甸。访邓之诚、田洪都等,在陆志韦家饭。六时归,留李棪晚餐。

二月廿八日　星期日

编《帖目》。访罗惇曧,谭祖任请晚餐。

三月

三月一日　星期一

早访于思泊。至文奎购书数种。至北大授课,无一学生,阅

《支那文化史迹》乃归。下午与李枞游厂甸。校《帖目》。

三月二日　星期二

　　阅《汉器》，预备讲授。下午至学校，学生仅一人，未讲授。访倪玉书①，借得《兰亭图》一卷、黄宸画、高江邦《书画目箸录》，校周益王《兰亭图》。

三月三日　星期三

　　早雪，不至北大。校《二王帖》。

三月四日　星期四

　　校《二王帖》。下午至北大授课。

三月五日　星期五

　　校《二王帖》。下午于省吾来。

三月六日　星期六

　　校《二王帖》。下午访王雪涛。

三月七日　星期日

　　校《帖目》。上午访罗惇曧。关芝生来，赠以十元。

三月八日　星期一

　　早至北大授课。下午校《帖目》。

三月九日　星期二

　　校《帖目》。下午至北大授课。写"八大灵塔"四字，得润笔十元。

三月十日　星期三

　　上午至北大授课。下午临右军书。

三月十一日　星期四

　　校《帖目》。下午至北大授课。

---

①倪玉书（1903—1967），名宝麟，河北武清人。1918年赴京，在同益恒古玩铺当学徒，1939年与师弟陈鉴堂合伙开鉴宝古玩店。

三月十二日　　星期五

临《澄清堂帖》,校《帖目》。

三月十三日　　星期六

校《帖目》。访王雪涛,王为补全形彝器、《花卉》四页。

三月十四日　　星期日

早与李棪访罗惇曧。校《帖目》。山口常察请晚餐,在中日文化协会。

三月十五日　　星期一

早至北大授课。下午编《帖目》。

三月十六日　　星期二

早编《帖目》。下午至北大授课。

三月十七日　　星期三

上午至北大授课。下午临文徵明《古柏》卷。

三月十八日　　星期四

临文徵明《古柏》卷。下午至北大授课。访徐森玉。

三月十九日　　星期五

临文徵明《古柏》卷第二本,赠高名凯。卷原高七寸八分,广一尺四寸六分;题跋高七寸三分,广一尺五寸。

周怀民请晚饭,邱穉、侯少君在座。十时乃归。

三月二十日　　星期六

邱穉将开画展,为作小传。校《戏鸿堂帖》。

三月二十一日　　星期日

早陈邦怀①、徐鸿宝来。访杜让,复访倪玉书不遇。下午游琉璃厂,在国华堂取徐枋《山辉川媚》卷归。

①陈邦怀(1897—1986),字保之,江苏镇江人。早年研究甲骨文,1925年出版《殷墟书契考释小笺》。1954年受聘为天津市文史馆馆员。

三月廿二日　星期一

早至北大授课。下午校《汝帖》。访邱穉。

三月廿三日　星期二

早校《帖目》。下午至北大授课。李棪来。

三月廿四日　星期三

以六百元购得郑旼《山水》册,乃穰梨馆箸录者。早至北大授课。琬女归宁。

三月廿五日　星期四

下午至北大授课。午游琉璃厂。灯下录《钱通序目》。至金宅阅出售各种画谱。

三月廿六日　星期五

临《澄清堂帖》。以五百元购张穆《马》卷。

三月廿七日　星期六

临董其昌《水村图》卷。以四百二十元购得金宅书籍、画帖。

三月廿八日　星期日

早至中央公园访李炎玲。阅所购金宅书。

三月廿九日　星期一

早至北大授课。售金宅书,得三百一十元。阅《赖古堂集》。晚邱穉来。

三月三十日　星期二

早姚鉴①来。下午往访罗惇曧。售金氏书共得三百一十元,馀多种未售。

三月三十一日　星期三

早至北大授课。下午临董其昌《水村图》卷。

---

①姚鉴(1913—1979),字太坚,号茫子。姚茫父四子。毕业于清华大学、东京帝国大学文学院。原田淑人弟子。时任伪北京大学文科研究所考古组主任。

四月

四月一日　星期四

临董其昌《水村图》。阅《槐荫堂家训》。

四月二日　星期五

临董其昌《水村图》卷。

四月三日　星期六

临董《水村》卷。下午至北大开国文系恳亲会。

四月四日　星期日

临《水村》卷。孙海波来。晚北大教职员请日籍教职员于北大办公处聚餐。

四月五日　星期一

临《水村》卷。下午秦裕①来。夜无电灯,早睡。

四月六日　星期二

早预备功课。雨雪,温度四十五度。临《水村》卷毕。道路泥泞,不至校授课。写《卜辞研究》二页。晚至姚宅打牌。复升火炉。

四月七日　星期三

十时至北大授课。大风。下午写《卜辞》三页。

四月八日　星期四

上午写《卜辞》一页。下午至北大授课。访周仁。

四月九日　星期五

写"用器"章讲义。下午与于省吾游琉璃厂。

---

① 秦裕(1896—1974),原名秦裕荣,号仲文,河北遵化人。北京大学法政系毕业,参加中国画法研究会,专攻山水。先后任教于北平大学、京华美术学院、国立北平艺专。

四月十日　星期六

写讲义。下午四时琬与瑶至天津。访周仁,同至中央公园,观邱穉画展。

四月十一日　星期日

早撤煤炉。访罗惇㬊,取回江韬与谢兰生画。下午访黄宾虹。高名凯来。阅《汉书补注》。

四月十二日　星期一

早写"用器"章。下午至北大种地。余任第九组组长。自行车为日人汽车压坏,幸未受伤。

四月十三日　星期二

早写"用器"章。下午至北大种地。访于省吾、高名凯、赵承信。

四月十四日　星期三

早写"用器"章。下午至北大种地。

四月十五日　星期四

写"用器"章。周怀民来。

四月十六日　星期五

校《兰亭图》。访周怀民、黄宾虹。作《课馀画展感言》。

四月十七日　星期六　阴雨

记《兰亭图》。

四月十八日　星期日　早微雨　午后晴

编"用器"章。十一时访溥儒①。三时访周仁、黄宾虹。

四月十九日　星期一

早至学校,学生未至。为媛妹事访徐森玉、吴雷川、姚世光诸

---

①溥儒(1896—1963),字心畬。诗文、书画皆有成就。画工山水,兼擅人物等,与张大千、黄君璧合称"渡海三家"。

人。下午编"用器"章。

四月二十日　星期二

编"用器"章。下午至北大授课。

四月廿一日　星期三

早访吴雷川、黄一鸣。至北大授课。下午徐森玉来。编"用器"章。

四月廿二日　星期四

编"用器"章。下午至北大授课。访于省吾、许德英女士等,请撷英晚餐。

四月廿三日　星期五

早晨发见失窃,失去书室外木箱中《考古》十数册。别家亦有失去用物者。编"用器"章。下午溥儒来。

四月廿四日　星期六

早与溥儒同访于省吾,在新月午餐。游东安市场。五时周作人之母在嘉兴寺接三。灯下复三弟信。

四月廿五日　星期日

早写《溥儒传》。下午编"用器"章。因畏盗窃,移居书室。

四月廿六日　星期一

早访溥儒,至学校上课。访于省吾,留饭,同访汪溶。四时乃归。

四月廿七日　星期二

上午三四时失窃《考古》数百册。访孙海波、蔡一谔。下午至学校上课,因接学校通知放假而止。作"用器"章毕。复顾雍如信。

四月廿八日　星期三

上午至学校上课。下午阅画册。

四月廿九日　星期四

上午阅画册。下午至学校授课。访洪煨莲。

四月三十日　星期五

校郎邪王氏重刻《澄清堂帖》。晚打牌。

五月

五月一日　星期六

早临王羲之帖。鲍文蔚①来，同访邱石冥未遇。下午至北大史学系恳亲会。

五月二日　星期日　雨

早编《甲骨文讲义》。二时周作人之母在嘉兴寺开吊。

五月三日　星期一

早至北大授课。编《甲骨文讲义》。

五月四日　星期二

早孙海波来。校《滕县金石》。下午至北大授课。

五月五日　星期三

早访于省吾。至北大授课。下午至中南海任宅，购米百斤，价二百九十元，真可云米珠矣。

五月六日　星期四

临《智永千字文》一通。下午至学校取面。

五月七日　星期五

临《蜀素帖》一通。下午与于思泊同访黄宾虹、汪溶。

五月八日　星期六

临《米帖》十一纸。编"兵器"章。

---

①鲍文蔚(1902—1991)，江苏宜兴人。教育家，翻译家。1920年入北京大学，专攻西洋文学，译有《巨人传》、《罗曼罗兰传》等。

五月九日 星期日

写《卜辞讲义》八纸。

五月十日 星期一

早访于省吾,为作小传。至北大授课。下午游琉璃厂。灯下校《卜辞》。

五月十一日 星期二

临龚半千《山水》轴。下午至北大授课。

五月十二日 星期三

临《蜀素帖》三纸。因雨未至北大授课。下午阅画谱。晚打天九,赢一元馀。

五月十三日 星期四

临孙克弘《竹》三纸、唐寅《竹》一纸。下午至北大考试。访于省吾,借得弘仁《山水》册归。

五月十四日 星期五

编"兵器"章。

五月十五日 星期六

编"兵器"章。

五月十六日 星期日

编"兵器"章。焦振青来,以新出《攻吴王夫差监》拓本两器见示,以其一赠余。

五月十七日 星期一

早访于省吾。至北大授课,学生未来。与于同至中央公园,观溥儒画展,并游琉璃厂。

五月十八日 星期二

编"兵器"章。下午至北大授课。

五月十九日　星期三

早至北大,甲骨文班季中考试。下午编"兵器"章。

五月二十日　星期四

早编"兵器"章。下午至北大授课。访秦裕。苏估送王鉴《关山秋霁》轴来,说定价一千元。

五月廿一日　星期五

早仿[访]于省吾、秦裕。写"兵器"章毕。访徐养吾。

五月廿二日　星期六

早收拾书籍。临渐江《山水》一页。高景成来。

五月廿三日　星期日

临《米帖》。一时至孝顺食堂聚餐,餐费九元。访朱汝珍①年伯。高名凯来。编《卜辞讲义》。

五月廿四日　星期一

早访于省吾。至北大授课。访王世襄、蒋兆和,观蒋所作《流民图》,高七八尺,长七八丈,真前无古人。焦振青、萧寿田来。

附:为蒋兆和君题《穷民图》引②

杨啸谷

夫画为无声之诗。诗人善感,画人亦善感。吾于乡人蒋君兆和刻意所画现代《穷民图》,可得论焉。此图经始于壬午九月之初,完成于癸未重九,费银二万九千馀元,纸百九十枚。长九丈,范人九十馀名,中皆具有九数,其殆"厄逢阳九"欤!图中所画,无非穷措大之文人,穷愁抑郁之妇女,穷老尽气之髯翁,智穷力索之劳工,

①朱汝珍(1870—1943),字玉堂,号聘三,广东清远人。光绪三十年(1904)榜眼,授翰林院编修。擅书法。1929年移居香港,1942年避居北京。
②此为印刷品,夹于日记中,后登载于北平《实报》。

沾染疫厉、穷无所归之小儿，及牲畜种种。独出新法，穷形尽态，可谓极现代画人之能事。《易》曰"穷则变，变则通"，惟此穷而无告之民，深受世界大战影响，果能变则通否，尚属疑问。《书》曰"四海困穷，天禄永终"；《诗》曰"民今之无禄，天夭是椓。哿矣富人，哀此惸独"。然今之富人，不暇哀此固穷之君子，反同情于斯滥之小人。蒋君善感，欲仿吴道子之在成都画《地狱变象》，而使览斯图者，知所警惕；或启发其振穷之念，招集流亡，则自感感人，厥功至伟。吾故不能已于言，而为小引以题其端。

主办：中国生活文化协会
中华民国三十二年十月二十八日

五月廿五日　星期二

　　早写《卜辞讲义》四页。下午至北大授课。参观中法汉学研究所展览。

五月廿六日　星期三

　　早至北大授课。写《卜辞》二页，编《卜辞》。

五月廿七日　星期四

　　早编《卜辞》。下午至北大授课。访秦仲文。矢代幸雄[1]在北海董事会请晚餐，痛饮至醉。

五月廿八日　星期五

　　醉酒。早起呕两次，甚惫。下午编《卜辞》。

五月廿九日　星期六

　　编《卜辞》。

---

①矢代幸雄（1890—1975），日本美术史家，著有《日本美术大系》等。

五月三十日　星期日

张瑄、胡继瑗来。写对联七对。编《卜辞》。

五月三十一日　星期一

早至北大授课。拟试题。晚为八妹饯行。

六月

六月一日　星期二

九时送八妹南归。下午至北大授课。

六月二日　星期三

早至北大授课。下午编《卜辞》。

六月三日　星期四

编《卜辞》。下午至北大未授课。访秦仲文。灯下观恽寿平画，觉《四王吴恽》中所收恽画十九皆伪。

六月四日　星期五

观恽画。购薛珨《山水》册，六页，价六十元。王世襄来，以三百元购《画引》去。校铅字本《画引》。

六月五日　星期六

校《画引》毕，铅字本阙十一页。编《甲骨文》。谭祖任于昨日去世。

六月六日　星期日

编《甲骨文》。下午游琉璃厂。往谭宅吊丧。

六月七日　星期一　端午节

编《甲骨文》。校《圣教序》。

六月八日　星期二

编《甲骨文》。写讲义四页。

六月九日　星期三

编《甲骨文》。

六月十日　星期四

编《甲骨文》。下午至北大考试。临方方壶《小景》。

六月十一日　星期五

早临方方壶《小景》毕。临吴历《湖山春晓图》。

六月十二日　星期六

临吴历《湖山春晓》毕。编《卜辞》。

六月十三日　星期日

再临方方壶《小景》。陈保之、王世襄来。编《卜辞》。

六月十四日　星期一

早至学校考试。下午写《卜辞讲义》三页。周怀民来。

六月十五日　星期二

写《卜辞讲义》七页。

六月十六日　星期三

早至学校考试。下午仿渐江《山水》三页。

六月十七日　星期四

仿渐江《山水》四页。

六月十八日　星期五

早至悦古斋看画,钱沣《三马图》至佳,三秋阁中物也。临马湘兰《竹》轴。

六月十九日　星期六

胡嗣瑗来,留午饭。于省吾来,同游琉璃厂。

六月二十日　星期日

早校《高松竹谱》。下午编《卜辞》。

六月廿一日　星期一

至学校取四五月津贴,共一百四十元。访于思泊、胡嗣瑗、赵承信。下午写《卜辞》四页。

六月廿二日　星期二

写《卜辞》六页。

六月廿三日　星期三

写《卜辞》六页。

六月廿四日　星期四

阅试卷毕。为鲍文蔚书小幅。

六月廿五日　星期五

临《高松竹谱》。于省吾来。

六月廿六日　星期六

早至学校开院务会议。至于省吾家午饭,同访汪溶、黄宾虹。

六月廿七日　星期日

临《高松竹谱》。

六月廿八日　星期一

早访于省吾。至学校支薪。参观徐熹①画展。临《高松竹谱》。作《徐熹传》。

六月廿九日　星期二

早至中央公园访徐熹。下午临王鉴《山水》一页。

六月三十日　星期三

早访黄宾虹,假得唐寅《雪景山水》,临之。

---

①徐北汀(1908—1993),名熹,江苏吴江人。早年于宁、沪卖画课徒,1939年任伪北大文学院艺术研究会国画导师。后任北京工艺美术学校副教授。

七月

七月一日　星期四　早微雨

十一时至学校，取配给面。仿唐寅《雪景》毕。访黄宾虹。

七月二日　星期五

临王鉴《山水》一页。下午游琉璃厂。访秦仲文。七时宇野哲人①在大学办公处招饮。

七月三日　星期六

习字，阅苏东坡、米元章。下午访王静如。

七月四日　星期日

清理讲义。张瑄、赵承信太太来。下午临王鉴《山水》二页。公请宇野哲人，在大学办公处。访杜让，见丁云鹏《山水》，甚佳。

七月五日　星期一

早游琉璃厂。下午摹《高松竹谱》。接七妹信云，邓念慈表兄寄居吾家，于五月廿四日上午六时为盗击毙，惨极。亦可知吾邑治安之紊乱矣。晚饭后身体发热，静卧。

七月六日　星期二

发烧，静卧。

七月七日　星期三

烧退，病愈八九，尚感疲乏，喉痛。

七月八日　星期四

摹《高松竹谱》。吊谭祖任之丧。

①宇野哲人（1875—1974），日本文史学家，东方学先驱之一。东京大学名誉教授、东方文化学院主任。

七月九日　星期五

摹《竹谱》。晚七时朱鼎荣、何宝善来。

七月十日　星期六

摹《竹谱》毕。

七月十一日　星期日

访徐熹、梁上椿、蔡一谔、孙海波。下午临董其昌《山水》。

七月十二日　星期一

临《淇园肖影》十七页、米字三页。

七月十三日　星期二

阅画谱,临米字。

七月十四日　星期三

至大陆存款。临米字。

七月十五日　星期四

临王翚《竹溪图》。

七月十六日　星期五

王世襄、高名凯、周仁、邱穉来。复三弟信。

七月十七日　星期六

写对四付。清理书籍。

七月十八日　星期日

清理书籍。临《鹡鸰颂》。

七月十九日　星期一

清理书籍,加盖名印。

七月二十日　星期二

清理书籍,加盖名印。郭笋来。

七月廿一日　　星期三

清理书籍。临《鹡鸰颂》。阅钱基博[1]《韩愈志》。

七月廿二日　　星期四

清理书籍。临《草书千文》。璀归自天津。

七月廿三日　　星期五

高景成、高庆赐[2]来。临王廉州《小景》、《草书千文》。

七月廿四日　　星期六

胡继瑗来。临王廉州《小景》,画扇面二。

七月廿五日　　星期日

临汪肇《竹林》卷。

七月廿六日　　星期一

编《滕县金石志》。

七月廿七日　　星期二

编《滕县金石志》。

七月廿八日　　星期三

早至学校支薪,在校午饭。访于思泊,同游琉璃厂。以甲骨晒蓝拓本《殷契书契补释》易于吴荣光联一对。

七月廿九日　　星期四

早宋荔秋等来。内子往津徐婿处。编《滕县金石志》。

七月卅日　　星期五

在影印王石谷画册上试为加色,得四页。临米《宝真斋帖》。

---

[1]钱基博(1887—1957),字子泉,江苏无锡人。曾任教于无锡国专、浙江大学、蓝田国立师范学院。1946年后任教于武汉华中大学。
[2]高庆赐(1910—1978),河北遵化人。1932年毕业于燕京大学国文系。1941年后任教于北平第九中学、私立汇文中学,兼北大国文系讲师。

七月卅一日　星期六

早至学校取配给面。下午访罗惇曧。临米临[帖]。

八月

八月一日　星期日

写楹联十四付、横幅一。晚饭后访徐熹未遇,顺道游琉璃厂。

八月二日　星期一

为罗惇曧刻"复堪长寿"印。临米帖。

八月三日　星期二

访邱稺。临云林《小景》。孙海波来。临米帖。

八月四日　星期三

仿石谷《秋山萧寺》小幅。

八月五日　星期四

临《秋山萧寺》毕,仿《采菱图》小幅。

八月六日　星期五　阴雨

早与饶引之往中央公园参观启功画展。下午逛琉璃厂。

八月七日　星期六　阴雨

临石谷《竹溪高逸》小幅。琬女生一女。

八月八日　星期日　阴雨

访邱稺,赴谈艺雅集,半道遇大雨,未果。编《卜辞》。

八月九日　星期壹

编《卜辞》。三时于省吾来。

八月十日　星期二

至于省吾家,借明义士甲骨拓本。参观启功画展。下午编《甲骨文》。购文伯仁《松泉逸士图》轴,价三百元。校孙海波《三体石经集录》。

八月十一日　星期三

早访邱稺。写《卜辞讲义》三页。

八月十二日　星期四

张宗骞来。写《卜辞》三页。

八月十三日　星期五

写《卜辞》六页。

八月十四日　星期六

写《卜辞》二页。生克昭在撷英请晚餐。宋估送龚橙手札三十馀页来，索价百元。

八月十五日　星期日

张瑄来。写《卜辞》四页。

八月十六日　星期一

七时往天津探视琬女，并徐婿医馆。

八月十七日　星期二

晚九时自津回家。

八月十八日　星期三

早往北大取配给冰糖，得四两五钱，价四角五分，行得一身臭汗，亦苦矣哉！便道访胡继瑗、高名凯、于省吾。

八月十九日　星期四

清理书籍。访孙海波、周怀民。启功、张万里①来。

八月二十日　星期五

清理书籍。

------

①张万里(1911—1978)，名恺骥。毕业于北平国立艺专，擅花鸟，能篆刻，精鉴藏。故宫古画研究室花鸟组研究员，曾发起成立艺光国画传习所。

八月廿一日　　星期六

　　早访启功,七时乃归。内子归自天津。

八月廿二日　　星期日

　　录《颂斋文稿》。阅梁启超《三百年学术史》。

八月廿三日　　星期一

　　阅《学术史》。七时生克昭请同和居晚饭。

八月廿四日　　星期二

　　七时往综合调查所,并访陆志韦。十二时回家。编《卜辞》。

八月廿五日　　星期三

　　收拾书籍。

八月廿六日　　星期四

　　收拾书籍。

八月廿七日　　星期五

　　付璞、珊二女学膳宿费六百元,瑶四百元。收拾书籍。夜访徐宗浩。

八月廿八日　　星期六

　　早题鲁六年《北陛刻石》赠罗敦曧。校《古玉图》。于省吾来。临冯起震《竹》卷。

八月廿九日　　星期日

　　早访张万里、罗敦曧。临冯起震《竹》卷。胡继瑗来。编《滕县金石志》。

八月三十日　　星期一

　　至北大领薪。是月起加五十元,共津贴六百五十元。便道访金禹民[①]、胡佩衡[②]、启功、于思泊。下午徐宗浩来。

---

①金禹民(1906—1982),北京人,满族,姓马佳氏。师从寿石工,擅书法篆刻,尤精印钮雕刻。1939年为北京大学篆刻导师,1949年后任职于故宫博物院。
②胡佩衡(1892—1962),名锡铨,号冷庵,河北涿县人。北京大学画法研究会导师,并任教于北平师范大学、北平艺专等校,曾创办中国山水画函授学社、豹文斋书画店。

八月卅一日　星期二

画扇面二。下午伤风,休息。阅梁著《学术史》。

九月

九月一日　星期三

上午张宗骞来谈。阅《学术史》。

九月二日　星期四

临伪王原祁《山水》册七页。

九月三日　星期五

临王原祁《山水》册三页毕。

九月四日　星期六

早游琉璃厂。下午访张骕,得见武某文徵明《两谿图》、释弘仁《某寺图》,皆甚佳。得龚橙尺牍,三十馀页,价五十元。

九月五日　星期日

是日为予五十诞辰,因虎疫四城关闭,黯然度过。读《东塾集》,中有《与陈懿叔书》云:"澧亦自念,人之一生,岁月几何? 精神几何? 才智几何? 如我所好,一一为之,虽寿如彭祖不能毕其事,乃稍稍减损。有索诗者,则为诗,不摹仿古人诗矣;有索书者,则书字,不临写古人书矣。以为不得已应酬而已,自尔以来,二十馀年,不惟不学诗,不学书,乃并小学、音韵之属亦皆辍业,近年惟读经史,日有课程,如学童初入塾者,安得有馀力以学诗哉?"予近来颇好书画,亦当以此自戒,复归考古,庶不至顾此失彼乎。东坡诗:"多好竟无成,不精安用夥。"当书作楹联以铭座右。李椒来。

九月六日　星期一

编《甲骨文》。

九月七日　星期二

编《甲骨文》。游琉璃厂，购笔一支，十元；墨一锭，五元五角。

九月八日　星期三

八时访胡佩衡、吴雷川。至学校开院务会议。邱石冥请担任京学［华］美术学院功课，拟任金石美术，每周一小时。画扇面一，书扇面二。

九月九日　星期四

京华行开学典礼，并聚餐。高名凯、严群来。

九月十日　星期五

编《甲骨文》。

九月十一日　星期六

临汪洪度《五世读书图》。徐宗浩来，以画《竹》见贻。

九月十二日　星期日

临《五世读书图》毕。馆中李某用霍乱疾，幸未死，不然防疫消毒，不知将如何麻烦矣。

九月十三日　星期一

至学校领薪、取面，便道访于省吾。下午至琉璃厂购纸。临徐宗浩仿柯九思《竹》册三十六幅，有正书局所印乃得其半。晚饭后与家人出游大街，购果子，四元。

九月十四日　星期二

是月［日］中秋节。临《竹》册二十八幅。

九月十五日　星期三

临《竹》册八幅。同院李某疾笃，余避居京华美术学院，与邱穉同一室。

九月十六日　星期四

午往访院长周作人，拟不参与日人京汉线文化古迹调查事。

至北大授课。李某已逝,出殡完了。

九月十七日　星期五

午从京华回家。欣生堂送来对联一,是为出润格后第一次生意,遂即研墨写之。

九月十八日　星期六

九时至京华美术学院,授金石美术课二小时。

九月十九日　星期日

临《竹谱》第二本,得三十页。徐宗浩来。

九月二十日　星期一

早访于省吾。至北大授"卜辞研究"课。下午三时访洪业,同赴萧正谊之母蔡太夫人追悼会。

九月廿一日　星期二

早至京华学院取配给面。下午至北大授金石学课。访周学章、萧正谊,皆未遇。

九月廿二日　星期三

早访高名凯、于省吾。至文奎堂,购得《辽海丛书》本《皇清书史》、《画家知希录》二种,甚快,因在丛书中,不易得也。至北大授甲骨文课。下午徐熹来。

九月廿三日　星期四

早微雨。阅《皇清书史》。下午临王石谷《山水》轴。

九月廿四日　星期五

临王石谷《山水》轴毕。田聪来。

九月廿五日　星期六

早至京华授金石美术。下午编元胎寄存书目。

九月廿六日　星期日

编元胎书目。邱穉来。

九月廿七日　星期一

早至北大授课。编元胎书目。访吴继文大夫。

九月廿八日　星期二

刻"黄銎长寿"印,得润笔十八元,以购一笔洗。为亦鹤写扇面一。

九月廿九日　星期三

早访高名凯,至北大授课。下午至东城,取徐丰还款一千元。访王世襄,借得《十百斋书画录》。校王抄本《书画录》一卷。

九月三十日　星期四

校王抄《书画录》三卷。下午至北大授课。

十月

十月一日　星期五

校《书画录》四卷。

十月二日　星期六

校《书画录》二卷。阅《经史喻言》。早至京华上课。

十月三日　星期日

临柯敬仲《竹谱》四幅。一时至庆林春聚餐。访周怀民,游琉璃厂。

十月四日　星期一

早访王世襄,借《十百斋书画录》。至北大授课。临《智永千文》两页。姚鉴来。

十月五日　星期二

校《十百斋书画录》。下午至北大授课。访秦仲文。

十月六日　星期三

访于省吾、高名凯。至北大授课。下午访赵汝谦①、齐之彪②，均未遇。校《十百斋书画录》。

十月七日　星期四

访金禹民。下午至北大授课。临王石谷《山水》卷。

十月八日　星期五

临王石谷《山水》卷。

十月九日　星期六

至京华上课。临王石谷《山水》卷毕。

十月十日　星期日

收拾书室。罗惇曧、齐之彪、赵汝谦、寿玺、徐熹、金禹民六人来吾家聚餐。临华岩《山水》。

十月十一日　星期一

临华岩《山水》轴毕。校《十百斋书画录》。

十月十二日　星期二

写扇面一。下午至北大授课。访赵承信。

十月十三日　星期三

早访启功、张效彬、于省吾。至北大授课。下午仿文嘉《山水》轴。

十月十四日　星期四

仿文嘉《山水》毕。下午至北大授课。

十月十五日　星期五

临鲁治《山水》轴。下午与饶太往肉市，购小米百五十斤，价四

---

①赵君愚（1894—1967），字汝谦，江苏兴化人。曾任交通部候补主事、电政法规编纂会编纂、交通史编纂会协修、北平市政府文书科科长等职。
②齐之彪（1881—1954），号景班，正蓝旗蒙古人。曾任国民政府交通史编纂委员会纂修、故宫博物院秘书、北京市文史馆副馆长。

百元。往大陆银行押款七百五十元。赴欧阳湘嫁妹茶会。

十月十六日　星期六

早至京华授课。临张宏《山石》册。

十月十七日　星期日

临张宏《山石》册。连日购小米千二百元,每斤二元六七角。

十月十八日　星期一

早访于省吾、高名凯。至北大授课,因昨日运动会补假一天。临张宏《山石》册。

十月十九日　星期二

临张宏《山石》册。下午领北大学生至故宫参观,乃知余之专门委员已取消。幸有赠券,尚能领学生进去耳。

十月二十日　星期三

早至北大授课。下午临张宏《山石》册。

十月廿一日　星期四

临张宏《山石》册毕。下午至北大授课。游东安市场,购得《万木草堂藏画目》。

十月廿二日　星期五

临鲁治《山水》轴。

十月廿三日　星期六

早至京华上课。下午临鲁治轴。

十月廿四日　星期日

临鲁治《山水》毕。

十月廿五日　星期一

编《滕县金石志》毕。学校放假。

十月廿六日　星期二

访张玮、生克昭。校《十百斋书画录》。学校放假。

十月廿七日　　星期三

早访王世襄。至学校支薪,学生未上课。访于省吾,留饭。李棪来。

十月廿八日　　星期四

醉经堂以恽南田《花卉》册求售,议价未谐。下午至学校上课。胡继瑗、李棪来。

十月廿九日　　星期五

恽册以五百四十元购得。临王玖《冰洞》卷。购小米二百斤,价五百二十四元。

十月三十日　　星期六

至京华上课,未有学生,停课而归。临《若冰洞》卷。至太庙参观蒋兆和《众象图》卷,高九尺,长九丈,仿《流民图》意,诚巨观也。访杜博思。

十月三十一日　　星期日

临《若冰洞》卷。

十一月

十一月一日　　星期一

早至北大授课。临《若冰洞》卷毕。

十一月二日　　星期二

校《十百斋书画录》。下午至北大授课。访王学勤、周仁。

十一月三日　　星期三

上午至北大授课。售恽册与于省吾,得价二千二百元,及吴伟画册、陈澧联。

十一月四日　　星期四

阴雨,未至学校。校《十百斋书画录》。以《三字石经》校《石文编》。

十一月五日　星期五

临文嘉《兰花》册。

十一月六日　星期六

早至京华授课。与高名凯、严群游琉璃厂。

十一月七日　星期日

阅《兰亭图》。下午访于省吾。为刘枢书联一。

十一月八日　星期一　初升炉

早至北大授课。下午仿文嘉《山水》小幅。

十一月九日　星期二

仿文嘉小幅毕。下午至北大授课。访秦仲文。阅《承晋斋积闻录》、《兰言四种》。

十一月十日　星期三

上午至北大授课。下午往购小米。校《滕县金石志》。

十一月十一日　星期四

校《滕县志》。下午至北大授课。

十一月十二日　星期五

游琉璃厂。在论文斋取回沈周《吴门十二景》册，甚佳，即钩其稿。

十一月十三日　星期六

临《吴门十二景》册，得六景。购小米二百斤。

十一月十四日　星期日

临《吴门十二景》，夜深乃毕。正午至罗惇曼家聚餐。徐熹来。

十一月十五日　星期一

至于省吾家，假归恽册。至北大授课。伤风。校《十百斋书画录》。

十一月十六日　　星期二

阴雨。校阅恽画。校张庚《图画精意识》。

十一月十七日　　星期三

早访于省吾。至北大授课。售所印书于修绠堂,得四百六十七元。

十一月十八日　　星期四

为生介明画扇,临恽南田《松树》。十一时至学校取面,授课。游东安市场。访胡继瑗,假文徵明《双树图》归。

十一月十九日　　星期五

临《双树图》两本。仿[访]周怀民。

十一月二十日　　星期六

早至京华上课。访于省吾,取恽册款。游琉璃厂,购金锭一两,价一千七百七十元。阅《兰言四种》。

十一月廿一日　　星期日

临恽南田《花卉》册四纸。胡继瑗来。

十一月廿二日　　星期一

早至北大上课。临南田《花卉》二纸,未佳,投之字簏。

十一月廿三日　　星期二

早阅书画书。下午至北大授课。在论文斋取王石谷册、石涛卷回家。

十一月廿四日　　星期三

早至北大上授课。下午访杜博思,观所藏画。访于思泊。

十一月廿五日　　星期四

早观画,记《墨井画表[跋]》。下午至北大授课。访胡继瑗。

十一月廿六日　　星期五

前假得方清霖所藏王时敏《江山无尽图》卷,用秃笔皴擦,未能惬意。今晨细辨,实是真迹,用笔、用墨皆似董文敏,乃中年之笔。
戏诌二十八字以自讪,五十年来未曾一作韵语也:

> 大智如愚岂出奇,古人神韵几人知。梦想十年烟客迹,惊
> 倒真龙下降时。

临大涤子《山水》卷。访吴镜汀①。

十一月廿七日　　星期六

临大涤子卷。至京华授课。访周仁、吴熙曾。吴至吾家观画,
最赏恽南田《山水》册。

十一月廿八日　　星期日

临大涤子卷。访邱穉。

十一月廿九日　　星期一

早访张玮、于思泊。至北大授课。下午访孙海波、柯昌泗。

十一月三十日　　星期二

早书联一、堂幅一。接汪骕②信,问吾家所藏墨井,万二三千元
可出让否?答以须万五千元。下午至北大上课。访秦裕,见一墨
井,价五千元,甚佳,携以归家,审为真迹,拟购之。

十二月

十二月一日　　星期三

早至北大季中考试。访汪士元③于东四六条。临大涤子卷。

---

①吴镜汀(1904—1972),名熙曾,浙江绍兴人。1918年入北京大学附属中国画研究所。曾
　任国立艺专讲师,1936年升任中国画学研究会评议,任教于京华美术学院。
②汪骕,时任大陆银行驻燕京大学办事处主任。
③汪士元(1877—?),字向叔,斋号麓云楼,江苏盱眙人。光绪三十年(1904)进士。收藏家、
　书画家、政治家,著有《麓云楼书画记略》。

十二月二日　星期四

临大涤子卷毕。下午至北大授课,微雪,归。便道至广化寺访溥儒未遇。

十二月三日　星期五

与论古斋订实吴历《山水》轴,价三千元。收拾书室。下午三时汪士元来访,观所藏画。临江韬轴。

十二月四日　星期六

早至京华上课,取上月薪金十六元,付面四十斤,价四十五元二角,真世人无如食饭难矣。访汪士元。临江韬轴。访秦裕。

十二月五日　星期日

临江韬《天池石壁》轴毕,盖将以千五百元售与高名凯者。琬女归宁,即日回津。

十二月六日　星期一

访于思泊未遇。访高名凯。至北大授课。校《十百斋书画录》。

十二月七日　星期二

游琉璃厂。下午至北大,因学生至教署听讲,未授课。访于思泊、溥儒。

十二月八日　星期三

早访高名凯。至北大授课。临戴进《湖山结夏》轴。

十二月九日　星期四

临戴进轴。下午至北大授课。游琉璃厂。

十二月十日　星期五

临戴进轴毕。下午访周仁,言余所购吴历轴为伪,细辨仍真。写扇面二。

十二月十一日　　星期六

早至京华授课,下午访秦裕。至中法汉学研究所听孙子书①演讲傀儡戏。

十二月十二日　　星期日

草《周怀民画评》一文。访杜博思。正午至齐之彪家聚餐。胡继瑗、郭竿来。

十二月十三日　　星期一

早至北大授课。论古斋之吴历轴审为伪作,还之。购陈洪绶绢本《花卉人物》册,十页,价一百六十元,乃三十一岁时所作。

十二月十四日　　星期二

下午至北大授课。灯下临李流芳《山水》卷。

十二月十五日　　星期三

早至北大授课。下午游琉璃厂。

十二月十六日　　星期四

早访温廷博。下午至北大授课。访胡继瑗。阅《钵庵忆语》、《唐伯虎集》。

十二月十七日　　星期五

写《卜辞讲义》四页。访田聪,看画。

十二月十八日　　星期六

早至京华授课。写《卜辞》二页。

十二月十九日　　星期日

写《卜辞》四页。

十二月二十日　　星期一

早至北大授课。校《十百斋书画录》。

---

①孙楷第(1898—1986),字子书,河北沧县人。1928年毕业于北京师范大学,1931年受北平图书馆委派东渡日本访书,1945—1952年任北京大学、燕京大学教授。著有《傀儡戏考原》。

十二月廿一日　　星期二

温廷宽①来。下午至北大授课。阅陈洪绶《宝纶堂集》。

十二月廿二日　　星期三

早下雪,未至学校,下午尤大。写《卜辞》六页。

十二月廿三日　　星期四

写《卜辞》六页。

十二月廿四日　　星期五

写《卜辞》三页。蒋兆和与萧方骏之女重华在尚友会订婚,往观礼。

十二月廿五日　　星期六

早至京华授课。下午写《卜辞》三页。

十二月廿六日　　星期日

上午阅画。访吴熙曾。下午游琉璃厂。生克昭来。

十二月廿七日　　星期一

早访于省吾。至北大授课。与饶太同往购煤,未得。

十二月廿八日　　星期二

早往购煤,亦未得。下午访秦裕。至北大授课。编《甲骨文讲义》。

十二月廿九日　　星期三

早大雪,至北大授课。下午周仁来,同游琉璃厂。为虹光阁邱某写横额,请致美斋晚餐。

十二月卅日　　星期四

寄民众图书馆书六种。下午至北大授课。阅陈洪绶《宝纶堂集》。写扇面一。

①温廷宽(1919—1997),别名景博,北京人,满族。1940 年毕业于北京艺术专科学校雕塑系。曾任教于北京师大、北京艺专、京华美专、中央大学。

十二月卅一日　星期五

往购煤未得。写堂幅一。郭笋来。游琉璃厂。结算本年家用一万四千一百五十一元,购置一万〇五百七十二元八角。

是年所购书画之佳者:查士标《兰亭觞咏图记》册,价百二十元;郑旼《山水》册,六百元;张穆《八骏图》卷,五百元;王鉴《关山秋霁》轴,千元;文伯仁《松阴逸士》轴,三百元;沈周《吴门十二景》册,三千元;陈洪绶《花鸟人物》册,百六十元;吴伟《山水人物》册,千八百元。

一九四四年

一月

一月一日①　星期六

临顾胤光摹黄子久《浮岚暖翠图》卷。

一月二日　星期日

临顾卷。

一月三日　星期一

临顾卷。晚至翠花街中日文化协会,北大教职员聚餐。

一月四日　星期二

临顾卷。下午至北大授课。

一月五日　星期三

早至北大授课。下午临顾卷。

一月六日　星期四

早往购煤,未得。访孙海波、吴雷川。下午至北大授课。临查士标《溪山深处》卷。

一月七日　星期五

临顾卷毕。仿[访]张子幹,游琉璃厂。

---

①是日题"三十三年元旦"。

一月八日　星期六

临查卷毕。仿[访]吴熙曾。写《陈洪绶传》,观其《作饭行》,何其与今日情况恰合也,录之慨然。

一月九日　星期日

早胡佩衡来,托写字,致笔润百元。启功来,留饭,假朱昂之画册去。写小堂幅三条。

一月十日　星期一

早访高名凯。至北大授课。下午写对联二、横幅一。复七妹、三弟信。是日三弟举一男,名尚。

一月十一日　星期二

写对一、屏条二。校《十百斋》戌卷。刻"胡氏佩衡"、"冷盦"二印。

一月十二日　星期三

早至北大,未授课。访于省吾,留饭,饭后同访秦裕。喉微痛,早睡。

一月十三日　星期四

拟试题。下午访胡佩衡。至北大考试钟鼎文班。在文奎堂假得《珊瑚木难》钞本,以校刻本,是正误字不少。

一月十四日　星期五

编《甲骨研究讲义》。一时于省吾来,同游琉璃厂。访孙海波未遇。校《珊瑚木难》。

一月十五日　星期六

早至师范大学访孙海波,托购煤块一吨,价七十四元。校《珊瑚木难》一、二两卷毕。

一月十六日　星期日

阅试卷。访严群。

一月十七日　星期一

访于省吾、高名凯。至北大,考卜辞研究班。阅试卷。

一月十八日　星期二

阅试卷。下午至北大,考金石学班。与于省吾同至故宫图书馆,查《石渠宝笈》三编所录孙龙画。

一月十九日　星期三

早访启功。至北大,考甲骨文班。阅试卷。在醉经堂购吴熙载篆书四屏,价五十元。

一月二十日　星期四

阅试卷毕。访吴熙曾。校《珊瑚木难》卷三毕。

一月廿一日　星期五

写联帖三付。临倪瓒《六君子图》,赠张瑄。琨儿归自天津。

一月廿二日　星期六

早访启功。至北大支薪。三时欧阳湘在孝顺会馆结婚,往道贺。校《珊瑚木难》。

一月廿三日　星期日

小雪。理发。至谢国桢家聚餐。访黄宾虹。至琉璃厂付书账。

一月廿四日　星期一

上午临沈石田《风景》册三纸。下午至学校支薪,至六时乃得。访于思泊。

一月廿五日　星期二　甲申元旦

与同馆各家拜年。临沈册六纸。

一月廿六日　星期三

临沈册三页,是册毕,又临《随兴》册二页。

一月廿七日　星期四

临《随兴》册七页。孙海波、郑骞、张瑄、张宗骞来拜年。至老馆张伯桢〈家〉拜年。

一月廿八日　星期五

至银行存款。便道游琉璃厂。清理书画。交竹实斋代售临沈周《山水》册一页。

一月廿九日　星期六

临石田《山水》册二页。下午游厂甸,在玉池山房见吴伟《山水》册,甚佳,惜囊空未能得。在宾古堂假得胡义赞《笔记》一册归,灯下录之,约四千言。购零种书数册。

一月卅日　星期日

录胡义赞《笔记》毕。访周作人。下午游厂甸,在玉池山房假得吴小仙《山水》册归,审为伪作,然布局甚佳,灯下临得一页。

一月卅一日　星期一

临吴小仙《山水》册七页,毕。胡继瑗、张万里来。琨儿回津。

二月

二月一日　星期二

访冯思、于省吾、胡继瑗。下午游琉璃厂,在竹实斋购得何大昌《花鸟山水》十二册,审是明人,唯不见于书耳。上题"漆园八十五叟"。漆园之地有三:一在山东荷泽,一在河南商邱,一在安徽定远,俟于志书中求之。

二月二日　星期三

至北平图书馆,查荷泽、商邱两县志,均未见何大昌其人。校《珊瑚木难》卷四毕。访赵承信。

二月三日　星期四

雪。售来薰阁书,六百元。临沈石田《山水》一页。又临项孔彰《独树图》、刘珏《山水》小幅，皆不佳。

二月四日　　星期五

早阅《畏庐论文》。下午游厂甸。灯下临张宏《山水》卷。

二月五日　　星期六

早临张宏卷。下午访郑因伯、沈启无、秦裕。售书与五洲书局，得五百馀元。六时至森隆聚餐。

二月六日　　星期日

早访严群、张宗骞。下午游厂甸。购明人临本《圣教序》及拓本《圣教序》，价百五十元。

二月七日　　星期一

临张宏《山水》卷。下午退《圣教序》拓本，价三十五元。游厂甸。访高名凯。至北大交面款。往五洲书局取款。访邱穉。

二月八日　　星期二

早访吴熙曾。下午游厂甸。灯下校《珊瑚木难》。璞、珊上学校，学膳宿费共千元。

二月九日　　星期三

早梁启雄来。临张宏《山水》卷。瑶上学校，学膳宿费七百元。

二月十日　　星期四

临张宏《山水》卷。

二月十一日　　星期五

临张宏《山水》卷。

二月十二日　　星期六

临张宏《山水》卷。

二月十三日　　星期日

临张宏《山水》卷毕。下午游琉璃厂。访徐宗浩，得见刘珏《山水》卷，甚佳。鉴光阁送《竹溪图》轴来，亦佳。灯下校《十百斋》亥卷,全书完。

二月十四日　星期一

早访于省吾。至北大,未升炉,未上课。下午游琉璃厂。夜邱穉招饮。

二月十五日　星期二

早售书,得五百元。下午至北大,未授课。归游厂甸。访周怀民。

二月十六日　星期三

早临文徵明《竹溪图》。下午往银行,取八妹款。至东安市场,购《历代题画诗》,价百六十元,久候乃归。中有坏版,灯下补之。

二月十七日　星期四

早临文徵明《竹溪图》,未毕,为估人取回。校补《题画诗》缺字毕。

二月十八日　星期五

早临沈周画册一页。下午游厂甸。灯下节录《信斋书画记》三页。

二月十九日　星期六

节录《信斋书画记》二十三页。

二月二十日　星期日

节录《信斋书画记》二十六页。

二月廿一日　星期一

早访于省吾、高名凯。至北大授课,学生未到。录《信斋书画记》二十页,全书毕。

二月廿二日　星期二

早生克昭、高景成来。下午至北大,未授课。访王述勤、洪业。校《滕县金石记》,写稿。

二月廿三日　星期三

早访方雨楼。至北大,未授课。下午阅《题画诗》,校《珊瑚木难》。

二月廿四日　星期四

早游琉璃厂。下午至北大,未授课。访秦裕。阅《篆书歌诀》。

二月廿五日　星期五

上午至门头沟煤矿公司购煤。访赵承信。下午清理《十百斋书画记》,付装订。写对联二、横幅一。高景成来。灯下补临文徵明《竹溪图》毕。

二月廿六日　星期六

上午访邱穉。再临文徵明《竹溪图》,毕第二纸。复三弟、七妹信。校《珊瑚木难》卷五毕。

二月廿七日　星期日

上午假得徐宗浩所藏刘珏《安老亭》卷,临未毕,灯下索归。

二月廿八日　星期一

上午至学校授课。下午修改《飞白书考》。

二月廿九日　星期二

上午修改《飞白书考》。下午至北大授课。访秦裕,阅《清河书画舫》。

三月

三月一日　星期三

早访于省吾。至北大授课。下午写《吕荣耀墓碣》。灯下阅王奉常题跋。

三月二日　星期四

早修改《飞白考》。下午至北大授课,并开院务会议。徐宗浩赠诗云："论画评书意独亲,十年同浣洛京尘。足音空谷跫然喜,君亦平生爱竹人。""癖画成痴亦可怜,乱离供养只云烟。荷君相谅防微意,免损衰翁一夜眠。"

和之云："水竹云山记偶亲,廿年投笔走京尘。评量金石寻常事,每愧人称作画人。""书画搜藏只自怜,里居沦陷半成烟。如何君竟痴于我,假去完庵未得眠。"

三月三日　星期五

将前诗题于《竹溪图》上,以赠徐宗浩。校《飞白考》。

三月四日　星期六

校《鸟书考》。周怀民来。至京华,未授课。售邃雅堂书六百元。校《飞白考》。

三月五日　星期日　大风

校《珊瑚木难》二卷。

三月六日　星期一

早至文奎堂,取《五十万卷楼书目》。访高名凯。至北大授课。售新书与来薰阁,共一千四百七十元。阅《书目》。

三月七日　星期二

早校《珊瑚木难》,全书毕。大风,未至学校。录《竹懒画剩》卷二,刻本所未有也。

三月八日　星期三

早访高名凯。至学校,学生开会,未授课。下午至三阳金店,以八妹存款一千三百八十元,购金戒指三只,重五钱七分五厘。顺至东安市场购书数种。晚饭后访黄鋈闲谈。(金合码疋四钱九分三厘。)

三月九日　星期四

校《甲骨叕存》。下午至北大授课。访秦裕,携归杨晋《山水》

册,价八百元。

三月十日　星期五

　　早游琉璃厂。下午访周康元、梁上椿(以《岩窟吉金图录》见贻)、柯昌泗、孙海波。

三月十一日　星期六

　　九时至京华,未授课。周作人召集国文系同人谈话,报告沈启无辞主任事。下午访周怀民、吴镜汀、周[张]子幹。服咳嗽药。校《殷契续编校记》。巢章甫①寄赠书二种。

三月十二日　星期日

　　早斿琉璃厂。十二时至谭宅聚餐,赵汝谦主持。四时于省吾来。

三月十三日　星期一

　　孙中山纪念日,学校补假。临杨晋《山水竹石》册八页。

三月十四日　星期二

　　临程嘉燧《寒原远岫》轴。下午访启功、秦裕。至北大授课。

三月十五日　星期三

　　肋痛,往施今墨处诊脉。至北大授课。下午启功来,借沈周《吴门十二景》册去,为题仲生叔《花卉》扇面。编《名画家记》,约得百人(易名《清赏录》)。

三月十六日　星期四

　　编《名画记》。下午至北大授课。

三月十七日　星期五

　　编《名画记》。肋痛,服药三剂,略愈。

三月十八日　星期六

　　编《清赏录》。下午三〈时〉王平在六国饭店结婚,往贺。

---

①巢章甫(1912—1957),名巢章,字章甫,室名海天楼,江苏武进人。工书画,善山水,精篆刻。存世有《海天楼藏秦汉印谱》、《静观自得斋藏印》等。

三月十九日　星期日

编《清赏录》。论文斋送来徐幼文《谿山无尽》卷，甚佳，价高未能得。周作人与沈启无龃龉，周印《破门声明》云：

> 沈杨即沈启无，系鄙人旧日受业弟子，相从有年，近来言动不逊，肆行攻击，应即声明破门，断绝一切公切〈私〉关系。
>
> 详细事情如有必要，再行发表。周作人启，三月十五日。

亦教育界中怪事也。

三月二十日　星期一

早访启功。至北大授课。下午编《清赏录》。

三月廿一日　星期二

上午编《清赏录》。下午至北大授课。访秦仲文、王易门①。

三月廿二日　星期三

上午访于省吾。至北大授课。下午游琉璃厂。灯下编《清赏录》。

三月廿三日　星期四

写对一。下午至北大授课。访秦裕、梁上椿。编《清赏录》。梁言吉日壬午剑出于五台山东闾村。

三月廿四日　星期五

早访于省吾。编《清赏录》。

三月廿五日　星期六

早至京华，未授课。周怀民来。临钱谷《山水》。

三月廿六日　星期日

临钱谷《山水》长幅毕。严群来。

三月廿七日　星期一

阴雨，未至学校。阅恽画。下午录《竹懒画媵》卷二毕。

---

①王易门（1894—1969），名宏，河北深泽人。早年学法政，曾任县长，后改学医。1931 年后悬壶北平，擅长儿、内、妇科。曾任教于华北国医学院。

三月廿八日　星期二

节录《紫桃轩又缀》卷四。下午至北大授课。编《清赏录》。

三月廿九日　星期三

编《清赏录》。上海估人严鹏来,购去沈周《芍药》卷、恽寿平《山水》八册,价七千七百元。斿琉璃厂。

三月三十日　星期四

往海甸,访陆志韦、李荣芳。编《清赏录》。

三月三十一日　星期五

编《清赏录》。严鹏、孙仲渊[1]来,购画未成。

四月

四月一日　星期六

编《清赏录》。观孙仲渊藏画。访于省吾、秦裕。

四月二日　星期日

编《清赏录》。写对联二付。

四月三日　星期一

九时至北大劳作。下午斿琉璃厂。在通古斋购古铜勺一,价百三十元。编《清赏录》。购金二两,价四千九百元。

四月四日　星期二

阴雨。编《清赏录》。

四月五日　星期三

早往农学院种树。下午游琉璃厂。

---

[1]孙仲渊(1901—1972),江苏吴县人。与其兄伯渊、弟季渊继承家传刻石拓碑之业。曾任上海市文史研究馆馆员。

四月六日　星期四

阴雨。编《清赏录》。

四月七日　星期五

游隆福寺书肆。访沈启无。

四月八日　星期六

编《清赏录》。下午四时蒋兆和在北京饭店结婚，往观礼。复七妹及麦凌霄信。

四月九日　星期日

编《清赏录》。十二时至庆林春谈艺聚餐。至张延祝家看画，无佳者。访傅芸子、周学章。

四月十日　星期一

阴雨，未至学校。编《清赏录》。

四月十一日　星期二

前所云《清赏录》，意欲选录百名画家为之。月来工作只作得《历代箸录画目》续编耳。下午至学校，因学生挖防空壕停课。访秦裕、于省吾。游隆福寺，参观吴幻孙［荪］①画展。晚间访黄鉴。

四月十二日　星期三

早至北大授课。下午修绠堂送黄道周书《孝经》卷来，审为伪作，还之。又送王翚《山水》卷来，甚佳。

四月十三日　星期四

作《秦裕小传》。携王卷访秦裕，秦细阅谓远山数重为妄人后加，诚然。至北大授课。还王卷于修绠堂。

四月十四日　星期五

收拾书籍，移至书房工作。下午游琉璃厂，购铜甋之上半，价

---

①吴幻荪(1905—1975)，原名哲生，号荪荩，北京人。早年参加湖社画会，致力于山水画写生融合西法。曾任教于北京艺专、中央美院、中央工艺美院。

四百元。晚间访孙海波,晤刘盼遂。

四月十五日　星期六

九时至京华授课。下午以原本《藏弆集》校道光翻本,缺去八十札,且有讹误及错简。

四月十六日　星期日

编《著录画目补》。访张子幹。

四月十七日　星期一

早至北大授课。访启功。下午斿琉璃厂,售新印书四百馀元。编《画目》。

四月十八日　星期二

九时半与启功访孙仲渊。下午至北大授课,遇雨。编《画目》。

四月十九日　星期三

早访于省吾、高名凯。至北大未授课。下午访陈鋆。编《画目》。后墙塌下。

四月二十日　星期四

上午访陈锹,以千元购顾凝远、姚允在、张宏、吴时、郑重五金扇面。下午至北大季中考试。访秦裕、胡继瑗。编《画目》。

四月廿一日　星期五

上午访陈鋆。编《画目》。

四月廿二日　星期六

编《画目》毕。晚七时徐丰与琬女、巧孙自天津来。

四月廿三日　星期日

编《画目》及《清晖阁题跋》。

四月廿四日　星期一

早徐丰、琬女回津。访高名凯。至北大授课。斿琉璃厂。

四月廿五日　星期二

早编《画目》。下午至北大授课。访秦裕。

四月廿六日　星期三

早编《画目》。微雨,未至学校。下午二时访陈鋆,购翁方纲题仿文徵明扇面一,价百五十元。

四月廿七日　星期四

早访陈鋆,未起。编《画目》。下午至北大授课。观溥松窗[1]师生画展。

四月廿八日　星期五

早至工务局及北大。下午再往参观溥佺画展。访赵承信。

四月廿九日　星期六

早至京华,偕同学数人回家观画。吴熙曾来。阅谢肇淛《五杂组》。

四月三十日　星期日

访邱穉、周仁、吴熙曾,约其晚餐。吴因寓所未定,移寓吾家。

五月

五月一日　星期一

早至北大授课。下午观吴作画。自临王圆照仿云林《小景》册。

五月二日　星期二

孙仲渊、严长卿[2]来,购恽南田《花卉》、吴小仙《人物》册,价三万六千一百元。下午至学校授课。约孙、严等在春华楼晚餐,六人

---

[1]溥松窗(1913—1991),本名爱新觉罗·溥佺,北京人,满族。
[2]疑即严鹏,待考。

共化二百三十餘元。

五月三日　星期三

早至学校授课。访倪玉书。下午五时往中德学会茶会。

五月四日　星期四

早斿琉璃厂。下午至北大授课。

五月五日　星期五

购平丰金二两,价五千五百六十元;购三阳金五两,价一万四千二百元。下午斿琉璃厂书肆。访赵汝谦,为修墙事。

五月六日　星期六

早至京华授课。下午胡继瑗来。理发。

五月七日　星期日

早访倪玉书,拟购栾书金字缶,索价一万五千元,还以一万元,未成议。访罗惇曧、邱穉,请晚餐。

五月八日　星期一

修墙。上午访高名凯。至北大授课。下午访柯昌泗、黄宾虹。访赵汝谦未遇。邱穉来,留饭。

五月九日　星期二

早临文徵明《山水》轴。下午至北大授课。吴熙曾回家去。晚斿琉璃厂。

五月十日　星期三

早至北大授课。下午编《书画目》。购季宫父簠,价一千四百元。

五月十一日　星期四

编《书画目》。下午至北大授课。访倪玉书,购子父癸簋,价四千元。访吴熙曾。

五月十二日　星期五

早斿琉璃厂。编《画目》。

五月十三日　星期六

编《画目》。斿琉璃厂。

五月十四日　星期日

雨。编《画目》。

五月十五日　星期一

早访于省吾。至北大授课。编《倪云林画目》。

五月十六日　星期二

早编《倪云林画目》。下午至北大授课。

五月十七日　星期三

早至北大授课。斿东安市场。访于省吾、孙海波。编《倪画目》。

五月十八日　星期四

编《倪画目》。下午至北大授课。访倪玉书。至通学斋购书。

五月十九日　星期五

编《倪画目》。至北大取面。写扇面四。

五月二十日　星期六

早至京华授课。编《倪画目》。郭迁[竿]来,留晚饭。

五月二十一日　星期日

编《倪画目》。下午至京华。写信与三弟。

五月二十二日　星期一

因防空练习未至北大授课。临王鉴《云林六景》二页,是册毕。编《倪画目》。

五月廿三日　星期二

临石溪《山水》轴。因防空未至学校。

五月廿四日　星期三

早至北大,因学生检阅未授课。访吴熙曾,留午饭。斿琉璃厂。访罗惇曧、周仁。

五月廿五日　　星期四

早编《倪画年录》。下午至北大授课。归途访胡继瑗、陈其田。陈卧病于中央医院,患斑疹伤寒,现伤寒〈愈?〉而神经仍未复原。

五月廿六日　　星期五

编《倪画》。下午至罗惇曧家,购回伯詧甗、父戊盉、責弘觚、杀人鼎四器,价二千七百元,盖于去年以千七百元售去者。又购得沈灏《山水》册十页,价四百元。

五月廿七日　　星期六

早至京华授课。下午临查士标小横卷。

五月廿八日　　星期日

访邱檍。编《倪画目》。

五月廿九日　　星期一

访于省吾。至北大授课。编《倪画》。访罗惇曧。

五月三十日　　星期二

编《倪画》。因北大有演讲,未去授课。

五月三十一日　　星期三

早至北大授课。下午艼琉璃厂。钞《五杂组》卷七论画之部。

六月

六月一日　　星期四

钞《五杂组》论画。下午至北大授课。访倪玉书,购得金字缶,价万五千元,在余可谓豪举,然此缶错金字四十,古今所未有,一旦得之,亦足傲一切矣。退子父𣪘簋,因伪字也。

六月二日　　星期五

钞《五杂组》论画毕。下午游隆福寺书肆。访秦裕、高名凯。

陶北溟为书"晋缶庐"额。

六月三日　星期六

早至京华授课。编《倪画》。

六月四日　星期日

访赵汝谦、梁上椿未遇。编《倪画》。见上椿之子纫武。

六月五日　星期一

上午至学校,考卜辞研究班。访陈其田。下午访惇旻。编《倪画》。

六月六日　星期二

临书已缶铭,寄梅原末治。下午至北大授课。访秦裕。编《倪画》。英美在欧洲登陆。

六月七日　星期三

校长钱稻孙约十时相见,谈调查河南古迹事。下午编《倪画》。

六月八日　星期四

编《倪画》。下午至学校考试钟鼎文。

六月九日　星期五

十时至学校取面。下午编《倪画》。

六月十日　星期六

上午至京华。下午四时至北大学生送别会。

六月十一日　星期日

访周仁、吴熙曾。十二时至庆林春聚餐。阅试卷。

六月十二日　星期一

阅试卷。

六月十三日　星期二

编《倪画》。写扇面及册页。下午至北大授课。访高名凯。

六月十四日　星期三

早至北大授课。访于省吾。游隆福寺书肆。三时半赴北大历史系欢送毕业同学会。

六月十五日　　星期四

早微雨。编《倪画》。下午斿琉璃厂。

六月十六日　　星期五

早往天津,寓南关大街三一三号徐婿寓。午饭后往医馆。

六月十七日　　星期六

未出门。

六月十八日　　星期日

访金梁[①]、巢章甫。下午徐丰在某馆请午饭。同斿万国俱乐部。林某请晚餐。访徐良。

六月十九日　　星期一

八时十分乘火车回北京。十一时至。售金三两,每两三千八百五十元。还金字缶价,除退彝价四千元外,再付一万一千元。

六月二十日　　星期二

编《倪画》。下午至北大考试。邱穉来。

六月廿一日　　星期三

早至北大考试,阅试卷毕。四时开院务会议。

六月廿二日　　星期四

编《倪画》。夜斿琉璃厂。

六月廿三日　　星期五

早至隆福寺,付书账。至北大支薪。下午斿琉璃厂,购人酉父辛鼎,价一千四百元。

六月廿四日　　星期六

早至京华。孙海波太太来。往银行取款,顺道往访孙海波。

---

① 金梁(1878—1962),字息侯,满洲正白旗瓜尔佳氏,生于杭县。光绪三十年(1904)进士。历任京师大学堂提调、奉天政务厅厅长、蒙古副都统等。民国后任清史馆校对。

编《倪画》。

六月廿五日　星期日

编《倪画》。

六月廿六日　星期一

编《倪画》。访倪玉书、启功、秦裕。在启家晚饭。

六月廿七日　星期二

编《倪画》。

六月廿八日　星期三

编《倪画》。访邱穉。

六月廿九日　星期四

编《倪画》。张孝禹介绍至俞宅看画，无可取者。京华美术学院在中央公园开会，假吾所藏数幅展览，往参观。孙作云、孟桂良来。寄赠梅原末治《邺中片羽》三集一部。

六月三十日　星期五

编《倪画》。

七月

七月一日　星期六

往法学院参加北大毕业典礼。编《倪画》。

七月二日　星期日

编《倪画》。张蕴之送董其昌仿马文璧《山水》卷来，审为真迹。下午参观中法木刻展。七时北大聚餐。

七月三日　星期一

编《倪画》。售父戊盉，得四千元。

七月四日　　星期二

编《倪画》。下午斿琉璃厂，购吴大澂对一，价川8百元。

七月五日　　星期三

上午至北大取面。访金禹民。下午编《倪画》。

七月六日　　星期四

编《倪画》。

七月七日　　星期五

编《倪画》。张玮来，留午饭。

七月八日　　星期六

编《倪画》。送书巳缶至金禹民家，令摹其文于砚上。访启功。

七月九日　　星期日

编《倪画》。下午四时访罗敦曧。

七月十日　　星期一

编《倪画》。下午马鼎来。至琉璃厂，购式古斋铸子簠盖、器，价四千柒百元，先付三千元。

七月十一日　　星期二

购韵古斋薛宣《山水》册，价一千二百元。编《倪画》。

七月十二日　　星期三

编《倪画》。

七月十三日　　星期四

访侯瑞霞、金禹民。下午四时参观罗惇曧之女与麦侃曾结婚典礼。访马鼎。

七月十四日　　星期五

内子往天津访徐婿。临沈石田仿大痴《富春图》。胡伯琴介绍吕某以旧画数轴求售，购得莫是龙《山水》轴，绫本，甚佳，价三百二十元。访孙海波，借四百元。

七月十五日　　星期六

临夏杲《竹》卷。德人罗越请晚餐,洪业、王静如、齐思和、杨宗翰同席。十二时乃归。

七月十六日　　星期日

临《竹》卷毕。倪宝麟请丰泽园晚餐,同席者罗越、于省吾。下午四时至中央公园晤秦裕。

七月十七日　　星期一

编《倪画》。

七月十八日　　星期二

编《倪画》。天气甚热。

七月十九日　　星期三　　热至九十四度

编《倪画》。阅《左传》。报载塞班岛日军壮烈殉国。

七月二十日　　星期四

牙痛已数日,由痛而肿,乃购服去火之药。编《倪画》。

七月廿一日　　星期五

内子自天津归。编《倪画》。

七月廿二日　　星期六

内子生日。刻"小潜采堂印"。

七月廿三日　　星期日

写扇面一、对一、横幅一、小堂幅一。编《倪画》。

七月廿四日　　星期一

编《倪画》。

七月廿五日　　星期二

编《倪画》毕,仍须俟删订也。

七月廿六日　　星期三

牙肿未消,早〈至〉朱砚农处医治,用针挑破出脓,肿处略消。

编《倪画》。

七月廿七日　星期四

编《倪画》。瑶儿考辅仁大学化学系,备取第四。

七月廿八日　星期五

访于省吾、金禹民、杨堃①。至学校支薪。下午阅画册。

七月廿九日　星期六

编《倪画》。高名凯来。

七月三十日　星期日

编《倪画》。

七月三十一日　星期一

编《倪画》。

八月

八月一日　星期二

编《倪画》。访吴熙曾。

八月二日　星期三

编《倪画》。

八月三日　星期四

早访邱穉,游土地庙。编《倪画》。

八月四日　星期五

编《倪画》。晚访孙海波。

八月五日　星期六

写扇面一。编《倪画》。

---

①杨堃(1901—1998),河北大名人。早年入读法国里昂大学、巴黎大学。1937 年任教于燕京大学社会学系,1941 年任北平中法汉学研究所研究员。

八月六日　星期日

　　访陈垣、金禹民、邓之诚、启功。十二时至庆林春聚餐。下午编《倪画》。

八月七日　星期一　雨

　　写《罗惇曼传》。画扇面一。编《倪画》。

八月八日　星期二

　　高景成、孙海波来，与孙同访周怀民。酷热十馀日，至此日立秋，乃始凉快。

八月九日　星期三

　　编《倪画》。下午与瑶往见陈垣。访秦裕。

八月十日　星期四

　　早与瑶同往辅仁大学交费。至故宫图书馆，查钞倪画。六时往访胡继瑗。

八月十一日　星期五

　　早访于省吾。至故宫图书馆，查《石渠宝笈》续编、三编。访吴熙曾，为画扇面，得宋人意。

八月十二日　星期六

　　早至《中国学报》，访张绍昌①。至故宫图书馆，查《宝笈》中倪画。访杜博思。

八月十三日　星期日

　　编《倪画》。瑶、璞两儿下午六时往天津徐婿家。

八月十四日　星期一

　　编《倪画》。

---

①张绍昌，伪满洲国道德总会企划部部长。曾在北平创办《中国学报》、《日本研究》、《读书青年》，并自任社长。

八月十五日　星期二

早至故宫图书馆,钞吴其昌《书画记》中倪画。访冯思、杜博思。琨儿归自天津。

八月十六日　星期三

阴雨,竟日编《倪画》。

八月十七日　星期四

编《倪画》。访杜博思,借书数种。访吴熙曾。

八月十八日　星期五

编《倪画》。早访于省吾。至学校取面。

八月十九日　星期六

早访邱稺。游厂甸。下午访杜博思、吴熙曾。

八月二十日　星期日

编《倪画》。下午四时于省吾来,同往琉璃厂,购邓承修对一,价五十元。

八月廿一日　星期一

访邱稺。编《倪画》。

八月廿二日　星期二

编《倪画》。换金一两,得钞九千五百元,付杨晋题王翚《山水》卷三千四百元。访周仁。

八月廿三日　星期三

访吴熙曾。下午三时与琨儿往天津徐婿家,七时至。

八月廿四日　星期四

下午莏劝业场、泰康商场。

八月廿五日　星期五

外孙女小巧生日。徐丰忙于出诊,客至晚餐,未能招待,九时半乃归。

八月廿六日　星期六

九时与瑶、璞同回京,一时至家。四时访吴熙曾、周仁。

八月廿七日　星期日

编《倪画》。

八月廿八日　星期一

早至学校支薪。游琉璃厂。

八月廿九日　星期二

编《倪画》。

八月三十日　星期三

编《倪画》。访罗惇曧。

八月卅一日　星期四

编《倪画》。周仁来,与同访邱穉。

九月

九月一日　星期五

编《倪画》及《帖目》。

九月二日　星期六

编《倪画》,编《壮陶阁帖目》。下午访秦裕、高名凯。

九月三日　星期日

编《倪画》。刘盼遂来。

九月四日　星期一

编《倪画》。晚饭后访孙海波、刘盼遂。

九月五日　星期二

刻印三方。

九月六日　星期三

为周仁刻印二方。购佛像一绢,庄严工致,明代物也。

九月七日　　星期四

编《倪画》。

九月八日　　星期五

编《倪画》。

九月九日　　星期六

编《倪画》。访启功,取回沈周《山水》册。

九月十日　　星期日

编《倪画》。下午莸琉璃厂。

九月十一日　　星期一

早至北大,未上课。访孙海波,同访黄颢士①。

九月十二日　　星期二

编《倪画》。下午至北大,未上课。访于思泊、秦裕。

九月十三日　　星期三

写扇面三。下午至北大授课甲骨文。

九月十四日　　星期四

编《倪画》。下午至北大授课钟鼎文。访于思泊,留饭,同访秦裕。

九月十五日　　星期五

编《倪画》。访孙海波。

九月十六日　　星期六

早至京华授课金石美术。编《倪画》。

九月十七日　　星期日

编《倪画》。

九月十八日　　星期一

早至北大授卜辞研究课。下午游琉璃厂。编《倪画》。

---

①黄公渚(1900—1964),原名孝纾,字颢士,福建闽侯人。历任北大、北师大、青岛、山东大
　学文科教授。工诗文,画亦雅逸。

九月十九日　星期二

编《倪画》。下午至北大授金石学课。参观钱鼎（铸九）①画展。

九月二十日　星期三

编《倪画》。下午至北大授课。

九月二十一日　星期四

编《倪画》。下午至北大授课。访杨堃。琬女与巧孙自天津来。

九月二十二日　星期五

余五十一岁初度。编《倪画》。以《武梁祠》五部易得陈深州题画诗。

九月二十三日　星期六

编《倪画》。四时访孙海波。早九时至京华上课。

九月廿四日　星期日

编《倪画》。邱穉来，云萧逊死。

九月廿五日　星期一

早至北大授课。下午编《倪画》。

九月廿六日　星期二

编《倪画》。阴雨，且有警报，未至北大授课。

九月廿七日　星期三

编《倪画》。下午至北大授课。访杨堃、周仁。

九月廿八日　星期四

孔诞放假。编《倪画》。阴雨。

九月廿九日　星期五

编《倪画》。《中国学报》送稿费三千元来。斿琉璃厂，还账。

---

①钱鼎（1896—1989），字铸九，江苏青浦人。上海美专毕业，历任国立女师大、北平中华美术学院、辽宁美专、北平国立艺术学院等校教职。

九月三十日　星期六

早至京华，放假。《中国学报》请孝顺食堂午餐。访周仁、孙海波。

十月

十月一日　星期日　中秋节

编《倪画》。下午至韵古斋，阅旧绢画数十件，当意者殊少，卷册无一佳者。

十月二日　星期一

早访于省吾。至北大授课。改《卜辞讲义》。

十月三日　星期二

上午改《卜辞讲义》，付印。下午至北大授课。

十月四日　星期三

上午改《卜辞讲义》。下午至北大授课。

十月五日　星期四

编《倪画》。下午至北大授课。

十月六日　星期五

临《雪斋竹谱》。

十月七日　星期六

早至京华授课。临《雪斋竹谱》。

十月八日　星期日

临《雪斋竹谱》。

十月九日　星期一

早至北大授课。下午于思泊来，同诳琉璃厂，与陶祖光三人同至同和轩食涮羊肉。

十月十日　星期二

校《倪瓒画之箸录及其伪作》印稿。

十月十一日　星期三

校印稿。下午至北大授课。访胡继瑗。

十月十二日　星期四

临归昌世《竹》卷六段。下午至北大授课。访杨堃、秦裕、高名凯。

十月十三日　星期五

编《倪画》。访孙海波。

十月十四日　星期六

临王鉴《霜哺图》。三时陶北溟之子学开在六国饭店行结婚礼。

十月十五日　星期日

临《霜哺图》毕。

十月十六日　星期一

早访于省吾,以明人扇面四易其吴伟《山水渔翁》轴。国文系开会。下午钞《倪文》。

十月十七日　星期二

钞《倪文》。换金一两,计钞一万〇九百元。访于省吾、秦裕。至北大授课。购张灵《兰花》卷,三千四百元;戴进《山水》轴,一千二百五十元。访杨堃。《中国学报》约余为编辑,每月车费五百元。

十月十八日　星期三

钞《倪文》。下午至北大授课。访于省吾。

十月十九日　星期四

钞《倪文》。下午至北大授课。访吴熙曾、秦裕。

十月二十日　星期五

赵万里来,以五百元购《彝器通考》一部。访邱穉、孙海波。

十月廿一日　星期六

写扇面三、联二。临姜实节小幅。至琉璃厂,遇于省吾、陶北溟、凌□①。凌邀饮于安春居。

十月廿二日　星期日

阅《中国学报》投稿。访张子幹。

十月廿三日　星期一

录倪瓒稿。至北大授课。

十月廿四日　星期二

录倪瓒稿。下午至北大授课。访杨堃。编辑《中国学报》稿,二卷三期付印。

十月廿五日　星期三　重九

早至京华。司宁春②来。下午至北大授课。访高名凯。编《倪画》。

十月廿六日　星期四

编《倪画》。下午至北大授课。访吴熙曾。

十月廿七日　星期五

早斿琉璃厂。下午编《倪画》。录胡大定《送行》书画册。

十月廿八日　星期六

临《雪斋竹谱》。

十月廿九日　星期日

临《雪斋竹谱》毕。上午二时燕大校长吴雷川逝世,赵承信来通知明日十时在中央医院殡葬。

十月三十日　星期一

九时与饶引之往中央医院,送吴雷川之丧,葬于西直门外二里

---

①原文空。

②司众,又名司宁春。京华美术学院国画系学生。后居台湾。著有《国画写生论》、《篆隶书诗草》。

庄。五时乃归。

十月三十一日　星期二

校《竹谱》。下午至北大授课。游隆福寺。

十一月

十一月一日　星期三

校《竹谱》。下午至北大授课。售《大公报·史地周刊》,得洋一千九百元。

十一月二日　星期四

售《考古》杂志,得洋七千四百九十元。下午至北大授课。访秦裕、吴熙曾。

十一月三日　星期五

早清理杂志。上午访吴熙曾。游中央公园及琉璃厂。

十一月四日　星期六

早访吴熙曾及于省吾。下午孙海波来,同往中央公园参观黄穆士画展。

十一月五日　星期日

编元胎所藏书目。下午往圣公会,参加吴雷川追悼会。

十一月六日　星期一

早访于省吾。至北大授课。编《雪斋竹谱》提要。邱穉来,留饭。补《雪斋竹谱》一页半。

十一月七日　星期二

写扇面一。校《卜辞讲义》。下午至北大授课。访秦裕。

十一月八日　星期三

写《倪》文。下午访于省吾,售《宋元画萃》十一页,得洋一万三千五百元,及王武画《罂粟花》。

十一月九日　星期四

阅《竹谱》。下午访于省吾。至北大授课。访吴熙曾,借以《宋元画萃》一册。

十一月十日　星期五

早访邱稺。下午至金禹民家,取回栾书之孙缶。访秦仲文。

十一月十一日　星期六　大风

写《倪》文。赵万里来,购《海外吉金录》、《武梁祠画象》及《燕京学报》二册去,价四百元。郭笁、吴天敏①来,留饭,同至京华学校,参观画展。安煤炉。

十一月十二日　星期日

早游琉璃厂。换戒指三,重五钱五分,洋五千五百元。下午钞《倪文》。付戴进《山水》轴款洋一千二百五十元。

十一月十三日　星期壹

学校放假。钞《倪文》。下午访吴熙曾。

十一月十四日　星期二

早饭〈后〉访启功、秦裕。至学校授课。钞《倪文》。

十一月十五日　星期三

钞《倪文》。下午至学校授课。阅《元诗选》。

十一月十六日　星期四

早访傅惜华②。至文奎堂结书账。访秦裕。下午至学校授课。

---

① 吴天敏(1910—1985),北京人。1934年毕业于燕京大学研究院心理学系。北京大学心理学系教授。

② 傅惜华(1907—1970),北京人,富察氏,满族。戏曲、俗文学研究专家,藏书家。1931年任北平国剧学会编辑部主任,1941年后在北京大学讲授中国文学、戏曲。

十一月十七日　　星期五

钞《倪文》。下午访张子幹、孙海波。

十一月十八日　　星期六

上午写字。下午钞《倪文》。留须。

十一月十九日　　星期日

访周作人。至北海松坡图书馆,吴雷川开吊。访陈垣、余季豫。

十一月二十日　　星期一

早至北大授课。下午改《倪文》。阅《元诗选》。

十一月廿一日　　星期二

改《倪文》。下午至北大授课。访秦裕、于省吾。

十一月廿二日　　星期三

至京华,未授课。下午至北大授课。访吴熙曾。

十一月廿三日　　星期四

上午至现代图书馆、东安市场,访艾克、曾幼荷①。下午至北大授课。改《倪文》。

十一月廿四日　　星期五

修改《倪文》。

十一月廿五日　　星期六

修改《倪文》毕。下午访汪溶、黄宾虹、孙海波。

十一月廿六日　　星期日　雪

阅《元诗选》。钞《倪文》。

十一月廿七日　　星期一

访高名凯。至北大授课。钞《倪文》。

十一月廿八日　　星期二

钞《倪文》。下午访于省吾。至北大授课。

---

① 曾幼荷(1923—2017),名昭和,北京人。画家,师从启功、容庚等人。1942 年辅仁大学美术系毕业。后与艾克结婚,移居美国。

十一月廿九日　星期三　阴

访邱穉。钞《倪文》。下午至北大授课。

十一月三十日　星期四　大风

钞《倪文》。下午访艾克。过时未至北大授课。访秦裕。

十二月

十二月一日　星期五　大风　寒甚

钞《倪文》。

十二月二日　星期六　大风

阅《元诗选》,札录倪之友人小传。

十二月三日　星期日

阅《元诗选》。下午访周作人、陈垣。

十二月四日　星期一

上午至学校,未升火,冷甚,未授课。阅《元诗选》。

十二月五日　星期二

阅《列朝诗集》,录倪之友人小传。大风,未至校。

十二月六日　星期三

阅《列朝诗集》。下午至学校,未授课。访杨堃、吴镜汀。阅《续孽海花》。

十二月七日　星期四

阅《列朝诗集》。一时张绍昌请北京饭店午餐,介绍与安冈正笃①相见。

---

① 安冈正笃(1898—1983),日本汉学家、思想家,王阳明研究权威。曾创立日本金鸡学院、农士学院、东洋思想研究所与全国师友协会。

十二月八日　星期五

记《朱修能印品》。阅《续孽海花》。

十二月九日　星期六

写小联、小幅各二。下午三时至学校,开教员会。

十二月十日　星期日

编《卜辞讲义》。题秦裕画像拓本。访黄宾虹。

十二月十一日　星期一

购得《世界美术全集》残本。早至学校授课。访张玮、秦仲文。

十二月十二日　星期二

阅《美术全集》。下午至北大授课。访杨堃。

十二月十三日　星期三

刻"山阳朱氏"白文印一。下午至北大授课。阅《美术全集》。近两三月来,晚上电灯屡灭,不能工作。

十二月十四日　星期四

上午三时半起,整理《美术全集》。四时半电灯灭,复睡。阅《蜗篆居印谱》。下午至北大授课。

十二月十五日　星期五

钞《倪文》。洗镜匣,装自作画。

十二月十六日　星期六

上午访黄宾虹、孙海波。下午高名凯来。钞《倪文》。

十二月十七日　星期日

校《倪文》。下午斿琉璃厂,有一李流芳轴,封价七千馀元。阅《列朝诗集》。

十二月十八日　星期一

上午至学校授课。下午斿隆福寺书坊,购《列朝诗集》等数种。访吴熙曾。

十二月十九日　星期二

上午游隆福寺书坊。至中央公园,观邱稺画展。下午至北大授课。阅《列朝诗集》。

十二月二十日　星期三

上午阅《列朝诗集》。出考试题目。下午至北大授课,学生未到。访于省吾、秦裕。

十二月二十一日　星期四

钞《倪文》。下午至北大授课。访杨塈。

十二月廿二日　星期五

钞《倪文》。

十二月廿三日　星期六

访张绍昌、高名凯、秦裕。借傅惜华《竹谱详录》日本刻本,以校知不足斋丛书本,改正十数错字。日本本画竹佳。又借得《淇园肖影》原刻本。

十二月廿四日　星期日

访邱稺、孙海波。钞《蚓篴斋兰竹谱序》。

十二月廿五日　星期一

早至学校考试。下午钞《倪文》。

十二月廿六日　星期二

钞《倪文》。下午至学校考试。访杨塈、高名凯、徐宗浩。

十二月廿七日　星期三

上午斿隆福寺。访罗樾、福克司。下午至学校考试。访杨塈、胡继瑗。

十二月廿八日　星期四

钞《倪文》。访杨宗翰。下午至学校考试。访张效彬、高名凯、孙海波。

十二月廿九日　星期五

早访邱穉。钞《倪文》。

十二月三十日　星期六

早访张绍昌,取稿纸。访杨堃未遇。钞《倪文》。

十二月卅一日　星期日

钞《倪文》。结算是年家用三万八千六百元,购置古物、字画、书籍五万四千九百七十七元。

彝器之精者有:书巳缶、铸叔簠、季宫父簠、蟠夔鼎。书画之精者有:莫是龙《山水》轴、王翚《山水》卷、张灵《兰花》卷、黄道周字册、《宋元画萃》册、《芥子园画谱》。

一九四五年

一月

一月一日①　星期一

编《倪画箸录书目》。

一月二日　星期二

钞《倪文》毕。下午访杨堃。游隆福寺。

一月三日　星期三

九时往访张绍昌,将《倪文》全稿交去,共六万五千格,先付稿费二千元。访于思泊、秦裕、杨宗翰、曾幼荷、艾克。以二千元购得改琦《梅花》卷。

一月四日　星期四

阅《美术丛书》。下午论文斋送来王蒙《清谿垂钓》山水长卷,乃明人仿作,甚佳。携以示吴熙曾、秦裕,亦言其佳,惜价太昂,不能得耳。

一月五日　星期五

寄陈德钜、水野清一、小野腾年信。下午访杜博思、洪业。至

---

①是日题"三十四年元旦"。

罗樾家晚餐,十二时乃归。

一月六日　星期六

访黄宾虹、孙海波。下午游琉璃厂。

一月七日　星期日

记《竹谱》。阅学校试卷。

一月八日　星期一

阅试卷。作《竹谱》提要。

一月九日　星期二

作《竹谱》提要。下午访黄宾虹、齐思和、杨宗翰。

一月十日　星期三

钞《有邻大观》晋、唐、五代、宋、元、明、清名家书画集目录。

一月十一日　星期四

编《竹谱》。下午徐宗元①来。

一月十二日　星期五

至北大取面、烟等。访于省吾、杨堃、罗樾、高名凯、秦裕、福克司。

一月十三日　星期六

早往购煤未得,至学校取证明书。下午写扇面二。访杨宗翰。

一月十四日　星期日

早访杨宗翰、孙海波。下午编《竹谱》。

一月十五日　星期一　大风

编《竹谱》。

一月十六日　星期二

访杨堃。至北大。访于省吾、秦裕、福克司。

一月十七日　星期三

访张绍昌,取稿费。游隆福寺、东安市场。

---

①徐宗元(1918—1970),字尊六,山东寿光人。中国大学政治经济系及研究院史学部毕业。
　应聘为本校文学、史学系甲骨文和中国通史课。

一月十八日　星期四

写《解决中日事变的我见》一文。

一月十九日　星期五

访王钟麟。钞《中日事变》文。

一月二十日　星期六

九时访张绍昌。交《中日事变》文。访胡继瑗、齐思和、孙海波。编《名书画集目》。

一月二十一日　星期日

编《书画集目》。刻印二,写扇一。

一月廿二日　星期一

访张绍昌未遇。访于省吾。至北大取面。至琉璃厂,以原刻本校翻刻本《金石文钞》。

一月廿三日　星期二

早高名凯送陆志韦所藏绢本恽寿平《芙蓉白头》轴来,价五千元。下午访秦裕,道遇警报。校《名书画集目》。

一月廿四日　星期三

早访邱穉。下午往三阳换金五钱,合钞八千七百元。付恽画五千元与高名凯。

一月廿五日　星期四

访孙海波、赵承信、吴熙曾。下午编《竹谱》。欲访周学章,闻警报未果。

一月廿六日　星期五

早往访周学章,已于昨晚以中风逝世,伤哉! 访于省吾、高名凯、秦裕。

一月廿七日　星期六

早写小屏一。下午游琉璃厂。下午艾克、曾幼荷来阅画。阅陈德钜《卜辞碎锦》，颇有心得。与儿女辈往天桥，购小米百斤，价一千九百元。

一月廿八日　　星期日

早至游琉璃厂，游东安市场。《中国学报》请午餐于经济小食堂。在环球书店假得布颜图《画学心法问答》，灯下以校《画论丛刊》本，《丛刊》本错字甚多。

一月廿九日　　星期一

周学章出殡，往吊。访于省吾。下午胡继瑗、齐思和、严群来。高景成来。中德学会送《历代箸录画目续编》稿费四千元来。校《画学心法》毕。

一月三十日　　星期二　　小雪

临沈周《山水》卷。访于省吾、杨宗翰。

一月卅一日　　星期三

早临沈周卷毕。旂琉璃厂，录《名书画集》画跋。

二月

二月一日　　星期四

录《画跋》毕。

二月二日　　星期五

钞周履靖《画评会海》。下午旂琉璃厂。

二月三日　　星期六

钞《画评会海》毕。

二月四日　　星期日

钞周履靖《画谱》各种毕。下午访曾幼荷，将与艾克结婚，赠以画一幅。访秦裕，为画画册八幅。阅陈德钜《卜辞碎锦》，摘录其要语。杨鹤汀借《城子崖》一册去。

二月五日　　星期一

早至学校付煤款。访于思泊、林白水太太,蒋兆和、邱稺来。阅《卜辞碎锦》。购王石谷《山水》轴,价一万○五百元。

二月六日　　星期二

编《画目续编》。下午斿琉璃厂,在通学斋购《说文通训定声》一部,价四百元,已极廉矣。晚间无电灯,不能工作。

二月七日　　星期三

早录《画格拾遗》。下午游东安市场、隆福寺。

二月八日　　星期四

校《画目》。下午家中扫除。往游琉璃厂。访吴镜汀。孙海波送《杨守敬帖目》来,审乃邑人黄葶所作。

二月九日　　星期五

早校《竹谱》。节钞黄葶《帖目》稿卷一。

二月十日　　星期六

早访杨堃。至学校支薪。访马鼎、孙海波。钞《帖目》卷二。

二月十一日　　星期日

编《竹谱提要》。

二月十二日　　星期一　　除夕

早至北大取面。下午游琉璃〈厂〉。钞《帖目》。

二月十三日　　星期二　　乙酉元旦

至同馆各家拜年。钞《帖目》。

二月十四日　　星期三

钞《帖目》。

二月十五日　　星期四

编《名画续目》。孙海波来。姚鉴来。

二月十六日　星期五

　　早往访邱穉、张伯［子］幹。下午温廷宽来。访孙海坡［波］。编《画目》。在孙家赌,赢二千八百元。

二月十七日　星期六

　　至陈垣、秦仲文、于省吾、洪业、冯思各家拜年。游琉璃厂。

二月十八日　星期日

　　编《画目》。下午高名凯来。斿琉璃厂。

二月十九日　星期一

　　画屏幅二。下午斿琉璃厂。编《画目》。

二月二十日　星期二

　　编吴其贞《书画记》毕。

二月廿一日　星期三

　　校吴《记》。

二月廿二日　星期四

　　校吴《记》。斿厂肆。

二月廿三日　星期五

　　至北大领薪、取煤票。下午至门头沟公司定煤。至谢国桢家晚饭,赌博,二时乃归,赢六百元。

二月廿四日　星期六

　　编孙氏《书画钞》。复七妹信。斿琉璃厂,在榷古斋见沈石田《月宴图》卷、戴文进《山水》长卷,甚佳。戴卷乃一年前所欲观者,至是始取来,皆袁励准①物也。戴卷索价三十万元。

二月廿五日　星期日

　　上午访邱穉,留饮。下午访孙海波,赌博,九时乃归,赢四百元。

---

①袁励准(1876—1935),字珏生,号中州,别署恐高寒斋主,河北宛平人。光绪二十四年(1998)进士。

二月廿六日　星期一

编《画目》。下午游厂肆，购得王虚舟橅古帖，价百六十元，甚廉。

二月廿七日　星期二

于厂肆见有《绘事微言》第一卷残本，乃天启刻本，索价三百元，乃假归，以校《画论丛刊》本。《丛刊》本从四库本出，删改不少。下午游厂肆。

二月廿八日　星期三

录《绘事微言》序目。徐宗元来。

三月

三月一日　星期四

阅美术书。下午写联二。访齐思和、杨宗翰。

三月二日　星期五

上午至文奎堂、北大。访高名凯、秦裕、胡继瑗、汪吉麟。录《帖目》稿。

三月三日　星期六

录《帖目》稿。游琉璃厂。

三月四日　星期日

高名凯来，同往访邱穉。录《帖目》稿。

三月五日　星期一

大风，未至北大上课。录《帖目》稿。

三月六日　星期二

录《帖目》稿。访孙海波。下午至北大，见教员四人，学生无一至者。访于思泊、杨塓。阅冯友兰《新世训》。

三月七日　星期三

写联一。访马鼎。查画,编《画目》。访徐宗元。

三月八日　星期四

编《画目》。购宋人《五龙》卷,有高江村跋,价千元。

三月九日　星期五

游琉璃厂。编《画目》。

三月十日　星期六

编《画目》。下午至孙海波家推牌九,赢千二百元。

三月十一日　星期日

早访邱穉,留午饭。下午至琉璃厂,换金戒指,重一钱六分三厘,每钱四千四百计算,得钞七千一百七十二元。

三月十二日　星期一

访黄宾虹、吴熙曾。编《耕霞溪馆法帖目录》。编《画目》。

三月十三日　星期二

早游琉璃厂。下午至北大,学生到者二人,未授课。访高名凯、艾克。编《画目》毕。

三月十四日　星期三

校《画目》。

三月十五日　星期四

早访黄宾虹、孙海波。校《帖目》稿。

三月十六日　星期五

校《帖目》稿。

三月十七日　星期六

校《画目》。高名凯来,同斿琉璃厂。

三月十八日　星期日

校《画目》。张虔来,取王石谷画轴去。

三月十九日　星期一

校《解决中日事变的我见》稿,并补记一段。访张绍昌、于省吾。至北大上课。写信与琬女。

三月二十日　星期二

校《画目》。访张虔。下午至北大授课。

三月二十一日　星期三

校《画目》。下午至北大授课,未有学生。访周仁。

三月廿二日　星期三[四]

编《画目》。大风,未至学校。

三月廿三日　星期五

编《息柯杂著》。下午访孙海波。至北大开院务会议。访周仁。

三月廿四日　星期六

访张伯英,借得《法帖提要》七册。编《息柯杂著》。

三月廿五日　星期日

编《画目》。

三月廿六日　星期一

早至北大授课。移至书室工作。游琉璃厂。访周怀民。

三月廿七日　星期二

阅《法帖提要》。下午至北大授课。艾克、曾幼荷来。

三月廿八日　星期三

抄《激素飞清阁评帖记》。下午至北大授课。访吴熙曾。至琉璃厂。

三月廿九日　星期四

抄《评帖记》。下午至北大授课。往钱宅接三。

三月三十日　星期五

抄《评帖记》毕。马鼎来。

三月卅一日　星期六

往广谊园送钱宅殡。赵万里、孙作云来。游琉璃厂。访孙海波。校《阁帖》。

四月

四月一日　星期日

校《阁帖》。写屏条一、联一。严群、周仁来。与周同游琉璃厂。

四月二日　星期一

上午至北大授课。下午游琉璃厂。访赵万里,借得沈青来《读画记》二册。访周仁。

四月三日　星期二

上午收拾书籍。下午至北大授课。访秦裕、高名凯。校《中国学报》稿。

四月四日　星期三

校《学报》稿。下午至北大授课。访吴熙曾。

四月五日　星期四　清明节

早出城访陆志韦。徐宗元来,携吴渔山《湖田别墅》小卷见示。

四月六日　星期五

临《湖田小景》卷。编《读画记》。写对一。

四月七日　星期六

早访邱穉。编《画目》。

四月八日　星期日

编《读画记》。晚徐宗元、周仁来。

四月九日　星期一

早至北大,未授课。访黄宾虹。下午写联一。参观蒋兆和画展。校《画目》。访赵万里。

四月十日　星期二

钞补孙氏《书画钞》十页。下午至北大授课。

四月十一日　星期三

换金二钱,每钱价八千八百元。下午至北大授课。访黄宾虹。校《画目》。

四月十二日　星期四

校《画目》。下午至北大授课。访秦裕、高名凯。

四月十三日　星期五

校《画目》。游琉璃厂,在宝古斋取王石谷仿古小册二本及文伯仁长卷回家,皆巨观也。

四月十四日　星期六

早至京华。以四万五千元购得文伯仁卷。钞《读画记》。

四月十五日　星期日

钞《读画记》。访孙海波、周仁。

四月十六日　星期一

早至北大上课。钱稻孙约余作研究所长。访于省吾。游琉璃厂。钞《读画记》。

四月十七日　星期二

钞《读画记》。下午至北大授课。访秦仲文。

四月十八日　星期三

钞《读画记》。下午至北大授课。访秦仲文。以七千元购得吴渔山《湖田别墅小景》卷,徐宗元作缘。

四月十九日　星期四

钞《读画记》。下午至北大授课。访秦仲文。

四月二十日　星期五

钞《读画记》。将藏画盖收藏印。下午游琉璃厂。

四月廿一日　星期六

早至京华。访邱穉。写对一、横额三。下午斿琉璃厂，见董文敏《山水》卷一，极佳，长二丈馀，乃仿小米者。

四月廿二日　星期日

访赵君愚。游琉璃厂，遇秦裕，同至吾家午饭。下午访周仁，留饭。

四月廿三日　星期一

早往北大授课，与钱院长谈研究所事。下午编《画目》。

四月廿四日　星期二

编《画目》。下午至北大授课。访秦裕。徐宗元来。

四月廿五日　星期三

编《画目》。下午至北大授课。

四月廿六日　星期四

编《画目》。下午至北大授课。增薪至每月六千八百元。访高名凯。

四月廿七日　星期五

编《画目》。写扇面二。临黄崔山樵《山水》轴。

四月廿八日　星期六

编《画目》。刻印四方。

四月廿九日　星期日

抄《画目》。

四月三十日　星期一

早至北大上课。临黄崔山樵《山水》轴。

五月

五月一日　星期二

临黄雀《山水》轴。购文徵明绢本《山水》轴,价一万九千元。时金价每钱一万一千元,仅合金一钱七分强。学校因勤劳增产未上课。抄《画目》。

五月二日　星期三

临黄雀《山水》轴。下午至北大,任勤劳增产队长。访秦裕、赵承信。至故宫,交涉学生参观事。访张柱中①。抄《画目》。

五月三日　星期四

临黄雀《山水》毕。抄《画目》。下午至北大,领学生参观故宫。

五月四日　星期五

抄《画目》。

五月五日　星期六

抄《画目》。至北大定午餐。

五月六日　星期日

抄《画目》。

五月七日　星期一

早访张绍昌。至学校上课。下午抄《画目》。在校午饭。

五月八日　星期二

抄《画目》。下午至北大上课。徐丰及琬女、巧孙自天津来。

①张庭济(1895—1958),曾用名张廷济,字柱中,号柳西、瘦石山人,浙江平湖人。1916年考入北京大学,毕业后留校任预科班英文讲师,后供职于焦作矿务大学、浙江省立三中、省立金华中学。1934年入故宫博物院,次年任该院总务处长。

五月九日　星期三

抄《画目》。下午至北大授课。阅《中国之命运》。

五月十日　星期四

阅《中国之命运》。下午至北大授课。七时徐丰等回津。访孙海波。

五月十一日　星期五

抄《画目》。下午至北大开会,讨论饭食问题。

五月十二日　星期六

抄《画目》至八十页,约五万字,交杨宗翰转交中德学会。

五月十三日　星期日

修改《倪瓒文》。

五月十四日　星期一

早访张绍昌。至北大上课。临沈周《山水》卷。

五月十五日　星期二

访秦裕。至北大授课。校吴其贞《书画记》。

五月十六日　星期三

临石田《山水》卷。至北大授课。访胡继瑗、郑骞。

五月十七日　星期四

临石田《山水》卷。至北大授课。翻自行车,伤鼻及唇。复陈德钜信。

五月十八日　星期五

临石田《山水》卷。

五月十九日　星期六

临石田《山水》卷。

五月二十日　星期日

临石田《山水》卷。访邱稺。

五月二十一日　星期一

早至北大,未授课。临石田《山水》卷。

五月廿二日　星期二

临石田《山水》卷毕。至学校,与学生参观故宫。

五月廿三日　星期三

钞《法帖提要》。至学校,与学生参观故宫。

五月廿四日　星期四

钞《法帖提要》。至北大授课。访杨宗翰二过。访齐思和。

五月廿五日　星期五

访杨宗翰,问中德学会稿费事。钞《法帖提要》。

五月廿六日　星期六

钞《法帖提要》。访吴熙曾。

五月廿七日　星期日

钞《法帖提要》。

五月廿八日　星期一

早访于省吾。至北大上课。校《六砚斋笔记》。

五月廿九日　星期二

校《六砚斋笔记》。下午至北大授课。

五月三十日　星期三

校《六砚斋笔记》。下午至北大授课。

五月三十一日　星期四

早访于省吾、秦裕。下午至北大上课,归来遇大雨。

六月

六月一日　星期五

写对联三,校画。访徐〈宗〉元,游琉璃厂。

六月二日　星期六

访邱穉。校《卜辞研究》"著作"一章,付中德学会。

六月三日　星期日

钞《法帖提要》。

六月四日　星期一

早至学校上课。售金二钱,价二万二千六百元,汇还徐丰二万元。钞《法帖提要》。

六月五日　星期二

钞《法帖提要》。下午至学校授课。访秦裕、艾克。

六月六日　星期三

钞《法帖提要》。至学校授课,开教职员会。

六月七日　星期四

钞《法帖提要》。下午至学校授课。访吴熙曾。购罗振玉屏条二,价六百元。

六月八日　星期五

写扇面五。临董其昌《山水》。钞《法帖提要》。

六月九日　星期六

临王石谷《山水》轴。访孙海波。

六月十日　星期日

为学生写小幅字。孙海波来,留午饭。钞《法帖提要》。

六月十一日　星期一

早至学校授课。在玉池山房取得《湖上村居图》大卷,甚佳,惟价二十馀万,未必能得耳。徐宗元来。

六月十二日　星期二

访周仁、秦裕,秦留午饭。至北大授课。至海波家晚饭,莫东寅①、徐宗元同席。

六月十三日　星期三

校《书画记》。下午至北大，未授课。斿琉璃厂，售吴宽、陈鎏字二轴，得价五万八千元。

六月十四日　星期四　端午节

刻印一方。钞《法帖提要》。访张雁深②、马文绰③。

六月十五日　星期五

钞《法帖提要》。访朱鼎荣、吴熙曾。

六月十六日　星期六

访朱鼎荣。存款五万元，每十天利二千元。游琉璃厂。

六月十七日　星期日

钞《法帖提要》。写扇面二。苏来，以烧鸭飨之。打牌。为徐宗元画扇面一。

六月十八日　星期一

早至学校考试钟鼎文班，后乃知在下午。访于省吾，留午饭。访秦裕，为画册页二。

六月十九日　星期二

刻印二方。下午至学校上课。访秦裕。钞《提要》。

六月二十日　星期三

以三万六千元购陈道复《岳阳楼图》卷。钞《法帖提要》。下午至北大授课。

---

①莫东寅（1914—1956），辽宁沈阳人，满族。1919 年入日本东京帝国大学东洋史学科。先后执教于北京大学、北京师范大学、东北大学、齐鲁大学、山东大学等校。著有《东方研究史》《汉学发达史》《满族史论丛》。
②张雁深，任教于燕京大学，译有孟德斯鸠《论法的精神》等，其岳父为鸟居龙藏。
③马文绰（1884—1974），字宽容，浙江鄞县人。毕业于日本明治大学。归国后致力于基督教青年会工作。曾任燕京大学资助委员会主席、庶务科主任。

六月二十一日　　星期四

钞《法帖提要》。至墨宝斋,校《壮陶阁帖目》。

六月二十二日　　星期五

校《玉虹楼百一帖目》。早至京华,访邱穉,留饭。

六月二十三日　　星期六

刻印二方。访朱鼎荣。

六月廿四日　　星期日

校《玉虹楼百一帖》。在琉璃厂遇高名凯。

六月廿五日　　星期一

为朱鼎荣刻"咫闻阁印"。至琉璃厂。

六月廿六日　　星期二

换金二钱,付金农《花卉》册四万元。至北大授课。游隆福寺书肆。

六月廿七日　　星期三

为朱鼎〈荣〉写画扇面。至北大授课。四时开院务会议。阅《阅微草堂笔记》,以神道设教,婉而多讽。

六月廿八日　　星期四

写扇面二。下午录《法帖提要》。

六月廿九日　　星期五

录《法帖提要》。严群来。

六月三十日　　星期六

录《法帖提要》。访张雁深。购煤四千斤,价万元。

七月

七月一日　　星期日

录《法帖提要》。访严群。

七月二日　星期一

游琉璃厂,查《百一帖目》。钞《法帖提要》。徐宗元来。

七月三日　星期二

早访启功、艾克、秦仲文。下午至学校上课。访于省吾。校《提要》。

七月四日　星期三

伤风。下午至北大授课。阅《阅微草堂笔记》。

七月五日　星期四　早雨

伤风。阅《阅微草堂笔记》。

七月六日　星期五

钞《法帖提要》。

七月七日　星期六

校《法帖提要》。

七月八日　星期日

临方亨咸《山水》轴。

七月九日　星期一

校《东莞画人传》。

七月十日　星期二

校《东莞画人传》。至学校考试。访吴熙曾。

七月十一日　星期三

校《东莞画人传》。至学校考试。访于省吾。内子六十生日。

七月十二日　星期四

校补《东莞画人传》。

七月十三日　星期五

校补《画人传》。

七月十四日　星期六

校补《画人传》,并作序。下午至六国饭店,参观于省吾娶媳婚礼。

七月十五日　星期日

校《法帖提要》。黄宾虹、严群来。

七月十六日　星期一

校吴其贞《书画记》。

七月十七日　星期二

校《书画记》。瓘、珊二女往天津琬女家。

七月十八日　星期三

校《法帖提要》。于省吾来，言有人欲购予所藏，言书画之书可出价数百万。予以需用却之。是亦不爱江海之珠而宝己之钩者，此之谓矣。

七月十九日　星期四

校《法帖提要》。钞《读画记》。

七月二十日　星期五

早访于省吾、张炜、顾随。至学校领薪。下午斿琉璃厂。

七月二十一日　星期六

钞沈青来《读画记》。张雁深、戚祐烈[1]、曾幼荷来，留饭。戚约余至师大讲学，却之。

七月二十二日　星期日

九时与张雁深访鸟居龙藏于麻豆胡同。下午钞《读画记》。

七月廿三日　星期一　上午大雨

游琉璃厂，遇雨。下午跋释方珍画。

七月廿四日　星期二

九时至学校考试新生。访高名凯、秦裕、张伯英。

---

①戚祐烈(1913—?)，山东威海人。1935 年毕业于燕京大学西语系，法国巴黎大学博士。曾任辅仁大学讲师、北平师范大学副教授。

七月廿五日　　星期三

九时至学校阅卷。宿白①结婚于同和居，往观礼。访汪溶。

七月廿六日　　星期四

访周怀民、朱鼎荣。校忠义堂、清芬阁帖。

七月廿七日　　星期五

写屏条五、扇一。

七月廿八日　　星期六

钞沈铨《读画记》。购刘墉字册，七千元。

七月廿九日　　星期日

钞《读画记》。

七月三十日　　星期一

钞《读画记》。购方珍画册、程瑶田字册，价三千元。售石溪巨轴，获利二万五千元。

七月三十一日　　星期二

早至学校口试新生。

八月

八月一日　　星期三

钞《读画记》。

八月二日　　星期四

钞《读画记》。

---

①宿白（1922—2018），辽宁沈阳人。1944 年毕业于北京大学史学系。1951 年主持河南禹县白沙水库墓群发掘，1952 年起先后在北京大学历史系和考古系任教。

八月三日   星期五

钞《读画记》。为瑶儿转学北大理学院事访萨本铁①、刘思职②、钱稻孙、陈垣。

八月四日   星期六

早至学校取面。为转学事访鲍鉴清③。新馆墙塌,同馆诸人自行修复,购西瓜二犒之,价千一百元。

八月五日   星期日

钞《读画记》。

八月六日   星期一

钞《读画记》。

八月七日   星期二

为瑶儿转学事访校长鲍鉴清,得其允许。访于省吾、秦裕。钞《读画记》。

八月八日   星期三

钞《读画记》。瑶、璞下午往天津访琬女。

八月九日   星期四

钞《读画记》毕。苏联对日宣战。

八月十日   星期五

早至学校开教职员会。下午徐宗文[元]来谈。校阅王翚无款《长江万里》画卷。

---

① 萨本铁(1900—1988),福建闽侯人。美国威斯康辛大学有机化学博士。先后任教于协和医学院、清华大学、辅仁大学,伪北京大学化学系主任。

② 刘思职(1904—1983),福建仙游人。生物化学家,美国堪萨斯大学博士。1935 任教于协和医学院,1942 年任执教于伪北京大学医学院。

③ 鲍鉴清(1893—1982),浙江金华人。组织学和胚胎学家。日本东京帝国大学博士。1938—1945 年任伪北京大学医学院院长。

八月十一日　星期六

钞《法帖提要》。

八月十二日　星期日

早访于省吾、秦裕。钞《法帖提要》。

八月十三日　星期一

早访于省吾，售以王翚《山水》小幅，价二十六万。为瑶办理转入北大理学院手续。购王翚无款长卷，价十二万。三时往天津徐婿家。

八月十四日　星期二

在天津。外孙女小巧二周岁生日。

八月十五日　星期三

晚十二时归自天津，遇雨。

八月十六日　星期四

阴雨。校阅陈栝仿米《山水》卷、王翚《渔乐图》轴。

八月十七日　星期五

临陈栝《山水》卷。至学校支薪。访于省吾、秦裕、胡嗣瑗。

八月十八日　星期六

临陈栝《山水》卷。至四行储蓄会，存五万元定期三年。访孙海波、赵承信。

八月十九日　星期日

九时与饶引之访司徒雷登。归访吴熙曾。临陈栝《山水》卷。游小市。

八月二十日　星期一

临陈栝《山水》卷完。

八月二十一日　星期二

校录《中国名画集》，日本印本。

八月二十二日　星期三

校录《中国名画集》。

八月二十三日　星期四

钞《爱吾庐书画记》。

八月廿四日　星期五

校《帖目》。

八月廿五日　星期六

往京华美术学院行开学典礼。校《帖目》。

八月廿六日　星期日

钞《法帖提要》。

八月廿七日　星期一

钞《法帖提要》。校《帖目》。

八月廿八日　星期二

钞《法帖提要》。校《帖目》。

八月廿九日　星期三

访于省吾。至北大开会。访杨堃、秦裕。

八月卅日　星期四

编《帖目》。访洪业未遇。生克昭送《续滕县志》来。

八月三十一日　星期五

钞《爱吾庐书画记》。

九月

九月一日　星期六

钞《书画记》。至京华，未授课。

九月二日　星期日

启功、张瑾来，留饭。观画竟日。

九月三日　星期一

孙海波、温廷宽来。钞《书画记》。游西单，访周仁、张雁深。

九月四日　星期二

张宗骞来。至北大领面。钞《书画记》。

九月五日　星期三

至京华。钞《书画记》。

九月六日　星期四

钞《书画记》。

九月七日　星期五

早访于省吾，未晤。至学校。徐宗元来。临《大照禅师碑》。

九月八日　星期六

至京华，未授课。临《大照碑》。启功、胡继瑗来。

九月九日　星期日

临《大照碑》。日本在南投降①。徐宗元来。三时于省吾之女世鸧与李晓惠在女青年会结婚，余为证婚，全家往贺。

九月十日　星期一

早访张绍昌未遇。访启功。阅《颜氏家训》。

九月十一日　星期二　余生日

早游琉璃厂。下午编《自传》。启功来，取二画去。

九月十二日　星期三

早编《家谱》。下午至学校，未授课。访秦裕、高名凯、张虔。

---

①1945 年 8 月 15 日，日本宣布无条件投降。9 月 9 日，中国战区受降仪式在首都南京中央军校大礼堂举行。

九月十三日　星期四

编《家乘》。

九月十四日　星期五

编《家乘》。写对四付。

九月十五日　星期六

编《家乘》。

九月十六日　星期日

写保民、青田两公①诗稿。

九月十七日　星期一

写秀石公②诗稿。

九月十八日　星期二

早至学校,未授课。至琉璃厂英古斋,购董其昌书《符瑞录》册,一万八千元;陈澧八言联,六千元。苏生日,往晚饭。

九月十九日　星期三

写秀石公诗稿。

九月二十日　星期四

徐宗元送节礼生果一筐。写秀石公诗稿。

九月二十一日　星期五

钞《爱吾庐书画记》。

九月二十二日　星期六

早至京华上课。访孙海波。

九月廿三日　星期日

访周作人、余嘉锡。下午访杨明达,观其所藏战国权,乃宗县出土者。

①容庚曾祖父容保民,字润之;容庚祖父容鹤龄,字翥云,号青田。
②容庚高祖父容延华,字谦吉,号秀石。

九月廿四日　星期一

早至北大上课。下午与于省吾访张子厚,观其所藏古玩书画。

九月廿五日　星期二

临《大照禅师碑》。下午访邱稺,阻雨,六时乃归。

九月廿六日　星期三

临《大照碑》。下午至学校上课。

九月廿七日　星期四

早游琉璃厂。下午至北大授课,并开教务会议。

九月廿八日　星期五

早临《大照碑》。游公园,参观钱鼎画展。

九月廿九日　星期六

早至京华上课。临吴熙曾《竹溪图》。

九月三十日　星期日

临吴熙曾《竹溪图》。访邱稺。

十月

十月一日　星期一

早至北大,未授课。钞《爱吾庐书画记》。访秦裕、周作人。

十月二日　星期二

钞《爱吾庐》。至京华学校。

十月三日　星期三

访孙海波。至北大授课。

十月四日　星期四

钞《爱吾庐》。下午至北大授课。访秦裕。

十月五日　星期五

钞《爱吾庐》。游小市。

十月六日　星期六

至京华授课。至天桥购米、面。

十月七日　星期日

钞《爱吾庐》毕。艾克请午饭。访郑骞、周作人。

十月八日　星期一

早至学校,未授课。与于思泊游琉璃厂,购无耳饕餮簠一、龙文盘一,文俶《花卉》卷一,价十五万。

十月九日　星期二

早李君来。下午与于思泊游琉璃厂,无所得。钞文俶卷赵均题词。

十月十日　星期三

在太和殿举行日本投降典礼①。钞《爱吾庐书画闻见录》。访谭令嘉、胡嗣瑗、赵孟里。徐丰及琬女来。

十月十一日　星期四

徐丰夫妇及内子往天津。早游琉璃厂。下午至学校上课。于省吾来,留午饭。

十月十二日　星期五

早访徐宗元,留饭。游琉璃厂。为琬女以金一两购铜器四件。

十月十三日　星期六

早至京华上课。下午逛小市,购木柜一。

十月十四日　星期日

早钞《闻见录》。下午游西单。徐宗元来。周澍来。

①1945 年 10 月 10 日,华北战区在北平故宫太和殿广场举行日本受降仪式。

十月十五日　星期一

早至北大授课。购冰盘一。下午钞《闻见录》。

十月十六日　星期二

早至燕京,访洪煨莲、陆志韦诸人,晚乃归。

十月十七日　星期三

寄八妹信。下午至北大授课。钞《闻见录》。

十月十八日　星期四

早至天桥,购小米百二十斤,每斤五十六元。下午至北大授课。访曾幼荷,假其所画画册归。

十月十九日　星期五

临曾幼荷画册四纸,不佳。访吴熙曾、周仁。

十月二十日　星期六

临《大照禅师碑》。钞《闻见录》。

十月廿一日　星期日

临曾幼荷画三纸。校《清晖赠言》。

十月廿二日　星期一

至北大,未上课。访沈兼士,未见。访启功。校《清晖题辞》。

十月廿三日　星期二

校《清晖赠言》。

十月廿四日　星期三

早临唐伯虎《小景》。下午至北大授课,学生属为《新生命》月刊作文。归草《与北大代理校长傅斯年先生一信[封]公开信》。

十月廿五日　星期四

续写前信。下午至北大授课。访杨塈。

十月廿六日　星期五

早写前信。访周作人。下午访徐宗元,同访王桐龄,托其将信转与《华北日报》发表。

十月廿七日　星期六

早至京华,未授课。游琉璃厂。临《大照碑》毕。

十月廿八日　星期日

早访钱稻孙、周作人。下午访徐宗元,同游琉璃厂。

十月廿九日　星期一

早至北大上课。下午三时开会讨论维持学校事。访秦裕。

十月三十日　星期二

早访钱稻孙,属代致傅斯年信。访胡继瑗、启功,留饭。访罗惇曧。

十月三十一日　星期三

早为同学题盂鼎铭。下午至北大上课。校《清晖赠言》。

十一月

十一月一日　星期四

校《赠言》。下午至学校,与同学游故宫博物院。

十一月二日　星期五

早访李濬之①。至学校。下午换金戒指,重二钱,合钞四万九千元。游琉璃厂。

十一月三日　星期六

早至京华上课。下午阅《左传统笺》。

十一月四日　星期日

临曾幼荷画二纸。校《清晖赠言》卷四。

①李濬之(1868—1953),号响泉,山东宁津人。画家。1921 年迁居北京,古物陈列所顾问。

十一月五日　星期一

早至学校，未授课。开各院校教职会联合会议，推余为《宣言》起草员。下午起草《宣言》，底稿傅仲涛①所作。

十一月六日　星期二

携《宣言》至校，访瞿兑之②，属其润色。接八妹来信。

十一月七日　星期三

《正报》登载余《与傅斯年一封公开信》。至学校，开起草《宣言》委员会，通过发表，余所作者十之七，傅、瞿所作者十之三。下午上课四小时。

十一月八日　星期四

早至学校，商《宣言》排印事。下午复至学校授课。访吴镜汀、周仁、孙海波。寄八妹信。

十一月九日　星期五

早至学校。寄元胎、七妹信。访孙海波。

十一月十日　星期六

上午访徐宗元。至朱砚农牙医处，拔去一坏牙。至学校。下午阅胡适《戴东原的哲学》。

十一月十一日　星期日

三时起，写《论气节》一文。徐宗元来。访周仁，借回巨然画轴，至宝也。阅胡适《说儒》。

十一月十二日　星期一

早写定《论气节》一文。访于省吾、瞿兑之、姚鉴。周仁来。晚至《正报》访王钟麟，言吾文不能再登，盖于七日登吾《与傅孟真

①傅仲涛，北京大学外语系日本文学教授，著有《日文津梁》等。
②瞿兑之(1892—1968)，名宣颖，湖南长沙人。曾任国务院秘书、国史编纂处处长、印铸局局长，南开大学、燕京大学教授。精文史掌故，工书。

信》大受责备也。

十一月十三日　星期二

早钞《论气节》文二份,拟寄重庆《大公报》,未寄。至北大,题巨然画签。阅《戴东原的哲学》、《说儒》。

十一月十四日　星期三

早阅《戴东原哲学》。下午至学校授课。

十一月十五日　星期四

早胡厚宣①来。至学校,未上课。访秦裕。阅《宣和画谱》。

十一月十六日　星期五

早访秦裕。于思泊请午饭于东来顺。陪胡厚宣至于家看甲骨。

十一月十七日　星期六

早至燕大,取回所补薪金,五个月计美金三百元,联钞十九万一千四百元。访杨宗翰。徐宗元请晚饭,有胡厚宣、齐思和、陈济川②三人。十一时灯明[灭?]乃归。

十一月十八日　星期日

约胡厚宣、齐思和、徐宗元、于省吾、陈济川、周仁六人午饭。饭后游琉璃厂。

十一月十九日　星期一　阴雨

早校董其昌字,发见罗氏《贞松堂法书》中董其昌书《淮海词》、《郎官壁记》均伪。钞《爱吾庐题跋》。

十一月二十日　星期二　阴雨

钞《爱吾庐题跋》。

十一月廿一日　星期三　晴

北大接收,通知上课,早去。下午学生开会,未授课。访秦裕、

---

①胡厚宣(1911—1995),河北望都人。甲骨文专家,毕业于北京大学史学系。先后任教于齐鲁大学、复旦大学。1956年调入中国科学院历史研究所。
②陈济川(1902—1969),名杭,河北南宫人。来薰阁书肆店主。

孙海波。

十一月廿二日　星期四

钞《书画录》。下午至学校上课。观美国电影。

十一月廿三日　星期五

早游琉璃厂。钞《书画题跋》。

十一月廿四日　星期六

钞《书画题跋》。

十一月廿五日　星期日

早游琉璃厂。钞《书画题跋》。

十一月廿六日　星期一

早至学校,未上课。下午游琉璃厂。

十一月廿七日　星期二

早校《书画题跋》。下午至北大茶话会,乃郑天挺招待教职员。

十一月廿八日　星期三

早校《书画跋》。下午至北大授课。访秦裕。

十一月廿九日　星期四

钞《爱吾庐书画自跋》。下午至北大授课。

十一月三十日　星期五

编《箸录画目》。游琉璃厂。

十二月

十二月一日　星期六

钞《爱吾庐自跋》完。下午至北大,开欢迎郑天挺、陈雪屏[1]会。

①陈雪屏(1901—1999),江苏宜兴人。毕业于北京大学哲学系及美国哥伦比亚大学心理研究所。北京师范大学、北京大学教授。1948年代理国民政府教育部长,随后迁台。

十二月二日　星期日

　　编《箸录画目》。

十二月三日　星期一

　　早往北大,讨论傅斯年谓北大教职员为附逆不能再用事。下午游琉璃厂。黄濬请富源楼晚饭,五人共化二万五千元。请客真不易也。

十二月四日　星期二

　　早至学校开会。访秦仲文。下午未授课。访胡继瑗。

十二月五日　星期三

　　早与教职员代表访李宗仁行营主任,约下午三时相见。下午复去,由参议董某先接见,态度甚诚恳。

十二月六日　星期四

　　早访孙海波。编《画目》。揽镜自照,消受[瘦]得多,决自今日起摆脱学校一切事务,除上课外不复多管闲事矣。

十二月七日　星期五

　　编《画目》。

十二月八日　星期六

　　编《画目》。

十二月九日　星期日

　　编《画目》。

十二月十日　星期一

　　编《画目》。早至学校,未授课。

十二月十一日　星期二

　　编《画目》。

十二月十二日　星期三

　　编《画目》。未至校。

十二月十三日　星期四

编《画目》。下午至校，未授课。草《上蒋主席书》。

十二月十四日　星期五

访邱穉。写《上蒋书》。

十二月十五日　星期六

寄《上蒋书》。至学校。下午编《画目》。访周仁、孙海波。

十二月十六日　星期日

编《画目》。

十二月十七日　星期一

编《画目》。

十二月十八日　星期二

编《画目》。杨宗翰来，请晚饭于萨宅。

十二月十九日　星期三

编《画目》。复三弟信。

十二月二十日　星期四

编《画目》。

十二月廿一日　星期五

编《画目》。王世襄来。

十二月廿二日　星期六

编《画目》。

十二月廿三日　星期日

编《画目》。

十二月廿四日　星期一

往燕京大学换美金。

十二月廿五日　星期二　微雪

编《画目》。于省吾来，言沈兼士欲见我。

十二月廿六日　星期三

早访沈兼士、于省吾。下午编《画目》。

十二月廿七日　星期四

写"集古斋"扁,得润笔三千元。周仁、严群等来。

十二月廿八日　星期五

早访周怀民、孙海波,又徐宗元未遇。燕大补发五月薪金,除前取三十馀元美金外,尚有支票三百元,换得现美金二百七十二元,合法币每元一千二百元,共得法币三十二万六千四百元。访周肇祥。编《画目》。

十二月廿九日　星期六

寄陆志韦信。编《画目》。

十二月三十日　星期日

早访徐宗文[元]、孙海波。孙担保放款百万,月息八万。虽失去北大教席,亦聊可支持生活。编《画目》。

十二月三十一日　星期一

编《画目》。《味水轩日记》校毕。周仁、周澍来。

一九四六年

一月

一月一日①　元旦　星期二

编《画目》毕。郑骞来,借《名画宝鉴》去。

一月二日　星期三

钞《画目》。徐宗元来。严群来,取孙炽卷去。

一月三日　星期四

钞《画目》。

一月四日　星期五

钞《画目》。

一月五日　星期六

钞《画目》。陆志韦复信说可将美金仍存燕大。

一月六日　星期日

早访齐思和,托其将支票退回燕大。访孙海波。郑骞来。钞《画目》。

一月七日　星期一

钞《画目》。阅郭沫若《十批判书》。

----

①是日题"三十五年元旦"。

一月八日　星期二

钞《画目》。接蒋主席复信。

一月九日　星期三

游琉璃厂。下午访刘元农,观其所藏画。阅《十批判书》。

一月十日　星期四

钞《画目》。访刘元农,售金农《花卉》画册,价四十万元。

一月十一日　星期五

钞《画目》。售唐岱画,价二十六万元。

一月十二日　星期六

钞《画目》。访吴熙曾、周仁。

一月十三日　星期日

早访齐思和未遇。访杨宗翰、邱穉。钞《画目》。

一月十四日　星期一

钞《画目》。卖坏金牙,得洋二万六千元;镶牙二只,化洋三万元。严群、高名凯来。

一月十五日　星期二

校《画目》。

一月十六日　星期三

试镶牙。至北大,支遣散薪两月,联币五万〇二百元。访孙〈海〉波。

一月十七日　星期四

钞《画目》。阅《十批判书》。徐宗元、刘元农来。

一月十八日　星期五

钞《画目》。访孙海波。

一月十九日　星期六

往朱砚农处镶牙。至文奎堂。阅《十批判书》。

一月二十日　星期日

阅《十批判书》。访孙海波,商谈经商事。售金冬心《花卉》册,得四十万联币,以十万元购娄坚字卷,十三万元购陈栝《山水》卷。

一月二十一日　星期一

上午访孙海波。下午访邱穉、徐宗元。钞《画目》。得郑彦棻[①]信,代蒋主席于明天下午三时五十分约见。

一月廿二日　星期二

钞《画目》。三时五十分往见郑彦棻,慰问甚殷。

一月廿三日　星期三

写与蒋主席及郑信,未发。杜太太来,言郑乃其堂妹夫,为余说项不少。甚感之。

一月廿四日　星期四

排比《画目》。

一月廿五日　星期五

乔振声[兴][②]来,谈经商事。访孙海波,亦言经商事。文奎堂张寿彭来,合购《图书集成》一部,价百万元,各值五十万元,先付二十万元。钞《画目》。

一月廿六日　星期六

早访乔振兴、孙海波,商经商事。写《游艺琐谈》。

一月廿七日　星期日

早刘元农来,以张穆画《马》册八页易余徐枋画卷。石颍[③]来,

---

①郑彦棻(1902—1990),广东顺德人。早年留学法国,曾任中山大学教授。1939 年从政,曾任广东省政府委员兼秘书长、国民党中央党部秘书长等职。
②乔振兴,字友声,河北束鹿人。早年在琉璃厂尊古斋当学徒,1937 年开设通古斋古玩铺,以善鉴金石名。1945 年将通古斋将黄金鉴经营。
③石颍,广西人。毕业于东吴法大学学院,考取清华留美生,耶鲁大学法学博士。

约往广西大学任教授,月薪八万元,旅费三十万。余答以考虑后再答复。访孙海波、胡继瑗。

一月廿八日　星期一

乘十时火车往天津访徐婿。

一月廿九日　星期二

徐婿来三弟汇款法币二十万元,又借余六万元,晚十时回家。

一月三十日　　星期三

十时许至行营访石颖,谈应聘广西大学教授事。见李宗仁,因客多,约明日再见。石请新广东午饭。

一月三十一日　　星期四

八时至北京饭店访郑彦棻,十一时至行营见李宗仁,遇顾正容,亦约往桂大者。留午饭,饭后与石同往见杨宗翰。杨于往桂大事须迟两星期方能答复。阅赵荫棠[1]所写小说《影》。付乔振兴铜器费一百一十七万元。

二月

二月一日　星期五　乙酉除夕

九时复往见石颖。结算上年家用七十六万六千元,购置六十六万元。作《游艺琐谈》。

二月二日　星期六　丙戌元旦

早至同馆各家拜年。下午徐宗元来。作《游艺琐谈》。

二月三日　　星期日

早至孙海波、徐宗元、杨宗翰家拜年。梁启雄、孙海波来。留

---

①赵荫棠(1893—1970),字憩之,河南巩县人。音韵学家。1924年入北京大学研究所国学门,先后任教于北京大学、辅仁大学等校。

邱稺、陈宝剑夫妇、杜太太晚饭。

二月四日　星期一

顾正容来。往张子幹、梁启雄家拜年。宿白、孙耀卿[1]来。作《游艺琐谈》。寄八妹、三弟、四舅等信。

二月五日　星期二

林志钧[2]、于省吾来。游琉璃厂。至孙海波家晚饭。作《游艺琐谈》。

二月六日　星期三

九时半与妻同往访顾正容，商往广西事。下午游厂甸。阅《演讲术》。

二月七日　星期四

九时半往行营访石颖。顺访艾克，又访秦裕、于省吾未遇。

二月八日　星期五

游琉璃厂。下午往修自行车。

二月九日　星期六

往京华领配给粮食百一十斤。沈纹来。下午游琉璃厂。徐丰将三弟汇款二十五万七千五百元法币送来。

二月十日　星期日

钞《画目》。下午游琉璃厂。留高名凯住吾家不回校。

二月十一日　星期一

早与高名凯游琉璃厂。晚在文禄堂赌博，输甚钜。

二月十二日　星期二

早访顾颉刚于花园饭店。下午顾来。访朱鼎荣，交燕大美金

---

[1]孙耀卿（1894—1958），名殿起，河北冀县人。1919年开设通学斋书店。1934年纂成《丛书目录拾遗》12卷，1936年纂成《贩书偶记》20卷。

[2]林志钧（1878—1961），字宰平，福建闽县人。清韦举人，辛亥革命前留学日本。曾任北洋政府司法行政部部长、清华研究院导师、国务院参事。

支票百四十二元,属代取现款。

二月十三日　星期三

编《画目》。游厂甸。石颖请晚饭,所约之客多北大旧教员。

二月十四日　星期四

编《画目》。游厂甸。谢国桢约晚饭。购王原祁《访[仿]元四家》册,价六十万元联钞。又购文衡山《醉翁亭图记》卷,价四十万元联钞。顾正容夫妇来。

二月十五日　星期五

周仁来。编《画目》。

二月十六日　星期六

编《画目》。下午游琉璃厂。

二月十七日　星期日

访顾正容。下午游琉璃厂。钞《画目》。

二月十八日　星期一

钞《画目》。

二月十九日　星期二

十时至行营,领广西大学旅费三十万元。钞《画目》。

二月二十日　星期三

收拾行李。五时与内子同往访石颖夫妇。

二月二十一日　星期四

收拾书画。周仁、邱穉来。复七妹信。

二月二十二日　星期五

寄麦凌霄《共话太平》之图。钞《画目》。

二月二十三日　星期六

钞《画目》。

二月二十四日　　星期日

访凌叔华、秦裕、吴熙曾。钞《画目》。

二月二十五日　　星期一

钞《画目》。下午访顾正容、孙海波。接顾通知,二十七日上午七时半与白崇禧①同航空往重庆。饶引之请晚饭。

二月二十六日　　星期二

早访乔振兴、顾正容、徐宗元、朱鼎荣、孙海波、林志钧。收拾行李。

----

①白崇禧(1893—1966),字健生,广西桂林人。中华民国陆军一级上将,时任国防部长。

人名索引

25、33/7/20、33/9/23、33/10/
1、33/10/10、33/10/14、33/
10/21、33/12/3、33/12/5、33/
12/7、33/12/21、34/1/2、34/
1/6、34/2/4、34/2/22、34/3/
13、34/3/29、34/4/14、34/5/
5、34/5/8、34/6/16、34/7/13、
34/8/1、34/10/3、34/10/6、
34/10/25、34/11/17、34/11/
22、34/12/29、35/2/13、35/2/
28、35/3/31、35/5/12、35/5/
15、35/6/1、35/6/9、35/6/30、
35/7/27、35/11/2、35/11/9、
35/11/14、35/11/24、35/11/
30、35/12/6、35/12/28、36/1/
2、36/1/10、36/1/19、36/2/1、
36/2/6、36/2/29、36/3/15、
36/3/22、36/4/3、36/4/12、
36/4/18、36/4/19、36/4/26、
36/5/2、36/5/12、36/5/24、
36/7/7、36/7/14、36/8/23、
36/8/25、36/10/2、36/10/7、
36/10/28、36/10/31、36/11/
7、36/11/8、36/11/18、36/11/
25、36/11/28、36/12/5、36/
12/20、37/1/1、37/1/20、37/

1/22、37/2/2、37/2/22、37/3/
3、37/3/8、37/3/27、37/3/30、
37/4/1、37/4/14、37/4/15、
37/4/29、37/5/1、37/5/8、37/
5/10、37/5/11、37/5/15、37/
5/17、37/6/1、37/6/12、37/6/
16、37/6/24、37/6/27、37/6/
29、37/6/30、37/11/13、37/
11/17、37/11/26、37/11/28、
37/12/5、37/12/12、37/12/
13、38/1/2、38/1/3、38/1/4、
38/1/15、38/2/11、38/2/20、
38/2/26、38/3/5、38/4/17、
38/4/25、38/4/26、38/5/22、
38/6/19、38/7/9、38/7/10、
38/7/11、38/8/20、38/9/14、
38/10/23、38/11/18、38/12/
24、39/3/11、39/3/31、39/4/
25、39/7/11、39/9/18、39/10/
5、39/10/29、39/10/30、39/
10/31、39/11/18、39/11/26、
39/12/10、39/12/16、40/3/
11、40/3/30、40/5/30、40/8/
25、40/9/2、40/11/3、40/12/
25、41/1/30、41/2/1、41/2/
16、41/3/1、41/3/29、41/4/

12、41/4/18、41/4/20、41/7/
6、41/7/12、41/7/13、41/8/5、
41/8/11、41/10/4、41/10/26、
41/11/9、43/1/15、43/2/10、
43/2/16、43/3/1、43/3/5、43/
4/9、43/4/13、43/4/22、43/4/
24、43/4/26、43/5/5、43/5/7、
43/5/10、43/5/13、43/5/17、
43/5/21、43/5/24、43/6/19、
43/6/21、43/6/25、43/6/26、
43/6/28、43/7/28、43/8/9、
43/8/10、43/8/18、43/8/28、
43/8/30、43/9/13、43/9/20、
43/9/22、43/10/6、43/10/13、
43/10/18、43/10/27、43/11/
3、43/11/7、43/11/15、43/11/
17、43/11/20、43/11/24、43/
11/29、43/12/6、43/12/7、43/
12/27、44/1/12、44/1/14、44/
1/17、44/1/18、44/1/24、44/
2/1、44/2/14、44/2/21、44/3/
1、44/3/12、44/3/22、44/3/
24、44/4/1、44/4/11、44/4/
19、44/5/15、44/5/17、44/5/
29、44/6/14、44/7/16、44/7/
28、44/8/11、44/8/18、44/8/
20、44/9/12、44/9/14、44/10/
2、44/10/9、44/10/16、44/10/
17、44/10/18、44/10/21、44/
11/4、44/11/6、44/11/8、44/
11/9、44/11/21、44/11/28、
44/12/20、45/1/3、45/1/12、
45/1/16、45/1/22、45/1/26、
45/1/29、45/1/30、45/2/5、
45/2/17、45/3/6、45/3/19、
45/4/16、45/5/28、45/5/31、
45/6/18、45/7/3、45/7/11、
45/7/14、45/7/18、45/7/20、
45/8/7、45/8/12、45/8/13、
45/8/17、45/8/29、45/9/7、
45/9/9、45/9/24、45/10/8、
45/10/9、45/10/11、45/11/
12、45/11/16、45/11/18、45/
12/25、45/12/26、46/2/5、46/
2/7

于海晏　35/6/24、35/11/8、38/
10/10、39/5/24

卫挺生　26/1/28

卫聚贤　29/8/17、32/3/1、32/
3/11

卫瀛客　25/7/5

山口常察　43/3/14

9/9

王素意　31/1/7、31/2/15

王桐龄(峄山)　26/9/21、27/1/30、45/10/26

王庸(以中)　32/6/12、35/11/4

王雪涛　43/2/18、43/3/6、43/3/9、43/3/13

王献唐　31/5/25、35/1/30、35/3/3、35/3/5

王锡昌　38/6/27、39/5/25

王富晋　29/《宝蕴楼彝器》、31/5/21、31/5/24、33/8/30、36/2/22

王福庵(福广)　26/通讯录

王毓生　25/4/28、25/6/19、26/5/13、26/5/19

王静如　38/11/10、39/4/1、39/11/26、39/11/30、40/1/16、40/3/28、40/4/4、40/4/9、40/7/4、40/7/26、41/4/20、41/5/18、41/10/20、41/11/10、41/11/12、43/1/21、43/2/8、43/7/3、44/7/15

五妹　31/1/23、33/10/4、35/7/3

韦尔逊(Stanley Wilson)　38/1/21

日置益　25/12/19

内藤虎(次郎)　26/1/29、26/2/2、26/2/3、26/2/4、26/2/16

水野清一　30/2/21、30/9/24、30/10/2、45/1/5

尹炎武(石公)　29/2/16、30/《金石书目》

邓之诚(文如)　38/1/9、38/12/1、39/5/25、40/11/20、41/11/28、43/2/27、44/8/6

邓小帆(表兄)　37/10/24

邓广铭　38/10/14

邓以蛰(叔存)　35/5/29、38/3/28、39/12/21

邓尔雅(尔疋、四舅)　25/2/8、25/2/18、25/2/19、25/4/23、25/5/20、25/6/7、25/7/1、26/《金文编》、27/3/21(发信)、28/1/11、28/通讯录、29/《宝蕴楼彝器》、30/7/14(收支)、31/2/21、32/9/29、32/9/30、33/9/21、33/10/14、34/2/11、34/3/28、34/9/28、35/6/1、36/4/19、37/7/20、37/10/25、38/7/9、38/7/12、39/1/31、40/5/3、40/5/26(附剪报)、

22、35/3/11、35/6/1、36/10/
2、36/10/11、36/10/18、36/
10/21、36/11/6、36/11/7、37/
1/31、37/2/10、37/2/26、37/
2/27、37/3/3、37/3/4、37/3/
8、37/3/23、37/3/30、37/4/1、
37/4/4、37/4/7、37/5/10、37/
5/11、37/6/12、37/6/16、37/
6/24、40/5/26（附剪报）

刘廷芳　29/1/5、29/1/11、29/
1/16、29/1/24、29/2/2、29/2/
6、29/3/9、30/8/2、30/《金石
书目》、32/2/11、32/2/25、32/
6/10、33/4/17、33/8/15、34/
2/12、34/2/25、34/5/10、34/
7/21、35/6/13、35/6/25、35/
9/28

刘廷蔚　33/8/15

刘枢　43/11/7

刘宝全　38/10/22、38/12/10

刘绍秀　41/6/21

刘坦璧　40/10/10

刘思职　45/8/3

刘厚滋（佩韦、蕙孙）　32/9/7、
36/1/5、36/3/29、38/8/15、
39/5/16、39/5/23、40/8/2、

40/9/6、41/6/2、41/7/11、41/
7/12

刘厚德　29/4/22

刘盼遂　35/11/4、36/2/1、36/
9/1、37/5/21、37/6/5、37/6/
9、38/3/4、38/5/4、38/5/27、
38/11/11、39/2/4、39/3/17、
39/5/17、39/6/2、39/6/3、39/
7/24、39/8/17、43/2/16、44/
4/14、44/9/3、44/9/4

刘继卿　33/12/13

刘洪龄（梦九）　38/3/23

刘绳曾　33/6/25

刘绰纯（刘焯纯）　25/12/2、26/
1/7、35/7/14、37/7/15

刘维智　32/1/29、33/7/24、33/
9/13、33/9/13（收支）

刘朝阳　31/5/15

刘澄清　25/9/22、26/5/20、26/
5/26、27/1/16（收信）

刘潘哲　26/5/29

刘豁轩　38/5/2

祁劲庵（祁劲广）　26/3/21、26/
6/30（收支）、33/3/19、33/5/
22、33/3/19（收支）、33/5/20
（收支）

11、38/7/16、38/7/24、38/7/
25、38/7/30、38/8/7、38/8/
13、38/8/25、38/8/27、38/9/
18、38/10/2、38/10/22、38/
10/29、38/11/27、38/12/11、
39/1/7、39/1/8、39/1/28、39/
5/21、39/5/27、39/9/3、39/
12/9、39/12/12、39/12/13、
39/12/30、40/3/11、40/5/5、
40/5/25、40/6/1、40/9/2、41/
2/2、41/2/3、41/2/8、41/5/
24、41/11/2、43/1/1、43/1/6、
43/2/7、43/2/8、43/2/16、43/
4/4、43/4/27、43/5/4、43/7/
11、43/8/3、43/8/10、43/8/
19、43/11/29、44/1/6、44/1/
14、44/1/15、44/1/27、44/3/
10、44/4/14、44/5/17、44/6/
24、44/7/14、44/8/4、44/8/8、
44/9/4、44/9/11、44/9/15、
44/9/23、44/9/30、44/10/13、
44/10/20、44/11/17、44/11/
25、44/12/16、44/12/24、44/
12/28、45/1/6、45/1/14、45/
1/20、45/1/25、45/2/8、45/2/
10、45/2/15、45/2/16、45/2/

25、45/3/6、45/3/10、45/3/
15、45/3/23、45/3/31、45/4/
15、45/5/10、45/6/9、45/6/
10、45/6/12、45/8/18、45/9/
3、45/9/22、45/10/3、45/11/8、
45/11/9、45/11/21、45/12/6、
45/12/15、45/12/28、45/12/
30、46/1/6、46/1/16、46/1/18、
46/1/20、46/1/21、46/1/25、
46/1/26、46/1/27、46/2/3、46/
2/5、46/2/25、46/2/26

孙桐岗　33/10/23

孙桂澄(秋骝)　29/2/23

孙琚之　34/2/25、34/5/2、34/
5/2(收支)

孙鹏(克明)　33/9/11

孙殿起(耀卿)　46/2/4

孙楷第(子书)　43/12/11

牟传楷　(润孙)　32/76、33/4/2

牟贵兰　28/1/6

阮二太　25/10/27

阴永增　35/5/31

成石芙　26/5/2、26/5/5

成舍我　37/3/2

安特生(J. G. Anderson)　37/
4/12

10、34/3/17、34/3/19、34/4/
27、34/4/29、34/5/4、34/5/
12、34/7/19、34/10/20、34/
10/21、35/3/16、35/5/4、35/
6/8、35/7/24、35/8/27、35/8/
31、35/9/4、35/9/10、35/9/
29、36/2/15、36/3/10、36/3/
17、36/4/4、36/4/5、36/6/25、
36/8/4、36/9/22、36/10/3、
37/1/16、37/3/26、37/4/17、
37/6/16、37/11/26、38/1/2、
38/4/2、38/6/5、38/6/12、38/
7/2、38/7/31、38/8/20、38/
11/18、38/12/10、38/12/31、
39/4/18、39/5/20、39/12/30、
45/6/17、45/9/18

苏世杰(少伟) 27/9/22(收
信)、29/1/24、29/1/27、36/
4/19

苏兰舫 25/5/29

苏体仁 40/3/16

苏恩伯 33/5/5、33/5/8

花云舫 25/12/20

吴山立(辛旨、吴三山、吴立山)
26/2/25、27/1/28、27/2/12

吴幻孙 44/4/11

吴天敏 44/11/11

吴文道(书臣) 29/1/22、29/4/
15、29/通讯录

吴文藻 29/1/29、30/11/11、
31/4/1、31/5/17、32/3/11、
32/5/11、33/7/1、33/10/16、
34/12/13、34/12/16、36/1/
18、36/2/14、38/6/16

吴元俊 31/通讯录、32/1/26、
32/6/19、33/1/25(收支)、33/
6/14(收支)、33/8/15、35/7/
10、37/4/10

吴世昌(子臧) 29/2/26、32/2/
11、32/6/20、33/3/21、33/7/
8、33/11/23、33/10/3(收支)、
34/4/18、34/9/26、35/2/11、
35/6/6、35/6/17、35/8/6、36/
1/18、36/3/26、36/7/5、37/
2/28

吴廷镠 36/4/27

吴其玉 38/1/22、39/2/20、39/
3/6、39/4/25、39/5/28、39/
10/3、40/4/14

吴其昌(子馨) 29/1/1、31/2/
24、32/2/27、32/3/26、32/5/
10、32/7/2、32/8/22、32/8/

19、43/3/20、43/3/22、43/3/29、43/4/10、43/5/1、43/7/16、43/8/3、43/8/8、43/8/11、43/9/8、43/9/15、43/9/26、43/11/28、44/2/7、44/2/14、44/2/26、44/4/30、44/5/7、44/5/8、44/5/28、44/6/20、44/6/28、44/8/3、44/8/19、44/8/21、44/8/31、44/9/24、44/10/20、44/11/6、44/11/10、44/11/29、44/12/19、44/12/24、44/12/29、45/1/24、45/2/5、45/2/16、45/2/25、45/3/4、45/3/11、45/4/7、45/4/21、45/5/20、45/6/2、45/6/22、45/9/25、45/9/30、45/12/14、46/1/13、46/1/21、46/2/3、46/2/21

张大千　38/3/13、38/3/20、38/4/25

张大川　31/1/25

张士伟（剑英）　25/通讯录

张万里　43/8/19、43/8/29、44/1/31

张子厚　45/9/24

张天祥（懋勤）　29/4/4、29/4/

6、29/通讯录、30/8/2、33/5/8、33/6/9

张文理　32/1/12、32/1/24、32/1/25、32/1/29、32/2/11、32/3/12、32/3/13、32/3/14、32/3/15、32/3/25、32/3/26、32/3/27、32/4/5、32/4/8、32/4/9、32/4/15、32/8/15、32/9/1、33/8/11、33/8/12、33/8/13、34/1/9、34/1/20、34/6/11、34/6/12、37/4/10、37/4/11

张尔田（孟劬）　31/1/21、31/2/15、33/2/24、34/9/20、37/4/20、38/12/7、39/1/12、40/11/13

张四妹　25/5/7、25/5/17、25/6/19、25/6/20、25/6/21、25/10/26、25/12/24、25/1/22（收支）、25/2/28（收支）、25/6/13（收支）、25/12/29（收支）、26/2/20、26/2/27、26/3/10、26/3/18、26/4/17、26/6/6、26/6/20、26/5/31（收支）、26/6/15（收支）

张东苏　31/1/21、31/2/15、34/5/1、34/5/22、34/10/18、38/

26/1/3、26/2/11、26/2/14、26/5/2、26/《金文编》、26/7/9（收支）、26/8/27（收支）、26/9/11（收支）、26/10/31（收支）、28/9/29（收支）、29/1/26、29/2/17、29/4/10、29/4/20、30/2/1（收支）、31/1/8、31/1/24、31/2/5、31/2/27、31/5/23、31/5/24、31/5/31、32/1/1、32/1/30、32/3/13、32/5/7、32/9/7（收支）、33/1/3、33/1/17、33/1/27、33/1/28、33/2/26、33/3/25、33/4/23、33/7/7、33/10/31、33/11/25、33/12/23、33/2/16（收支）、33/4/24（收支）、33/8/1（收支）、33/8/31（收支）、34/1/6、34/1/13、34/3/17、34/5/12、34/6/13、34/6/16、34/6/22、34/9/6、34/9/15、34/9/23、34/10/6、34/10/7、34/10/10、34/10/19、34/12/8、34/2/14（收支）、34/5/12（收支）、34/6/16（收支）、35/2/9、35/7/11、35/12/1、35/12/11、35/12/12、35/12/27、36/1/10、

36/1/28、36/1/29、36/2/23、36/4/20、36/6/1、36/7/27、36/9/12、36/9/26、36/10/3、36/10/10、36/10/25、36/11/14、37/5/9、37/6/26、37/11/12、38/1/1、38/1/29、38/2/4、38/4/2、38/4/30、38/8/20、38/12/31、39/1/29、39/3/11、39/3/31、39/5/20、39/6/27、39/8/10、39/12/16、40/2/10、40/4/20、40/4/21、40/5/26、40/6/1、40/6/18、40/8/26、40/10/19、41/1/13、41/1/17、41/5/10、43/2/5、44/1/7、44/1/27、44/3/11、44/4/16、44/10/22、44/11/17、45/2/16、46/2/4

张君劢　32/2/9、32/3/4

张沛枬（张枬）　25/1/11、25/2/18、25/6/21、25/6/27、25/12/17、25/12/25、26/1/8、26/3/31

张杞朋　26/1/3、26/1/5

张宋颎　32/通讯录

张寿林　29/1/7、32/1/23、32/2/25、32/5/12

9/4、26/9/13、26/9/19、26/9/
20、26/9/21、26/通讯录、27/
1/4、27/1/28、27/6/16、27/9/
收支、29/2/7、29/2/21、29/3/
3、29/3/15、29/7/30、29/8/6、
29/8/7、29/8/8、29/8/17、29/
8/7(收支)、31/1/9、31/3/17、
32/1/7、32/1/11、32/1/23、
32/1/24、32/2/2、32/2/10、
32/2/11、32/5/3、32/5/6、32/
5/17、32/8/1、32/8/2(收支)、
33/1/21、33/4/15、33/4/29、
33/6/5、33/6/9、33/7/25、33/
8/2、33/9/29、33/10/16、33/
10/29、33/11/10、33/11/22、
33/6/5（收支）、33/8/2（收
支）、33/10/23（收支）、34/1/
5、34/2/11、34/2/12、34/2/
13、34/2/17、34/2/25、34/3/
4、34/3/8、34/3/25、34/3/29、
34/4/16、34/4/19、34/5/20、
34/5/22、34/6/2、34/6/13、
34/6/14、34/6/26、34/7/9、
34/7/11、34/7/28、34/7/29、
34/9/1、34/9/2、34/9/7、34/
9/16、34/9/24、34/10/13、34/

10/17、34/11/11、34/11/22、
34/12/29、35/1/1、35/1/6、
35/1/9、35/1/10、35/1/14、
35/1/23、35/1/31、35/2/14、
35/2/18、35/2/26、35/3/20、
35/3/28、35/4/10、35/4/12、
35/4/13、35/4/14、35/4/17、
35/4/18、35/4/26、35/4/29、
35/5/14、35/5/25、35/5/29、
35/6/16、35/6/18、35/7/3、
35/7/29、35/8/2、35/8/31、
35/9/3、35/9/7、35/10/9、35/
10/26、35/11/5、35/11/23、
35/12/6、36/1/7、36/1/14、
36/1/19、36/1/28、36/2/15、
36/2/24、36/3/11、36/3/14、
36/3/23、36/7/22、36/7/24、
36/7/26、36/9/15、36/9/20、
36/10/7、36/11/8、36/12/3、
36/12/14、37/1/16、37/1/18、
37/1/21、37/3/27、37/4/19、
37/5/4、37/6/28

张效彬　36/11/22、38/2/27、
38/3/5、38/5/10、38/5/15、
39/5/27、40/6/30、41/5/10、
43/2/15、43/2/16、43/10/13、

43/7/24、43/8/18、43/8/29、43/10/28、43/11/18、43/11/21、43/11/25、43/12/12、43/12/16、44/1/31、44/2/1、44/4/20、44/5/6、44/5/25、44/8/10、44/10/11、44/12/27、45/1/20、45/1/29、45/3/2、45/5/16、45/9/8、45/10/30、45/12/4、46/1/27、

胡嗣瑗　41/8/19、41/8/28、43/6/19、43/6/21、45/8/17、45/10/10

胡肇椿　26/《金文编》、27/3/5、27/7/30（收信）、27/7（收支）、28/1/16（收支）、28/5/7（收支）、31/2/2、31/2/11、32/通讯录、35/11/28、37/4/4

郝庆琛　29/12/10、31/1/13、31/1/18、31/2/7、33/9/29、33/10/2（收支）、33/10/14（收支）、34/3/7、34/3/27、34/9/7、34/9/22、34/9/25、34/10/15、34/10/17、34/10/22、34/12/11、34/12/14、34/3/16（收支）、34/3/31（收支）、34/4/20（收支）、34/4/24（收

支）、35/11/23、35/12/23、37/12/13、37/12/20

柯立生　33/1/20

柯昌泗（燕舲）　29/通讯录、30/1/16、31/2/1、31/2/13、31/3/30、33/12/9、34/10/16、34/11/2、34/11/11、35/7/11、35/11/2、35/11/10、39/12/17、43/11/29、44/3/10、44/5/8

柯昌济　34/11/2、34/11/11

柯劭忞　33/10/8、33/10/1（收支）、34/1/5

柯璜　35/8/16

柳翼谋（诒徵）　26/1/12、26/1/13、26/5/16、26/5/17、26/5/18、26/5/27

赵万里（斐云）　25/10/5、25/10/24、25/10/30、25/11/7、25/11/19、25/11/21、25/12/6、25/12/11、25/11/12、25/11/21、26/1/3、26/1/17、26/2/6、26/2/16、26/3/14、26/3/28、26/3/29、26/4/22、26/4/24、26/5/1、26/5/20、26/6/21、26/6/3（收支）、26/8/1、26/8/16、26/8/18、26/8/25、

4/20、26/4/21、26/4/22、26/
5/10、26/5/17、26/5/18、26/
5/22、26/5/30、26/6/1、26/6/
2、26/6/6、26/6/8、26/6/14、
26/6/18、26/6/25、26/6/29、
26/7/1、26/7/4、26/7/18、26/
7/20、26/7/25、26/7/27、26/
8/7、26/8/8、26/8/27、26/8/
29、26/9/6、26/9/14、26/9/
15、26/9/18、26/9/19、26/10/
1、26/4/21（收支）、26/5/31
（收支）、26/9/27（收支）、26/
10/16（收支）、26/10/29（收
支）、26/11/13（收支）、26/
12/3（收支）、27/1/3（收支）、
27/1/24（收支）、27/2/5（收
支）、27/3/4（收支）、26/7/22
（收支）、28/3/4（收支）、29/
1/26、29/3/14、29/4/20、29/
5/4、29/8/15、29/9/13、29/9/
15、29/5/23（收支）、29/8/15
（收支）、30/2/8（收支）、31/
1/8、31/2/5、31/2/22、31/3/
5、31/3/7、32/6/23、32/7/27、
32/8/21、32/9/20、32/9/22、
33/3/19、33/6/5、33/6/22、

33/7/21、33/8/23、33/8/31、
33/9/13、34/4/27、34/4/29、
34/5/4、34/10/20、34/10/21、
35/3/16、35/5/4、35/6/8、35/
6/29、35/8/31、35/9/4、35/
10/3、35/10/20、36/2/15、36/
3/10、36/4/8、36/10/3、37/2/
22、38/4/24、38/6/28

钟暾耀　25/6/3

钮孟韬　33/12/13

贺之才　26/《金文编》

贺颀　41/7/20

贺麟（子昭）　32/3/25、32/4/8、
32/4/9、32/5/6、33/11/17、
34/2/16、34/2/17、34/2/25

俞平伯　25/1/5、25/1/16、25/
10/19、25/10/20、25/10/23、
25/10/25、25/10/28、25/11/
1、25/11/2、26/1/15、26/1/
28、27/5/31（收信）、27/6/1
（发信）

俞星枢　33/12/13

骆用弧　35/1/18

荀慧生　35/5/4、35/9/28

费尔朴　36/3/17

饶引之　40/9/30、40/10/1、40/

32/5/28、32/5/29、32/5/31、32/6/4、32/6/5、32/6/7、32/6/22、32/7/28、32/8/22、32/8/27、32/9/19、32/6/7（收支）、33/1/17、33/1/25、33/1/29、33/1/30、33/2/8、33/3/12、33/3/25、33/5/14、33/6/6、33/6/10、33/6/17、33/7/6、33/7/25、33/7/29、33/8/27、33/9/10、33/9/21、33/10/10、33/10/14、33/11/4、34/1/1、34/1/6、34/2/4、34/2/6、34/2/14、34/3/13、34/3/20、34/3/29、34/4/14、34/6/16、34/6/20、34/6/23、34/6/27、34/9/2、34/12/23、34/12/29、34/1/2（收支）、35/1/2、35/1/10、35/1/11、35/1/13、35/3/31、35/6/30、35/8/26、36/1/2、36/2/9、36/5/24、36/7/7、36/8/23、36/8/25、36/9/27、36/11/8、37/1/3、37/3/1、37/5/1、37/6/29、38/1/2、38/2/20、38/7/9、38/7/11、38/7/24、38/7/31、38/8/7、38/8/20、39/1/29、39/3/11、39/3/25、39/3/31、39/4/18、39/6/8、39/11/6、40/12/25

唐现之　33/9/3

唐亮(仲明)　34/3/2

唐维城　32/9/29

唐豀　31/1/11、31/1/14、31/1/29、31/1/30

郭文彬　31/5/24

郭玉堂　29/8/2、29/8/3、29/通讯录、30/通讯录、32/2/2、35/7/18、36/6/6

郭沫若(佐藤和夫、鼎堂)　29/8/15、30/12/11、30/通讯录、30/《金石书目》、30/1/12(收支)、31/1/2、31/1/22、31/2/7、31/3/12、31/7/9、31/通讯录、34/1/4、34/2/23、34/3/1、34/11/29、38/5/2、38/5/4、38/5/5、38/7/15、40/12/11、40/12/25、46/1/7、46/1/9、46/1/17、46/1/19、46/1/20

郭绍虞　29/1/5、29/1/11、29/5/12、29/5/15、29/5/19、29/9/13、30/8/2、32/2/25、32/4/1、32/4/13、32/5/12、32/6/3、32/8/26、33/2/9、33/7/22、

34/3/8

顾随（羡季）　31/1/11、38/11/10、40/3/28、40/6/30、41/7/12、45/7/20

顾培懋（言是）　34/8/1、34/8/5、39/5/17、39/7/24、40/7/19

顾颉刚　25/1/10、25/1/21、25/1/26、25/4/28、25/4/30、25/5/12、25/7/10、25/10/25、25/通讯录、26/1/12、26/1/13、26/1/18、26/3/14、26/4/5、26/4/14、26/5/18、26/5/26、26/6/14、26/6/20、26/6/21、26/7/3、26/7/20、26/7/23、26/7/31、26/8/1、26/8/5、26/11/6、26/《金文编》、27/3/6、27/1/16（收信）、27/3/6（收信）、27/3/20（收信）、27/4/7（收信）、27/4/28（收信）、27/7/30（收信）、27/1/1（发信）、27/1/23（发信）、27/3/7（发信）、27/4/28（发信）、27/7/30（发信）、27/3/8（收支）、29/5/2、29/5/7、29/5/12、29/5/15、29/5/16、29/5/17、29/5/19、29/7/30、29/7/31、29/8/17、29/9/13、29/9/15、29/9/18、29/《宝蕴楼彝器》、30/8/2、30/《金石书目》、31/1/9、31/1/18、31/1/23、31/1/27、31/1/30、31/2/6、31/2/9、31/2/28、31/3/22、31/3/25、31/3/26、31/3/27、31/4/1、32/1/7、32/1/8、32/2/18、32/2/21、32/3/3、32/4/17、32/6/11、32/6/14、32/6/20、32/6/21、32/6/29、32/7/17、32/8/15、32/8/27、32/8/30、32/8/31、32/9/3、32/9/14、33/1/16、33/1/26、33/1/30、33/1/31、33/2/21、33/3/21、33/3/27、33/4/2、33/4/22、33/4/28、33/5/3、33/5/5、33/5/8、33/5/13、33/6/4、33/6/12、33/6/17、33/6/22、33/9/2、33/10/10、33/10/14、33/10/20、33/11/4、33/11/6、33/12/3、33/12/9、34/1/11、34/1/22、34/1/25、34/2/6、34/2/11、34/3/8、34/4/27、34/5/6、34/5/7、34/6/26、34/7/23、34/8/1、34/9/3、34/10/22、34/12/9、34/12/23、35/5/8、35/6/11、35/7/13、35/7/20、

3、32/4/24、32/2/5（收支）、
32/2/9（收支）、32/6/22（收
支）、32/9/7（收支）、32/9/9
（收支）、32/9/13（收支）、33/
1/13、33/2/2、33/2/5、33/6/
10、33/2/5（收支）、33/8/27
（收支）、33/12/19（收支）、
34/8/29、34/2/19（收支）、35/
4/5、35/8/22、37/2/27、37/
11/18、37/11/19、39/2/11、
39/12/26、40/7/24、41/4/26、
43/3/24、43/4/10、43/8/7、
43/8/16、43/12/5、44/4/22、
44/4/24、44/9/21、45/3/19、
45/5/8、45/5/10、45/7/17、
45/8/8、45/10/10、45/10/11、
45/10/12

容琨（容坤、琨儿）　25/10/26、
26/9/20、26/10/1、26/10/29、
26/11/3（收支）、27/4/22、27/
11/24（收支）、28/1/16（收
支）、29/1/1、29/2/14、29/2/
16、29/2/24、29/2/17（收支）、
30/2/17（收支）、30/8/27（收
支）、31/1/23、31/2/28、32/4/
24、32/3/21（收支）、32/7/5

（收支）、33/1/13、33/2/2、33/
8/8、33/8/18、33/8/19（收
支）、34/2/19（收支）、43/2/
3、44/1/21、44/1/31、44/8/
15、44/8/23

容媛（八妹、媛妹、八媛）25/2/
12、25/12/10、25/12/25、25/
12/26、26/1/20、26/1/26、26/
3/3、26/4/6、26/4/14、26/4/
21、26/4/22、26/4/25、26/5/
6、26/5/30、26/6/5、26/6/11、
26/1/13、26/通讯录、29/1/
28、29/3/6、29/3/9、29/3/24、
29/4/10、29/4/11、29/5/16、
29/5/17、29/5/19、29/7/20、
29/8/7、29/8/27、30/2/21、
30/2/22、31/1/3、31/1/13、
31/2/6、31/2/27、31/2/28、
31/3/22、32/1/2、32/1/25、
32/2/12、32/6/9、32/6/11、
32/6/19、33/1/12、33/1/26、
33/3/20、33/4/2、33/5/22、
33/5/31、33/6/12、33/8/9、
33/3/31（收支）、33/6/26（收
支）、33/7/27（收支）、33/8/
10（收支）、33/8/27（收支）、

33/9/15（收支）、33/9/16（收支）、33/10/30（收支）、33/11/25（收支）、34/5/6、34/8/29、34/10/10、34/10/12、35/9/19、35/10/8、35/10/26、36/7/2、36/11/14、37/1/20、37/1/21、37/1/24、37/1/25、37/7/2、37/7/20、37/10/25、37/11/4、37/12/5、38/1/1、38/3/24、38/6/7、38/6/11、38/8/16、38/9/19、38/9/20、39/1/18、39/4/11、39/10/7、39/11/9、39/11/30、39/12/23、40/5/7、40/5/8、40/9/29、41/1/25、41/9/27、43/4/19、43/5/31、43/6/1、44/2/16、44/3/8、45/10/17、45/11/6、45/11/8、46/2/4

容瑶（瑶儿）　27/9/19、35/2/11、36/6/28、36/7/3、36/7/5、41/6/23、43/4/10、43/8/27、44/2/9、44/7/27、44/8/9、44/8/10、44/8/13、44/8/26、45/8/3、45/8/4、45/8/7、45/8/8

容肇祖（元胎、三弟、祖弟）25/1/1、25/1/3、25/1/4、25/1/7、25/1/8、25/1/10、25/1/13、

25/1/17、25/2/3、25/2/6、25/3/9、25/3/23、25/3/24、25/3/25、25/3/27、25/4/8、25/4/30、25/5/7、25/5/18、25/5/29、25/5/30、25/6/3、25/6/4、25/6/7、25/6/8、25/6/10、25/6/12、25/6/13、25/6/14、25/6/18、25/6/19、25/6/20、25/6/21、25/6/27、25/6/22、25/8/15、25/9/9、25/9/12、25/10/17、25/10/22、25/10/24、25/10/25、25/10/26、25/10/31、25/11/3、25/11/6、25/11/10、25/11/16、25/11/25、25/11/28、25/12/3、25/12/6、25/12/7、25/12/9、25/12/12、25/12/21、25/12/23、25/12/27、25/12/29、26/1/2、26/1/4、26/1/8、26/1/10、26/1/11、26/1/18、26/1/31、26/2/2、26/2/5、26/2/15、26/2/18、26/2/20、26/2/23、26/2/27、26/3/5、26/3/7、26/3/11、26/3/28、26/4/6、26/4/26、26/5/12、26/5/19、26/5/22、26/5/25、26/6/3、26/6/7、26/6/18、

26/7/11、26/7/13、26/7/22、26/8/3、26/8/24、26/9/9、26/9/23、26/10/23、26/通讯录、26/《金文编》、26/1/2（收支）、26/5/31（收支）、26/6/4（收支）、27/2/9、27/3/6、27/6/15、27/通讯录、27/1/13（收信）、27/1/22（收信）、27/2/9（收信）、27/2/21（收信）、27/3/6（收信）、27/3/24（收信）、27/4/7（收信）、27/4/28（收信）、27/5/14（收信）、27/5/31（收信）、27/6/16（收信）、27/6/23（收信）、27/7/15（收信）、27/7/20（收信）、27/7/30（收信）、27/9/13（收信）、27/1/1（发信）、27/1/23（发信）、27/2/4（发信）、27/2/9（发信）、27/2/22（发信）、27/3/7（发信）、27/4/9（发信）、27/4/28（发信）、27/5/3（发信）、27/5/15（发信）、27/6/1（发信）、27/6/10（发信）、27/6/29（发信）、27/7/4（发信）、27/7/16（发信）、27/7/20（发信）、27/7/28（发信）、27/9/1

（发信）、27/11/4（发信）、28/4/23（收支）、27/2/1（收支）、27/2/4（收支）、27/4/30（收支）、27/5/31（收支）、27/11/13（收支）、29/1/4、29/2/9、29/3/18、29/7/29、29/《宝蕴楼彝器》、29/7（收支）、30/10/13、30/12/11、30/《金石书目》、30/《持静斋书目》、31/1/2、31/1/7、31/1/9、31/1/19、31/1/20、31/1/29、31/3/4、31/3/17、31/4/1、31/5/13、31/5/16、32/1/4、32/1/6、32/1/11、32/1/26、32/1/27、32/1/30、32/2/15、32/4/13、32/6/10、32/6/11、32/6/12、32/8/31、32/10/1、32/7/16（收支）、32/8/27（收支）、33/1/1、33/1/2、33/1/24、33/2/21、33/3/10、33/3/13、33/5/26、33/5/29、33/6/20、33/6/30、33/7/1、33/7/8、33/7/9、33/7/12、33/8/2、33/8/30、33/8/31、33/9/2、33/9/21、33/10/11、33/10/14、33/11/4、33/12/25、34/2/11、34/2/13、34/

3/28、34/4/1、34/6/18、34/7/20、34/7/21、34/7/27、34/8/1、34/8/29、34/9/5、34/9/13、34/9/15、34/9/27、34/10/5、34/10/10、34/10/28、34/10/29、34/11/10、34/11/11、34/11/21、34/11/30、34/12/16、35/1/10、35/1/14、35/1/23、35/1/25、35/1/31、35/2/9、35/3/1、35/3/16、35/3/18、35/3/30、35/5/4、35/5/12、35/5/18、35/5/19、35/5/31、35/7/3、35/7/10、35/7/13、35/7/14、35/7/30、35/8/2、35/8/25、35/8/26、35/9/10、35/9/14、35/9/21、35/9/22、35/9/29、35/10/10、35/11/3、35/11/5、35/11/21、35/12/1、35/12/11、36/1/10、36/1/17、36/1/26、36/1/28、36/2/22、36/3/28、36/4/26、36/5/2、36/5/9、36/6/2、36/6/6、36/6/27、36/6/28、36/7/22、36/7/27、36/8/8、36/8/25、36/8/28、36/9/20、36/9/21、36/10/3、36/10/10、36/11/8、36/11/15、36/11/19、36/11/21、36/11/22、36/12/5、36/12/20、37/2/6、37/2/11、37/2/13、37/2/14、37/2/16、37/3/27、37/4/1、37/5/22、37/6/21、37/6/22、37/6/27、37/6/29、38/3/8、38/3/25、38/7/21、39/1/31、39/2/7、39/2/23、39/11/6、39/11/25、39/12/26、40/1/2、40/2/20、40/3/11、40/4/13、40/5/26（附剪报）、40/10/19、41/2/23、41/3/1、41/6/27、41/11/4、43/1/30、43/4/24、43/7/16、43/9/25、43/9/26、43/9/27、44/1/10、44/2/26、44/5/21、44/11/5、45/11/9、45/12/19、46/1/29、46/2/4、46/2/9

容璞（璞女）　43/8/27、44/2/8、44/8/13、44/8/26、45/8/8

容瑾（瑾女）　29/4/30、29/5/11、31/5/27、31/2/20、32/9/7、34/5/20、36/7/3、36/7/5、39/5/9、41/6/23、43/7/22、45/7/17

浦江清　29/8/6、31/1/28、31/

2/7、31/2/20、32/2/10、32/3/
3、32/5/6、32/5/11、33/1/21、
33/8/10、33/8/10（收支）、36/
5/20

浦薛凤　34/10/30

海松芬（海女士）　32/1/2、37/
11/9、37/12/5、38/1/1、38/2/
12、38/6/7、38/12/10、41/
1/25

倪玉书（宝麟）　43/3/2、43/3/
21、44/5/3、44/5/7、44/5/11、
44/5/18、44/6/1、44/6/19、
44/6/26、44/7/16

徐文珊　31/1/31

徐公植（内兄）　27/2/12（发
信）、28/2/20（收支）、32/2/
29、32/10/1、41/7/2

徐中舒　29/3/6、29/3/9、29/3/
10、29/5/16、29/6/23、30/8/
2、30/《金石书目》、31/1/2、
31/1/24、31/1/25、31/2/20、
31/2/21、31/2/26、31/3/21、
31/3/22、31/8/7、32/1/19、
32/3/22、32/6/1、32/6/2、32/
6/4、32/6/12、33/1/28、33/1/
29、33/2/8、33/2/15、33/3/5、

33/3/17、33/4/17、33/4/24、
33/4/25、33/7/6、33/8/1、33/
8/27、33/9/4、33/9/21、33/
10/1、33/10/10、33/10/13、
33/10/14、33/12/1、33/12/
12、34/4/14、34/5/3、34/5/
24、34/6/17、34/7/27、35/1/
14、35/3/19、35/5/4、35/6/1、
35/6/26、35/7/10、35/10/13、
35/10/19、35/11/30、35/12/
27、37/4/8

徐巧（小巧、巧孙）　43/8/7、44/
4/22、44/8/25、44/9/21、45/
5/8、45/5/10、45/8/14

徐乐天　26/8/2、32/10/1

徐庆丰（徐丰、徐婿）　37/7/2、
37/7/11、37/12/4、38/1/1、
38/6/3、40/9/2、40/11/23、
41/8/10、41/9/20、43/7/29、
43/8/16、43/9/29、44/4/22、
44/4/24、44/6/16、44/6/18、
44/7/14、44/8/13、44/8/23、
44/8/25、45/5/8、45/5/10、
45/6/4、45/8/13、45/10/10、
45/10/11、46/1/28、46/1/29、
46/2/9

（收支）、27/1/3（收支）、27/1/24（收支）、27/2/1（收支）、27/2/4（收支）、27/3/1（收支）、27/3/9（收支）、27/3/29（收支）、27/4/1（收支）、27/4/5（收支）、27/4/30（收支）、27/5/1（收支）、27/5/29（收支）、27/6/1（收支）、27/6/12（收支）、27/7/1（收支）、27/7/9（收支）、27/8/10（收支）、27/9/1（收支）、27/9/17（收支）、27/9/30（收支）、27/10/2（收支）、27/10/30（收支）、27/11/2（收支）、27/11/13（收支）、27/11/26（收支）、27/12/1（收支）、27/12/11（收支）、27/12/14（收支）、27/12/30（收支）、28/5/29、28/1/2（收支）、28/1/21（收支）、28/2/14（收支）、28/2/25（收支）、28/2/29（收支）、29/1/1、29/1/6、29/1/15、29/1/19、29/1/29、29/2/24、29/2/26、29/2/27、29/3/3、29/4/24、29/4/30、29/5/4、29/5/7、29/5/11、29/7/27、29/7/31、29/8/16、29/8/26、29/3/12（收支）、29/6/收支、30/12/10、30/12/31、30/7/11（收支）、30/6/收支、30/8/27（收支）、31/1/7、31/1/8、31/1/23、31/1/27、31/2/6、31/2/11、31/2/28、32/1/10、32/1/16、32/1/17、32/1/26、32/4/2、32/4/3、32/4/23、32/5/8、32/5/28、32/5/29、32/5/17（收支）、32/5/23（收支）、32/9/7（收支）、33/1/13、33/1/21、33/2/2、33/5/22、33/5/29、33/6/10、33/12/27、34/2/10、34/3/4、34/3/11、34/10/21、35/3/30、35/4/5、35/7/3、35/10/12、36/7/22、37/5/2、37/11/9、38/2/5、38/4/27、38/8/13、40/1/2、40/7/7、40/8/10、40/8/15、41/6/27、41/11/9、43/7/29、43/8/21、44/7/14、44/7/21、44/7/22、45/7/11、45/10/11、46/2/6、46/2/20

徐畅怀　25/7/4

徐信符　26/通讯录

2、25/5/20、25/5/30、25/6/3、25/6/6、25/6/14、25/6/29、25/7/7、25/9/3、25/9/4、25/9/5、25/9/6、25/9/7、25/10/27、25/10/30、25/11/5、25/11/21、25/11/22、25/12/23、25/通讯录、25/9/24（收支）、25/11/4（收支）、26/1/4、26/1/6、26/1/8、26/1/26、26/1/29、26/2/19、26/2/26、26/2/28、26/3/14、26/3/15、26/3/18、26/4/4、26/4/25、26/4/26、26/5/27、26/5/28、26/8/13、26/8/14、26/8/30、26/9/8、26/9/23、26/11/2、26/11/6、26/《金文编》、26/1/8（收支）、26/1/28（收支）、26/5/31（收支）、26/8/15（收支）、26/11/1（收支）、27/2/28（收信）、27/3/4（收信）、27/3/20（收信）、27/3/25（收信）、27/4/28（收信）、27/6/18（收信）、27/7/30（收信）、27/2/9（发信）、27/3/6（发信）、27/3/6（发信）、27/3/21（发信）、27/3/28（发信）、27/4/28（发信）、27/7/1（发信）、27/7/16（发信）、27/7/16（收支）、28/5/5（收支）、29/2/9、29/2/10、29/2/11、29/2/12、29/2/19、29/2/23、29/2/27、29/3/6、29/3/7、29/3/16、29/3/23、29/4/6、29/4/7、29/4/13、29/3/1（收支）、29/《宝蕴楼彝器》、30/12/27、30/12/27（收支）、31/1/12、31/1/16、31/1/17、31/1/18、31/1/19、31/1/23、31/1/24、31/2/1、31/2/13、31/2/20、31/3/6、31/3/13、31/3/14、31/3/15、31/3/20、31/3/27、31/3/28、31/5/15、31/5/22、31/5/23、31/5/24、31/6/29、31/通讯录、32/1/8、32/1/15、32/1/18、32/1/23、32/2/19、32/2/26、32/3/4、32/3/18、32/3/21、32/3/25、32/3/26、32/3/27、32/4/8、32/4/15、32/5/6、32/5/20、32/5/21、32/5/22、32/5/29、32/6/1、32/6/2、32/6/3、32/6/4、32/6/5、32/6/12、32/6/13、32/6/14、32/6/18、32/6/

书肆古玩店名索引

文奎堂（文奎斋）　29/4/26、29/4/27、29/4/30、30/7/20（收支）、30/《持静斋书目》、29/6（收支）、32/1/18、32/3/21、32/7/22、32/9/12、33/1/23、33/6/9、33/8/1、33/8/31、33/10/21、33/1/23（收支）、33/6/5（收支）、34/1/14、34/3/20、34/5/3、34/8/5、34/10/22、35/5/31、35/6/26、35/6/30、35/11/21、35/12/20、36/10/31、37/2/2、37/5/22、38/3/9、38/3/14、38/7/4、38/7/27、38/9/10、38/9/11、38/9/12、38/10/5、38/12/6、38/12/26、39/2/10、39/2/13、39/5/1、40/3/18、43/3/1、43/9/22、44/1/13、44/1/14、44/3/6、44/11/16、45/3/2、46/1/19、46/1/25

文苑斋　35/10/1、35/10/8

文禄堂　27/8/6（收支）、32/2/28、32/6/5、32/6/5（收支）、46/2/11

文德堂　33/11/4

五画

古光阁　25/3/21、26/1/21、28/11/1（收支）、29/1/20、29/1/24、29/2/8、29/2/11、29/4/23、29/5/14、30/11/20（收支）、31/1/17、31/2/7、31/3/14、32/1/28、32/4/25、32/6/5、32/3/26（收支）、32/6/5（收支）、32/9/6（收支）、33/2/11、33/7/12、33/11/20、33/3/26（收支）、33/5/20（收支）、33/5/28（收支）、33/10/4（收支）

石妙斋　35/8/31、35/9/10、35/10/16

石墨庵　34/6/10（收支）

龙文阁　25/11/6、25/12/29

永华印刷馆　32/2/20

永盛当　34/6/22、34/6/23、34/6/25、34/6/25（收支）

玉池山房　35/2/10、39/2/21、39/2/23、40/2/19、40/2/22、40/2/26、40/3/14、44/1/29、44/1/30、44/1/31、45/6/11

华昌 33/5/14、33/6/3、33/6/22、33/6/24、33/7/20、33/12/23、38/5/28、38/6/28、38/7/24、39/12/30、40/1/22、40/3/3

竹实斋 36/6/13、38/2/28、38/4/5、38/5/9、38/7/31、44/1/28、44/2/1

成兴斋 26/8/14

七画

来薰阁 30/《持静斋书目》、31/2/11、31/3/14、32/1/11、32/5/7、32/5/29、33/5/15、33/6/7、33/6/11、33/9/15、33/10/25、33/3/8（收支）、33/10/26（收支）、34/2/8、34/3/30、34/2/8（收支）、34/3/30（收支）、35/5/31、39/11/13、44/2/3、44/3/6

启新 34/12/8、34/6/3（收支）、35/4/20、35/6/1、35/7/25、35/8/27、35/9/29、35/10/20

宏远堂 35/5/19

两宜斋 34/6/16（收支）

八画

环球书店 45/1/28

松筠阁 31/3/22

英古斋 29/5/6、32/6/2、33/1/17、33/6/10、33/6/10（收支）、37/1/20、38/2/11、45/9/18

国华堂 41/8/24、43/3/21

宜古斋 34/3/11

隶古斋 32/7/28、32/8/30、32/9/1、32/9/13、32/9/13（收支）、34/5/5

宝古斋 45/4/13、45/4/14

宝书堂 33/5/12、33/11/30、33/5/12（收支）

宝铭堂 38/1/27、38/3/14、38/4/4

述古堂 26/8/31

京华印书局 28/附录、29/3/19、31/1/7、31/1/30、31/2/6、31/2/14、31/2/24、31/3/23、31/3/29、31/4/2、31/5/14、31/5/30、31/5/31、31/7/9、32/1/12、32/1/19、32/1/29、32/7/16、32/7/18、32/7/28、32/4/14（收支）、32/7/26（收

11/30、35/12/17、35/12/27、39/4/10、43/11/17、44/4/12、44/4/13

带经堂　25/12/6、25/12/7、26/9/8、26/《金文编》、26/5/31收支、26/6/4（收支）、29/4/15

荣记　36/10/17

荣华堂　38/11/23

十画

晋雅斋　31/5/24、32/6/22、32/6/26

振雅斋　37/1/3、39/4/23、40/2/13

悦心斋　32/1/29

悦古斋　36/5/3、43/6/18

通古斋　36/8/5、38/2/28、38/4/2、38/5/22、38/5/23、38/5/28、39/11/26、43/1/10、44/4/3

馀古斋　32/5/22、32/9/7、36/12/13

宾古堂　34/2/25、36/3/15、37/6/30、38/7/31、44/1/29、44/1/30

通学斋　26/2/11、26/2/27、26/

3/18、26/8/14、26/《金文编》、29/8/8、29/10/3、31/3/9、31/3/22、31/5/18、32/2/9、32/6/6、32/6/6（收支）、44/5/18、45/2/6

笔彩　38/10/9

十一画

商务印书馆（北平分馆）　25/4/13、25/4/17、25/12/21、25/2/16、26/8/8、27/5/11（发信）、27/10/30（收支）、32/2/20、34/2/2、34/8/29、34/9/1、34/2/3（收支）、35/6/7、35/6/11、35/7/11、35/11/24、36/2/29、36/5/3、38/8/4、38/10/14、38/10/16、39/6/6

彩华　33/12/31、33/11/16（收支）、34/1/14

铭珍斋　36/11/24、36/12/5、37/1/9、37/1/24、38/3/13、38/4/15、38/5/21、39/9/19

十二画

景山书社　26/7/9、26/8/20、26/《金文编》、26/7/1（收

支）、26/7/24（收支）、28/5/13（收支）、29/1/27、30/12/27、30/《持静斋书目》、32/1/13、32/1/27

博古斋 27/7/19、29/3/14、29/4/22、29/3/14（收支）、30/《持静斋书目》、31/1/18

博闻簃 38/11/17

雅文斋 30/1/16、31/2/1、31/2/6、31/3/21、32/5/21、32/5/29、32/8/21、32/9/6、32/5/28（收支）、32/8/22（收支）、33/1/17、33/5/16、33/12/3、33/1/17（收支）、33/12/31（收支）、34/1/14、34/1/16、34/1/21、34/4/20（收支）、36/1/29、36/8/22、36/8/28、38/1/21、38/1/27

尊古斋 28/4/28、29/3/12、29/3/17、29/4/16、29/5/5、30/12/23（收支）、31/1/2、31/1/17、31/2/1、31/2/6、31/2/14、31/2/21、31/2/27、31/3/5、31/3/14、31/3/22、31/3/28、31/5/14、32/1/19、31/2/28、33/1/28、33/2/3、33/2/4、33/

2/11、33/2/15、33/3/19、33/5/15、33/10/2、33/12/2、33/12/17、33/4/1（收支）、34/2/3、34/3/11、34/5/5、34/10/19、34/12/8、34/2/2（收支）、34/4/20（收支）、35/3/3、35/6/29、38/5/9、38/7/16

赏奇斋 29/2/28

富华阁 35/7/30、38/8/27、39/2/12

富晋书社 25/6/5、25/10/4、25/11/18、26/1/8、26/6/3、26/8/2、26/8/14、26/8/27、26/《金文编》、26/2/25（收支）、29/10/2（收支）、30/《持静斋书目》、30/7/收支、32/5/21、32/7/27、33/1/23、33/8/31、33/12/12、33/1/23（收支）、33/8/10（收支）、34/1/30、34/12/9、34/1/29（收支）、35/5/31、35/6/8、38/1/27、38/1/30、40/1/22

铸新照相馆 29/1/5、30/7/19（收支）、32/2/2、32/2/13、32/2/20、32/2/28、32/4/13、32/6/6、32/7/1、32/6/6（收支）、

后　记

我们的父亲容庚（1894—1983）出生于广东省东莞市的一个书香世家。他的童年尚在晚清。步入青壮年，正值多难的祖国经历军阀混战后，日本帝国主义野蛮侵占中国的非常时期。他没有读过大学本科，但经过努力奋斗，当了燕京大学教授，也成长为著名的古文字学家、考古学家、收藏家和书法家。他从只身北上求学，到一名有六个子女的父亲，实在不易。我们兄弟姊妹当时还年幼，父亲这段经历他也不多讲，只知道他对子女很严，我们都很怕他，也不敢和他交谈。1983年父亲病故，1997年继母也去世，由她替父亲保管的十六本日记（1925年至1946年）才传到子女手中。阅读这些日记，加上童年至青年的这段回忆，令我们更加从多方面知道了父亲的成长奋斗历程和他培养后代的良苦用心。应当说，让他的这段经历同后人见面，会对新一代青少年的成长有益。今日我们都已是耄耋老人了，就把这批日记交给侄儿容国濂处理。国濂找到编写过《容庚传》的夏和顺老师，得到他的鼎力支持。夏老师收集了许多历史资料，做了考证和注释，促进了容庚日记的出版。我们对夏老师和中华书局的辛勤劳动表示衷心感谢！

阅读父亲这一阶段的日记后，我们对父亲的成长过程有了进一步的认识。

一、他从少年起就惜时如金，忘我工作，认定要做的事就坚持到底。他写日记坚持不断，文字简练，三言两语，只记大事，不记琐碎杂事，光明磊落。除上课、去图书馆借阅书，或去琉璃厂文物店购书、购文物以外，就伏案疾书，自订写作计划，依计划按时完成，做事不拖拉，有来信立即复。他之所以能著作等身，实际是抓紧每分每秒来完成的。

二、治学严谨，培育英才。他在科研和教学上一丝不苟。他工作涉及学科面很广，资料力争尽量备足，然后才动手写作。这种厚积薄发精神，助他成为多方面的行家里手。他所临的楷、行、草、篆、隶或临的竹谱、梅谱等自己都装订成册，非常精细可赏，我们视之为临摹珍本。他的学科是冷门，每年招生及选修学生不多，不论学生多少，他都认真备课、讲课。为了方便国际交流，当年他聘请有专长的学生，每周来到家中给他补习日语及英语，学了就用。

三、他是一位伟大的爱国者。在他心中，博大精深的中国传统文化遗产，首先要由我国学者来研究。个别日本学者扬言中国没有这方面的人才和能力，还得靠洋人来研究。父亲年轻时得知此歧视中国的论调就痛下决心从事这方面的研究，用成果来驳斥那些洋人的傲慢与偏见，为祖国增光争气。日本帝国主义在"九一八"和"芦沟桥事变"后，强占我国领土，奴役我国广大百姓，父亲联合燕京大学抗日教授成立燕京大学中国教职员抗日会，并被推选为该会主席，他积极宣传抗日救国主张，组织捐款给英勇抗日的部队，在家中教育子女抵制日货，不做亡国奴。

四、父爱如山。他很重视子女教育，尽可能把子女送入教学水平高和纪律严格的学校就读。我们自初中起就寄宿，不娇生惯养。从小学起，每个月末及学期末，我们都要把班主任写的各学科成绩单和操行考评拿给他看，使他能配合学校有针对性地教育每个子女。儿女们寄宿，在开学时，要交齐一学期的学杂费、伙食费及住宿管理费,子女多,筹钱难,他靠代写字、画画、刻图章或割爱卖掉一些买来的珍藏字画来应急。他在家中一向厉行节约,杜绝浪费。对于子女的学业,他尊重子女的爱好和选择,所以我们兄弟姊妹学文、理、农、医、绘画等各行都有。

　　父亲的日记是一部活的历史。今天重读父亲的日记,砥砺我们沿着他的足迹奋勇前进。我们要把先辈们的好家风、好学风,世世代代传下去。

容庚子女:容瑶、容瑾、容璞、容珊

2018 年 6 月